Werner Diehl
Mikroprozessoren und
Mikrocomputer

Kamprath-Reihe kurz und bündig
Technik

Werner Diehl

Mikroprozessoren und Mikrocomputer

Begriffserläuterungen, Einführung, Auswahlhinweise und Anwendungsbeispiele

VOGEL-VERLAG

CIP-Kurztitelaufnahme der Deutschen Bibliothek

Diehl, Werner
Mikroprozessoren und Mikrocomputer: Begriffserl., Einf., Auswahlhinweise u. Anwendungsbeispiele. — 2., überarb. u. erw. Aufl. — Würzburg: Vogel-Verlag, 1978.
(Kamprath-Reihe kurz und bündig: Technik)
ISBN 3-8023-0108-0

ISBN 3-8023-0108-0

Printed in Germany 1978, 2. Auflage

Herstellung Vogel-Verlag Würzburg, Grafischer Betrieb

Vorwort

Mikroprozessoren stellen derzeit den höchsten Entwicklungsstand in der Halbleitertechnologie dar. Sie sind die elektronischen Bauelemente mit der größten Integrationsdichte. Die Mikroprozessoren erlauben durch Zusammenschaltung mit wenigen anderen Schaltkreisen den Aufbau der **Mikrocomputer**. Diese Mikrocomputer haben meist nur ein Volumen von wenigen dm^3. Sie vermögen bei wesentlich geringeren Anlagekosten ähnliche Aufgaben wie Minicomputer zu erfüllen.
Aus diesen und vielen anderen Gründen werden Mikroprozessoren und Mikrocomputer zu bedeutenden technischen Umwälzungen und Neuerungen führen. Zum Beispiel werden sie in altbekannten Einrichtungen wie Waschmaschinen- und Aufzugsteuerungen sowie in industriellen Regelkreisen die bisherigen Steuer- und Regeleinrichtungen ablösen.
Der **Leserkreis** des vorliegenden Buches ergibt sich daher aus den praktischen Anforderungen: Personen, die bisher Meß-, Steuer- und Regeleinrichtungen in herkömmlicher Elektronik entwickelt haben, müssen jetzt rasch lernen, wie sie Mikroprozessoren und Mikrocomputer anwenden können.
Ebenso müssen sich aber auch Facharbeiter, Techniker und Ingenieure, die bisher mit Meß-, Steuer- und Regeleinrichtungen in herkömmlicher elektronischer, elektrischer oder mechanischer Bauweise gearbeitet haben, auf den Mikrocomputer umstellen.
Das gleiche gilt natürlich für alle Personen, die zur Zeit eine technische Ausbildung durchlaufen.
Für das Verständnis der Darstellungen sollten folgende **Voraussetzungen beim Leser** vorhanden sein: Grundkenntnisse der Transistorschaltungstechnik sowie die Kenntnis der Grundverknüpfungen der digitalen Schaltungstechnik.
Im vorliegenden Buch wird das Besondere am Mikrocomputer, seine **freie Programmierbarkeit, sehr ausführlich erklärt.** Einen Schwerpunkt bildet dabei die enge Verflechtung von Hardware und Software. Eingeleitet werden die Informationen von einer Erklärung der Fachbegriffe und von beispielhaften Darstellungen einiger charakteristischer Mikroprozessor-Bausteine. Die Beispiele sind auf die grundsätzlichen Zusammenhänge ausgerichtet. So kann das Buch für den Entwickler elektronischer Schaltungen eine erste Entscheidungshilfe bei der **Auswahl eines Mikroprozessorsystems** für einen gegebenen Anwendungsfall darstellen. Zahlreiche Schaltungshinweise – insbesondere für Interface- und Anpassungsschaltungen sowie für den Anschluß von Prozeßperipherie – helfen den mit der Meß-, Steuer- und Regelungstechnik vertrauten Personen, die **Arbeitsweise der neuen Bausteine** (Hardware und Software) zu verstehen.
Für Aufgabenstellungen und als Lösungshinweise sind besonders jene Beispiele, Tafeln und Tabellen geeignet, die den Aufbau eines konkreten Mikrocomputers beschreiben und in denen Befehlslisten und Anschlußbelegungen mitgeteilt werden; es sind wichtige Daten für die **technische Ausbildung und für das Selbststudium.**
Da der Mikroprozessor quasi jeden angeht, habe ich mich bemüht, die Information trotz der abstrakten Materie so einfach wie nur möglich darzubieten. Ich hoffe, daß es mir gelungen ist.
Für Hinweise aus dem Leserkreis zur Verbesserung der Darstellung und für berechtigte Kritik werde ich dankbar sein.
Mein Dank gilt den Herren Huse (Fa. Texas Instruments) und Legowie (Unitronic GmbH) für die bereitwillige Unterstützung bei der Beschaffung von Unterlagen. Herr Lösel von der Fa. Fairchild Halbleiter GmbH stellte freundlicherweise einige Bildvorlagen zur Verfügung. Meiner Frau danke ich für die Anfertigung der Manuskript-Reinschrift. Besonderer Dank gilt dem Verlag für die erwiesene Hilfe und das Entgegenkommen bei der drucktechnischen Gestaltung des Buches.

Bergheim/Erft *Werner Diehl*

Vorwort zur 2. Auflage

Infolge der großen Nachfrage ist bereits eine Neuauflage des Buches erforderlich geworden. Dies wird zum Anlaß genommen, um die auf dem weiterhin rasch sich fortentwickelnden Gebiet der Mikroprozessoren und Mikrocomputer erschienenen Neuerungen in das Buch aufzunehmen. Zu diesem Zweck wurden insbesondere die Tabellen 6.1 und 6.2 in Kapitel 6 neu erstellt. Ein Anspruch auf Vollständigkeit kann trotzdem nicht erhoben werden. Die auf dem Markt befindliche Typenvielfalt, insbesondere an Mikrocomputern, mit oft nur geringen Merkmalsunterschieden, ist einfach zu groß, um vollständig erfaßt werden zu könnnen.
Auf der INTERKAMA, die im Oktober 1977 in Düsseldorf stattfand, waren insbesondere auf dem Gebiet der MSR-Technik und der Prozeßdatenerfassung viele Realisierungen von Mikroprozessoranwendungen vorgestellt. Auch im Bereich der NC-Steuerungen, die auf der Werkzeugmaschinen-Ausstellung „2. EMO" einen bedeutenden Platz einnahmen, ist der Einsatz von Mikroprozessoren enthaltenden Schaltungen in stetigem Steigen begriffen. Es ist im vorhandenen Rahmen leider nicht möglich, alle Anwendungen aufzuzählen und in Beispielen darzustellen. Es werden daher in der 2. Auflage die einfachen Anwendungsbeispiele der 1. Auflage (Kapitel 4) unverändert belassen. Durch ihre Einfachheit werden die Grundlagen besser erkennbar, und die Beziehung zu den in Kapitel 5 (Programmierung) gegebenen Beispielen für Programme zu den Applikationen bleibt erhalten.
Besonderer Wert wird in dieser Auflage auf allgemeingültige Aussagen für die Auswahl eines Mikroprozessorsystems für eine gestellte Aufgabe gelegt. Zu diesem Zweck sind die Textstellen, die diesen Themenkreis betreffen, überarbeitet worden. Auswahlhinweise werden in rotem Druck dargestellt. In Form von Ablaufdiagrammen werden die für die Systemauswahl erforderlichen Vorgehensweisen in Kapitel 6 zusätzlich aufgenommen. Auch einige Betrachtungen und Diagramme, die Aussagen zu Wirtschaftlichkeitsfragen enthalten, sind hier neu zugefügt worden.
Neben einigen kleinen Textänderungen wurden die in der ersten Auflage enthaltenen Druckfehler beseitigt. Das Literaturverzeichnis wurde für leicht zugängliche deutschsprachige Literatur bis zum November 1977 fortgeführt. Die Literaturstellen wurden unter Vorsatz eines A fortlaufend numeriert und an das Verzeichnis der ersten Auflage angefügt.
Ich hoffe, daß die zweite Auflage die gleiche freundliche Aufnahme wie die erste findet. Für berechtigte Kritik und Hinweise zur Verbesserung der Darstellung aus dem Leserkreis bin ich dankbar.

Bergheim/Erft *Werner Diehl*

Inhaltsverzeichnis

Tafeln im Text:

Tabellen im Text:

1. Begriffserläuterungen und Definitionen

Mikroprozessoren und **Mikrocomputer** als Bauelemente und Geräte für die Informationsverarbeitung im weitesten Sinne befinden sich erst seit wenigen Jahren auf dem Markt. Die Vorsilbe „Mikro" und die Neuartigkeit ihrer Eigenschaften haben zu einer ganzen Reihe von Neubildungen für Begriffe und Fachausdrücke geführt. Bedingt durch die Entwicklung der Schaltungstechnik in den USA wurden viele amerikanische Fachausdrücke und Synonyme in die Fachsprache übernommen. Die Bildung neuer Fachwörter mit gleicher Bedeutung wie bereits existierende Fachausdrücke hat weiterhin zur Sprachverwirrung beigetragen. Die Entwicklung auf dem neuen Gebiet der **Mikroprozessoren** und **Mikrocomputer** ist noch lange nicht abgeschlossen. Eine Normung von Begriffen und Definitionen steht noch aus.

Am Anfang der fachlichen und sachlichen Auseinandersetzung mit **Mikroprozessoren** und **Mikrocomputern** sollen deshalb Begriffe und Definitionen erklärt werden. Diese Begriffe und Definitionen sind für Nichtelektroniker ebenso wichtig wie für Elektroniker, denn diese Bausteine und Baugruppen werden in der Zukunft überall eingesetzt werden. So ist schon heute abzusehen, daß sich Anwender und Entwickler, z.B. aus Maschinenbau und Chemie, mit den Grundbegriffen dieser Technik auseinandersetzen müssen. Mikroprozessoren werden in nahezu allen Bereichen unseres Lebens eine revolutionierende Rolle spielen.

1.1. Einleitung

Alle Industrien fordern Hilfsmittel für eine rationelle Fertigung und zur Bewältigung der anfallenden Datenflut. Der Wunsch nach großer Flexibilität beim Einsatz von Fertigungsmitteln und hinsichtlich der Fertigungsmethoden werden den Innovationsprozeß, d.h. in diesem Falle den Einsatz von **Mikroprozessoren** und **Mikrocomputern,** in starkem Maße beschleunigen. Der Einsatz von **Mikrocomputern** kann als eine konsequente Fortführung des Einsatzes von **Minicomputern** und **Prozeßrechnern** angesehen werden [33]. Nachdem man erkannt hatte, daß **Prozeßrechner** bei sachgemäßem Einsatz die Forderungen nach Flexibilität und erhöhter Wirtschaftlichkeit zu erfüllen in der Lage waren, setzte die Entwicklung der Mikroprozessoren ein. Ein weiterer Grund für die Entwicklung der Mikroprozessoren war der Wunsch, kundenspezifische Bausteine durch einen Universalbaustein zu ersetzen. Der nächste Schritt hierzu war die Herstellung sogenannter **programmierbarer Logikeinheiten (PLA, programmable logic array).** Mit diesen konnte man große Mengen diskreter Gatterfunktionen unter Einsparen der entsprechenden Leitungsverbindungen ersetzen. Die konsequente Weiterentwicklung unter Hinzufügen weiterer Signalverknüpfungsmöglichkeiten führte schließlich zu den **Mikroprozessoren.**

Die meist modulare Aufbaustruktur und die Möglichkeit, den Schaltungsumfang einer speziellen Aufgabe anzupassen, ergeben kostengünstige Ausführungen, die zu wirtschaftlicheren Lösungen führen. Der derzeitige Trend geht dahin, daß Einheiten zur Informationsverarbeitung, die aus Mikroprozessoren bzw. Mikrocomputern bestehen, die Prozeßrechner aus den niedrigsten hierarchischen Anwendungsebenen in übergeordnete Bereiche verdrängen bzw. sie ersetzen.

Es wird jedoch darauf hingewiesen, daß der Prozeßrechner bzw. Minicomputer mehr Rechenleistung, mehr Unterstützungssoftware und eine größere Flexibilität hinsichtlich der Anwendungsmöglichkeiten bietet. Damit einher gehen aber auch höhere Stückkosten im Vergleich zu einem Mikrocomputersystem.

Mikrocomputer und die in ihnen enthaltenen **Mikroprozessoren** vermögen wirtschaftliche Lösungen für Probleme der Informationsverarbeitung zu bieten. Teilsysteme, die eine „Intelligenz vor Ort" darstellen, führen bei einer Störung nicht zum Gesamtausfall einer Einrichtung.

1.2. Begriffsdefinitionen

Die nachfolgende Zusammenstellung wichtiger Begriffe und Beziehungen aus dem Gebiet der Mikroprozessoren und Mikrocomputer mit den angelsächsischen Benennungen, Abkürzungen und knappen Erläuterungen soll als Glossar für Fachausdrücke dienen. Diese werden in den nachfolgenden Abschnitten und Kapiteln dieses Buches benutzt und, wenn notwendig, an den betreffenden Stellen im Textzusammenhang näher erläutert.

Akkumulator (Abk. **AKK** oder **AC, accumulator)**
Ein Register, das meist der arithmetischen Logikeinheit zugeordnet ist. Es ist das Hauptarbeitsregister, das vorzugsweise einen der ALU-Operanden oder das ALU-Ergebnis speichert.

ALU siehe **Arithmetische Logikeinheit.**

Anwenderprogramm (user program)
Programm, das ein Anwenderproblem behandelt (im Gegensatz zu Betriebsprogramm).

Arbeitsspeicher (main storage)
relativ schneller Speicher für Programme und Zwischenergebnisse (im Gegensatz zu Massenspeichern bzw. allgemein externen Speichern).

Arithmetische Logikeinheit (Abk. **ALU, arithmetic logic unit)**
Teil einer Computer- oder Mikrocomputer-Zentraleinheit, in der arithmetische (z.B. Addition, Subtraktion, Multiplikation, Division) und logische (z.B. Vergleich auf größer oder kleiner als, Paritätstest, Prüfung auf Vorhandensein eines Übertrags) Operationen vorgenommen werden.

ASCII alphanumerischer Code. Abkürzung **A**merican **S**tandard **C**ode for **I**nformation **I**nterchange.

Assemblerprogramm (assembler)
Übersetzungsprogramm, das ein in ASSEMBLER (einer maschinennahen und maschinenspezifischen Programmsprache) geschriebenes Programm in Maschinencode übersetzt (Makro- bzw. Mikro-Sprache). Das Assemblerprogramm wird meist in vereinbarten alphanumerischen Ausdrücken (engl. Mnemonics) niedergeschrieben.

Asynchron (asynchronous)
ohne Takt, taktunabhängig.

BCD-Ziffer (**B**inary **C**oded **D**ecimal) in 4 bit (Binärcode) codierte Ziffer.

Befehl (instruction)
Anweisung an den Rechner zur Ausführung einer Operation.

Befehlsdecodierer (instruction decoder)
Schaltung, die den Inhalt des Befehlsregisters decodiert und mit dieser Information Kontrollschaltkreise und Zeitfolgeschaltkreise steuert.

Befehlsformat (instruction format)
Gibt die Länge (oft auch Format genannt) der Befehle in Einheiten der Wortlänge (bei Mikroprozessoren meist Wortlänge = 1 Byte) an. Siehe auch **1-Wort-Befehl, Mehr-Wort-Befehl.**

Befehlsklasse (class of instruction)
Die Befehlsklasse legt fest, zu welcher Gruppe von Befehlen ein bestimmter Befehl gehört. Man unterscheidet z.B.

Bitbefehle,
Transportbefehle,
Arithmetikbefehle,
Ein-/Ausgabe-Befehle,
Sprungbefehle.

Befehlsregister (instruction register)
Es speichert den Befehl oder Mikrobefehl, der gerade verarbeitet wird.

Befehlsvorrat (instruction set)
Gesamtheit der Befehle, die ein Computer „versteht".

Befehlszähler (program counter)
Register, in dem die Speicheradresse des nächsten zu bearbeitenden Befehls steht.

Betriebssystem (operating system)
Programmsystem, das die sogenannte Betriebssoftware darstellt und neben den Lade- oder Prozeduraufrufen die gesamte Organisation der Datenverarbeitungsanlage übernimmt.

bit (binary digi**t)** binäre Informationseinheit.

Boolesche Algebra System von Rechenregeln für binäre Variable. Die Boolesche Algebra behandelt die logischen Operationen.

Bus Datenleitung, an der mehrere Einheiten gleichzeitig angeschlossen sind **(Adreßbus, Datenbus, Kontrollbus).**

Byte kleinste adressierbare Einheit eines Datenverarbeitungssystems. Ein Byte besteht meist aus einer Zeichenfolge von 8 bit.

Clock (wörtlich übersetzt: Uhr). In der Datenverarbeitung allgemein der Takt bzw. Taktimpulse eines Taktgenerators für die **Ablaufsynchronisation.**

Compilerprogramm (compiler)

Sprachübersetzer für eine problemorientierte Programmiersprache in eine **Assemblersprache** oder in die **Maschinensprache.**

Cross-Assembler Übersetzungsprogramm für Mikrocomputersysteme, das auf einer größeren Rechenanlage läuft.

Cross-Simulator Simulationsprogramm für einen Mikrocomputer, das auf einer größeren Rechenanlage läuft.

Datenbus (data bus)

Gemeinsame Datenleitung für mehrere gleichzeitig angeschlossene Einheiten.

Datenformat (data format)

Definiert die Länge eines Datenwortes in bit.

Datenspeicher (data storage)

Speicher, in dem ausschließlich Daten gespeichert sind (beim Mikrocomputer meist RAM).

Direkter Speicherzugriff (Abk. **DMA, direct memory access)**

Betriebsart eines Mikroprozessors oder Mikrocomputers, bei der der direkte Datenfluß zwischen einem peripheren Gerät und dem Speicher erfolgt, ohne daß der Befehlsablauf des gerade laufenden Programmes beeinflußt wird.

Dynamischer Speicherbaustein Speicherelement, bei dem die in Form von Ladung gespeicherte Information zyklisch „aufgefrischt" werden muß.

Editor Hilfsprogramm zur Änderung, Korrektur und Ausgabe von Anwenderprogrammen.

1-Adreß-Befehl (single address instruction)

Befehl, in dem nur eine Speicheradresse genannt ist (z.B. muß dort zum Abspeichern eines arithmetischen Ergebnisses ein zweiter Befehl ausgeführt werden).

Ein-/Ausgabe-Schaltkreise (in/out circuits, I/O-circuits)

Schaltkreise zur logischen Verknüpfung, Speicherung und Verstärkung von internen Signalen, die für den Verkehr mit peripheren Geräten erforderlich sind.

1-Wort-Befehl (one word instruction)

Befehl, dessen bit-Anzahl kleiner oder gleich der Wortlänge des Computers ist.

Emulation softwaremäßige Nachbildung eines Computers oder auch Mikrocomputers.

EPROM (Erasable **P**rogrammable **ROM)**

Festspeicher, dessen gesamte Information mit UV-Licht löschbar ist. Der Speicherbaustein läßt sich dann wieder neu programmieren.

Externer Speicher (external storage device)

Speichergerät außerhalb der Zentraleinheit (z.B. Bandspeicher, Plattenspeicher).

Interface (Anpassungsschaltung)

Elektronische Schaltung, die zwei Geräte oder Bausteine (auch aus verschiedenen Schaltkreisfamilien) einander anpaßt.

Interrupt-Signal (Unterbrechungs-Signal)

Ein Signal, meist von außerhalb kommend, das die Ausführung des gerade laufenden Programmes unterbricht und den Start eines anderen Programmes zur Bedienung der Unterbrechungsanforderung bewirkt.

Kontroll- und Zeitfolgeschaltkreise (control and timing circuits)

Hier wird die Zeitfolge für den Befehlsablauf generiert (lesen, decodieren, ausführen = fetch, decode, execute) und die Abfolge des richtigen Zentralprozessor-Zyklus sichergestellt.

Massenspeicher (mass storage)

Speicher für große Datenmengen (Magnetband, Magnetplatte), im Gegensatz zum Arbeitsspeicher.

Mehradreßbefehl (multiaddress instruction)

Befehl, bei dem im Rahmen der Befehlsbearbeitung zwei oder mehr Adressen angesprochen werden.

Mehrwortbefehl Ist die für einen Befehl nötige bit-Zahl größer als die Wortlänge des Computers, muß der Befehl in zwei oder mehr Speicherplätzen gespeichert werden.

Mikroprogramm (microprogram)

Programm, durch dessen Abarbeitung Maschinenbefehle erzeugt werden.

Mikroprogrammierbarkeit (microprogrammability)

Eigenschaft eines Computers, Befehle über Mikroprogramme zusammensetzen zu können.

Mnemonischer Code (mnemonic code)

Leicht zu merkende alphanumerische Kürzel für Befehle. Bevorzugte Schreibweisen für Assembler-Programme (z.B. LAC = load accumulator).

Objekt-Code (object code)

Ausgabecode eines Assembler- oder Compilerprogrammes in Maschinensprache.

Parity bit Redundante Information, die zur Richtigkeitsprüfung mit übertragen wird.

Periphere Speicher (peripheral storage device)

Geräte zur Datenspeicherung, die an einen Computer angeschlossen werden (meist Massenspeicher).

Programmierbare logische Anordnung (Abk. **PLA P**rogrammable **L**ogic **A**rray)

Anordnung zur Realisierung logischer und boolescher Verknüpfungen, insbesondere einer booleschen Mintermgleichung. Meist als Nur-Lesespeicher (ROM = **R**ead **O**nly **M**emory) ausgeführt.

Programmspeicher (program storage)

Speicher, in dem ausschließlich Programme gespeichert sind (beim Mikrocomputer meist ROM).

Programmzähler (program counter)

Setzbares Register mit Inkrementierer, das die Adresse des nächsten Befehles speichert.

PROM (**P**rogrammable **ROM**)

Programmierbarer Festspeicher-Baustein.

Puffer (-Speicher) (buffer)

Speicher, in dem Daten vorübergehend zwischengespeichert werden.

RALU (**R**egisters and **A**rithmetic and **L**ogic **U**nit)

Baustein, der schnelle Zwischenspeicher (Register) und Operationseinheiten (ALU) umfaßt.

RAM (**R**andom **A**ccess **M**emory)

Schreib-Lese-Speicher mit wahlfreiem Zugriff.

Register (register)

Unter einem Register versteht man einen Speicherplatz zur meist kurzzeitigen Speicherung einer Date.

Registersatz (register file)

Ein Satz von allgemeinen oder speziellen Registern zur kurzzeitigen Speicherung von Daten oder Adressen.

REPROM = **Re**programmable **PROM**.

ROM (**R**ead **O**nly **M**emory)

Festspeicher mit wahlfreiem Zugriff.

Simulatorprogramm (simulator)

Ein Programm, das in der Lage ist, ein Anwendungsprogramm für einen bestimmten Mikrocomputer auf einer anderen Rechenanlage zu simulieren (siehe Cross-Simulator).

SOS (**S**ilicon **O**n **S**apphire)

Neue schnelle MOS-Technologie, die als zukünftiger Konkurrent für TTL gilt.

Stack (= Stapel, Magazin)

Definierte Speicherstellen zur Speicherung von Adressen und Daten einzelner Programme, die bei der Ausführung von Unterprogrammen und bei der Interrupt-Bearbeitung nicht zerstört werden dürfen. Wirkungsprinzip **LIFO** = last in first out (zuletzt hinein, zuerst heraus).

Stack-Zeiger (stack pointer)

Speicherregister, das die Adresse des Speicherwortes enthält, die zuletzt als Teil des Stack-Speichers angesprochen wurde.

Takt (clock)

Synchronisierimpuls des Taktgenerators bei synchroner Datenverarbeitung.

Unterprogramm (subroutine)

Befehlsfolge, die ein Teil beliebiger anderer Programme sein kann und die über eine sogenannte Einsprungadresse angesprochen wird.

Wahlfreier Zugriff (random access)

Jede Speicheradresse kann direkt angesprochen werden. Es ist nicht notwendig, eine bestimmte Zugriffsfolge einzuhalten.

Wortlänge (word length)

Anzahl der bit, die zusammenhängend verarbeitet werden können.

Zentraleinheit (CPU, Central Processing Unit)

Rechenwerk und **Steuerwerk** eines Computers. Vielfach wird auch noch der Arbeitsspeicher oder ein Teil desselben in die Definition der Zentraleinheit einbezogen.

Zugriff (access)

Möglichkeit, eine bestimmte Speicherstelle anzusprechen (zu adressieren) zum Zwecke des Lesens oder Schreibens des Speicherinhaltes.

Zusatzlogik (additional logic)

Digitalschaltungen in einem Mikrocomputer, die mit Standardbausteinen realisiert werden müssen, weil für diese Zwecke in der Mikrocomputer-Bausteinserie keine integrierten Schaltungen verfügbar sind (z.B. DMA-Logik; DMA = **D**irect **M**emory **A**ccess = direkter Speicherzugriff).

1.3 Mikroprozessor — Mikrocomputer

Unter einem **Mikroprozessor** (microprocessor, µP) versteht man die **Zentraleinheit (CPU, central processing unit)** eines Mikrocomputers. Wie bei den Prozeßrechnern [33, S. 13f.] ist auch bei den **Mikrocomputern (microcomputer)** eine Aufteilung in einzelne Baugruppen vorhanden. Die funktionellen Glieder der einzelnen Baugruppen tragen wiederum besondere Bezeichnungen. In Bild 1.1 ist eine Darstellung für den Aufbau eines Mikrocomputers aus den einzelnen Baugruppen und deren wichtigsten Untergruppen gezeigt. Wie aus der Darstellung ersichtlich ist, werden bei den Mikrocomputern, wie auch bei den Mikroprozessoren als Zentraleinheit, die gleichen Unterteilungen vorgenommen, wie sie in der Darstellung von informationsverarbeitenden Systemen aller Ebenen üblich sind. Wie jede Anlage zur Informationsverarbeitung besitzt ein Mikrocomputer Baugruppen zur Eingabe und Ausgabe von Daten, zur Steuerung der Datenverarbeitung und des Programmablaufes sowie zur Speicherung von Programmdaten, Ein-/Ausgabe-Daten und Zwischenergebnissen. Auf den speziellen Aufbau und die Funktion der Hardware der einzelnen Baugruppen wird in Kapitel 2 ausführlich eingegangen. Bedingt durch die in Abschnitt 1.1 bereits begründete Forderung nach **Modularität** zum Zwecke einer möglichen Anpassung an die speziellen Einsatzerfordernisse für einen Mikroprozessor bzw. Mikrocomputer sind eine Vielzahl von Produktvarianten entwickelt worden. Das Marktangebot reicht vom kompletten Mikrocomputer auf einem integrierten Baustein bis hin zum voll modularen System, d.h., alle Funktionsgruppen sind auf Einzelbausteinen erhältlich, und für den Aufbau eines Mikrocomputers müssen 20···30 integrierte Bausteine miteinander verschaltet werden. Für den Entwickler bedeutet dieses große Marktangebot die Qual der Wahl und das gegeneinander Abwägen der Vor- und Nachteile. Als wesentliche Auswahlvarianten kommen für den Entwickler und Anwender folgende Punkte in Betracht:

- □ **Anzahl der notwendigen Bausteine** zur Realisierung der Aufgabenlösung. Viele Bausteine = hoher **Schaltungsaufwand,** Möglichkeit von **Schaltungsfehlern,** größere **Störanfälligkeit.** Jedoch durch **Modularität** größere **Flexibilität**, Möglichkeit spezieller **Systemanpassung,** nicht gebunden sein an die besonderen Bedingungen bei einem komplett vorliegenden System.
- □ **Wahl der Schaltkreisfamilie.** Auswirkungen auf **Verarbeitungsgeschwindigkeit, Leistungsaufnahme,** Komplexität der Integration, Auslegung der **Stromversorgung,** Verfügbarkeit kombinierbarer digitaler Schaltkreise für Hilfsfunktionen. Siehe Abschnitte 1.4 und 1.6.
- □ **Wahl der Wortlänge.** Mikroprozessoren sind mit Wortlängen von vier bis 16 bit erhältlich.

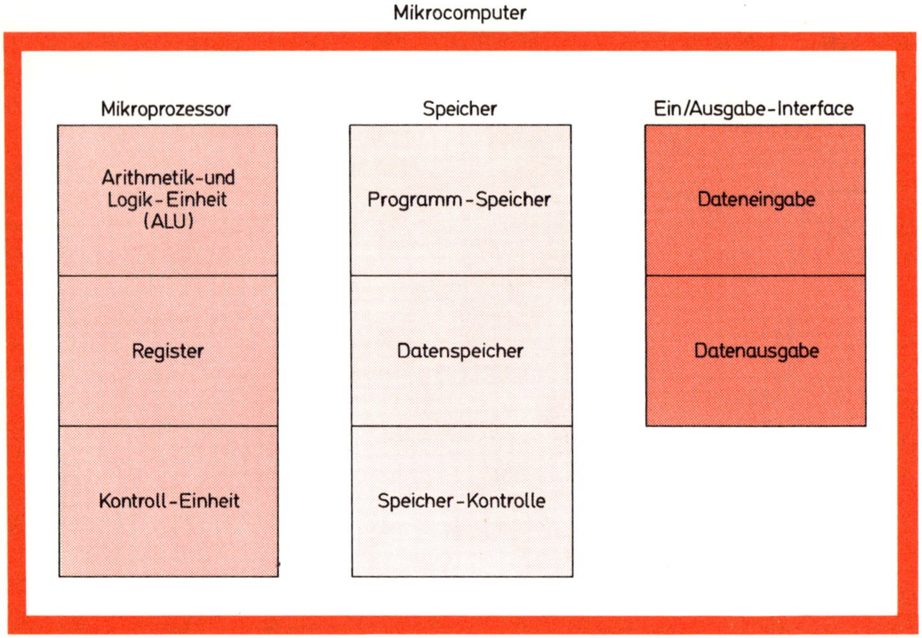

Bild 1.1 Baugruppen eines Mikrocomputers

Die **Wortlänge** hat einen Einfluß auf die **Verarbeitungsgeschwindigkeit** und auf die geforderte Auflösung bei der Informationsdarstellung. Siehe Abschnitte 1.5 und 1.6.

- ☐ **Vorhandene Befehlsliste und Mikroprogrammierbarkeit** des gewählten Mikroprozessorsystems. Große **Befehlsliste** = kürzere Programme. **Mikroprogrammierbarkeit** = gleichzeitige Ausführung mehrerer Befehle oder die Möglichkeit zur Befehlsnachbildung. Siehe Abschnitt 1.6.
- ☐ **Vorhandene Software und Softwareunterstützung.** Dieser Punkt verdient insofern große Beachtung, als bereits vorhandene **Software** oder Kompatibilität mit einer existierenden verbreiteten Prozeßrechnersoftware eine bedeutende Kostenersparnis darstellen kann. Die Softwarekosten sind bereits größer als die Hardwarekosten. Eine gebotene **Softwareunterstützung** in Form von **Compilern** und **Simulatorprogrammen** führt zu effizienteren Programmier- und Testmethoden (siehe Kapitel 5).

Neben den hier genannten Punkten dürfte es im Einzelfall noch andere Gesichtspunkte geben, die bei einem speziellen Anwendungsfall in Betracht gezogen werden müssen. In den einzelnen Abschnitten dieses Buches wird, wenn möglich, auf solche speziellen Punkte hingewiesen. Die Tabelle 6.1 im Anhang enthält eine Zusammenstellung der Kenndaten von auf dem Markt befindlichen Mikroprozessoren (soweit diese als Herstellerangaben verfügbar waren). Die Tabelle 6.2 ist eine Zusammenstellung von Kenndaten einiger Mikrocomputer, die als fertige funktionsfähige Geräte verfügbar sind.

Mit **Mikroprozessor** bezeichnet man die Zentraleinheit (bestehend aus Arithmetik- und Logikeinheit, Arbeitsregistern und Kontrolleinheit) eines Mikrocomputers. Mit **Mikrocomputer** bezeichnet man einen kleinen digital arbeitenden Computer, der aus den Baugruppen Zentraleinheit (Mikroprozessor), Speicher für Daten und Programme sowie Schaltgliedern für die Dateneingabe und Datenausgabe (Interface zu peripheren Geräten) besteht.

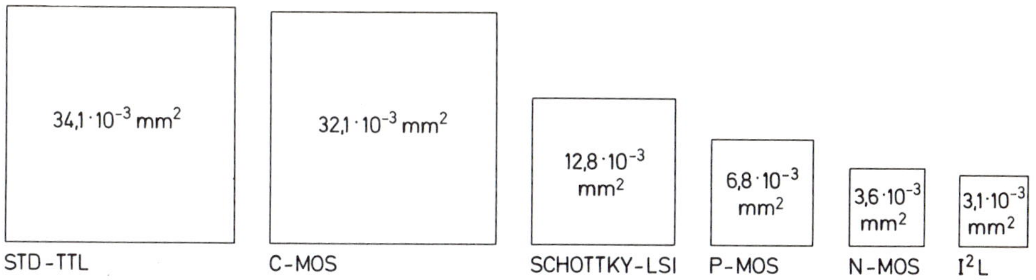

Bild 1.2 Chipgrößen für ein Vierfach-NAND oder NOR-Gatter bei verschiedenen Schaltkreisfamilien (nach Unterlagen der Firma Texas Instruments)

1.4. Schaltkreisfamilien für Mikroprozessoren

Für die Herstellung von Mikroprozessoren wie auch für Speicher und Ein-/Ausgabe-Schaltungen werden die verschiedensten **Fertigungstechnologien,** die zur Klassifizierung digitaler **Schaltkreistechniken** in diverse **Schaltkreisfamilien** geführt haben, angewendet. Die Entwicklung der integrierten Schaltungstechnik hat in bezug auf größere Packungsdichte, geringere Leistungsaufnahme, größere Komplexität (**MSI = medium scale integration, LSI = large scale integration**) und größere Verarbeitungsgeschwindigkeit bei besserem Störabstand in den vergangenen Jahren zur Schaffung immer wieder neuer und verbesserter Produkte geführt. In fast jeder **Schaltkreisfamilie**, die auf diese Weise entstand, wurden als Bausteine höchster Komplexität jeweils auch Mikroprozessoren sowie die zugehörigen Speicherbausteine entwickelt. Es ist im Rahmen dieses Buches und unter dem gewählten Titel nicht möglich, auf alle technologischen und schaltungstechnischen Einzelheiten der einzelnen Schaltkreisfamilien einzugehen. Es wird auf spezielle Literatur darüber verwiesen (z.B. [56] und [93]). In welchem Maße die Einführung neuer Fertigungstechnologien zur Verkleinerung der Chipgröße bei gleicher Schaltfunktion geführt hat, wird in Bild 1.2 am Beispiel eines 4fach-NAND/NOR-Gatters gezeigt (nach Unterlagen der Fa. Texas Instruments).

Die nachfolgende Aufstellung in Anwendung befindlicher Schaltkreisfamilien mit Hinweisen auf bestimmte typische Eigenschaften soll eine Hilfe bei der Auswahl von Mikroprozessortypen sein. Für diese treffen die hier angesprochenen Gesichtspunkte in gleichem Maße zu. In der Tabelle 1.1 sind einige typische Kenndaten, die die jeweilige Schaltkreisfamilie charakterisieren, zusammengestellt. Die Angaben hinsichtlich der **Schaltgeschwindigkeit** gelten für ein Standard-Gatter (z.B. UND, ODER). Die **Zykluszeiten** für Mikroprozessoren bzw. Mikrocomputer in entsprechender Schaltkreistechnik können den Tabellen 6.1 und 6.2 im Anhang entnommen werden. Die angegebenen Werte der Tabelle 1.1, wie auch der beiden Tabellen im Anhang sind als Richtwerte anzusehen und sollen einer relativen Betrachtungsweise dienen. Für Auslegungsrechnungen von Mikrocomputer-Systemen oder Steuerungen mit Mikroprozessoren sollten in jedem Falle die Datenblätter der jeweiligen Hersteller herangezogen werden.

STD-TTL (Standard-Transistor-Transistor-Logik)

TTL-Schaltungen haben bis heute die weiteste Verbreitung gefunden. Sie zeichnen sich durch hohe Schaltgeschwindigkeit aus. Der Umladevorgang der unvermeidlichen inneren und äußeren Schaltungskapazitäten wird durch eine niederohmige Ansteuerung der Transistoren stark beschleunigt.

Schottky-TTL

Durch Einführung sogenannter **Schottky-Dioden** zwischen Kollektor und Basis der Transistoren wird deren Betrieb im Sättigungszustand vermieden, und eine weitere Erhöhung der **Schaltgeschwindigkeit** gegenüber STD-TTL-Schaltkreisen ist die Folge. Schottky-Dioden werden durch einen Metall-Halbleiter-Übergang realisiert.

Tabelle 1.1: Typische Kenndaten von Schaltkreisfamilien, dargestellt am Beispiel eines Standard-Gatters (z.B. UND, ODER)

Schaltkreis-familie	Leistungs-verbrauch in mW	Betriebsspannung in V	Schaltzeit in ns	Statischer Störabstand in V
STD-TTL	10	5	10	0,4
S-TTL	20	5	3	0,4
ECL-TTL	60	− 5	3···5	0,4
L-TTL	1	5	35	0,4
LS-TTL	2	5	10	0,4
P-MOS	$8 \cdot 10^{-2}$	±15	400	4
N-MOS	$5 \cdot 10^{-2}$	±15	200	4
C-MOS	$1 \cdots 2 \cdot 10^{-2}$	±(3···15)	50···200	1,5···7
SOS-C-MOS	$1 \cdots 2 \cdot 10^{-2}$	±(3···15)	100	1,5···7
I^2L	0,1···0,2	1···5	200	0,5···2

ECL (Emitter Coupled Logic = emittergekoppelte Logik)

In diesem Schaltkreissystem wird die Sättigung der Transistoren durch den besonderen Schaltungsaufbau unter Verknüpfung der Transistoren-Emitter vermieden.
Als Vorläufer der Schottky-Dioden-Technik wurde mit diesem Verfahren die gleiche Erhöhung der Schaltgeschwindigkeit gegenüber Standard-TTL erzielt.

LTTL (Low power TTL = TTL mit geringer Leistungsaufnahme)

Diese Schaltkreisfamilie stellt eine hochohmige Version der STD-TTL-Schaltungen dar. Bei geringerer Leistungsaufnahme ergibt sich jedoch eine Verlängerung der Schaltzeiten.

LSTTL (Low power Schottky TTL = Schottky-TTL mit geringer Leistungsaufnahme)

Aus dem gewählten Namen und dem vorher Gesagten geht bereits das Funktionsprinzip hervor. Neben der STD-TTL-Technik gewinnt diese Schaltkreisfamilie zunehmend an Bedeutung. Trotz geringer Leistungsaufnahme werden die gleichen Schaltgeschwindigkeiten wie bei STD-TTL erzielt. Das Typenspektrum integrierter Schaltkreise in dieser Technik wird ständig erweitert.

MOS (Metal Oxid Semiconductor = Metall-Oxid-Halbleiter)

Diese Schaltkreistechnik ermöglicht einen einfachen und platzsparenden technologischen Aufbau bei hoher Packungsdichte. Hierdurch können komplexe Schaltkreise auf kleinem Raum untergebracht werden. Die zur Verwendung kommenden Feldeffekttransistoren (FET) weisen einen mit SiO_2 isolierten **Steueranschluß (gate)** auf und benötigen keinen Steuerstrom. Es wird zwischen **N-Kanal-MOS** und **P-Kanal-MOS** (auch oft einfach mit **NMOS** und **PMOS** bezeichnet) unterschieden. Die Leistungsaufnahme von MOS-Schaltkreisen ist sehr gering. **Halbleiterspeicher** großer Speicherkapazität werden vorzugsweise in MOS-Technik hergestellt.
In P-Kanal-Technik werden in bezug auf das Substrat negative Spannungen und in N-Kanal-Technik positive Spannungen benötigt. Die Ladungsträger in N-Kanal-Technik sind Elektronen anstelle der Löcher in P-Kanal-Technik. Infolge der größeren Elektronenbeweglichkeit hat ein Transistor in N-Technik eine größere Verarbeitungsgeschwindigkeit bzw. bei gleicher Geschwindigkeit kleinere Abmessungen. Die N-Kanal-Technik benötigt darüber hinaus niedrigere Spannungen.
MOS-Logik ist kompatibel mit **Standard-TTL** und anderen **bipolaren Logikfamilien,** bei denen die Schaltschwelle U_T ungefähr 1,5 V beträgt. Die Werte für U_T betragen 2 V für P-Kanal- und 1 V für N-Kanal-Technik.

CMOS (Complementary Metal Oxid Semiconductor = komplementärer Metall-Oxid-Halbleiter)

Auch als **COS/MOS-Schaltkreise** bezeichnet. Der Platzbedarf und der mögliche Integrationsgrad ist etwa gleich groß wie bei STD-TTL-Schaltkreisen. Die größten Vorteile dieser Schaltungstechnik liegen jedoch in dem weiten Bereich der möglichen Versorgungsspannung (3···15 V) und dem vergrößerten **Störabstand.** Hinzu kommt, daß auch ein Betrieb mit umgekehrter Polarität der Versorgungsspannung möglich ist. Die Leistungsaufnahme ist sehr gering. Leistung wird nur beim Umschalten zur Umladung der Schaltkapazität verbraucht. Die Eingänge benötigen keinen Strom, da einer der beiden Transistoren des komplementären Paares stets so gut wie nicht leitend ist. Der kapazitive Umladevorgang vollzieht sich in beiden Richtungen zwar mit befriedigender Geschwindigkeit, jedoch wesentlich langsamer als bei TTL-Schaltungen.

SOS-CMOS (Silicon On Sapphire-CMOS = Silizium auf Saphir-CMOS)

Durch Verwendung einer Siliziumtechnik wie bei CMOS auf Saphir als Grundmaterial wird eine Fertigungstechnologie ermöglicht, die unter Beibehaltung der Vorteile von CMOS zu einer Erhöhung der Schaltgeschwindigkeiten gegenüber CMOS führt. Saphir ist ein Halbedelstein, der synthetisch unter dem Namen Korund erzeugt wird und im wesentlichen aus kristallisiertem α-Al_2O_3 (Aluminiumoxid) besteht.

I^2L (Integrated Injection Logic = Integrierte Injektions-Logik)

Diese jüngste der entwickelten Schaltkreistechnologien basiert auf dem Prinzip der Stromeinkopplung in einen Transistorschalter. Die Einfachheit des Prinzips, verbunden mit einer entsprechend einfachen Geometrie, erfordert weder eine Isolation, Ladewiderstände und eine Masse-Metallisierung. Diese Voraussetzungen ermöglichen eine zehnmal so große **Packungsdichte** wie bei STD-TTL oder CMOS. Das Produkt aus **Schaltgeschwindigkeit** und **Leistungsaufnahme** ist konstant. Das bedeutet, daß hohe Ströme und große Schaltgeschwindigkeiten ebenso möglich sind wie niedrige Ströme und geringe Schaltgeschwindigkeiten. Der Versorgungsbereich ist in weiten Grenzen variabel. Bei einem nominellen Injektorstrom ist eine volle Kompatibilität mit TTL-Schaltkreisen gewährleistet [52, 96].

1.5. Datendarstellung und Wortlänge bei Mikroprozessoren

Wie bei allen digital arbeitenden Systemen der Informationsverarbeitung spielt auch bei den Mikroprozessoren und den mit ihrer Hilfe realisierten Mikrocomputern die Wahl der richtigen **Wortlänge** für den jeweiligen Anwendungsfall eine wichtige Rolle.

> Bei einer digitalen Zeichenfolge bezeichnet man mit **Wortlänge** die Anzahl von bit (Abk. für **b**inary dig**its** = binäre Ziffern), die in einem Arbeitsgang bzw. während eines **Verarbeitungszyklus** einer Operation unterworfen werden.

Hieraus ergeben sich für die verschiedenen Anwendungsbereiche der binären Zeichenfolge unterschiedliche Folgerungen. Generell kann man jedoch feststellen, daß eine Verarbeitungsfolge von *n* Datenworten eine Verarbeitungszeit von *n* Zyklen erfordert. Unter einem **Zyklus** bzw. der **Zykluszeit** versteht man die Zeit, die ein Prozessor benötigt, um eine Date aus einem Speicher oder Eingaberegister zu lesen, sie zu decodieren bzw. zu verarbeiten und das Ergebnis in einem Speicher oder Ausgaberegister einzuschreiben.

> Zeit für **Datenaufnahme** (lesen)
> \+ Zeit für **Datenverarbeitung** (decodieren)
> \+ Zeit für **Datenausgabe** (schreiben)
> ———
> = **Zykluszeit**

Als grundsätzlich unterscheidbare **Datenformen** sind zu betrachten:

- ☐ Zahlenwerte,
- ☐ logische Variablen,
- ☐ Befehlsworte.

Zahlenwerte (auch als **numerische Daten** bezeichnet) sind zu verstehen als die binären Zeichenfolgen, die eine Zahl in dualer Darstellung repräsentieren. Wie im Bereich der gesamten digitalen Informationsverarbeitung erfolgt auch bei den Mikroprozessoren und Mikrocomputern die interne Datendarstellung durch das auf der Basiszahl zwei beruhende **Zweier-Zahlensystem** (Dual-Zahlensystem oder kürzer einfach Dualsystem). Dieses **Dualsystem** wird auch der Darstellung numerischer Daten zugrunde gelegt. Die Gründe für die Anwendung des Dualsystems sind durch die möglichen **binären Schaltzustände 0 und L** bedingt, die den Ziffern 0 und 1 des Dualsystems entsprechen.
Das Dualsystem ist wie das allgemein bekannte **Zehnersystem (Dezimalsystem)** ein **Stellenwertsystem.** Das heißt, daß der Wert einer Ziffer von ihrer Stellung in einer Zahl abhängig ist. Zu jeder beliebigen positiven Zahl läßt sich ein Stellenwertsystem bilden. In der digitalen Datenverarbeitung finden die auf den **Basiszahlen** 8 und 16 beruhenden **Oktal**- bzw. **Hexadezimalsysteme** als abgekürzte Schreibweisen für das Dualsystem Anwendung. Es sei ausdrücklich betont, daß es sich dabei um Schreibweisen handelt. Die interne **Datendarstellung** in der Maschine (Prozessor oder Computer) erfolgt durch binäre Schaltzustände und entspricht damit der dualen Zahlendarstellung.

Merkmale von Stellenwertsystemen:

Die Stellung einer Ziffer innerhalb der Zahl bestimmt ihren Wert. Die Stellenwerte lassen sich, beginnend mit der niedrigstwertigen Ziffer, als Potenzen zur Basiszahl des Systems darstellen. Die Exponenten beginnen mit 0 und steigen in Schritten von 1. Die höchste Ziffer im System ist um eins kleiner als die Basiszahl. Die Ziffern beginnen mit Null. Der Zahlenwert bei einer Stellenwertdarstellung ergibt sich aus der Summe aller Produkte von Ziffer und zugehörigem Stellenwert. Erscheint in der Zahl eine Null, so bedeutet dies, daß dieser Stellenwert nicht besetzt ist.

Die Tabelle 6.13 in Kapitel 6 gibt eine Gegenüberstellung häufig gebrauchter Zahlenwerte in den verschiedenen Stellenwertsystemen.
Die folgenden Beispiele 1.1 bis 1.3 sollen die Zusammenhänge, die mit den Begriffen Stellenwertsystem, Zahlensysteme und Umwandlung bzw. Umrechnung von verschiedenen Systemen ineinander, verdeutlichen.

Für die niedrigst- und höchstwertigen Ziffern gelten folgende Abkürzungen:

LSD	=	least significant digit	=	niedrigstwertige Ziffer
MSD	=	most significant digit	=	höchstwertige Ziffer

für Dualzahlen gilt auch:

LSB	=	least significant bit	=	niedrigstwertiges bit
MSB	=	most significant bit	=	höchstwertiges bit

Beispiel 1.1: Stellenwertsysteme

a) **Dezimalsystem (Zehnersystem)**

Basiszahl : 10
Mögliche Ziffern : 0, 1, 2, 3, 4, 5, 6, 7, 8, 9,
Zahl, z.B. : 105

Tabelle der Zusammenhänge:

Ziffer	Stellenwert		Produkt aus Ziffer und Stellenwert
5 (LSD)	$10^0 = 1$	(Einer)	$5 \cdot 10^0 = 5$
0	$10^1 = 10$	(Zehner)	$0 \cdot 10^1 = 0$
1 (MSD)	$10^2 = 100$	(Hunderter)	$1 \cdot 10^2 = 100$
		Summe:	= 105

b) **Dualsystem (Zweiersystem)**

Basiszahl : 2
Mögliche Ziffern : 0,1
Zahl, z.B. : 1101001

Tabelle der Zusammenhänge:

Ziffer	Stellenwert		Produkt aus Ziffer und Stellenwert
1 (LSB)	$2^0 = 1$	(Einer)	$1 \cdot 2^0 = 1$
0	$2^1 = 2$	(Zweier)	$0 \cdot 2^1 = 0$
0	$2^2 = 4$	(Vierer)	$0 \cdot 2^2 = 0$
1	$2^3 = 8$	(Achter)	$1 \cdot 2^3 = 8$
0	$2^4 = 16$	(Sechzehner)	$0 \cdot 2^4 = 0$
1	$2^5 = 32$	(Zweiunddreißiger)	$1 \cdot 2^5 = 32$
1 (MSB)	$2^6 = 64$	(Vierundsechziger)	$1 \cdot 2^6 = 64$
		Summe:	= 105

Aus der dualen Schreibweise ergeben sich im Gegensatz zur dezimalen Darstellung folgende Folgerungen:

- □ Die Anzahl der Ziffern zur Darstellung eines Zahlenwertes ist größer als bei der Dezimalzahl.
- □ Da das Dualsystem nur die Ziffern 0 und 1 kennt, ist ein Stellenwert entweder vorhanden oder nicht vorhanden. Dualzahlen lassen sich durch binäre Zustände (Ein/Aus; Strom/kein Strom) darstellen.

c) **Oktalsystem (Achtersystem)**

Basiszahl : 8
Mögliche Ziffern : 0, 1, 2, 3, 4, 5, 6, 7,
Zahl, z.B. : 151

Tabelle der Zusammenhänge:

Ziffer	Stellenwert		Produkt aus Ziffer und Stellenwert
1 (LSD)	$8^0 = 1$	(Einer)	$1 \cdot 8^0 = 1$
5	$8^1 = 8$	(Achter)	$5 \cdot 8^1 = 40$
1 (MSD)	$8^2 = 64$	(Vierundsechziger)	$1 \cdot 8^2 = 64$
		Summe:	$= 105$

d) **Hexadezimalsystem (Sechzehnersystem)**

Basiszahl: 16
Mögliche Ziffern: 0, 1, 2, 3, 4, 5, 6, 7, 8, 9, A, B, C, D, E, F
(Die höchste Ziffer hat einen Wert, der um 1 kleiner ist als die Basiszahl, also = 15. Für die Ziffern 10···15 verwendet man im Hexadezimalsystem die Großbuchstaben A···F des lateinischen Alphabetes.)
Zahl z.B.: 69

Tabelle der Zusammenhänge:

Ziffer	Stellenwert		Produkt aus Ziffer und Stellenwert
9 (LSD)	$16^0 = 1$	(Einer)	$9 \cdot 16^0 = 9$
6	$16^1 = 16$	(Sechzehner)	$6 \cdot 16^1 = 96$
		Summe:	$= 105$

Die oktale und hexadezimale Schreibweise bringen hinsichtlich der Anzahl der erforderlichen Ziffern für die Darstellung eines Zahlenwertes keinen bemerkenswerten Unterschied. Der Grund für ihre Verwendung liegt vielmehr in der Tatsache, daß man mit Oktalzahlen und Hexadezimalzahlen eine ausgezeichnete Kurzschreibweise für die bei größeren Zahlenwerten sehr unübersichtlichen Dualzahlen besitzt. Beispiel 1.2 soll die Zusammenhänge erläutern.

Beispiel 1.2: Oktalzahlen und Hexadezimalzahlen als Kurzschreibweise für Dualzahlen

Haben wir eine größere Dualzahl, z.B.

1000111000111010

mit einer Wortlänge von 16 bit, so stellen wir fest, daß diese Zahl sich nur schwer überschauen läßt. Wenn diese Zahl diktiert werden soll, so erfordert das beträchtliche Konzentration. Bei der Verarbeitung von Zahlenkolonnen dürfte die Ermüdung, und damit die Häufigkeit von Fehlern bei der Übermittlung, schnell eintreten.
Betrachten wir einmal die drei niedrigstwertigen Stellen einer Dualzahl mit den Stellenwerten $2^0 = 1$, $2^1 = 2$, und $2^2 = 4$.
Mit diesen 3 bit lassen sich alle Zahlen zwischen 0 und 7 darstellen:

MSD		LSD	Zahlenwert
0	0	0	$0 \cdot 2^2 + 0 \cdot 2^1 + 0 \cdot 2^0 = 0$
0	0	1	$0 \cdot 2^2 + 0 \cdot 2^1 + 1 \cdot 2^0 = 1$
0	1	0	$0 \cdot 2^2 + 1 \cdot 2^1 + 0 \cdot 2^0 = 2$
0	1	1	$0 \cdot 2^2 + 1 \cdot 2^1 + 1 \cdot 2^0 = 3$
1	0	0	$1 \cdot 2^2 + 0 \cdot 2^1 + 0 \cdot 2^0 = 4$
1	0	1	$1 \cdot 2^2 + 0 \cdot 2^1 + 1 \cdot 2^0 = 5$
1	1	0	$1 \cdot 2^2 + 1 \cdot 2^1 + 0 \cdot 2^0 = 6$
1	1	1	$1 \cdot 2^2 + 1 \cdot 2^1 + 1 \cdot 2^0 = 7$

Das sind genau die möglichen Ziffern, die das Oktalsystem besitzt. Hieraus leitet sich folgende Regel ab:

> Eine Dualzahl wird in eine gleichwertige Oktalzahl übergeführt, indem man die Dualzahl, bei der niedrigstwertigen Ziffer beginnend, in Gruppen zu 3 bit unterteilt und daraus oktale Ziffern bildet. Diese ergeben in der bestehenden Wertigkeitsfolge aneinandergereiht die Oktalzahl.

Wir wenden diese Regel jetzt auf unsere 16-bit-Folge an:

$\boxed{00}1$ 000 111 000 111 010

1 0 7 0 7 2

Die vorderste Gruppe wird, falls notwendig, mit führenden Nullen auf 3 bit ergänzt. Die so entstandene Oktalzahl 107 072 ist wesentlich übersichtlicher und leichter zu handhaben als die ursprüngliche 16-bit-Folge. Die Rückwandlung in eine Dualzahl geht entsprechend vor sich. Man erzeugt aus jeder oktalen Ziffer wieder eine Folge von 3 bit. Für die Darstellung im Hexadezimalsystem geht man so vor, daß die vier niedrigstwertigen Stellen einer Dualzahl für die Umwandlung verwendet werden. Diese haben die Stellenwerte $2^0 = 1, 2^1 = 2, 2^2 = 4$ und $2^3 = 8$. Mit 4 bit lassen sich alle Zahlen zwischen 0 und 15 darstellen.

0000 ergibt:

$$0 \cdot 2^3 + 0 \cdot 2^2 + 0 \cdot 2^1 + 0 \cdot 2^0 = 0$$

und

1111 ergibt:

$$1 \cdot 2^3 + 1 \cdot 2^2 + 1 \cdot 2^1 + 1 \cdot 2^0 = 15\ (\mathrm{F})$$

Es ist zu berücksichtigen, daß die Ziffern 10…15 durch die Buchstaben A bis F dargestellt werden. Die Regel für die Umwandlung von Dualzahlen in Hexadezimalzahlen lautet:

> Eine Dualzahl wird in eine gleichwertige Hexadezimalzahl umgewandelt, indem man die Dualzahl, bei der niedrigstwertigen Ziffer beginnend, in Gruppen zu 4 bit unterteilt und daraus hexadezimale Ziffern bildet. Diese ergeben in der bestehenden Wertigkeitsfolge aneinandergereiht die Hexadezimalzahl.

Mit unserer 16-bit-Dualzahl erhalten wir:

1000 1110 0011 1010

8 E 3 A

Die gleichwertige Hexadezimalzahl lautet: 8E3A. Bei Hexadezimalzahlen erfolgt die Rückwandlung in Dualzahlen, indem man aus jeder Ziffer der Hexadezimalzahl eine entsprechende Folge von 4 bit erzeugt und diese stellenwertrichtig aneinanderreiht.

Das Beispiel 1.2 hat gezeigt, wie man Dual-, Oktal- und Hexadezimalzahlen ineinander umwandeln kann. Bereits im Beispiel 1.1 ist ersichtlich, wie man durch Addition der Produkte aus Ziffer und Stellenwert zur Umwandlung von Dual-, Oktal- und Hexadezimalzahlen in Dezimalzahlen vorzugehen hat. Wenn man mit mehreren Zahlensystemen arbeitet, wie z.B. bei den hier demonstrierten Umwandlungen oder auch bei Codierungsarbeiten an Programmen, dann muß man die Zahlen der einzelnen Systeme kennzeichnen. Für das Oktalsystem stellt man der Zahl oft ein O und für das Hexadezimalsystem ein H vor. Eine andere gebräuchliche Schreibweise ist das Anhängen der Basiszahl als Index an die Zahl, z.B. $8E3A_{16}$ oder 107072_8.

Im Beispiel 1.3 wird nun gezeigt, wie man Dezimalzahlen in die anderen Zahlensysteme umwandelt. Hier wird nur ein Verfahren von vielen möglichen gezeigt. Der interessierte Leser wird für weitergehende Betrachtungen auf die mathematische Literatur verwiesen.

Beispiel 1.3: Umwandlung von Dezimalzahlen in Zahlen anderer Systeme

Das angewendete Verfahren wird als Methode der fortgesetzten Division bezeichnet. Man dividiert fortlaufend durch die Basiszahl.

a) **Dezimalzahl in Dualzahl umwandeln**

Dezimalzahl = 36 410

36 410 : 2 =	18 205	Rest 0 (LSD)	↑
18 205 : 2 =	9 102	Rest 1	
9 102 : 2 =	4 551	Rest 0	
4 551 : 2 =	2 275	Rest 1	
2 275 : 2 =	1 137	Rest 1	
1 137 : 2 =	568	Rest 1	
568 : 2 =	284	Rest 0	
284 : 2 =	142	Rest 0	
142 : 2 =	71	Rest 0	
71 : 2 =	35	Rest 1	
35 : 2 =	17	Rest 1	
17 : 2 =	8	Rest 1	
8 : 2 =	4	Rest 0	
4 : 2 =	2	Rest 0	
2 : 2 =	1	Rest 0	
1 : 2 =	0	Rest 1 (MSD)	

Dualzahl = $1000\ 1110\ 0011\ 1010_2$

b) **Dezimalzahl in Oktalzahl umwandeln**

Dezimalzahl = 36 410

36 410 : 8 =	4 551	Rest 2 (LSD)	↑
4 551 : 8 =	568	Rest 7	
568 : 8 =	71	Rest 0	
71 : 8 =	8	Rest 7	
8 : 8 =	1	Rest 0	
1 : 8 =	0	Rest 1 (MSD)	

Oktalzahl = 107072_8

c) **Dezimalzahl in Hexadezimalzahl umwandeln**

Dezimalzahl = 36 410

36 410 : 16 =	2275	Rest 10 = A (LSD)	↑
2 275 : 16 =	142	Rest 3 = 3	
142 : 16 =	8	Rest 14 = E	
8 : 16 =	0	Rest 8 = 8 (MSD)	

Hexadezimalzahl = 8E3A

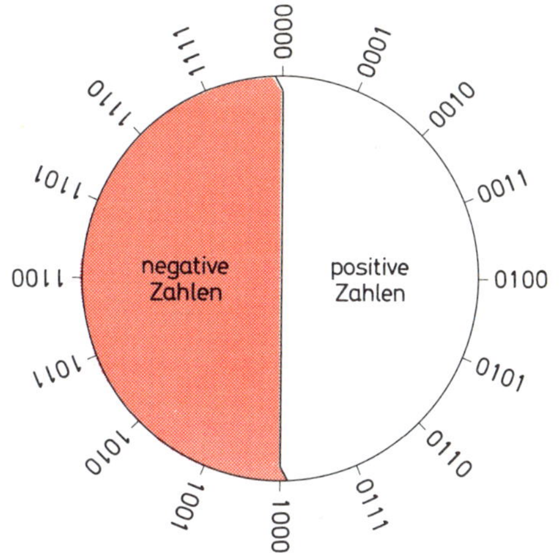

Bild 1.3 Darstellung von Dualzahlen mit fester Wortlänge (4 bit) am Zahlenkreis

Zahlenwerte können positive und negative Werte annehmen. Bei Dualzahlen in **Stellenwertanordnung** und mit **fester Wortlänge** wurde die Vereinbarung getroffen, daß **positive Zahlen** in der höchstwertigen Stelle (MSB) den Wert 0 haben. **Negative Zahlen** haben als MSB den Wert 1. Dies gilt nur, wenn das **Vorzeichen berücksichtigt** werden muß. Die Betonung liegt hier auf dem Ausdruck feste Wortlänge. Diese ist bei Prozessoren z.B. durch die Anzahl bit, die das Hauptarbeitsregister (Akkumulator) besitzt, festgelegt. Hat der Akkumulator z.B. 4 bit Wortlänge, dann lassen sich die Verhältnisse an einer Darstellung wie in Bild 1.3 erklären. Teilt man den Kreisumfang durch die darstellbare Anzahl von Zuständen (bei 4 bit sind das sechzehn), so entspricht bei Fortzählung im Uhrzeigersinn die rechte Kreishälfte den positiven Zahlen, die linke den negativen. Zählt man von Null (0000) ausgehend im Uhrzeigersinn um eine Stelle nach rechts, dann gelangt man zur Eins (0001). Zählt man dagegen von Null (0000) ausgehend gegen den Uhrzeigersinn eine Stelle nach links, dann erhält man 1111, was **ohne Vorzeichenbeachtung** 15 bedeutet, aber **mit Vorzeichenbeachtung** −1. Die Verhältnisse lassen sich auch am Beispiel des Kilometerzählers definieren. Ein vierziffriger Kilometerzähler (feste Wortlänge = 4 Ziffern) zeigt im Neuzustand 0000 an. Fährt man einen Kilometer vorwärts (d.h. in positiver Richtung), dann erhält man die Anzeige 0001. Bei einem Kilometer Rückwärtsfahrt (d.h. in negativer Richtung) erhält man die Anzeige 9999, was also der −1 entspricht.

> Bei Zahlendarstellungen mit **fester Wortlänge** müssen **alle** Ziffern der Zahl berücksichtigt werden. Ein Weglassen führender Nullen ist nicht erlaubt.

Die Zahlendarstellung mit fester Wortlänge erlaubt über die **Komplementbildung** die Darstellung negativer Zahlen und die Rückführung der Subtraktion auf eine Addition. Für verschiedene Wortlängen (Anzahl von möglichen bit bzw. Ziffern in einer Zahl) ergeben sich folgende Beziehungen für die darstellbaren Zahlenwerte im Dualsystem:

(1.4.1) (1.4.2) (1.4.3)

> Ohne Vorzeichenbeachtung
>
> $$N = 2^n - 1$$
>
> mit Vorzeichenbeachtung
>
> $$+N = 2^{n-1} - 1$$
> $$-N = 2^{n-1}$$

In den Formeln 1.4.1 bis 1.4.3 bedeuten: n = Wortlänge in bit. N = Zahlenwert ohne Vorzeichenbeachtung; $+N$ = größter positiver Zahlenwert und $-N$ = größter negativer Zahlenwert.

Tabelle 1.2: Darstellbare Zahlenwerte in Abhängigkeit von der Wortlänge bei dualen Zahlen

Vorzeichenbeachtung	ohne	mit	
Wortlänge in bit	größter Zahlenwert	größter positiver Zahlenwert	größter negativer Zahlenwert
4	15	7	−8
8	255	127	−128
12	4095	2047	−2048
16	65535	32767	−32768

Die Tabelle 1.2 gibt für einige gebräuchliche Wortlängen bei Mikroprozessoren die darstellbaren Zahlenwerte an. Beispiel 1.4 zeigt die Komplementbildung und die Darstellung negativer Zahlen in Systemen mit fester Wortlänge.

Beispiel 1.4: Komplementbildung, Darstellung negativer Zahlen und Subtraktion

Zuerst seien die Verhältnisse der Bildung des **Komplementes** an unserem im Dezimalsystem arbeitenden Kilometerzähler demonstriert. Wir wollen die Darstellung der Zahl −1 in unserem 4-Ziffer-System mit fester Wortlänge vornehmen. Um den negativen Zahlenwert darzustellen, bilden wir **mit der ganzen Wortlänge** zuerst das Komplement zur höchsten Ziffer des Systems. Das ist im Dezimalsystem die 9. Das Komplement ist die Differenz der bestehenden Ziffern zu dieser höchsten Systemziffer. Wir nennen das so entstandene Komplement das Neunerkomplement. Addieren wir zu dem Neunerkomplement noch 1 hinzu, so erhalten wir das Zehnerkomplement – das ist gleichzeitig die Darstellung der negativen Zahl in einem System mit fester Wortlänge.

Zahl	:	0001
9er-Komplement	:	9998
1 addieren	:	+ 1
10er-Komplement	:	9999

Das Zehnerkomplement von 0001 ist 9999 = −0001. Wenn wir z.B. 1 von 5 subtrahieren wollen, d.h. die Aufgabe 5−1 rechnen wollen, so ist das dasselbe als wenn wir 5 +(−1) rechnen.

$$5 = 0005$$
$$+(-1) = 9999$$
$$= \boxed{1}\,0004$$

Wir erhalten aus der höchsten Stelle einen Übertrag von 1, den wir aber nicht berücksichtigen, denn wir haben ja ein System mit fester Wortlänge. Diese Stelle ist physikalisch gar nicht vorhanden.

Im Dualsystem (wie übrigens in jedem Stellenwertsystem) hat diese Methode der Komplementbildung genauso ihre Gültigkeit. Man erzeugt hier nacheinander das Einerkomplement und durch Addition von 1 das Zweierkomplement. Das Zweierkomplement ist dann die Darstellung für die negative Zahl.

5 (dezimal)	:	0101 (dual)
1 (dezimal)	:	0001 (dual)
1er-Komplement	:	1110
1 addieren	:	+ 1
2er-Komplement		1111

(identisch mit −1 im Dualsystem mit fester Wortlänge von 4 bit)

5 (dezimal)	:	0101 (dual)
+(−1) (dezimal)	:	+1111 (dual)
= 4 (dezimal)	:	1 0100 (dual)

Der Übertrag 1 wird nicht berücksichtigt.

Für die Zahlendarstellung mit Vorzeichenbeachtung können wir nun unsere Formeln 1.4.2 und 1.4.3 anwenden. Im Dualsystem mit einer festen Wortlänge von $n = 4$ bit erhalten wir für die größte positive Zahl

$$+N = 2^{4-1} - 1 = 7$$

und für die größte negative Zahl

$$-N = 2^{4-1} = 8, \text{ d.h., } N = -8$$

In bezug auf Bild 1.3 heißt das, alle Zahlen von 0000 (Null ist eine positive Zahl!) bis 0111 sind positiv und von 1000 bis 1111 negativ. Da 0111 und 1000 auf dem Zahlenkreis nebeneinander liegen, kann man sagen, daß in dieser Darstellung die größte positive und die größte negative Zahl nebeneinander liegen.

Aus den Werten der Tabelle 1.2 und den Ausführungen zu Beginn dieses Abschnittes wird ersichtlich, daß es bei überwiegend **numerischer Datenverarbeitung** zweckmäßig ist, einen Mikroprozessor mit möglichst großer Wortlänge einzusetzen. Bei nur in eingeschränktem Maße vorkommenden Verarbeitungen numerischer Daten kann man dagegen den Zeitaufwand für eine Doppel- oder ganz allgemein Mehrfachwortverarbeitung in Kauf nehmen.

> Mit zunehmender Wortlänge nimmt bei gleicher Problemstellung die Verarbeitungsgeschwindigkeit allgemein zu (bei vergleichbaren Schaltkreisfamilien). Es sind weniger Befehle zu programmieren und damit wird die Programmierung einfacher. Die Hardwarekosten werden jedoch mit steigender Wortlänge größer.

Neben dem Zeitaufwand (mehrere Verarbeitungszyklen) ist aber auch das Vorhandensein geeigneter Speicherstellen für die Zwischenspeicherung von Teilergebnissen Voraussetzung. Dies gilt insbesondere, wenn arithmetische Operationen (+, −, ·, :) mit den Zahlenwerten vorgenommen werden sollen. Das folgende Beispiel 1.5 zeigt die dafür notwendigen Operationen.

Beispiel 1.5: Arithmetische Operationen mit Doppelworten

ADDITION zweier Zahlen von doppelter Wortlänge (8 bit) bei einem 4-bit-Mikroprozessor. Als Arbeitsregister für diese Operationen wird meist das als Akkumulator (accumulator) bezeichnete Register verwendet. Ein besonderes Register von 1 bit Wortlänge wird als Übertragsregister (Link-, Carry-Register) verwendet. Die Zahl wird in zwei Teilworten, die dem hochwertigen und dem niederwertigen Teil der Zahl entsprechen, untergebracht (high order word, low order word).

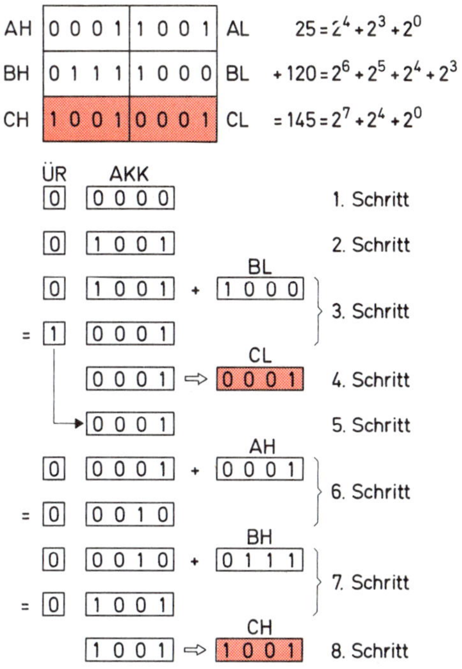

Bild 1.4 Addition zweier Zahlen von doppelter Wortlänge (zu Beispiel 1.5)

Bezeichnungen:
AH = hochwertiger Teil der Zahl A,
AL = niederwertiger Teil der Zahl A,
BH = hochwertiger Teil der Zahl B,
BL = niederwertiger Teil der Zahl B,
CH = hochwertiger Teil des Ergebnisses,
CL = niederwertiger Teil des Ergebnisses.

Aufgabe: C = A + B
mit A = 25 (dezimal) = 11001 (dual)
und B = 120 (dezimal) = 1111000 (dual).

Die Darstellung der Summanden und der Summe in Form von Doppelworten und den Ablauf der Operation zeigt Bild 1.4.
Die für die Ausführung dieser Rechenoperation notwendigen Rechenschritte lauten, übereinstimmend mit Bild 1.4:

1. Schritt: Akkumulator (AKK) und Übertragsregister (ÜR) löschen (nullsetzen),
2. Schritt: AL in AKK laden,
3. Schritt: BL zu AKK addieren,
4. Schritt: Inhalt von AKK nach Speicherstelle CL abspeichern,
5. Schritt: ÜR nach AKK umspeichern,

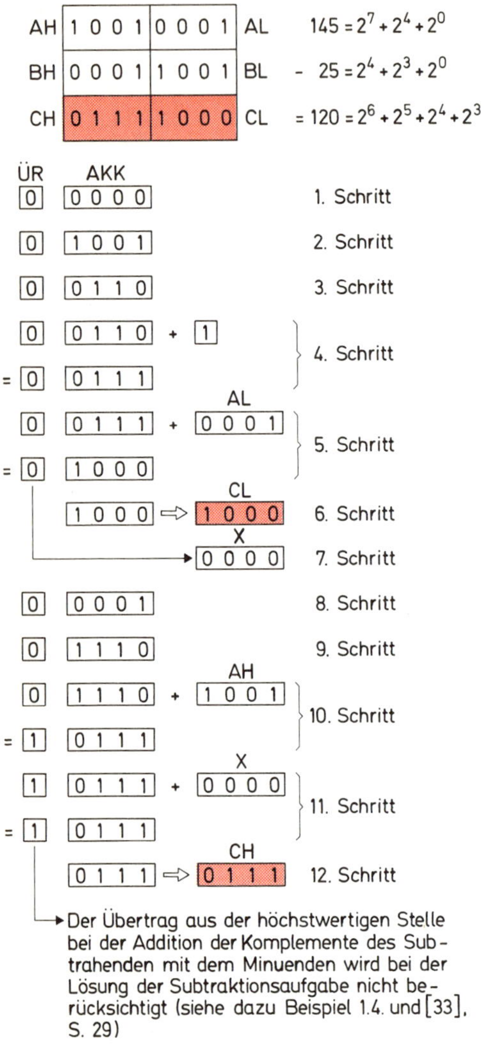

Bild 1.5 Subtraktion zweier Zahlen von doppelter Wortlänge (zu Beispiel 1.5)

6. Schritt: AH zu AKK addieren,
7. Schritt: BH zu AKK addieren,
8. Schritt: Inhalt von AKK nach Speicherstelle CH abspeichern.

SUBTRAKTION zweier Zahlen von doppelter Wortlänge (8 bit) bei einem 4-bit-Mikroprozessor. Bei der Subtraktion muß aus dem Subtrahenden das Zweierkomplement gebildet werden. Bei einer Doppelwortverarbeitung heißt das, daß aus dem niederwertigen Zahlenteil das Zweierkomplement und aus dem hochwertigen Teil das Einerkomplement gebildet werden muß. Die Komplemente werden zum Minuenden addiert.

Bezeichnungen: AH, AL = Minuend,
BH, BL = Subtrahend,
CH, CL = Differenz.

Aufgabe: C = A − B
mit A = 145 (dezimal) = 10010001 (dual
und B = 25 (dezimal) = 11001 (dual).

Die Darstellung des Operationsablaufes zeigt Bild 1.5. In Übereinstimmung mit diesem Bild lauten die notwendigen Rechenschritte:

1. Schritt: AKK und ÜR nullsetzen,
2. Schritt: BL in AKK laden,
3. Schritt: Einerkomplement von AKK bilden,
4. Schritt: Zweierkomplement von AKK bilden,
5. Schritt: AL zu AKK addieren,
6. Schritt: Inhalt von AKK nach Speicherstelle CL abspeichern,
7. Schritt: ÜR nach Speicherstelle X abspeichern,
8. Schritt: BH in AKK laden,
9. Schritt: Einerkomplement von AKK bilden,
10. Schritt: AH zu AKK addieren,
11. Schritt: In Speicherstelle X gespeicherter Übertrag aus Schritt 5 zu AKK addieren,
12. Schritt: Inhalt von AKK nach Speicherstelle CH abspeichern.

Wie aus dem Beispiel 1.5 ersichtlich ist, ergeben sich bei arithmetischen Behandlungen von Mehrfachworten (hier speziell Doppelworten) erheblich mehr Programmschritte als bei der Verarbeitung von Einfachworten. Die weiteren arithmetischen Grundoperationen wie Multiplikation und Division lassen sich unter erheblichem Zeitaufwand für den Verarbeitungsablauf auf eine wiederholte Addition bzw. Subtraktion zurückführen. Beispiele dafür sind in Kapitel 5 in Abschnitt 5.4 angeführt.

Logische Variablen. Bei der Verarbeitung logischer Variablen als Eingabewerte für die Signalisierung binärer Zustände (z.B. die Stellung von Endschaltern, Grenzwertüberschreitungen usw. in technischen Anlagen) spielt die Wortlänge des verwendeten Mikroprozessors nur eine untergeordnete Rolle. Es wird nur in den seltensten Fällen notwendig sein, sehr viele Zustände gleichzeitig zu erfassen und zu verarbeiten. Bei Steuerungsaufgaben mit ereignisbezogenen Reaktionen (z.B. Alarmauslösung, Notabschaltung usw.) wird man ohnehin die Möglichkeit zur Unterbrechungsmeldung (interrupt) mit entsprechenden 1-bit-Eingängen vorsehen. Diese bewirken dann einen Programmsprung in die entsprechende Bedienungsroutine (interrupt service routine) mit nachfolgender direkter Auslösung der notwendigen Operationen. Logische Variablen oder Gruppen davon in voller Wortlänge werden (evtl. nach Ausmasken bestimmter Bitpositionen) durch logische Verknüpfungsoperatoren wie z.B. UND, ODER, NICHT, (AND, OR, NOT) weiterverarbeitet.

Befehlsworte. Bei den Befehlsworten unterscheidet man solche, die auf die Adresse eines Speicherplatzes bezugnehmen **(memory reference instructions)** und die sogenannten Operationsbefehle ohne Speicherplatzbezug **(operate instructions)**. Die ersteren haben hinsichtlich der Wortlänge eine besondere Bedeutung. Sie müssen neben dem Teil für die Befehlscodierung auch noch genügend bit für die Angabe der Adresse enthalten. Für die Befehlsworte werden daher bei fast allen auf dem Markt befindlichen Mikroprozessoren längere Worte, als für die Verarbeitung der Ein-/Ausgabe-Daten vorgesehen, verwendet. Bei einem 8-bit-Befehlswort ergeben sich z.B. folgende Verhältnisse:

O P	A D R	Wortlänge = 8 bit

3 bit Operationscode OP, entsprechend 8 verschiedenen Befehlscodierungen (0···7),

5 bit Adreßcode ADR, entsprechend einer Adressierungsmöglichkeit von 32 verschiedenen Adressen (0···31).

Bei den Operationsbefehlen steht, da kein Adreßteil benötigt wird, die gesamte Wortlänge für die Befehlscodierung zur Verfügung. Der Umfang der **Befehlsliste** eines Mikroprozessors ist indirekt ein Gütemaß für das Produkt. Das Vorhandensein einer großen Anzahl verschiedener Grund- und auch Mikrobefehle erlaubt die Möglichkeit einer rationellen und hinsichtlich des Programmablaufes zeitoptimierten Programmierung.

> Der **Umfang der Befehlsliste** eines Mikroprozessors kann als **Qualitätsmerkmal** angesehen werden. Eine große Befehlsliste stellt für viele Operationen spezielle Befehle mit nur einem erforderlichen Befehlszyklus für die Befehlsausführung zur Verfügung.
> **Relativ wenige leistungsfähige Befehle dürften jedoch vorteilhafter sein als eine große Menge unzweckmäßiger Befehle.**

Aus diesem Grunde findet man bei den Mikroprozessoren, insbesondere wenn es sich um Typen mit geringer Wortlänge handelt, längere Befehlsworte, und auch diese werden dann noch als solche von doppelter und teilweise dreifacher Wortlänge gebildet. Dieser Kompromiß ist hier aus den genannten Gründen, insbesondere aus denen einer rationellen Programmierung, notwendig.

1.6. Verarbeitungsgeschwindigkeiten bei Mikroprozessoren

Auf einige Parameter, die die **Verarbeitungsgeschwindigkeit** beeinflussen, wurde bereits in den vorhergehenden Abschnitten 1.4 (Schaltkreisfamilien) und 1.5 (Wortlänge) eingegangen. Aus der Wahl einer Schaltkreisfamilie ergeben sich grundsätzliche Beschränkungen der **Verarbeitungszeit**, für die die Schaltzeiten der Grundgatter (siehe auch Tabelle 1.1) maßgebend sind. Die **Wortlänge** spielt für die **Verarbeitungsgeschwindigkeit** in zweierlei Hinsicht eine Rolle. Eine Verringerung der Arbeitsgeschwindigkeit ergibt sich einmal durch die längere Befehlsfolge bei notwendigen **Mehrwortverarbeitungen**. Darauf wurde in Abschnitt 1.5 hingewiesen. Neben dieser Ursache ist aber auch noch die Arbeitsweise des Mikroprozessors und der übrigen Schaltungsteile insoweit von Bedeutung, als es sich um eine parallel oder seriell arbeitende Anordnung handeln kann. Bei der **parallelen Verarbeitung** der Daten werden alle bit eines Wortes parallel, d.h. gleichzeitig, verarbeitet. Bei der **seriellen Verarbeitung** werden die einzelnen

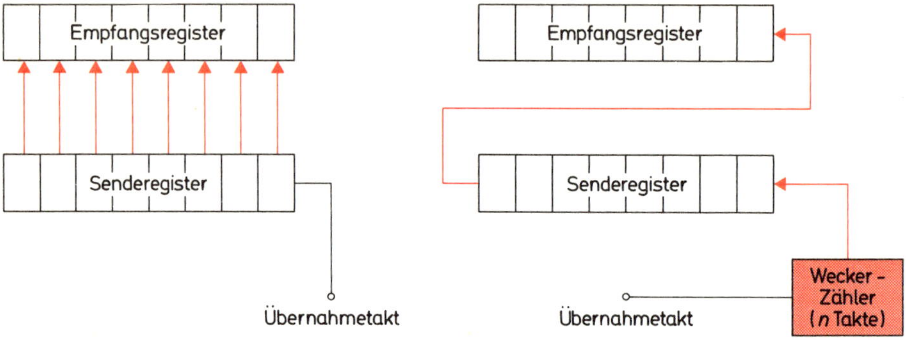

a) Parallelverarbeitung eines Datenwortes

b) Seriellverarbeitung eines Datenwortes (n = Wortlänge in bit)

Bild 1.6 Schema der Signalflüsse bei paralleler und serieller Verarbeitung von Datenworten

bit eines Wortes nacheinander, d.h. zu aufeinanderfolgenden Zeitabschnitten, in den Signalfluß eingeführt. Bild 1.6 zeigt schematisch die Signalflüsse bei beiden Betriebsarten. Bei der parallelen Arbeitsweise wird für die Verarbeitung eines Informationswortes ein Verarbeitungszyklus benötigt, bei der seriellen Arbeitsweise dagegen sind n Verarbeitungszyklen (n = Anzahl der bit pro Datenwort) notwendig.

Die vorhandene Befehlsliste bzw. die Möglichkeit der Mikroprogrammierbarkeit der Mikroprozessoren stellt einen weiteren Einflußfaktor dar.

Mehrwortbefehle können eine längere Verarbeitungszeit zur Folge haben.

An dieser Stelle sei auch auf den Einfluß der **Mikroprogrammierung** auf die Verarbeitungsgeschwindigkeit bei Mikroprozessoren hingewiesen. Unter dem Begriff der **Mikroprogrammierung (micro programming)** werden in der Technologie der Datenverarbeitung zwei verschiedene Dinge verstanden:

a) Mikroprogrammierung bedeutet, daß die Befehlscodierungen mehrerer Befehle zu einem Befehl zusammengefaßt werden können. Dies geschieht durch eine ODER-Verknüpfung von zwei (oder auch mehr) Befehlsworten zu einem gemeinsamen Befehl. Dieser benötigt dann nur die einfache Zeit für die Durchführung. Das Beispiel 1.6 möge zur Erläuterung dienen.

Beispiel 1.6: Mikroprogrammierung durch ODER-Verknüpfung von 2 Befehlen

Erläuterung der ODER-Verknüpfung, die bei der Mikroprogrammierung bitweise erfolgt: Hat von den zu verknüpfenden Bitpositionen mindestens eine den Wert „logisch 1", so ergibt sich als Ergebnis der Verknüpfung ebenfalls „logisch 1".

1. Befehl:
CLA (Lösche den Inhalt des Arbeitsregisters)
Code: 1 1 1 1 0 0 0 0

2. Befehl:
CMA (Komplementiere den Inhalt des Arbeitsregisters)
Code: 1 1 1 1 0 1 0 0

Mikrocodierter Befehl
CLA; CMA Code: 1 1 1 1 0 1 0 0

b) Mikroprogrammierung bedeutet, daß ein Befehlscode als Adresse aufgefaßt wird. Unter dieser Adresse beginnt in einem Lesespeicher (ROM) eine Befehlsfolge des entsprechenden Mikroprozessors, die hinsichtlich der Ausführung bzw. des Ergebnisses mit dem Befehlscode (= Adresse) im Sinne des gewünschten Algorithmus übereinstimmt. Die mikroprogrammierten Steuereinheiten sind so aufgebaut, daß der Operationscode eines Befehlswortes in eine Adresse für den Festwertspeicher umcodiert wird. Diese Adresse ist die Startadresse für das Mikroprogramm, das die logische und die zeitfolgerichtige Befehlsausführung steuert. Teilweise wird nur die Ausführung eines Mikroprogrammschrittes zur Befehlsausführung benötigt. Sind mehrere Programmschritte für die Befehlsausführung erforderlich, so wird der Operationscode in die Bestandteile Startadresse und Programmlängenzähler decodiert, so daß eine vorgegebene Menge von Programmschritten zur Ausführung gelangt. Die Umcodierung Operationscode → Mikroprogrammadresse erfolgt überwiegend mit einem anderen Mikroprogramm in einem gesonderten Festwertspeicher. Die Vorteile dieser Technik sind darin zu sehen, daß eine bestimmte Befehlsstruktur durch Änderung der Mikroprogramme (Austausch der ROM-Speicher) zukünftigen Entwicklungen angepaßt werden kann. Eine weitere Möglichkeit ist die Umcodierung eines anderen Befehlscode auf den Code einer vorhandenen Maschine. Mit dieser Technik lassen sich auf einem beliebigen Prozessor die verschiedensten Befehlslisten simulieren. Meist läßt sich bei Anwendung dieser Technik die interne Verarbeitungsgeschwindigkeit steigern.

Über die **Verarbeitungsgeschwindigkeiten**, die sich bei Mikroprozessoren und Mikrocomputern ergeben, sind in Form der Zykluszeiten in den Tabellen 6.1 und 6.2 im Anhang orientierende Angaben gemacht. Diese Angaben können bei der Systemauswahl vielfach einen geeigneten Anhaltspunkt hinsichtlich der zu erwartenden Bearbeitungszeiten bei Einsatz des betreffenden Systems liefern. Die Zykluszeiten bzw. Befehlsausführungszeiten, die die Hersteller in Tabellen zu ihren Mikroprozessoren liefern (siehe z.B. auch in diesem Buch die Tafel 2.2 und die Tabelle 6.1) geben die Ausführungszeiten für die verschiedenen Befehle an. Die Zeiten hängen jedoch auch noch von der Adressierungsart und der Taktfrequenz beim Betrieb ab. Speziell bei Mikroprozessoren mit variabler Taktfrequenz ist es schwierig, wenn nicht gar unmöglich, die Ausführungszeit eines Programmteils von nur einigen -zig Befehlen vorauszuberechnen. Um die maximale Verarbeitungsgeschwindigkeit zu erreichen, erfolgt die Programmierung der Mikroprozessoren und Mikrocomputer meist in einer maschinennahen Sprache. Dies erfordert insbesondere für die Darstellung komplizierter Algorithmen einigen Aufwand und einiges Geschick. Dabei ist zu beachten, daß es oft notwendig ist, eine **Echtzeitdatenverarbeitung (real time)** zu realisieren. Hier ist eine große Detailkenntnis der zu steuernden und regelnden Prozesse notwendig. Während in einer herkömmlichen Steuerschaltung eine Zeitverschiebung vom Signaleingang zum Ausgang in der Summe der Gatterlaufzeiten (Nanosekundenbereich) auftritt, entstehen bei der Signalverarbeitung durch Mikroprozessoren durch die Zykluszeit für die Abarbeitung jedes Befehles und die Summe aller erforderlichen Befehle Zeitverschiebungen, die um den Faktor 1000 ··· 10 000 größer sind (µs- bzw. ms-Bereich). Hier ist in jedem Falle zu prüfen, ob diese Zeitverzögerungen bei der jeweiligen Anwendung zulässig sind.

2. Mikroprozessoren und andere Baueinheiten von Mikrocomputern

Mikroprozessoren unterscheidet man, wie schon in Abschnitt 1.5 erwähnt, nach **Wortlängen**. Eine andere Art der Unterscheidung ist durch die Anzahl der integrierten Bausteine (integrated circuits, chips) bedingt, die für den Aufbau eines funktionsfähigen Systems benötigt werden. Weitere Unterscheidungsmerkmale ergeben sich durch die Wahl der **Fertigungstechnologie** und hierdurch bedingte Unterschiede im **Integrationsgrad** und der **Arbeitsgeschwindigkeit**. In den folgenden Abschnitten dieses Kapitels werden einige charakteristische **Mikroprozessorsysteme** in ihrem Schaltungsaufbau und in ihren physikalischen Daten vorgestellt.

Die Arbeitsweise ist bei allen Fabrikaten und Konfigurationen nahezu gleich, da für die Realisierung der geforderten Funktionen bestimmte Elemente und Baugruppen erforderlich sind. Jeder Mikroprozessor enthält die **Baugruppen**:

1. Arithmetik- und Logikeinheit (ALU, arithmetic and logic unit) mit dem Arbeitsregister (ACC, accumulator),
2. Befehlsregister (IR, instruction register),
3. Befehlsdecodierer und Ablaufsteuerung (control decoder and sequenzer),
4. Programmzähler (PC, program counter),
5. Ein-/Ausgabe-Register (I/O-Register, in/out register).

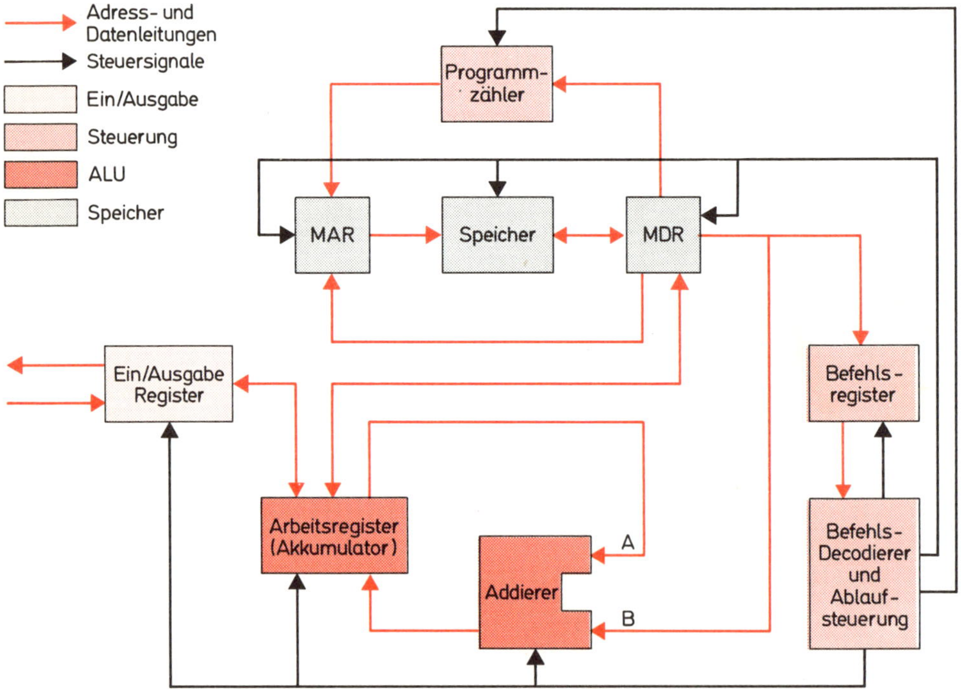

Bild 2.1 Schematische Darstellung einer Datenverarbeitungsschaltung, bestehend aus Zentraleinheit und Speicher

Die Auswahl bestimmter Fabrikate stellt keine Wertung dar. Es handelt sich lediglich um die beispielhafte Beschreibung auf dem Markt befindlicher unterschiedlicher Produkte.
Neben den die **Zentralprozessoreinheit** darstellenden Rechen- und Programmsteuereinheiten sind es die **Speicherbausteine**, die zusammen mit der CPU fast den kompletten Mikrocomputer ausmachen. Die Datenspeicherung erfolgt nach verschiedenen Methoden in verschiedenen Kategorien von Speicherbausteinen. Mit zu den Speichern zählt man auch:

1. **Speicher-Datenregister (MDR, memory data register)**,
2. **Speicher-Adressenregister (MAR, memory adress register)**.

Weitere Baugruppen sind die **Ein-/Ausgabe-Bausteine** für den **synchronen** bzw. **asynchronen** und den **parallelen** bzw. **seriellen Datentransport** von und zur Datenverarbeitungs-Schaltung. Darüber hinaus gibt es sogenannte **Verknüpfungs-, Codier-** und **Decodierbausteine**, die als **Hilfsbausteine** in Schaltungen für Mikrocomputer immer wieder verwendet werden. Allen diesen Baugruppen ist dieses 2. Kapitel gewidmet, das sich beispielhaft auf bestimmte Typen einzelner Hersteller bezieht. Bild 2.1 zeigt schematisch, wie die wichtigsten Elemente von Zentraleinheit und Speicher miteinander zusammengeschaltet sind. In den Tabellen 6.1 bis 6.10 im Kapitel 6 werden Kennwerte und Zusammenstellungen der verschiedenen Baugruppen mitgeteilt. Es muß an dieser Stelle darauf hingewiesen werden, daß eine vollständige Darstellung aller technischen Daten eines Mikroprozessors den Rahmen dieses Buches sprengen würde. Die Datenblätter aller zu einem Mikroprozessorsystem gehörenden Bausteine sowie die dazugehörigen Programmierhinweise umfassen in vielen Fällen jeweils einige hundert Seiten Text. Auf diese Informationen kann bei der praktischen Realisierung einer Mikroprozessorschaltung nicht verzichtet werden. Die hier auszugsweise mitgeteilten Daten sollen in erster Linie dazu dienen, wesentliche Fachausdrücke verständlich zu machen und an Beispielen die Funktionen der einzelnen Baugruppen zu erläutern.

Die Fließbilddarstellung 6.14 des Kapitels 6 zeigt eine Zusammenfassung wesentlicher Kriterien und deren Berücksichtigung bei der Auswahl eines Mikroprozessors und einiger zugehöriger Systembausteine.

2.1. Mikroprozessoren

2.1.1. Beispiel für einen Ein-Chip-4-bit-Mikroprozessor (Intel® 4040)

Dieser Baustein stellt eine komplette Zentraleinheit (CPU), mit der Möglichkeit einer 4-bit-Parallel-Verarbeitung, dar. Diese Schaltung wurde in erster Linie entwickelt, um herkömmliche Logikschaltungen durch eine programmierbare Anordnung mit größerer Flexibilität zu ersetzen. Der Aufbau ist in P-Kanal MOS-Technik ausgeführt. Die Zentraleinheit 4040 ist in der Lage, 4 K-8-bit-Befehlsworte direkt zu adressieren. Mit Hilfe der sogenannten **Gruppen-Adressierung (bank addressing)** ist die Adressierung bis zu 8 KBefehlsworte möglich.

> Die Abkürzung **K** steht für den Faktor 2^{10} = 1024.
> 4 K entspricht also 4 · 1024 = 4096.

Unterprogramme, unter Einbeziehung von **Vorrang-Unterbrechungs-Routinen (interrupt service routines)**, dürfen siebenfach gestaffelt sein **(subroutine nesting)**. Ein entsprechendes **Stapelregister (address stack)** ist vorhanden. Weiterhin stehen dem Benutzer 24 frei adressierbare **Indexregister** von 4 bit Wortlänge zur Verfügung. Diese Indexregister können für die indirekte und indexierte Adressierung (Erläuterung siehe 2.1.2) wie auch als **Puffer-** oder **Zwischenspeicher (scratch pad memory)** für Rechenergebnisse benutzt werden. Die **Vorrang-Unterbrechungsmöglichkeit (interrupt)** läßt die Unterbrechung eines normalen Programmablaufes durch äußere Signale zu. Auf diese **Unterbrechungs-Anforderung** hin werden wichtige Registerinhalte der Zentraleinheit zwischengespeichert und ein für die Bedienung der Unterbrechung vorgesehenes Unterprogramm gestartet. Nachdem dieses Bedienungsprogramm (interrupt service routine) abgearbeitet ist, werden die zwischengespeicherten Registerinhalte wieder zurück in die entsprechenden Register gebracht, und das unterbrochene (Haupt-)Programm wird an der Unterbrechungsstelle fortgesetzt. Der Mikroprozessor 4040 besitzt die Möglichkeit, durch Benutzen der mit STP (Stop) und STPA (Stop Acknowledge =

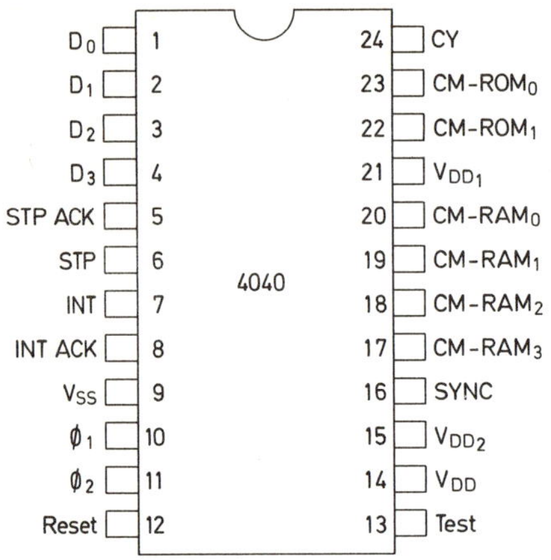

Bild 2.2 Anschlußstiftbelegung des Mikroprozessors 4040 (Intel)

Bestätigung, Quittung) bezeichneten Eingänge, einen **schrittweisen Programmablauf** mit extern steuerbarer Geschwindigkeit durchzuführen **(single step operation)**. Die **Befehlsliste** enthält 60 Befehle. Hierunter sind Befehle zur Durchführung logischer Verknüpfungen und Befehle zum Lesen des Programmspeichers. Der Mikroprozessor 4040 ist in einem Dual-in-line-(DIL-)Gehäuse mit 24 **Anschlußstiften (pins)** untergebracht. Die gebräuchliche Kurzbezeichnung lautet: 24-Pin-DIL-IC. Bild 2.2 zeigt die Signale, mit denen die einzelnen Anschlüsse belegt sind. Bild 2.3 ist die Darstellung des 4040-Mikroprozessors in Form eines Blockdiagrammes. Die einzelnen Signale sind nachfolgend aufgelistet. Hierbei wird neben den Originalabkürzungen in Form von sogenannten **Mnemonics** die vom Hersteller gegebene Signalbezeichnung aufgeführt. Daneben erfolgt dann die deutsche Übersetzung für die Bedeutung der Signale.

Signalbelegung der Anschlußstifte

D_0–D_3 Bidirectional Data Bus. Zweirichtungs-Datensammelleitung. Der Adressen- und Datenaustausch zwischen dem Prozessor und den angeschlossenen Speicherbausteinen erfolgt über diese 4 Leitungen.

STP Stop Input. Halt-Eingang. Ein Pegel von logisch „1“ auf diesem Eingang veranlaßt den Prozessor in den Halt-Zustand zu gehen.

STPA Stop Acknowledge Output. Stop-Quittungs-Ausgang. Das Signal ist vorhanden, wenn der Prozessor das Halt-Signal ausgeführt hat und keine Datenverarbeitung mehr stattfindet. Der Ausgang ist ein „open drain“-(= offene Stromsenke-)Typ. Zum Betrieb wird ein Pull-down-Widerstand (= Widerstand zur Potential-Festlegung) gegen U_{DD} benötigt.

INT Interrupt Input. Vorrang-Unterbrechungs-Eingang. Ein Pegel, der dem logisch „1“-Signal entspricht, verursacht auf diesem Eingang, daß der Prozessor in den sogenannten Interrupt-Zustand geht.

INTA Interrupt Acknowledge Output. Ausgang für die Vorrang-Unterbrechungs-Quittung. Das Signal quittiert den Empfang eines Interrupt-Signales und verhindert gleichzeitig, daß weitere Interruptanforderungen an den Prozessor wirksam werden können. Das Signal bleibt aktiv, bis es durch die Ausführung des Befehls BBS (branch back and SRC = verzweige zurück und sende Registerkontrollbefehle) gelöscht wird. Der Ausgang ist ein „open-drain“-Typ, zum Betrieb wird ein Pull-down-Widerstand gegen U_{DD} benötigt.

RESET Reset Input. Rücksetz-Eingang. Ein logisches „1“-Signal an diesem Eingang löscht alle Marken (flags) und den Inhalt des Statusregisters. Der Programmzähler wird auf Null gesetzt. Um den Inhalt aller Adressen- und Indexregister vollständig zu löschen, muß das Signal während 96 Taktgeber-(Clock-)Zyklen, d.h. während 12 Maschinenzyklen, anliegen.

TEST Test Input. Test-Eingang. Der logische Zustand („0“ oder „1“ bzw. L = Low oder H = High) dieses Signals kann über den JCN-Befehl (jump conditional = bedingter Sprung) abgefragt werden.

SYNC Sync. Output. Synchronisations-Ausgang. Das vom Prozessor generierte Synchronisationssignal wird über diesen Ausgang zu allen Speicherbausteinen geführt. Es zeigt den Beginn eines Befehlsausführungszyklus (instruction cycle) an.

CM-RAM$_0$–CM-RAM$_3$ CM-RAM Outputs. CM-RAM-Ausgänge (RAM = random access memory = Speicher mit wahlfreiem Zugriff). Diese Signale dienen zur Auswahl einer RAM-Speichergruppe (bank) im System.

CM-ROM$_0$–CM-ROM$_1$ CM-ROM Outputs. CM-ROM-Ausgänge. (ROM = read only memory = Nur-Lesespeicher). Dieses sind Gruppenwahlsignale (bank selection signals) zur Auswahl von ROM-Speichergruppen im System.

CY Carry Output. Übertrags-Ausgang. An diesem Ausgang kann der Status des Übertrags-Flipflops abgegriffen werden. Nach Ablauf

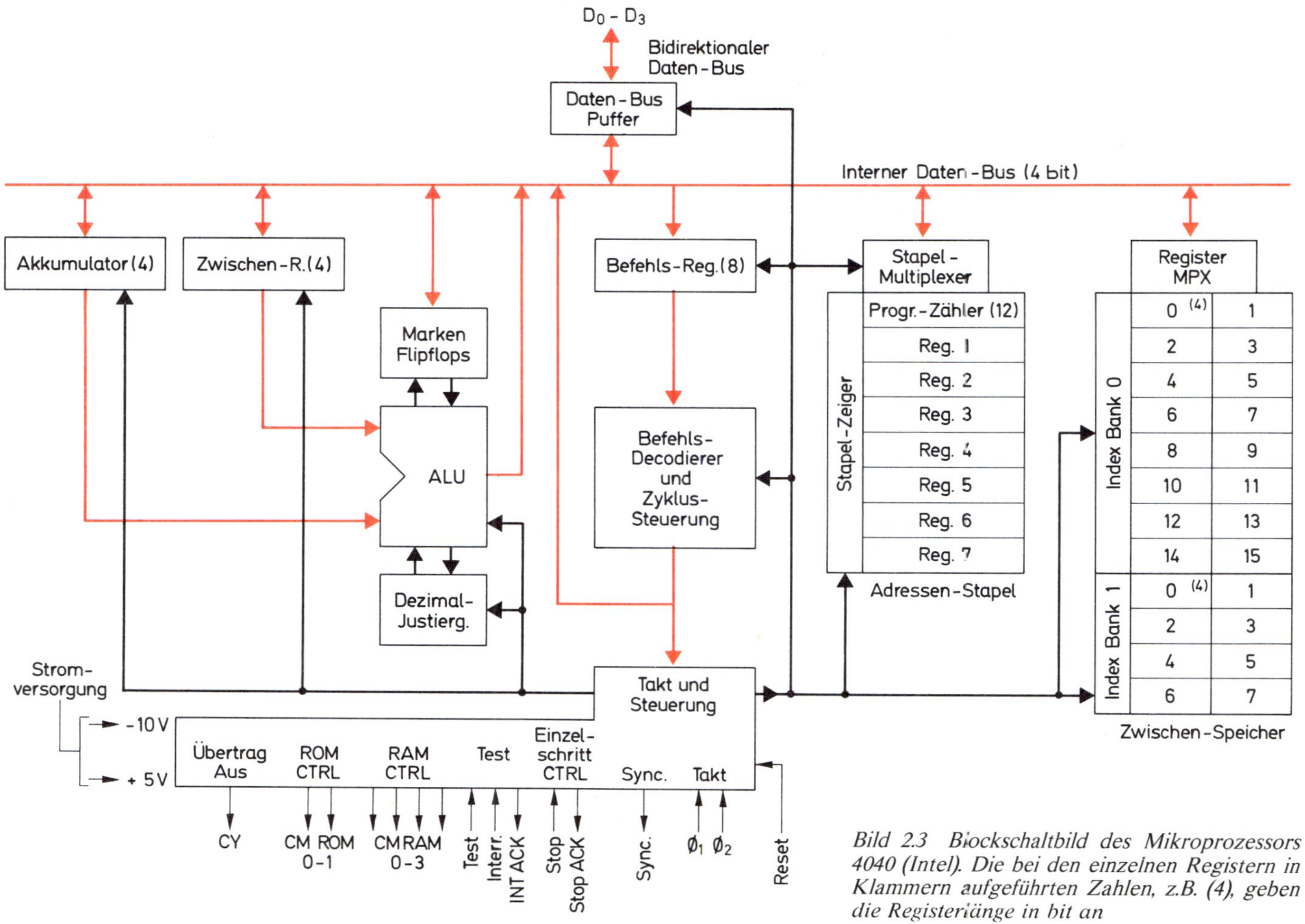

Bild 2.3 Blockschaltbild des Mikroprozessors 4040 (Intel). Die bei den einzelnen Registern in Klammern aufgeführten Zahlen, z.B. (4), geben die Registerlänge in bit an

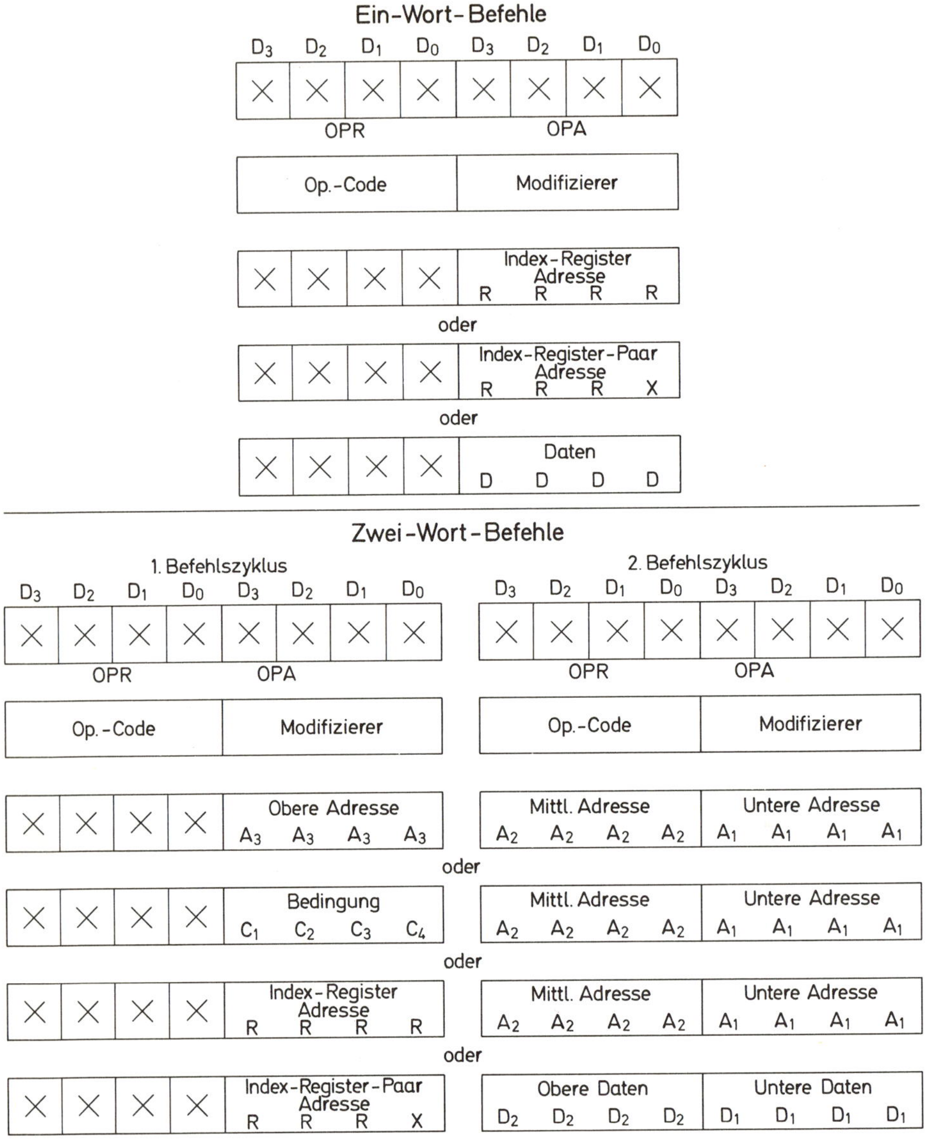

Bild 2.4 Befehlsformate der Maschinenbefehle. Jeder Befehl ist in zwei 4-bit-Felder unterteilt. Die oberen 4 bit stellen den Operationskode (OPR) dar. Die unteren 4 bit enthalten den Kode des Modifizierers. Bei 2-Wort-Befehlen enthält das zweite Wort die Adreßinformation oder Daten

jedes Befehlszyklus (X_1-time) wird das Signal neu generiert. Der Ausgang ist vom open-drain-Typ, und er benötigt daher zum Betrieb einen Pull-down-Widerstand gegen U_{DD}.

Φ_1, Φ_2 Two phase clock inputs. Zweiphasen-Takteingänge.

V_{SS} ground reference, Bezugsspannung, Positivste Spannung im System.

V_{DD} -15 V $\pm$ 5%, main supply voltage. Hauptversorgungsspannung.

V_{DD1} -15 V $\pm$ 5%, timing supply voltage. Zeitkreisversorgungsspannung.

V_{DD2} Output buffer supply voltage. Versorgungsspannung für die Ausgabepuffer der Ein-/Ausgänge. Die angelegte Spannung hängt von den Charakteristiken der verwendeten Anpassungsschaltungen (interface) zu den Peripheriegeräten ab.

Befehlsformate

A) Maschinenbefehle

Wir unterscheiden:

- □ 1-Wort-Befehle mit einer Länge von 8 bit. Diese benötigen 8 Taktperioden. Das entspricht einem Befehlsausführungszyklus.
- □ 2-Wort-Befehle mit einer Länge von 16 bit. Die hierbei benötigten 16 Taktperioden entsprechen zwei Befehlsausführungszyklen.

Jeder Befehl wird in Felder von 4 bit Länge unterteilt. Die oberen (höherwertigen) 4 bit bilden das OPR-Feld, das den Operationscode enthält. Die unteren 4 bit des OPA-Feldes enthalten den Steuerungscode (modifier). Bei 2-Wort-Befehlen enthält das zweite Wort Adresseninformation oder Daten.

Die oberen 4 bit (OPR) werden stets vor den unteren 4 bit während der entsprechenden Zeittakte verarbeitet.

Bild 2.4 zeigt den Aufbau und das Format der Maschinenbefehle.

B) Ein-/Ausgabe-Befehle, Speicherbefehle und Arbeitsregisterbefehle

Diese Befehlsgruppe enthält nur 1-Wort-Befehle. Das OPR-Feld enthält einen 4-bit-Code, der entweder einen Ein-/Ausgabe-Befehl (I/O instruction) oder einen Arbeitsregisterbefehl festlegt. Das OPA-Feld enthält den 4-bit-Code, der die auszuführende Operation beschreibt.

Bild 2.5 zeigt die Befehlsformate dieser Befehlsgruppe.

Die Tafel 2.1 ist die Befehlsliste (instruction set) des Mikroprozessors 4040.

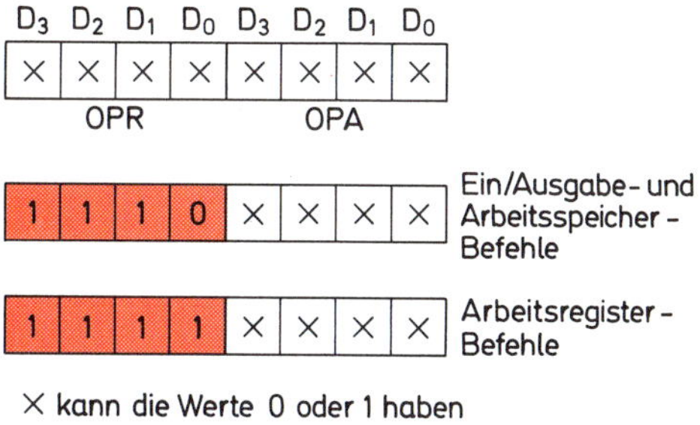

Bild 2.5 Befehlsformate der Ein-/Ausgabe-Befehle, Arbeitsspeicher-(RAM-) und Arbeitsregister-(Akkumulator-)Befehle. Alle Befehle dieser Gruppe sind 1-Wort-Befehle

In Bild 2.6 ist eine Zusammenschaltung des Mikroprozessors 4040 mit Speicherelementen und Anpassungsschaltung (interface) zu einem funktionsfähigen System gezeigt. Die hierbei verwendeten Speicher- und Hilfsbausteine werden in späteren Abschnitten dieses Kapitels gesondert besprochen (2.2 bis 2.4).

2.1.2. Beispiel für einen Mehr-Chip-8-bit-Mikroprozessor (Fairchild F8)

Der Mikroprozessor F8 ist in N-Kanal-MOS-Technik aufgebaut (NMOS, isoplanar). Bereits mit zwei Bausteinen läßt sich ein funktionsfähiges System aufbauen, d.h., der Mikroprozessor F8 ist ein 2-Chip-Mikroprozessor. Die Elemente des F8-Systems sollen beispielhaft in diesem Buch etwas ausführlicher besprochen werden. Anhand eines Entwicklungs-Bausatzes (evaluation kit) soll schrittweise gezeigt werden, wie sich aus den Einzelteilen ein funktionsfähiges Demonstrationsmodell entwickelt. Bild 2.7 zeigt die Einzelteile des Bausatzes mit der Platine in gedruckter Schaltung. Bild 2.8 zeigt den fertig montierten Bausatz. Die Länge der Datenworte beträgt 8 bit. Diese werden parallel verarbeitet. Die Länge der Adressenworte beträgt 16 bit. Mit der Zentraleinheit lassen sich daher 2^{16} = 64 KByte direkt adressieren (1 Byte = ein 8-bit-Wort). Die Befehlsliste enthält mehr als 70 Befehle. Die Zykluszeit beträgt ca. 2 µs bei einer Taktfrequenz von 2 MHz. Der Taktimpulserzeuger (clock generator) ist in der Zentraleinheit enthalten. Die Taktimpulsfrequenz läßt sich auf drei Arten durch äußere Beschaltung festlegen:

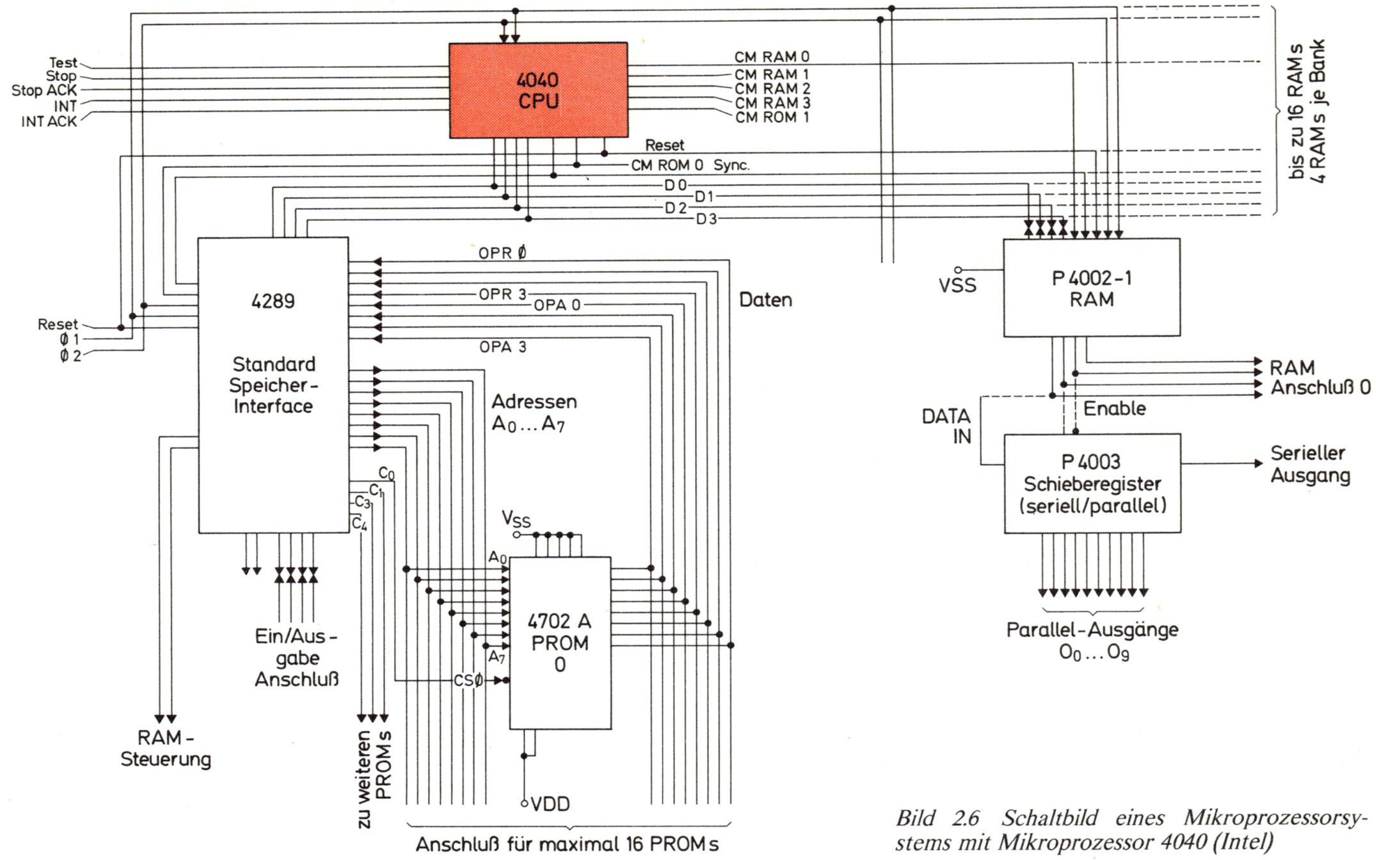

Bild 2.6 Schaltbild eines Mikroprozessorsystems mit Mikroprozessor 4040 (Intel)

Tafel 2.1: Befehlsliste des Intel-4040-Mikroprozessors
(ein * bedeutet, daß es sich um einen 2-Worte-Befehl handelt)

A. Maschinenbefehle

Mnemonic	Beschreibung	Befehlscode OPR	OPA
		D_3 D_2 D_1 D_0	D_3 D_2 D_1 D_0
NOP	Keine Operation	0 0 0 0	0 0 0 0
HLT	Halt	0 0 0 0	0 0 0 1
BBS	Verzweige zurück und SRC	0 0 0 0	0 0 1 0
LCR	Befehlsregister = Akkumulator	0 0 0 0	0 0 1 1
OR4	Logisch ODER zwischen Indexregister 4 und Akkumulator	0 0 0 0	0 1 0 0
OR5	Logisch ODER zwischen Indexregister 5 und Akkumulator	0 0 0 0	0 1 0 1
AN6	Logisch UND zwischen Indexregister 6 und Akkumulator	0 0 0 0	0 1 1 0
AN7	Logisch UND zwischen Indexregister 7 und Akkumulator	0 0 0 0	0 1 1 1
DBØ	Wähle ROM, Gruppe (bank) Ø	0 0 0 0	1 0 0 0
DB1	Wähle ROM, Gruppe 1	0 0 0 0	1 0 0 1
SBØ	Wähle Indexregister, Gruppe Ø	0 0 0 0	1 0 1 0
SB1	Wähle Indexregister, Gruppe 1	0 0 0 0	1 0 1 1
EIN	Erlaube Interrupt	0 0 0 0	1 1 0 0
DIN	Verhindere Interrupt	0 0 0 0	1 1 0 1
RPM	Lies Programmspeicher (ein halbes Byte je Befehl)	0 0 0 0	1 1 1 0
JCN*	Springe bedingt nach Adresse $A_2A_2A_2A_2A_1A_1A_1A_1$	0 0 0 1	C_1 C_2 C_3 C_4
	mit dem Bedingungscode $C_1C_2C_3C_4$	A_2 A_2 A_2 A_2	A_1 A_1 A_1 A_1
FIM*	Hole unmittelbar die ROM-Daten D_2D_1 zum	0 0 1 0	R R R 0
	Indexregister-Paar RRR	D_2 D_2 D_2 D_2	D_1 D_1 D_1 D_1
SRC	Sende Register-Kontrollsignal	0 0 1 0	R R R 1
FIN	Hole unmittelbar die ROM-Daten zum Indexregister-Paar RRR	0 0 1 1	R R R 0
JIN	Springe indirekt zur Adresse im Indexregister-Paar RRR	0 0 1 1	R R R 1
JUN*	Springe unbedingt zur Adresse $A_3A_2A_1$	0 1 0 0	A_3 A_3 A_3 A_3
		A_2 A_2 A_2 A_2	A_1 A_1 A_1 A_1
JMS*	Springe zum Unterprogramm in Adresse $A_3A_2A_1$	0 1 0 1	A_3 A_3 A_3 A_3
		A_2 A_2 A_2 A_2	A_1 A_1 A_1 A_1
INC	Inkrementiere (+1) den Inhalt des Registers RRRR	0 1 1 0	R R R R
ISZ*	Inkrementiere Register RRRR und gehe nach	0 1 1 1	R R R R
	Adresse A_2A_1, wenn das Ergebnis nicht Null war. Im anderen Falle führe den nächstfolgenden Befehl aus	A_2 A_2 A_2 A_2	A_1 A_1 A_1 A_1
ADD	Addiere den Inhalt des Registers RRRR mit Übertrag zum Akkumulator	1 0 0 0	R R R R
SUB	Subtrahiere den Inhalt des Registers RRRR vom Akkumulator mit borgen	1 0 0 1	R R R R
LD	Lade den Inhalt des Registers RRRR in den Akkumulator	1 0 1 0	R R R R
XCH	Tausche den Inhalt von Register RRRR mit dem Inhalt des Akkumulators aus	1 0 1 1	R R R R
BBL	Verzweige zurück und lade die Daten DDDD in den Akkumulator	1 1 0 0	D D D D
LDM	Lade die Daten DDDD in den Akkumulator	1 1 0 1	D D D D

B. Ein-/Ausgabe-Befehle und Speicherbefehle

WRM	Inhalt des Akkumulators zum gewählten Hauptspeicher (RAM)	1 1 1 0	0 0 0 0
RD2	Bringe den gewählten RAM-Statuscharakter 2 zum Akkumulator	1 1 1 0	1 1 1 0
RD3	Bringe den gewählten RAM-Statuscharakter 3 zum Akkumulator	1 1 1 0	1 1 1 1

C. Arbeitsregisterbefehle

CLB	Lösche den Inhalt des Akkumulators und den Übertrag	1 1 1 1	0 0 0 0
CLC	Lösche den Übertrag	1 1 1 1	0 0 0 1
IAC	Inkrementiere (+1) den Akkumulator	1 1 1 1	0 0 1 0
CMC	Komplementiere den Übertrag	1 1 1 1	0 0 1 1
CMA	Komplementiere den Akkumulator	1 1 1 1	0 1 0 0
RAL	Schiebe den Inhalt von Akkumulator und Übertrag um eine Stelle nach links	1 1 1 1	0 1 0 1
RAR	Schiebe den Inhalt von Akumulator und Übertrag um eine Stelle nach rechts	1 1 1 1	0 1 1 0
TCC	Bringe den Übertrag in den Akkumulator und lösche das Übertragsregister	1 1 1 1	0 1 1 1
DAC	Dekrementiere (−1) den Akkumulator	1 1 1 1	1 0 0 0
TCS	Übertrage den Übertrag und subtrahiere ihn vom Inhalt des Akkumulators, Lösche das Übertragsregister	1 1 1 1	1 0 0 1
STC	Setze den Übertrag	1 1 1 1	1 0 1 0
DAA	Interpretiere Akkumulatorinhalt im BCD-Code (decimal adjust)	1 1 1 1	1 0 1 1
KBP	Tastaturbefehl (keyboard process)	1 1 1 1	1 1 0 0
DCL	Bezeichne die Befehlsleitung	1 1 1 1	1 1 0 1
WMP	Inhalt des Akkumulators zum gewählten RAM-Ausgabeanschluß	1 1 1 0	0 0 0 1
WRR	Inhalt des Akkumulators zum gewählten ROM-Ausgabeanschluß	1 1 1 0	0 0 1 0
WPM	Inhalt des Akkumulators zum gewählten Halb-Byte im Schreib-Lese-Speicher	1 1 1 0	0 0 1 1
WR0	Inhalt des Akkumulators zum gewählten RAM; Statuscharakter Ø	1 1 1 0	0 1 0 0
WR1	Inhalt des Akkumulators zum gewählten RAM; Statuscharakter 1	1 1 1 0	0 1 0 1
WR2	Inhalt des Akkumulators zum gewählten RAM; Statuscharakter 2	1 1 1 0	0 1 1 0
WR3	Inhalt des Akkumulators zum gewählten RAM; Statuscharakter 3	1 1 1 0	0 1 1 1
SBM	Subtrahiere den gewählten RAM-Speicher-Inhalt mit borgen vom Akkumulatorinhalt	1 1 1 0	1 0 0 0
RDM	Bringe den gewählten RAM-Speicher-Inhalt zum Akkumulator	1 1 1 0	1 0 0 1
RDR	Bringe die Daten des gewählten ROM-Eingabeanschlusses zum Akkumulator	1 1 1 0	1 0 1 0
ADM	Addiere den gewählten RAM-Inhalt mit Übertrag zum Akkumulator	1 1 1 0	1 0 1 1

RDØ	Bringe den gewählten RAM-Statuscharakter Ø zum Akkumulator	1	1	1	0	1	1	0	0
RD1	Bringe den gewählten RAM-Statuscharakter 1 zum Akkumulator	1	1	1	0	1	1	0	1

Bemerkungen:

1. Der Bedingungscode hat folgende Zuordnungen:
   $C_1 = 1$ umgekehrte Sprungbedingung
   $C_1 = 0$ direkte Sprungbedingung
   $C_2 = 1$ springe, wenn der Inhalt des Akkumulators 0 ist
   $C_3 = 1$ springe, wenn der Übertrag 1 ist
   $C_4 = 1$ springe, wenn das Testsignal 0 ist
2. RRR ist die Adresse von einem der 8 Indexregisterpaare in der Zentraleinheit
3. RRRR ist die Adresse von einem der 16 Indexregister in der Zentraleinheit
4. Jeder RAM-Baustein hat 4 Register. Jedes davon hat 20 4-bit-Gruppen. Diese sind aufgeteilt auf 16 Hauptspeicher-Gruppen und 4 Statusgruppen. Die Baustein-(chip-)Nummer, RAM-Register und Hauptspeicher-Gruppen werden durch den SRC-Befehl adressiert. Für den gewählten Baustein und das gewählte Register wird der Statuscharakter durch das OPA-Feld des Befehlswortes festgelegt.

- □ RC-Glied,
- □ Quarzstabilisierter Schwingkreis,
- □ externer Taktimpulsgenerator.

Die Möglichkeit zur Vorrang-Unterbrechung ist vorhanden. Das F8-System besitzt programmierbare Echtzeituhren (program controlled hardware timers, realtime clocks). In der Zentraleinheit sind bereits 64 Speicherstellen RAM-Speicher als Indexregister enthalten, die dem Benutzer zur Verfügung stehen.
Nachfolgend werden nun die einzelnen Baugruppen des Systems besprochen. Hierbei wird auf weitere Besonderheiten eingegangen.

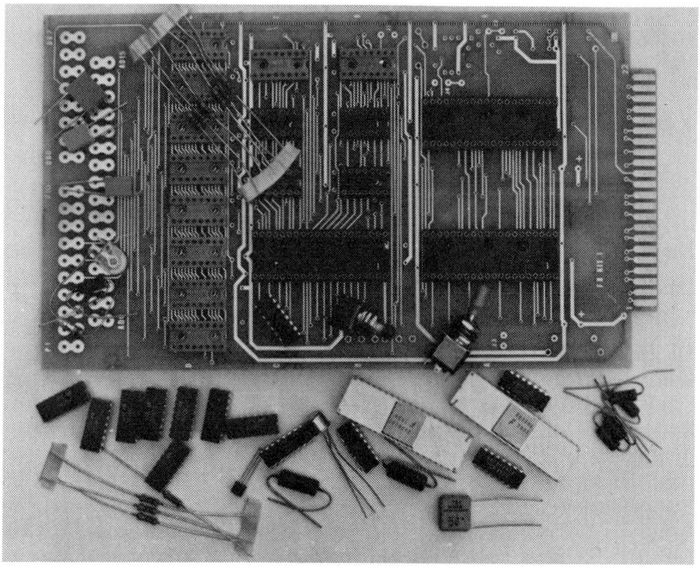

Bild 2.7 Aufnahme der Bauteile zum Entwicklungsbausatz für das F8-Mikroprozessor-System (Fairchild)

Bild 2.8 Montierter F8-Bausatz zu einem Mikroprozessorsystem mit 1K-Worte-ROM (PSU) und 1K-Worte-RAM

Bild 2.9 Blockschaltbild der F8-Zentraleinheit 3850 (Fairchild)

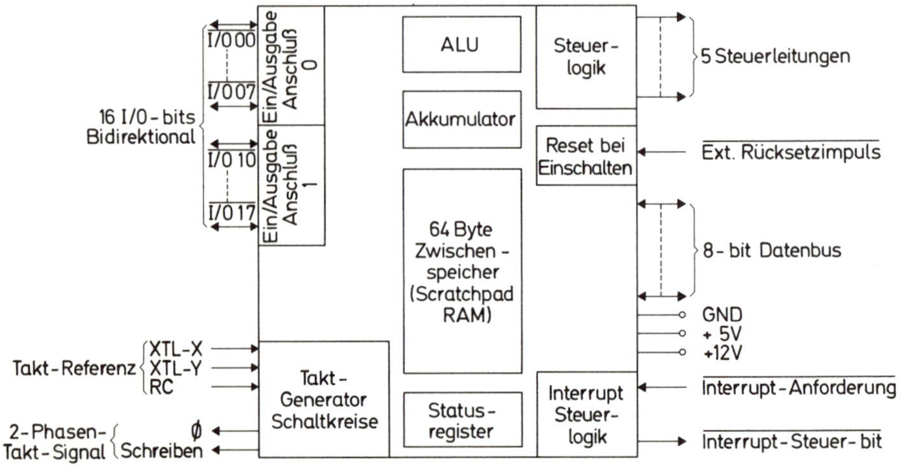

Die Bausteine des F8-Mikroprozessor-Systems

F8-Zentralrecheneinheit (CPU) 3850 (CPU = central processing unit)

Dieser Baustein enthält alle Funktionen, die ein Zentralprozessor üblicherweise besitzt. Bild 2.9 zeigt ein Blockschaltbild dieses Bausteins, Bild 2.10 eine Makroaufnahme der integrierten Schaltung und Bild 2.11 die Belegung der Anschlußstifte des 40poligen integrierten Schaltkreises in Zweireihenanordnung (DIL = dual in line).
In der CPU 3850 ist bereits ein 64-Byte-Speicher enthalten. Dieser ist als Puffer- oder Zwischenspeicher (scratchpad RAM) frei adressierbar und verfügbar. Bei Anwendungen mit geringem Arbeitsspeicherbedarf sind daher unter Umständen externe Speicherbausteine überflüssig. Der CPU-Baustein enthält bereits einen Taktgenerator und eine Einschalt-Rücksetzanordnung (power-on-reset), was die Verwendung zusätzlicher Bausteine für die Realisierung dieser Funktion überflüssig macht. In dem Baustein 3850 sind weiterhin 16 Ein-/Ausgabe-Busleitungen enthalten, die zusätzlich mit einem Ausgabezwischenspeicher versehen sind. Hier können die Ausgabedaten gespeichert werden. Diese Zwischenspeicher ver-

Bild 2.10 Makrofotografie der Schaltung 3850 (Fairchild)

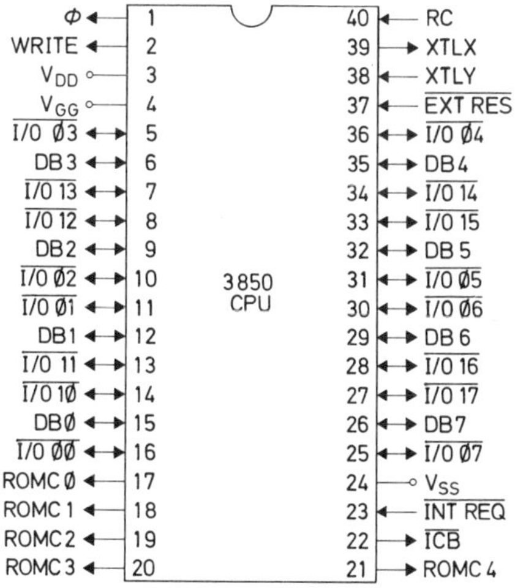

Signalabkürzung	Bezeichnung	Bedeutung
DBØ ··· DB7	Data Bus Lines	Daten-Bus-Leitungen
Φ, WRITE	Clock Lines	Taktleitungen
$\overline{\text{I/0 ØØ}}$ ··· $\overline{\text{I/0 Ø7}}$	I/0 Port Zero	Ein-/Ausgabe-Anschluß Ø
$\overline{\text{I/0 1Ø}}$ ··· $\overline{\text{I/0 17}}$	I/0 Port One	Ein-/Ausgabe-Anschluß 1
RC	RC Network Pin	Anschluß bei RC-Taktgeber
ROMCØ ··· ROMC4	Control Lines	Steuerleitungen
$\overline{\text{EXT RES}}$	External Reset	Externer Rücksetzeingang
$\overline{\text{INT REQ}}$	Interrupt Request	Interrupt-Anforderung
$\overline{\text{ICB}}$	Interrupt Control Bit	Interrupt-Steuer-bit
XTLX	Crystal Clock Line	Anschluß für Taktgeber-Quarz
XTLY	External Clock Line	Anschluß für externen Taktgeber
V_{SS}, V_{DD}, V_{GG}	Power Lines	Stromversorgung

Bild 2.11 Anschlußbelegung des CPU-Bausteines 3850 (Fairchild)

mögen eine Standard-TTL-Last zu treiben (siehe Abschnitt 2.3.1 Anpassungsschaltungen).
Besondere Eigenschaften sind:

- □ 2 µs Zykluszeit,
- □ 64-Byte-RAM-Speicher,
- □ Zwei bidirektionale 8-bit-Ein-/Ausgabe-Schaltungen mit Ausgabe-Verriegelung (latch),
- □ 8-bit ALU, parallel arbeitend,
- □ binäre und dezimale Arithmetik,
- □ Interrupt-Steuerung,
- □ definierter Einschaltstartpunkt (power-on-reset),
- □ drei Arten der Takterzeugung:
  RC-Netzwerk,
  quarzstabilisierte Takt-Erzeugung,
  externer Taktgeber,
- □ über 70 Befehle,
- □ +5 und +12 V Spannungsversorgung,
- □ niedrige Verlustleistung von weniger als 330 mW.

F8-Programmspeichereinheit (PSU) 3851 (PSU = program storage unit)

Diese Programmspeichereinheit enthält, wie schon der Name sagt, den ROM-Speicher für 1024 Byte. Dieser Nur-Lesespeicher (ROM = read only memory) dient zur Programm- und Konstantenspeicherung. Auf dem PSU-Baustein sind aber weitere Baugruppen vorhanden:

- □ eine Speicheradreßlogik,
- □ ein Programmzähler (16 bit),
- □ ein indirektes Adreßregister (der Datenzähler) (16 bit),
- □ ein Stapelregister (stack) (16 bit),
- □ eine vollständige vektorielle Interruptebene mit externer Interrupt-Leitung, um den Zentralprozessor anzusprechen,
- □ die gesamte Logik, die zum Anwählen, Bestätigen und Rücksetzen der Vorrang-Unterbrechung benötigt wird,
- □ ein programmierbarer 8-bit-Zeitzähler, der für die Generierung von Echtzeit-Verzögerungen wichtig ist,
- □ 16 TTL-kompatible Ein-/Ausgabe-Busleitungen mit Zwischenspeicher.

Die Bilder 2.12 bis 2.14 zeigen für die PSU 3851 Blockschaltbild, Makroaufnahme und die Belegung der Anschlußstifte des 40poligen DIL-IC. Systeme, die mehr Programmspeicher benötigen, können durch Hinzufügen von weiteren PSU-Schaltkreisen erweitert werden. Bei drei Bausteinen 3851 erhält man neben den 3072-Byte-ROM-Speichern auch drei Interrupt-Stufen, eine entsprechende Anzahl von Ein-/Ausgabe-Leitungen (mit der CPU in diesem Falle 4 × 16 = 64 Bitleitungen) und programmierbaren Zeitzählern.

Für den oben erwähnten Entwicklungsbausatz wird eine PSU-Einheit geliefert, die mit folgenden Programmen bereits programmiert ist:

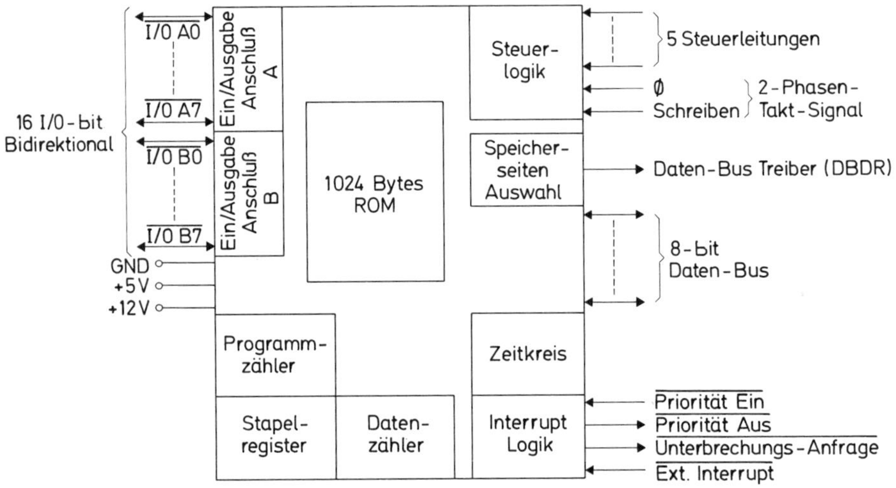

Bild 2.12 Blockschaltbild des F8-Programmspeichers 3851 (Fairchild)

Bild 2.13 Makrofotografie der Schaltung 3851 (Fairchild)

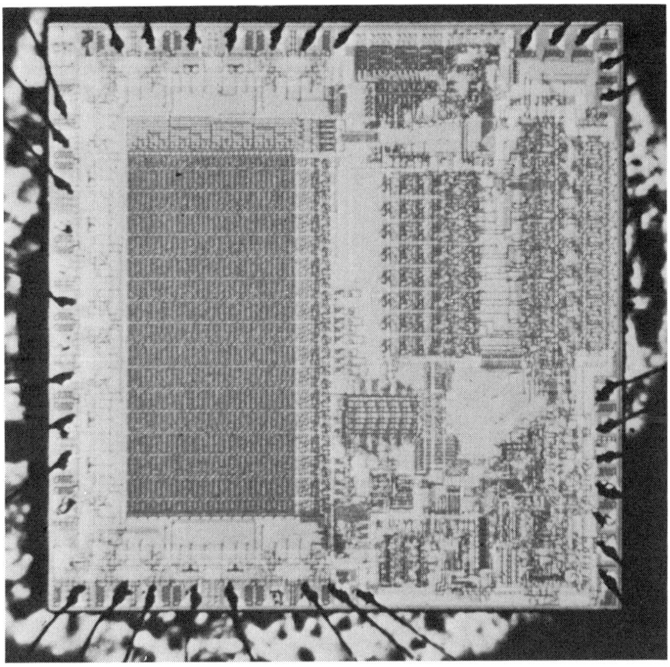

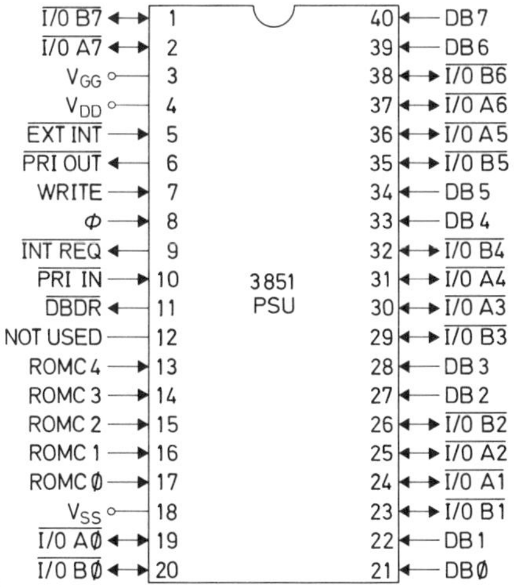

Signalabkürzung	Bezeichnung	Bedeutung
I/0 AØ ··· I/0 A7	I/0 Port A	Ein-/Ausgabe-Anschluß A
I/0 BØ ··· I/0 B7	I/0 Port B	Ein-/Ausgabe-Anschluß B
DBØ ··· DB7	Data Bus Lines	Daten-Bus-Leitungen
ROMCØ ··· ROMC4	Control Lines	Steuerleitungen
Φ, WRITE	Clock Lines	Taktleitungen
EXT INT	External Interrupt	Externe Interrupt-Leitung
PRI IN	Priority In	Prioritäts-Eingang
PRI OUT	Priority Out	Prioritäts-Ausgang
INT REQ	Interrupt Request	Interrupt-Anforderung
DBDR	Data Bus Drive	Datenbus-Treiber
V_{SS}, V_{DD}, V_{GG}	Power Supply Lines	Stromversorgung

Bild 2.14 Anschlußbelegung des PSU-Bausteins 3851 (Fairchild)

- □ TTYI: serielle Zeicheneingabe,
- □ TTYO: serielle Zeichenausgabe,
- □ TTCR: Steuerung von Wagenrücklauf und Zeilenvorschub bei Datenausgabe,
- □ PINP: parallele Zeicheneingabe,
- □ FOP1: Ausgabe von 1 oder 2 hexadezimalen Ziffern aus QL-Register,
- □ FOP2: Ausgabe von 1 oder 2 hexadezimalen Ziffern aus einem Speicherplatz,
- □ BYTE: Eingabe von zwei ASCII-Zeichen (parallel oder seriell) und Umwandlung zu einem hexadezimalen Byte,
- □ FAIR-BUG: interaktives Programmsystem für den Verkehr mit der Zentraleinheit und dem Speicher über Teletype-Terminal (Fernschreiber).

In Kapitel 5 (Programmierung) dieses Buches wird noch näher auf diese Programme eingegangen.

F8-Speicheranschlußschaltungen (MI) 3852/3853 (MI = memory interface)

Anwendungen, bei denen mehr Speicherplatz benötigt wird, als der in der CPU 3850 enthaltene 64-Byte-RAM-Speicher darstellt, erfordern die Verwendung von externen Arbeitsspeichern. Die Speicheranschlußschaltungen (memory interfaces) 3852 und 3853 erlauben im F8-System den erforderlichen Anschluß der externen Speicherbausteine. Jede Speicheranschlußschaltung liefert 16 Adreßleitungen und die notwendigen Signale für die Erweiterung bis zu 64 KByte eines RAM-, PROM- oder ROM-Speichers. Beide Elemente können in Verbindung mit herkömmlichen statischen Halbleiterspeicherelementen benutzt werden. Der **dynamische Speicher-Interfaceschaltkreis** 3852 **(DMI = Dynamic memory interface)** enthält die gesamte Logik, die notwendig ist, um dynamische MOS-Speicher ohne Beeinträchtigung der Systemdurchsatzzeit aufzufrischen. Wenn nötig kann der Interface-Baustein DMI-Schaltkreis 3852 auch mit statischen Speichern zusammengeschaltet werden. Der dynamische Interfaceschaltkreis enthält zusätzliche Schaltelemente für einen direkten Datentransfer von der Peripherie zum Arbeitsspeicher **(DMA = direct memory access).** Der **statische Interfaceschaltkreis** 3853 **(SMI = static memory interface)** enthält eine volle Interrupt-Ebene und einen programmierbaren Zeitgeber. Die Erklärung für die Begriffe statischer und dynamischer Speicher kann in Abschnitt 2.2.1 dieses Kapitels nachgelesen werden.

Die Bilder 2.15 und 2.16 zeigen die DMI-Schaltung 3852 als Blockschaltbild sowie die Anschlußbelegung des integrierten Schaltkreises. Die Bilder 2.17 und 2.18 stellen die entsprechende Information für die SMI-Schaltung dar.

F8-Schaltung für direkten Speicherzugriff (DMA) 3854 (DMA = direct memory access)

Der DMA-Baustein schafft eine Verbindung für den sehr schnellen Datenverkehr zwischen dem F8-Speicher und peripheren Geräten und Schaltungen. Wenn der DMA-Baustein 3854 mit dem DMI-Schaltkreis 3852 zusammenbetrieben wird, ist keine zusätzliche Beschaltung für die Identifikation der Speicheradressen, Anzahl der übertragenen Bytes und der Quittungssignale (handshaking signals) notwendig. Die Datenübertragung (data transfer) wird durch die Zentraleinheit unter Programmkontrolle eingeleitet. Wenn die Datenübertragung im DMA-Modus einmal gestartet ist, läuft sie ab, ohne daß ein Eingriff der CPU nötig wäre. Die Zentralprozessoreinheit überwacht die Leitung, auf der die Übertragung zugelassen ist (enable line), um das Ende einer Übertragung zu erkennen. Die Übertragung unter direktem Speicherzugriff (DMA) findet statt, ohne daß der Programmablauf im Zentralprozessor beeinflußt wird. Bild 2.19 zeigt das Blockschaltbild eines DMA-Schaltkreises und Bild 2.20 die Anschlußbelegung.

Der Befehlssatz des F8-Mikroprozessorsystems

Der Befehlssatz enthält über 70 verschiedene Befehle, die sich in 10 Kategorien einteilen lassen:

- □ Arbeitsregister-Befehle (accumulator instructions),
- □ Zwischenspeicher-Befehle (scratchpad register instructions),
- □ indirekte Zwischenspeicher Adreßbefehle (indirect scratchpad address register instructions),
- □ Speicherbefehle (memory reference instructions),
- □ Datenzähler-Befehle (data counter instructions),

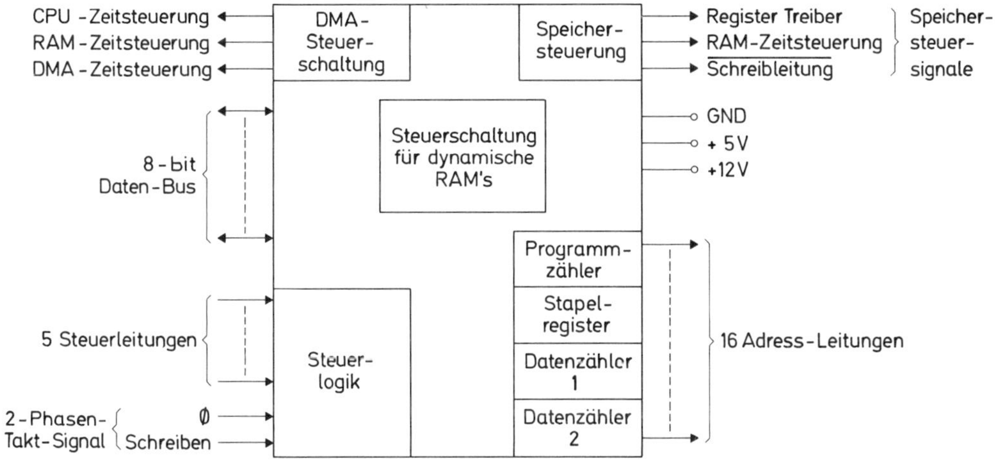

Bild 2.15 Blockschaltbild des F8-Bausteins 3852 (Fairchild), Interface für dynamische Speicher

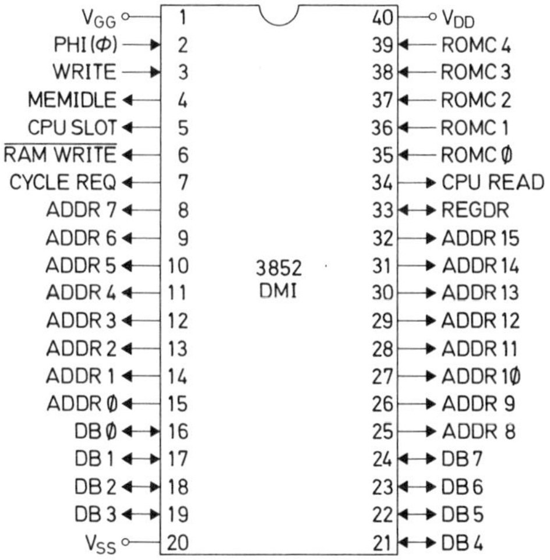

Signalabkürzung	Bezeichnung	Bedeutung
DBØ ·· DB7	Data Bus Lines	Daten-Bus-Leitungen
ADDRØ ··· ADDR15	Address Lines	Adreßleitungen
Φ, WRITE	Clock Lines	Taktleitungen
MEMIDLE	DMA Timing Line	DMA-Zeitsteuerung
CYCLE REQ	RAM Timing Line	RAM-Zeitsteuerung
CPU SLOT	Timing Line	Taktleitung
CPU READ	RAM Timing Line	RAM-Zeitsteuerung
REGDR	Register Drive Line	Register-Treiber-Leitung
RAM WRITE	Write Line	Schreibleitung
ROMCØ ··· ROMC4	Control Lines	Steuerleitungen
V_{SS}, V_{DD}, V_{GG}	Power Lines	Stromversorgung

Bild 2.16 Anschlußbelegung des DMI-Bausteins 3852 (Fairchild)

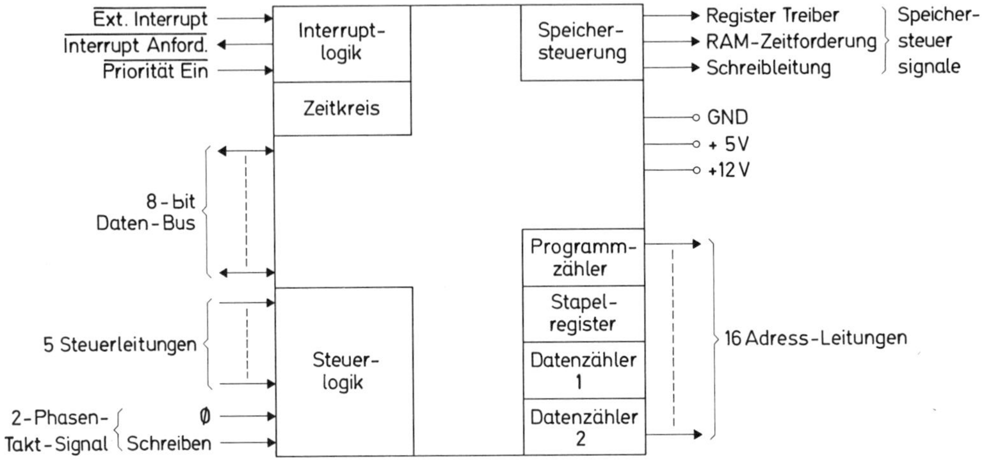

Bild 2.17 Blockschaltbild des F8-Bausteins 3853 (Fairchild), Interface für statische Speicher

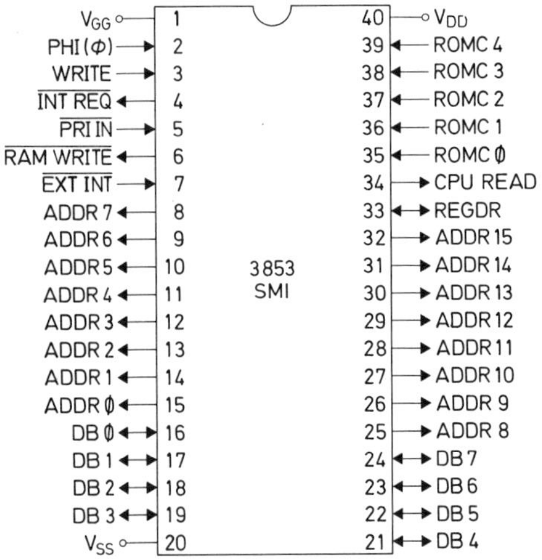

Signalabkürzung	**Bezeichnung**	**Bedeutung**
DBØ ··· DB7	Data Bus Lines	Datenbus-Leitungen
ADDRØ ··· ADDR15	Address Lines	Adreßleitungen
Φ, WRITE	Clock Lines	Taktleitungen
INT REQ	Interrupt Request	Interrupt-Anforderung
PRI IN	Priority In	Prioritäts-Eingang
RAM WRITE	Write Line	Schreibleitung
EXT IN	External Interrupt L.	Externe Interrupt Leitung
REGDR	Register Drive Line	Register-Treiber Leitung
CPU READ	CPU Read Line	CPU-Leseleitung
ROMCØ ··· ROMC4	Control Lines	Steuerleitungen
V_{SS}, V_{DD}, V_{GG}	Power Supply Lines	Stromversorgung

Bild 2.18 Anschlußbelegung des SMI-Bausteins 3853 (Fairchild)

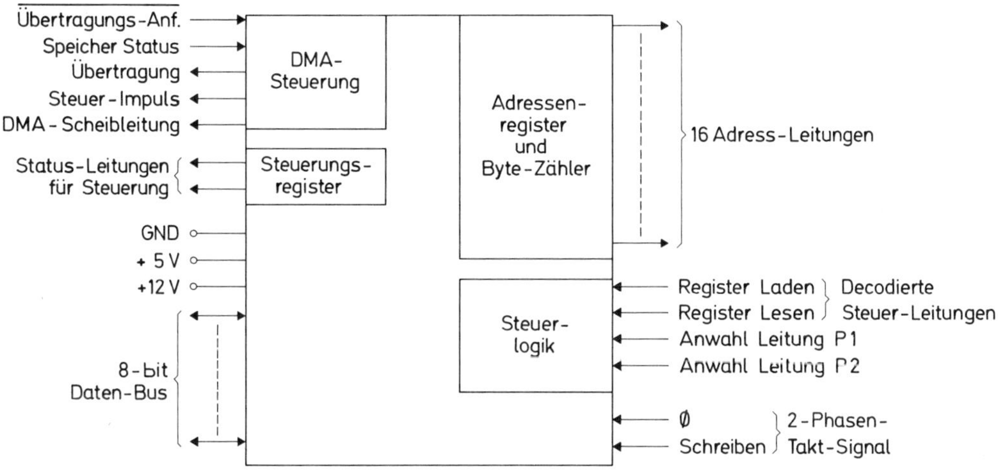

Bild 2.19 Blockschaltbild des F8-Bausteins 3854 (Fairchild), Interface für direkten Speicherzugriff

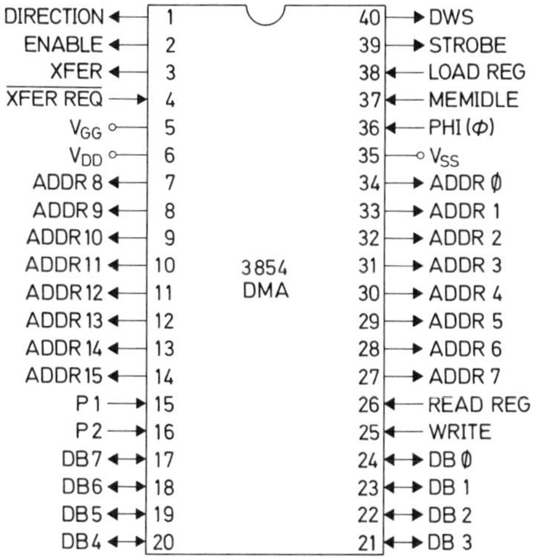

Signalabkürzung	**Bezeichnung**	**Bedeutung**
DBØ ··· DB7	Data Bus Lines	Datenbus-Leitungen
ADDRØ ··· ADDR15	Address Lines	Adreßleitungen
Φ, WRITE	Clock Lines	Taktleitungen
LOAD REG/ READ REG	Registers Load/Read Line	Register-Lese- und Schreibleitung
P1, P2	Port Address Select	Auswahl der Anschluß Adresse
MEMIDLE	Memory Idle Line	DMA-Zeitsteuerung
$\overline{\text{XFER REQ}}$	Transfer Request L.	Übertragungs Anforderung
ENABLE, DIRECTION	Control Status Lines	Status-Steuerleitungen
DWS, XFER	DMA Write Slot, Transfer	DMA-Schreibleitung
STROBE	Output Strobe Line	Ausgabe-Taktleitung
V_{SS}, V_{DD}, V_{GG}	Power Lines	Stromversorgung

Bild 2.20 Anschlußbelegung des DMA-Bausteins 3854 (Fairchild)

- □ Statusregister-Befehle (status register instructions),
- □ Programmzähler-Befehle (program counter instructions),
- □ Verzweigungsbefehle (branch instructions),
- □ Interrupt-Steuerbefehle (interrupt control instructions),
- □ Ein-/Ausgabe-Befehle (input/output instructions).

Da mehr als die Hälfte der F8-Befehle nur ein Byte lang sind, ergibt sich ein geringer Speicherbedarf infolge der kürzeren Programme. Die Tafel 2.2 enthält den kompletten Befehlssatz des F8-Mikroprozessorsystems. Für jeden Befehl ist die Anzahl der Zyklen angegeben, die zu seiner Ausführung erforderlich sind. Eine Zyklusdauer beträgt 2 µs, wenn die Taktfrequenz (clock frequency) 2 MHz beträgt.

Tafel 2.2: Befehlsliste des F8-Mikroprozessors.
a) Auflistung der Befehlsabkürzungen (Mnemonics) in alphabetischer Reihenfolge mit englischer Originalbezeichnung und deutscher Übersetzung

ADC	Add Data Counter with Accumulator	Addieren der Inhalte von Datenzähler und Akkumulator
AI	Add Immediate with Accumulator	Addiere unmittelbar zum Akkumulator
AM	Add Binary Accumulator with Memory	Addiere binär den Speicherinhalt zum Akkumulator
AMD	Add Decimal Accumulator with Memory	Addiere dezimal den Speicherinhalt zum Akkumulator
AS	Add Binary Accumulator with Scratchpad Register	Addiere binär den Inhalt des Zwischenspeicherregisters zum Akkumulator
ASD	Add Decimal Accumulator with Scratchpad Register	Addiere dezimal den Inhalt des Zwischenspeicherregisters zum Akkumulator
BC	Branch on Carry	Verzweige, wenn Statusbit C = 1
BF	Branch on False Condition	Verzweige, wenn Statuswort OZCS = Ø
BM	Branch if Negative	Verzweige, wenn Statusbit S = Ø
BNC	Branch if no Carry	Verzweige, wenn Statusbit C = Ø
BNO	Branch if no Overflow	Verzweige, wenn Statusbit O = Ø
BNZ	Branch if no Zero	Verzweige, wenn Statusbit Z = Ø
BP	Branch if Positive	Verzweige, wenn Statusbit S = 1
BR	Absolute Branch	Verzweige ohne Bedingung
BR7	Branch if ISAR is not 7	Verzweige, wenn ISAR ≠ 7 (ISAR = indirektes Zwischenspeicher-Adressen-Register)
BT	Branch on True Condition	Verzweige, wenn Statusbit Z ∨ C ∨ S = 1
BZ	Branch on Zero Condition	Verzweige, wenn Statusbit Z = 1
CI	Compare Immediate	Vergleiche unmittelbar
CLR	Clear Accumulator	Löschen des Akkumulatorinhaltes
CM	Compare with Memory	Vergleiche mit dem Speicherinhalt
COM	Coplement Accumulator	Komplementiere den Akkumulatorinhalt
DCI	Load Data Counter Immediate	Lade den Datenzähler unmittelbar
DI	Disable Interrupt	Verbiete Interrupt
DS	Decrement Scratchpad Register	Dekrementiere den Inhalt des Zwischenspeicher-Registers
EI	Enable Interrupt	Erlaube Interrupt
INC	Increment Akkumulator	Inkrementiere den Akkumulatorinhalt
IN	Input	Eingabe von Daten an Anschluß (lange Adresse)
INS	Input Short	Eingabe von Daten an Anschluß (kurze Adresse)
JMP	Jump	Springe
LI	Load Accumulator Immediate	Lade den Akkumulator unmittelbar
LIS	Load Accumulator Short	Lade den Akkumulator (kurze Adresse)
LISL	Load ISAR-Lower 3 Bits	Lade ISAR-Registerinhalt — untere 3 bit
LISU	Load ISAR-Upper 3 Bits	Lade ISAR-Registerinhalt — obere 3 bit
LM	Load Memory	Lade Speicherinhalt
LNK	Link Carry into Accumulator	Addiere Statusbit C zu Akkumulatorinhalt
LR	Load Register (5 Types)	Lade Register (5 Arten)
	Scratchpad	Zwischenspeicher-Register
	Programm Counter	Programmzähler
	ISAR	ISAR = indirektes Zwischenspeicher-Adreß-Register
	Status	Statusregister
	Data Counter	Datenzähler

NI	Logical AND Accumulator Immediate	Logisches UND zwischen Akkumulator-Inhalt und unmittelbar folgendem Operanden
NM	Logical AND Accumulator-Memory	Logisches UND zwischen Akkumulator-Inhalt und Speicherinhalt
NOP	No Operation	Keine Operation
NS	Logical AND Scratchpad and Accumulator	Logisches UND zwischen Akkumulator-Inhalt und Zwischenspeicher-Register
OI	Logical OR Immediate	Logisches ODER zwischen Akkumulator-Inhalt und unmittelbar folgendem Operanden
OM	Logical OR Memory with Accumulator	Logisches ODER zwischen Akkumulator-Inhalt und Speicherinhalt
OUT	Output	Ausgabe von Daten an Anschluß (lange Adresse)
OUTS	Output Short	Ausgabe von Daten an Anschluß (kurze Adresse)
PI	Push Program Counter into Stack Register, Set Program Counter to New Location	Speichere den Programmzähler in das Stapel-Register, Setze den Programmzähler auf die neue Adresse
PK	Push Program Counter into Stack Register, Set Program Counter from Scratchpad	Speichere den Programmzähler in das Stapel-Register, Setze den Programmzähler auf den Wert des Zwischenspeichers
POP	Put Stack Register into Program Counter	Lade den Stapel-Register-Inhalt in den Programmzähler
SL	Shift Left	Akkumulatorinhalt links schieben
SR	Shift Right	Akkumulatorinhalt rechts schieben
XDC	Exchange Data Counters	Datenzählerinhalte austauschen
XI	Exclusive OR Immediate	Exklusiv ODER Akkumulator-Inhalt mit nachfolgendem Operanden
XM	Exclusive OR Accumulator with Memory	Exklusiv ODER Akkumulator-Inhalt mit Speicherinhalt
XS	Exclusive OR Accumulator with Scratchpad	Exklusiv ODER Akkumulator-Inhalt mit Inhalt Zwischenspeicher-Register

b) **F8-Befehlscodierungen, Funktion und Status**
Befehle der Akkumulator-Gruppe (accumulator group instructions)

OPERATION	MNEMONIC OP CODE	OPERAND	FUNCTION	MACHINE CODE	BYTES	CYCLES	STATUS BITS OVF	ZERO	CRY	SIGN
ADD CARRY	LNK		ACC←(ACC) + CRY	19	1	1	1/0	1/0	1/0	1/0
ADD IMMEDIATE	AI	ii	ACC←(ACC) + H'ii'	24ii	2	2.5	1/0	1/0	1/0	1/0
AND IMMEDIATE	NI	ii	ACC←(ACC) ∧ H'ii'	21ii	2	2.5	0	1/0	0	1/0
CLEAR	CLR		ACC←H'00'	70	1	1	–	–	–	–
COMPARE IMMEDIATE	CI	ii	H'ii' + $\overline{(ACC)}$ + 1	25ii	2	2.5	1/0	1/0	1/0	1/0
COMPLEMENT	COM		ACC←(ACC) ⊕ H'FF'	18	1	1	0	1/0	0	1/0
EXCLUSIVE-OR IMMEDIATE	XI	ii	ACC←(ACC) ⊕ H'ii'	23ii	2	2.5	0	1/0	0	1/0
INCREMENT	INC		ACC←(ACC) + 1	1F	1	1	1/0	1/0	1/0	1/0
LOAD IMMEDIATE	LI	ii	ACC←H'ii'	20ii	2	2.5	–	–	–	–
LOAD IMMEDIATE SHORT	LIS	i	ACC←H'0i'	7i	1	1	–	–	–	–
OR IMMEDIATE	OI	ii	ACC←(ACC) ∨ H'ii'	22ii	2	2.5	0	1/0	0	1/0
SHIFT LEFT ONE	SL	1	SHIFT LEFT 1	13	1	1	0	1/0	0	1/0
SHIFT LEFT FOUR	SL	4	SHIFT LEFT 4	15	1	1	0	1/0	0	1/0
SHIFT RIGHT ONE	SR	1	SHIFT RIGHT 1	12	1	1	0	1/0	0	1
SHIFT RIGHT FOUR	SR	4	SHIFT RIGHT 4	14	1	1	0	1/0	0	1

Verzweigungsbefehle (branch instructions)
In allen bedingten Verzweigungen wird $PC_0 \leftarrow (PC_0) + 2$, wenn die Testbedingung nicht erfüllt wird. Die Ausführungszeit beträgt 3,0 Zyklen.

OPERATION	MNEMONIC OP CODE	OPERAND	FUNCTION	MACHINE CODE	BYTES	CYCLES	STATUS BITS OVF	ZERO	CRY	SIGN
BRANCH ON CARRY	BC	aa	$PC_0 \leftarrow [(PC_0)+1]$ + H'aa' if CRY = 1	82aa	2	3.5	–	–	–	–
BRANCH ON POSITIVE	BP	aa	$PC_0 \leftarrow [(PC_0)+1]$ + H'aa' if SIGN = 1	81aa	2	3.5	–	–	–	–
BRANCH ON ZERO	BZ	aa	$PC_0 \leftarrow [(PC_0)+1]$ + H'aa' if ZERO = 1	84aa	2	3.5	–	–	–	–
BRANCH ON TRUE	BT	taa	$PC_0 \leftarrow [(PC_0)+1]$ + H'aa' if any test is true	8taa	2	3.5	–	–	–	–
			t = TEST CONDITION: 2^2 ZERO, 2^1 CRY, 2^0 SIGN							
BRANCH IF NEGATIVE	BM	aa	$PC_0 \leftarrow [(PC_0)+1]$ + H'aa' if SIGN = 0	91aa	2	3.5	–	–	–	–
BRANCH IF NO CARRY	BNC	aa	$PC_0 \leftarrow [(PC_0)+1]$ + H'aa' if CARRY = 0	92aa	2	3.5	–	–	–	–
BRANCH IF NO OVERFLOW	BNO	aa	$PC_0 \leftarrow [(PC_0)+1]$ + H'aa' if OVF = 0	98aa	2	3.5	–	–	–	–
BRANCH IF NOT ZERO	BNZ	aa	$PC_0 \leftarrow [(PC_0)+1]$ + H'aa' if ZERO = 0	94aa	2	3.5	–	–	–	–
BRANCH IF FALSE TEST	BF	taa	$PC_0 \leftarrow [(PC_0)+1]$ + H'aa' if all false test bits	9taa	2	3.5	–	–	–	–
			t = TEST CONDITION: 2^3 OVF, 2^2 ZERO, 2^1 CRY, 2^0 SIGN							
BRANCH IF ISAR (LOWER) ≠ 7	BR7	aa	$PC_0 \leftarrow [(PC_0)+1]$ + H'aa' if ISARL ≠ 7 $PC_0 \leftarrow (PC_0) + 2$ if ISARL = 7	8Faa	2	2.5 2.0	– –	– –	– –	– –
BRANCH RELATIVE	BR	aa	$PC_0 \leftarrow [(PC_0)+1]$ + H'aa'	90aa	2	3.5	–	–	–	–
JUMP*	JMP	aaaa	$PC_0 \leftarrow$ H'aaaa'	29aaaa	3	5.5	–	–	–	–

* = privilegierter Befehl

Auf den Speicher bezogene Befehle (memory reference instr.)
Bei Ausführung dieser Befehle wird der Datenzähler inkrementiert : DC ← DC + 1.

OPERATION	MNEMONIC OP CODE	OPERAND	FUNCTION	MACHINE CODE	BYTES	CYCLES	STATUS BITS OVF	ZERO	CRY	SIGN
ADD BINARY	AM		ACC←(ACC)+[(DC)]	88	1	2.5	1/0	1/0	1/0	1/0
ADD DECIMAL	AMD		ACC←(ACC)+[(DC)]	89	1	2.5	1/0	1/0	1/0	1/0
AND	NM		ACC←(ACC)∧[(DC)]	8A	1	2.5	0	1/0	0	1/0
COMPARE	CM		$[(DC)] + (\overline{ACC}) + 1$	8D	1	2.5	1/0	1/0	1/0	1/0
EXCLUSIVE OR	XM		ACC←(ACC)⊕[(DC)]	8C	1	2.5	0	1/0	0	1/0
LOAD	LM		ACC←[(DC)]	16	1	2.5	–	–	–	–
LOGICAL OR	OM		ACC←(ACC)∨[(DC)]	8B	1	2.5	0	1/0	0	1/0
STORE	ST		(DC)←(ACC)	17	1	2.5	–	–	–	–

Adreßregister-Befehle (address register group instructions)

OPERATION	MNEMONIC OP CODE	OPERAND	FUNCTION	MACHINE CODE	BYTES	CYCLES	STATUS BITS OVF	ZERO	CRY	SIGN
ADD to DATA COUNTER	ADC		DC←(DC) + (ACC)	8E	1	2.5	–	–	–	–
CALL to SUBROUTINE*	PK		PC_0U←(r12); PC_0L←(r13); PC_1←(PC_0)	OC	1	4	–	–	–	–
CALL to SUBROUTINE IMMEDIATE*	PI	aaaa	PC_1←(PC_0); PC_0←H'aaaa	28aaaa	3	6.5	–	–	–	–
EXCHANGE DC	XDC		$DC_0 \rightleftarrows DC_1$	2C	1	2	–	–	–	–
LOAD DATA COUNTER	LR	DC,Q	DCU←(r14); DCL←(r15)	OF	1	4	–	–	–	–
LOAD DATA COUNTER	LR	DC,H	DCU←(r10); DCL←(r11)	10	1	4	–	–	–	–
LOAD DC IMMEDIATE	DCI	aaaa	DC←H'aaaa'	2Aaaaa	3	6	–	–	–	–
LOAD PROGRAM COUNTER	LR	PO,Q	PC_0U←(r14); PC_0L←(r15)	OD	1	4	–	–	–	–
LOAD STACK REGISTER	LR	P,K	PC_1U←(r12); PC_1L←(r13)	09	1	4	–	–	–	–

RETURN FROM SUBROUTINE*	POP		$PC_0 \leftarrow (PC_1)$	1C	1	2	–	–	–	–
STORE DATA COUNTER	LR	Q,DC	r14←(DCU); r15←(DCL)	OE	1	4	–	–	–	–
STORE DATA COUNTER	LR	H,DC	r10←(DCU); r11←(DCL)	11	1	4	–	–	–	–
STORE STACK REGISTER	LR	K,P	$r12 \leftarrow (PC_1U)$; $r13 \leftarrow (PC_1L)$	08	1	4	–	–	–	–

* = privilegierter Befehl.

Zwischenspeicher-Befehle (scratchpad register instructions)

OPERATION	MNEMONIC OP CODE	OPERAND	FUNCTION	MACHINE CODE	BYTES	CYCLES	STATUS BITS OVF	ZERO	CRY	SIGN
ADD BINARY	AS	r	ACC←(ACC) + (r)	Cr	1	1	1/0	1/0	1/0	1/0
ADD DECIMAL	ASD	r	ACC←(ACC) + (r)	Dr	1	2	1/0	1/0	1/0	1/0
DECREMENT	DS	r	r←(r) + H'FF'	3r	1	1.5	1/0	1/0	1/0	1/0
LOAD	LR	A,r	ACC←(r)	4r	1	1	–	–	–	–
LOAD	LR	A,KU	ACC←(r12)	00	1	1	–	–	–	–
LOAD	LR	A,KL	ACC←(r13)	01	1	1	–	–	–	–
LOAD	LR	A,QU	ACC←(r14)	02	1	1	–	–	–	–
LOAD	LR	A,QL	ACC←(r15)	03	1	1	–	–	–	–
LOAD	LR	r,A	r←(ACC)	5r	1	1	–	–	–	–
LOAD	LR	KU,A	r12←(ACC)	04	1	1	–	–	–	–
LOAD	LR	KL,A	r13←(ACC)	05	1	1	–	–	–	–
LOAD	LR	QU,A	r14←(ACC)	06	1	1	–	–	–	–
LOAD	LR	QL,A	r15←(ACC)	07	1	1	–	–	–	–
AND	NS	r	ACC←(ACC) ∧ (r)	Fr	1	1	0	1/0	0	1/0
EXCLUSIVE OR	XS	r	ACC←(ACC) ⊕ (r)	Er	1	1	0	1/0	0	1/0

Verschiedene Befehle (miscellaneous instructions)

OPERATION	MNEMONIC OP CODE	OPERAND	FUNCTION	MACHINE CODE	BYTES	CYCLES	STATUS BITS OVF	ZERO	CRY	SIGN
DISABLE INTERRUPT	DI		RESET ICB	1A	1	2	–	–	–	–
ENABLE INTERRUPT*	EI		SET ICB	1B	1	2	–	–	–	–
INPUT	IN	aa	ACC←(INPUT PORT aa)	26aa	2	4	0	1/0	0	1/0
INPUT SHORT	INS	a	ACC←(INPUT PORT a)	Aa	1	4***	0	1/0	0	1/0
LOAD ISAR	LR	IS,A	ISAR←(ACC)	0B	1	1	–	–	–	–
LOAD ISAR LOWER	LISL	a	ISARL←a	1101a**	1	1	–	–	–	–
LOAD ISAR UPPER	LISU	a	ISARU←a	01100a**	1	1	–	–	–	–
LOAD STATUS REGISTER*	LR	W,J	W←(r9)	1D	1	2	1/0	1/0	1/0	1/0
NO-OPERATION	NOP		PC_0←(PC_0) + 1	2B	1	1	–	–	–	–
OUTPUT	OUT	aa	OUTPUT PORT aa←(ACC)	27aa	2	4	–	–	–	–
OUTPUT SHORT	OUTS	a	OUTPUT PORT a←(ACC)	Ba	1	4***	–	–	–	–
STORE ISAR	LR	A,IS	ACC←(ISAR)	0A	1	1	–	–	–	–
STORE STATUS REG	LR	J,W	r9←(W)	1E	1	1	–	–	–	–

* = privilegierter Befehl.
** = oktale 3-bit-Ziffer.
*** = für die CPU-Ein-/Ausgänge sind zwei Maschinenzyklen erforderlich.

c) **Bemerkungen und Erklärung der Abkürzungen in Tafel 2.2.**

Jeder Kleinbuchstabe stellt eine hexadezimale Ziffer dar. Jeder Zyklus entspricht der Länge von 4 Maschinentaktimpulsen. Kleinbuchstaben repräsentieren Variablen, die durch den Programmierer festgelegt werden.

Definition von Funktionen

←	wird ersetzt durch
( )	der Inhalt von
($\overline{\ }$)	duales Einerkomplement von
+	arithmetische Addition (dual oder dezimal)
⊕	logische Funktion: Exklusiv ODER
∧	logische Funktion: UND
∨	logische Funktion: ODER
H'	hexadezimale Zahl oder Ziffer

Namen von Registern

a	Adressen-Variable
A	Akkumulator (Arbeitsregister)
DC	Datenzähler (indirektes Adressen-Register)
DC∅	Datenzähler Nr. ∅
DC1	Datenzähler Nr. 1
DCL	niederwertige 8 bit des Datenzählerinhalts
DCU	höherwertige 8 bit des Datenzählerinhalts
H	Zwischenspeicher-Register Nr. 10 und Nr. 11
i und ii	unmittelbar folgender Operand
ICB	Interrupt-Steuer-Bit
IS	indirektes Zwischenspeicher-Adressen-Register
ISAR	indirektes Zwischenspeicher-Adressen-Register
ISARL	niederwertige 3 bit des ISAR-Registers
ISARU	höherwertige 3 bit des ISAR-Registers
J	Zwischenspeicher-Register Nr. 9
K	Register Nr. 12 und Nr. 13
KL	Register Nr. 13
KU	Register Nr. 12
PC∅	Programmzähler
PC∅L	niederwertige 8 bit des Programmzählers
PC∅U	höherwertige 8 bit des Programmzählers
PC1	Stapel-Register
PC1L	niederwertige 8 bit des angesprochenen Stapel-Registers
PC1U	höherwertige 8 bit des angesprochenen Stapel-Registers
Q	Register Nr. 14 und Nr. 15
QL	Register Nr. 15
QU	Register Nr. 14
r	Zwischenspeicher-Register (beliebige Adresse bis 11)
W	Statusregister

Zwischenspeicher-Adressierungs-Formen

r = C	(hexadezimal) Register adressiert durch ISAR (unverändert)
r = D	(hexadezimal) Register adressiert durch ISAR; ISAR inkrementiert
r = E	(hexadezimal) Register adressiert durch ISAR; ISAR dekrementiert
r = F	keine Operation
r = ∅···B	(hexadezimal) Register ∅···11 direkt adressiert durch den Befehl

Status-Register

—	keine Zustandsänderung
1/∅	setzen auf „1" oder „∅" abhängig von den Bedingungen
CRY	Carry Flag: Übertrags-Marke
OVF	Overflow Flag: Überlauf-Marke
SIGN	Sign of Result Flag: Ergebnis-Vorzeichen-Marke
ZERO	Zero Flag: Null-Marke

Methoden zur Adressierung im F8-Mikroprozessorsystem

Die Befehlsliste des F8-Systems kennt 8 verschiedene Methoden der Adressierung von Ein-/Ausgabe-Registern, CPU-Registern oder Arbeitsspeichern (bulk memory). Die einzelnen Methoden der Adressierung werden nachfolgend erklärt:

Einbezogene Adressierung (implied addressing)

Die Daten für diese 1-Byte-Befehle sind im Befehlscode enthalten; z.B. wird beim POP-Befehl davon ausgegangen, daß der Inhalt des Programmzählers automatisch mit der im Stack-Register befindlichen Date überschrieben wird.

Direkte Adressierung (direct addressing)

Bei diesen 2-Byte-Befehlen ist die Adresse des Operanden im zweiten Byte des Befehlswortes enthalten. Die direkte Adressierung wird bei den Ein-/Ausgabe-Befehlen angewendet.

Kurze unmittelbare Adressierung (short immediate addressing)

Befehle dieser Gruppe bestehen nur aus 1 Byte. Der Operationscode wird durch die 4 höherwertigen bit dargestellt. Die niederwertigen 4 bit entsprechen dem Operanden.

Lange unmittelbare Adressierung (long immediate addressing)

Bei diesen 2-Byte-Befehlen ist der Operationscode durch das erste Byte und der Operand durch das zweite 8-bit-Wort bestimmt.

Direkte Register-Adressierung (direct register addressing)

Mit dieser Adressierungsart lassen sich die Register des Pufferspeichers (scratchpad registers) direkt ansprechen. Indem man die Registernummer in die 1-Byte-Befehle einschließt, sind 12 der 64 Register direkt adressierbar.

Indirekte Register-Adressierung (indirect register addressing)

Alle 64 Pufferregister können indirekt adressiert werden, wenn man das in der CPU enthaltene „Indirekte Pufferspeicher-Register" (indirect scratchpad register) benutzt. Dieses 6-bit-Register arbeitet als Zeiger (pointer) für den Pufferspeicher (scratchpad memory). Es kann inkrementiert (+1), dekrementiert (−1) oder auch unverändert belassen werden, wenn man auf den Pufferspeicher Zugriff nimmt.

Indirekte Speicher-Adressierung (indirect memory addressing)

Ein 16 bit langes indirektes Adressen-Register, der Datenzähler (data counter), zeigt zu jeder beliebigen Date oder Konstanten im Arbeitsspeicher (bulk memory). Eine Gruppe von 1-Byte-Befehlen ist für die Arbeit mit diesem Bereich des Speichers vorgesehen. Diese Befehle gehen davon aus, daß der Datenzähler auf das interessierende Byte auf einem bestimmten Speicherplatz zeigt, d.h. dessen Adresse als Zählerinhalt besitzt. Der Datenzähler erhöht sich selbsttätig (self incrementing) und er gestattet damit, das gesamte Datenfeld zu überstreichen und notfalls zu modifizieren, ohne daß besondere Befehle für die Zählererhöhung notwendig sind. Die Speicheranschlußbausteine enthalten jeweils zwei Datenzähler, deren Inhalte untereinander austauschbar sind.

Relative Adressierung (relative addressing)

Alle Verzweigungsbefehle benutzen diese Adressierungsart. Wenn eine Verzweigung stattfindet, wird der Programmzähler durch eine relative 8-bit-Adresse, die sich im zweiten Byte des Befehls befindet, auf den neuen Stand gebracht. Eine Verzweigung kann daher über 128 Speicheradressen vorwärts oder 127 Speicheradressen rückwärts erfolgen.
Anwendungen für die verschiedenen Adressierungsarten werden in Kapitel 5, Programmierung, gezeigt.

Elektrische Kenndaten der Bausteine des F8-Mikroprozessorsystems

Versorgungsspannungen:

$$V_{SS} = 0{,}0\ \text{V},$$
$$V_{DD} = +\ 5{,}0\ \text{V} \pm 5\%,$$
$$V_{GG} = +12{,}0\ \text{V} \pm 5\%,$$

zulässige Umgebungstemperatur: $T_A = 0 \cdots 70$ °C,
höchste Taktfrequenz: 2 MHz.

Die Stromaufnahme der einzelnen Bausteine des F8-Mikroprozessor-Systems ist in der Tabelle 2.2 dargestellt. Diese Darstellung enthält auch die Angaben über die Verlustleistung der verschiedenen Baugruppen.
Bild 2.21 zeigt die Zusammenschaltung von je einem CPU-Schaltkreis 3850 und einer PSU-Schaltung 3851 zu einem funktionsfähigen System als Blockschaltbild. Mikroprozessorsysteme

in der gleichen Technologie (N-Kanal MOS) und mit gleicher Wortlänge sind die Typen 8080 (Intel, Siemens, AMD u.a.) sowie 6800 (Motorola u.a.).

2.1.3. Beispiel für einen Ein-Chip-16-bit-Mikroprozessor (National Semiconductor PACE)

PACE steht als Abkürzung für **P**rocessing **A**nd **C**ontrol **E**lement. Es handelt sich um einen Mikroprozessor mit einer Wortlänge von 16 bit, der auf einem Chip untergebracht ist. Als Technologie für den Schaltungsaufbau wurde P-Kanal MOS angewendet. Die Schaltung ist in einem 40-Pin-DIL-Gehäuse untergebracht. In der Schaltung sind die Steuerlogik, 4 Arbeitsregister (Akkumulatoren), ein 10-Wort-Stapelregister (**LIFO-stack, LIFO** = **l**ast **i**n **f**irst **o**ut) und eine Schaltung zur Vorrangunterbrechungs-Steuerung (interrupt control) untergebracht. Die auf dem Baustein befindlichen Baugruppen sind in Bild 2.22 in Form eines Blockschaltbildes dargestellt. Für den Aufbau eines funktionsfähigen Prozessorsystems werden ein Takt-Treiber-Baustein und ein System-Speicherbaustein zusätzlich benötigt. Insgesamt stehen folgende Bausteine des PACE-Systems zur Verfügung:

- □ System-Zeittakt-Generator (system timing element, IPC-16A/502). Mit Hilfe dieses Bausteins und einem gesonderten Schwingquarz werden sämtliche erforderlichen Taktsignale generiert.
- □ 8-bit-Zweiweg-Sender-Empfänger-Element (eight bit bidirectional transceiver element, IPC-16A/501).
- □ 16-bit-Adressen-Schalter-Element (16 bit address latch element, IPC-16A/518). Die Bausteine IPC-16A/501 und IPC-16A/518 dienen zum Aufbau einer kompletten 16-bit-TTL-kompatiblen, in beiden Richtungen arbeitenden, Datenbus-Anordnung. Wird ein dritter Baustein IPC-16A/501 als Treiber verwendet, so läßt sich hiermit ein Steuerbus-Puffer aufbauen, der in der Lage ist, sieben TTL-Steuersignale und Kennmarken (flags) zu liefern.
- □ Anpassungsbausteine für periphere Geräte (peripheral interface chips, interface latch elements, ILE 8 = IPC-16A/503 und ILE 16 = IPC-16A/513). Diese Bausteine dienen zur Speicherung und Zwischenspeicherung von Daten zwischen dem PACE-TTL-Systembus und den Anschlüssen der Benutzerperipherie.

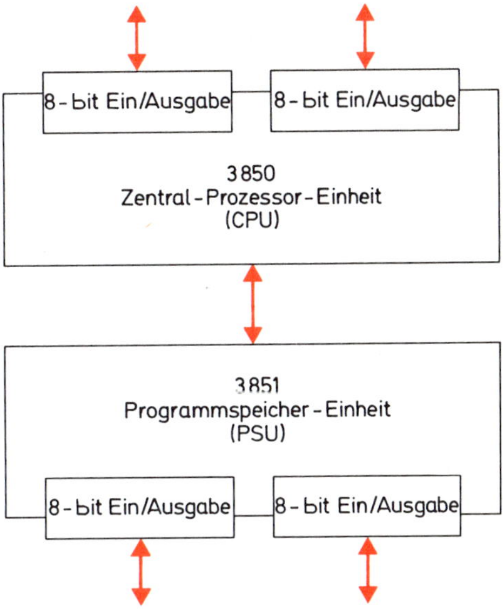

Bild 2.21 Blockschaltbild der Minimalkonfiguration eines F8-Mikroprozessorsystems mit 64-Byte-RAM-Speicher und 4 × 8-bit-Ein-/Ausgabe

ILE 8 arbeitet dabei mit 8 bit und ILE 16 mit 16 bit. Da das PACE-System sowohl 8-bit- wie auch 16-bit-Worte verarbeiten kann, ist hier eine Möglichkeit zum Anpassen an die Wortlänge der Daten gegeben.

- □ An Speicherbausteinen stehen zur Verfügung: RAM-Speicher 256 × 4 (IPC-16A/504). Adressen-Verriegelungsschaltungen (address latches) zwischen der PACE-CPU und dem Schreib-Lese-Speicher sind bei Verwendung dieses Speicherbausteins nicht notwendig, da Adressen-Verriegelungsschaltungen und verriegelte Baustein-Freigabe-Schaltungen (latched chip enables) auf dem Baustein vorhanden sind. ROM-Speicher 1024 × 16 (IPC-16A/505). Dieser Baustein enthält in den meisten Fällen genügend Speicherkapazität, um alle Steuer- und Systembefehle speichern zu können. Adressen-Verriegelungsschaltungen sind auf dem Baustein vorhanden. PROM-Speicher 512 × 8 (IPC-16A/506). Dieser Baustein besitzt keine Adressen-Verriegelungsschaltungen. Es muß ein entsprechender Baustein IPC-16A/518 (16-bit address latch element) verwendet werden.

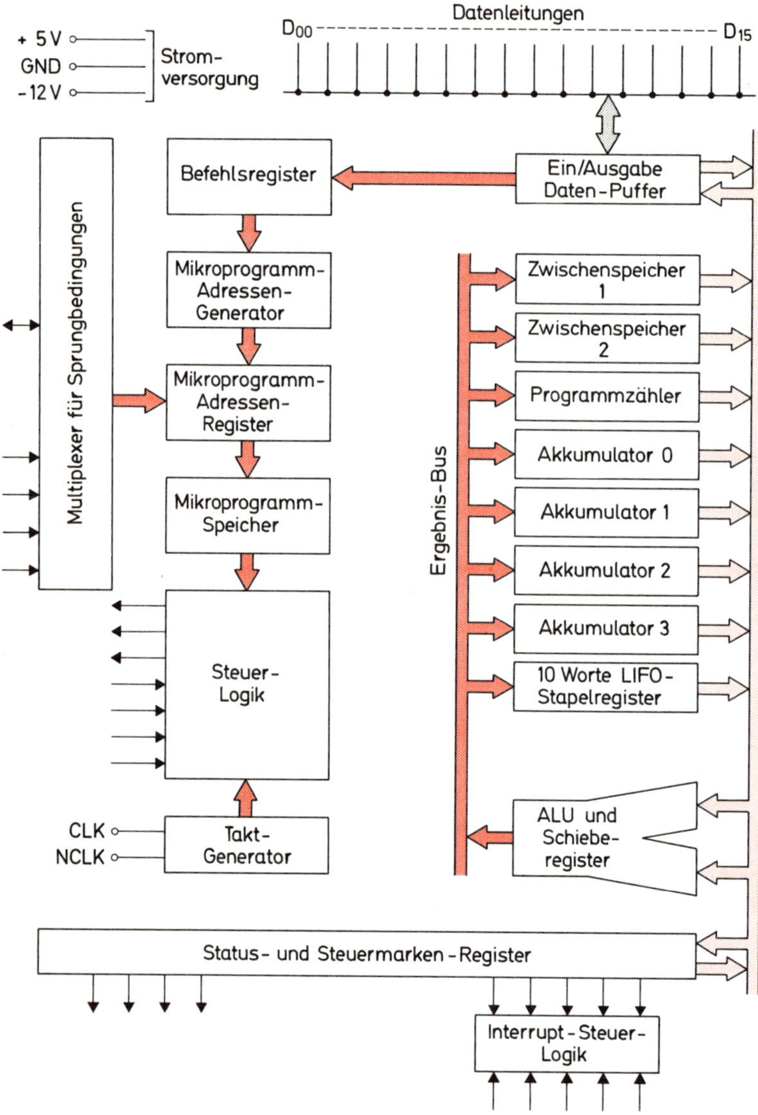

Bild 2.22 Blockschaltbild des 16-bit-Einchip-Mikroprozessors PACE (National Semiconductor)

Aus den aufgezählten und kurz beschriebenen Bausteinen des PACE-Systems läßt sich mit nur wenigen Schaltkreisen in großintegrierter Bauweise ein 16-bit-Prozessorsystem voll funktionsfähig aufbauen. Die Befehlsliste kennt 45 Befehle, mit denen sich eine effiziente und flexible Programmierung durchführen läßt.
Nachfolgend eine Aufstellung der wichtigsten Kenndaten und Vorteile des PACE-Systems:

- □ 16-bit-Befehlsworte: Flexibilität in der Adressierung,
- □ 8- oder 16-bit-Datenworte,
- □ 45 Befehle,
- □ gleicher Adressierungsmodus für Speicher und Peripherie, vereinfacht die Ein-/Ausgabe-Befehle,
- □ 4 allgemein verwendbare Arbeitsregister,
- □ 10-Wort-Stapelspeicher (stack),
- □ 6 Interrupt-Stufen mit Vektor-Adressierung,
- □ Zugriff der Programme zum Statusregister,
- □ Befehlsausführungszeit im Mittel 10 µs,
- □ Stromversorgung +5 V und −12 V.

2.1.4. Beispiel für einen Mikroprozessor in Slice-Aufbau (Advanced Micro Devices AM 2901)

Unter **Slices** versteht man kaskadierbare Bausteine. Für den Aufbau eines Mikroprozessors werden dazu mehrere Prozessor-Bausteine mit nur 4 bit (oder auch 2 bit) Wortlänge so zusammengeschaltet, daß ein Prozessorsystem mit größerer Wortlänge entsteht.
Der Mikroprozessor-Baustein AM 2901 ist in bipolarer Low-Power-Schottky-Technik gefertigt. Zu dem Prozessor-Baustein 2901 gehört eine vollständige Familie von Zusatzbausteinen in LSI-Low-Power-Schottky-Schaltkreistechnik.
Das System ist mikroprogrammierbar (siehe auch Abschnitt 1.6). Es können Maschinen mit spezialisierten Befehlssätzen konstruiert werden oder auch Nachbildungen bestehender Minirechnersysteme (Softwarekompatibilität), wobei die gesamte Befehlsliste im Mikrocode verfügbar ist.
Der Blockaufbau des AM-2901-Mikroprozessor-Bausteins ist in Bild 2.23 gezeigt. Daten werden in 16 adressierbaren Arbeitsregistern und in einem Hilfsregister gespeichert. Die 16 Arbeitsregister sind als RAM-Speicher mit zwei Adreßeingängen und zwei Datenausgängen (two port RAM) aufgebaut. Die zwei Adressen werden verwendet, um Daten simultan aus zwei Registern zu lesen. Die zwei Basis-Operanden (source operands) für die arithmetische und Logik-Einheit (ALU) können vom Zweiadreßregister, vom Hilfsregister (Q-register), dem externen Dateneingang oder vom logisch „Null"-Eingang gelesen werden. Insgesamt stehen 203 Paare von Basis-Operanden für jede ALU-Funktion zur Verfügung. Die arithmetische Logikeinheit besitzt acht Funktionen:

- □ Addition,
- □ Subtraktion in beide Richtungen,
- □ fünf logische Funktionen.

Außerdem können die einfachen Funktionen Incrementieren (+1), Komplementieren und Nullsetzen durchgeführt werden. Bei jeder Operation stehen alle vier Status-Signale, wie Übertrag, Überlauf, Null und Vorzeichen (sign), falls gegeben, an.
Vor einer Zwischenspeicherung in den RAM-Arbeitsregistern können die Ausgangsdaten der ALU-Einheit nach rechts oder links verschoben werden. Gleichzeitig kann eine gewünschte bit-Verschiebung vom Hilfsregister durchgeführt werden.
Der AM-2901-Mikroprozessor benötigt als Zykluszeit für eine Datenübertragung von einem Register zu einem anderen (Lesen, Modifizieren, Schreiben) typisch 100 ns. Das ist eine sehr niedrige Zykluszeit bzw. eine große Verarbeitungsgeschwindigkeit. Diese wird insbesondere durch den bipolaren Aufbau und den 2-Adressen-Zugriff ermöglicht.

> Mikroprozessoren mit einem Aufbau in **bipolarer Technik** gestatten eine wesentlich größere Verarbeitungsgeschwindigkeit als solche in P-Kanal- oder N-Kanal-MOS-Technik.

Der Aufbau des Mikroprozessors AM 2901 erfolgt in einem 40poligen DIL-Gehäuse. Die Versorgungsspannung der Schaltung beträgt 5 V ± 5%. Die Stromaufnahme des Bausteines beträgt 185 mA.
Nachfolgend werden die Bausteine des AM-2900-Systems mit ihren Funktionsbeschreibungen aufgeführt:

AM 2902 Übertragsgenerator für die Kombination mehrerer AM-2901-Bausteine bei größeren Wortlängen (look ahead carry generator),
AM 2905 Vierfach-2-Eingangs-Bus-Sender-Empfänger mit offenen Kollektoren und Tri-State-Empfänger (quad two

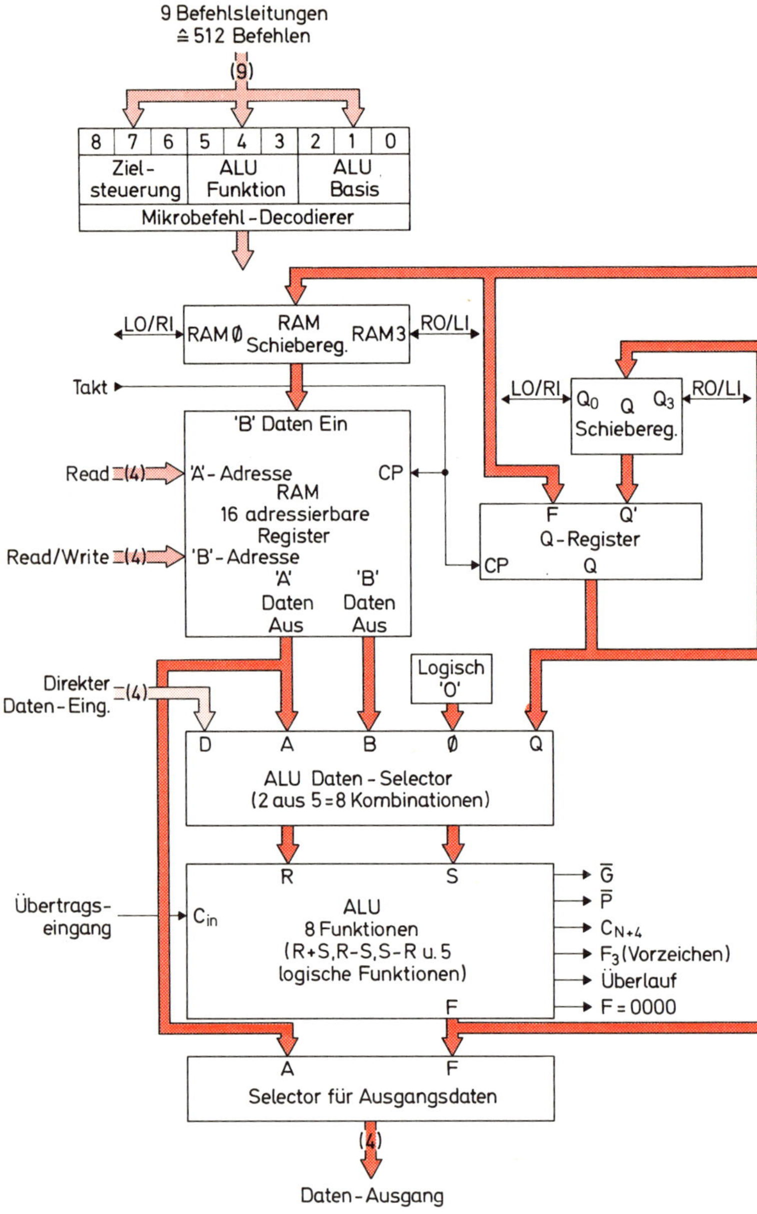

Bild 2.23 Blockschaltbild des 4-bit-Slice-Bausteins AM 2901 (Advanced Micro Devices)

input OC bus transceiver, three state receiver),

AM 2906 Vierfach-2-Eingangs-Bus-Sender-Empfänger mit offenen Kollektoren und Paritätsprüfung (quad two input OC bus transceiver, parity),

AM 2907 Vierfach-Bus-Sender-Empfänger mit offenen Kollektoren, Paritätsprüfung und Tri-State-Empfänger (quad OC bus transceiver, parity, three state receiver),

AM 2909 bipolarer Mikroprogramm-Steuerbaustein (bipolar microprogram sequenzer),

AM 2914 Vorrang-Unterbrechungs-Logik (priority interrupt),

AM 2915 wie 2905, mit Tri-State-Ausgängen anstelle von offenem Kollektor,

AM 2916 wie 2906 mit Tri-State-Ausgängen,

AM 2917 wie 2907 mit Tri-State-Ausgängen,

AM 2918 4-bit-Register mit Standard und Tri-State-Ausgängen (four bit register with standard and three-state outputs),

AM 2950 256-bit-RAM, offene Kollektoren,

AM 2951 256-bit-RAM, Tri-State-Ausgänge,

AM 2952 1024-bit-RAM, offene Kollektoren,

AM 2953 1024-bit-RAM, Tri-State-Ausgänge,

AM 2960 1024 × 8-bit-ROM, offene Kollektoren,

AM 2961 1024 × 8-bit-ROM, Tri-State-Ausgänge,

AM 2970 256 × 4-bit-PROM, offene Kollektoren,

AM 2971 256 × 4-bit-PROM, Tri-State-Ausgänge,

AM 2980 anwenderprogrammierbare logische Anordnung mit offenen Kollektorausgängen (field programmable logic array, PLA, open collector),

AM 2981 wie 2980 mit Tri-State-Ausgängen,

AM 2982 bipolarer FIFO-Speicher (**FIFO** = **f**irst **i**n **f**irst **o**ut = zuerst rein, zuerst raus).

Ausgangsschaltungen mit **offenen Kollektoren** wie auch mit **Tri-State-Ausgängen** (Ausgänge mit drei Zuständen) dienen zum Anschluß von Signalen an Sammelleitungen (Bus-Leitungen). Tri-State-Ausgänge sind schneller als offene Kollektor-Ausgänge. Tri-State-Ausgänge verfügen neben den beiden Signalzuständen „0" und „1" noch über einen dritten Zustand „hochohmig". Nur aktivierte Elemente bestimmen die Bus-Information (siehe auch Abschnitt 2.2.4.

Das Blockschaltbild in Bild 2.24 zeigt einen Mikroprozessoraufbau mit Bausteinen des AM-2900-Systems. Der Programmspeicher ist in der Darstellung nicht enthalten. Das Bild zeigt vier verschiedene Funktionsgruppen:

- den Mikroprozessor-Datenverarbeitungsteil mit AM 2901/2,
- die Anpassungsschaltungen für die Ein-/Ausgabe Bus-Leitungen mit AM 2905/6/7,
- die Mikroprogrammsteuerung mit AM 2909/18/60/70,
- die Zentraleinheit-Steuerung mit AM 2914.

In Hinsicht auf die Mikroprogrammierbarkeit sei noch darauf hingewiesen, daß sich bei diesem **Slice**-System durch das Vorhandensein von 9 Befehlsleitungen insgesamt 512 verschiedene Befehle durch Mikroprogrammierung generieren lassen.

Wie die Darstellung in Bild 2.24 weiter zeigt, werden zum Aufbau eines funktionsfähigen Mikrocomputersystems aus Slice-Bausteinen in bipolarer Technik relativ viele Einzelbausteine benötigt. Der Integrationsgrad läßt sich bei den herkömmlichen bipolaren Techniken nicht weiter erhöhen. Der Gewinn liegt eindeutig in der größeren Verarbeitungsgeschwindigkeit.

Ein weiteres auf dem Markt befindliches Mikroprozessorsystem in bipolarer Schottky-Technik mit Slice-Konfiguration ist das System 3000 der Firma Intel.

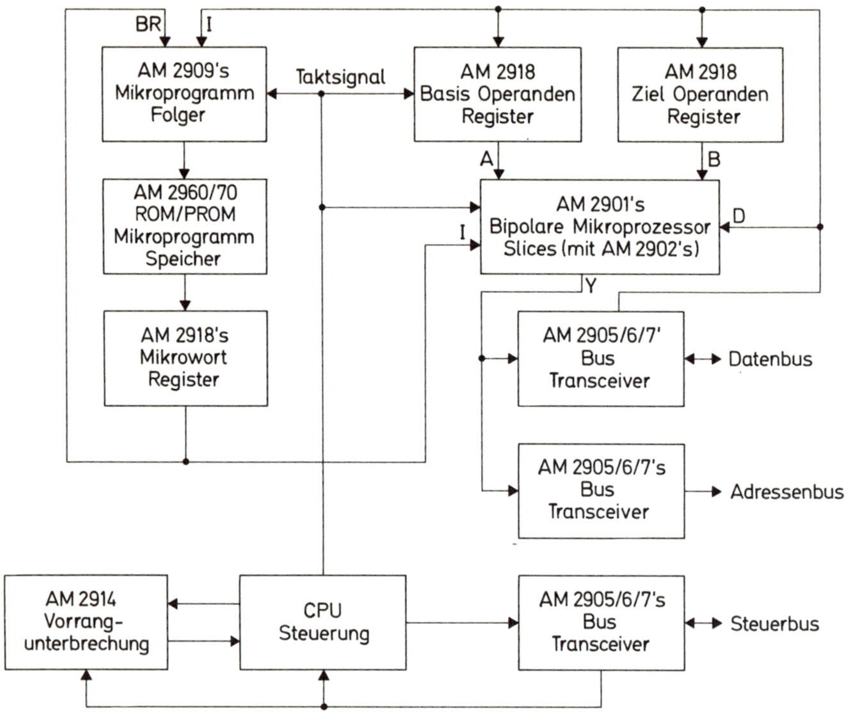

Bild 2.24 Blockschaltbild eines Mikroprozessorsystems mit Bausteinen des AM 2900-Systems (Advanced Micro Devices)

2.2. Speicherbausteine

Neben den Mikroprozessorbausteinen mit den Rechen- und Programmsteuereinheiten sind die **Speicherbausteine** die nächstwichtige Gruppe von Schaltelementen für den Aufbau von Mikrocomputern. Die Speicherbausteine lassen sich nach verschiedenen Gesichtspunkten unterteilen. Man spricht im Zusammenhang mit der Verarbeitung von Daten in einer programmierbaren Anordnung ganz allgemein vom **Arbeitsspeicher**. Von der Funktion her läßt sich dieser aufteilen in:

- □ **Programmspeicher**, in dem die Programme, d.h. die auszuführenden Befehlsfolgen, abgespeichert sind. Die Befehle liegen in Form von Befehlsworten als binäre Information in einer gegebenen Anordnung vor.
- □ **Datenspeicher**, in dem ganz allgemein die Daten, d.h. die sich ändernden Informationen, gespeichert werden. Unter Daten in diesem Sinne versteht man z.B. Ein-/Ausgabe-Daten, Zwischenergebnisse einer Berechnung, Steuerbefehle für ein externes Gerät oder einen Prozeß.

Eine Unterteilung der Speicherbausteine von Aufbau und Wirkungsweise her führt zu folgenden Bezeichnungen (diese werden auch der weiteren Unterteilung in diesem Abschnitt zugrunde gelegt):

- □ **Schreib-Lese-Speicher mit wahlfreiem Zugriff** (Abschnitt 2.2.1) **(RAM = random access memory)**. Dieser Baustein ist ein Speicher, bei dem jede Speicherstelle adressierbar ist, das heißt, daß jeweils die Speicherstelle geschrieben, gelöscht oder gelesen wird, deren zugehörige Adresse an den Adressiereingängen des Bausteins anliegt.

- **Festwertspeicher, Nur-Lese-Speicher (ROM = read only memory).** Hier handelt es sich um einen Speicher, der ebenfalls frei adressierbar ist, dessen Informationsinhalt in den einzelnen Adressen jedoch nur ausgelesen werden kann. Die Information wird dem Baustein vom Hersteller über eine Programm-Maske nach Kundenwunsch fest eingegeben.
- **Programmierbarer Festwertspeicher (PROM = programmable ROM).** Dieser Baustein kann mit einem Programmiergerät elektrisch programmiert werden. Das Programmieren erfolgt meist durch gezieltes Durchbrennen von Widerstands- oder Diodenstrecken und einer Erzeugung hierdurch bedingter definierter binärer Zustände.
- **Löschbares PROM (EPROM = erasable PROM** bzw. **REPROM = reprogrammable ROM).** Diese Speicherbausteine enthalten die Information als elektrische Ladung in MOS-FET-Speicherzellen (**MOSFET = metal oxide semiconductor field effect transistor**). Die Information in diesen Speicherzellen kann wieder gelöscht werden, indem man die Speicherzellen durch ein Quarzfenster hindurch mit energiereicher ultravioletter Strahlung belichtet. Danach kann mit einem PROM-Programmiergerät wieder ein neues anderes Bitmuster als Information eingeschrieben werden.
- **Elektrisch veränderbare ROM-Speicher (EAROM** = **e**lectrically **a**lterable ROM, auch **RMM** = **r**ead **m**ostly **m**emory genannt). Diese Speicherbausteine haben eine Halbleiter- bzw. Halbleiter-Glas-(Ovonic-)Struktur. Sie werden hauptsächlich als Festwertspeicher verwendet. Der Inhalt der Speicher kann elektrisch verändert werden. Dieser Vorgang erfordert mehrere nicht allgemein übliche Versorgungsspannungen und Schaltungstechniken.

Alle hier aufgeführten Wirkungsweisen und Aufbauten für Speicherbausteine beziehen sich auf Halbleiterspeicher. Während in großen Datenverarbeitungsanlagen noch vielfach **Kernspeicher** eingesetzt werden, kommen bei Mikroprozessor- und Mikrocomputeraufbauten fast ausschließlich **Halbleiterspeicher** zur Anwendung. Neben dem günstigeren Preis-Leistungs-Verhältnis ergibt sich eine Reihe weiterer Vorteile:

- Beim Lesen eines Halbleiterspeichers wird die in ihm enthaltene Information nicht – wie beim Ferrit-Kernspeicher – zerstört. Man bezeichnet dies mit zerstörungsfreiem Auslesen (**NDRO** = **n**on **d**estructive **r**ead **o**ut).
- Die Zugriffzeit bipolarer Halbleiterspeicher liegt im Bereich von 50 ··· 100 ns; bei Speicherbausteinen in MOS-Technologie liegt die Zugriffszeit etwas höher (300 ··· 800 ns).
- Die komplizierten Schreib- und Lese-Schaltungen der Ferrit-Kernspeicher entfallen. Die Information steht in einem direkt verarbeitbaren Pegel und Format zur Verfügung.

Die Organisation von Speicherbausteinen erfolgt in verschiedenen Wortlängen. Diese **Speicherorganisation** wird üblicherweise durch das Multiplikationszeichen (· oder ×) symbolisiert. So spricht man z.B. von einem „1024 × 1"-RAM. Dieser Baustein ist bit-orientiert aufgebaut. Der Speicher hat einen Dateneingang und einen Datenausgang. Die Information von je 1 bit kann unter 1024 verschiedenen Adressen gespeichert sein. Die Bezeichnung „256 × 8"-RAM besagt, daß es sich um einen Speicher mit acht Dateneingängen und acht Datenausgängen handelt. An den Ein- und Ausgängen besteht paralleler Zugriff zu einem von den 256 gespeicherten Datenworten, abhängig von der an den Adressiereingängen anliegenden Information. Die Wortlänge bei diesem Speicherbaustein beträgt 8 bit.

2.2.1. Beispiele für Schreib-Lese-Speicherbausteine mit wahlfreiem Zugriff (RAM-Speicher)

Bei den Schreib-Lese-Speichern mit wahlfreiem Zugriff unterscheidet man zwei charakteristische Ausführungsformen:

- **statische Speicher,**
- **dynamische Speicher.**

Die statischen RAM-Speicherbausteine bestehen aus Flipflops, in denen die Information solange gespeichert bleibt, bis die betreffende Speicherzelle angesprochen (= adressiert) und neu beschrieben oder gelesen wird. Die **statischen Speicher** benötigen infolge der Realisierung der Speicherung durch Flipflop-Schaltungen verhältnismäßig viel Platz. Dies gilt insbesondere für Speicher, die in bipolarer Technik in Form von TTL-Schaltungen aufgebaut sind. Der Integrationsgrad kann hier nur gering sein, da Platzbedarf und Verlustleistung dem Aufbau in großen Einheiten entgegenstehen. Wenn es auf geringen Leistungsbedarf und höhere Störsicherheit ankommt, verwendet man auch andere Techniken. Hier sind es

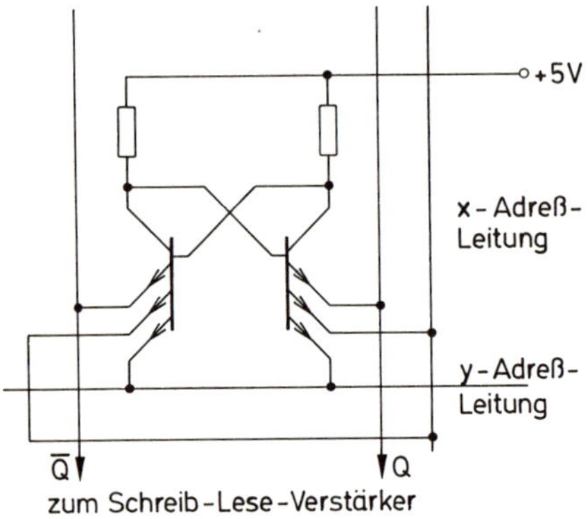

Bild 2.25 TTL-Speicherzelle mit kombinierten Schreib-/Lese-Leitungen und x/y-Adressierung

insbesondere Schaltungen auf der Basis komplementärer MOS-Feldeffekttransistoren (C-MOS, COS'MOS), die zur Anwendung gelangen. Diese MOSFET-Schaltkreise erlauben einen höheren Integrationsgrad, weil Flächenbedarf und Leistungsaufnahme wesentlich geringer sind als bei Schaltungen mit Bipolartransistoren.

Bild 2.25 zeigt das Prinzip einer TTL-Speicherzelle für eine Matrix-Anordnung. Hierbei kann die adressierte Speicherzelle über x- und y-Adreßleitungen angewählt werden. Von den kreuzgekoppelten Transistoren ist, der gespeicherten Information entsprechend, jeweils einer leitend. Solange sich die x- oder/und y-Adreßleitung auf Nullpotential befinden, können die anderen Emittereingänge nicht wirksam werden, da deren Spannung nicht negativer werden kann. Sind aber der x- und der y-Eingang logisch $1 \triangleq +5\,V$, dann fließt über die Schreib-Lese-Leitung Strom aus dem Emitter des Transistors, der leitend ist. Auf diese Weise kann der Informationsinhalt gelesen werden. Schreiben, und damit neue Information einspeichern, kann man dadurch, daß die Schreib-Lese-Leitungen niederohmig umgeschaltet werden. Es wird jeweils der Transistor leitend, bei dem von außen das Emitterpotential erniedrigt wird. Beim Lesen weist dagegen dieser Emitter das höhere Potential auf, so daß nicht zugleich geschrieben und gelesen werden kann. Für weitere Einzelheiten und Schaltungsbeispiele sei auf die ausgezeichnete Darstellung in [46], S. 207 ff., hingewiesen.

Bei MOS-Speichern in statischer Arbeitsweise werden normalerweise N-Kanal-Anreicherungs-MOSFET bei einer negativen Versorgungsspannung von $-12 \cdots -30\,V$ verwendet. Bild 2.26 stellt die Schaltung eines NOR-NOR-Grundflipflops dar, wie sie in der Digitaltechnik allgemein bekannt sein dürfte. Die einfachste Form

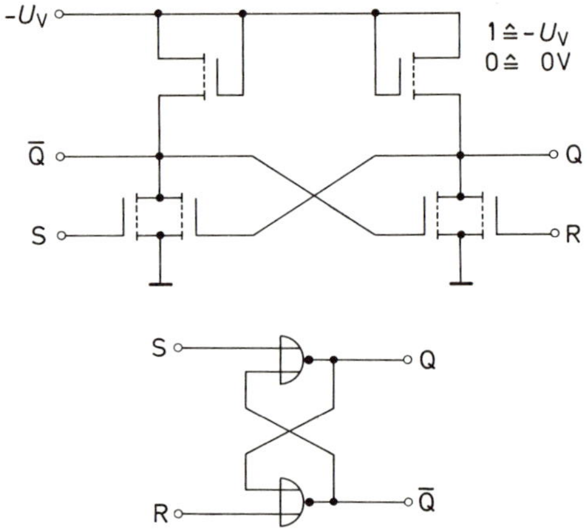

Bild 2.26 NOR-NOR-Flipflop. Schaltbild und Darstellung in MOS-Technik

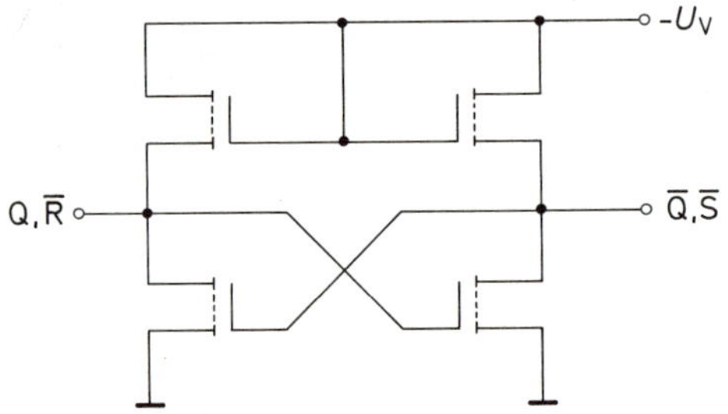

Bild 2.27 Schaltbild einer statischen MOS-FET-Speicherzelle mit 4 Transistoren

einer statischen MOSFET-Speicherzelle in integrierter Technik besteht jedoch aus nur 4 Transistoren (Bild 2.27). Das Flipflop wird dabei über die Ausgänge umgesteuert (gesetzt). Ist beispielsweise $Q \triangleq 1 \triangleq -U_v$, dann genügt es, diesen Ausgang kurzzeitig niederohmig nach Ø (oder $\bar{Q}$ nach 1) zu ziehen, damit der entgegengesetzte Schaltzustand eintritt. Weitere Einzelheiten und Schaltungsbeispiele finden sich in [46], S. 212 ff.

Die **dynamischen RAM-Speicherbausteine** benutzen zur Informationsspeicherung statt Flipflops interne Kapazitäten. Die binäre Information wird durch einen geladenen oder entladenen Kondensator repräsentiert. Da die Leckströme der Kapazitäten nicht unendlich klein sind, muß deren Ladungsverlust in Abständen von einigen Millisekunden ausgeglichen werden. Für diesen Vorgang des Auffrischens (refresh) benötigt man zusätzliche Hardware in Form von Schaltkreisen sowie eine gewisse Zeit, um die Auffrischung vorzunehmen (refresh time, refresh cycle). Trotzdem lohnt sich das Verwenden dynamischer RAM-Speicher in größeren Systemen, da ihre Speicherzellen viel weniger Platz beanspruchen als die der statischen RAM-Speicher und daher auch die Speicherkosten pro bit insgesamt niedriger liegen. Dynamische RAM-Speicher gibt es bis zu 16 Kbit (= 16 384 bit) Speicherkapazität je Baustein. Bei Mikroprozessorsystemen stehen die Refresh-Schaltungen entweder als gesonderte monolithisch integrierte Schaltung oder aber zusammen mit anderen Schaltungsteilen zusammen auf einem Baustein zur Verfügung. Ein Beispiel hierfür ist z.B. im Fairchild-F8-System der Baustein 3852: DMI (= dynamic memory interface), Anpaßschaltung für dynamische Speicherbausteine. Auf dem gleichen Baustein befindet sich noch eine Steuerlogik für direkten Speicherzugriff (DMA = direct memory access); siehe Abschnitt 2.1.2, und Bilder 2.15 und 2.16. Bild 2.28 zeigt das Prinzip eines dynamischen Schreib-Lese-Speichers. Die Information befindet sich als Ladung im Kondensator C_1. Hier ist nur eine von mehreren Zellen der X-Y-Matrix dargestellt.

Zu Beginn eines Auffrischungsvorganges werden mit $\Phi = 1$ und $\Phi' = 1$ die Leitungen IL und LL auf $1 \triangleq -U_v$ aufgeladen. Dann wird LL freigegeben ($\Phi' \triangleq \emptyset$), mit CS $\triangleq$ 1 wird LA $\triangleq$ 1 und über die Transistoren T_6, T_7 nimmt LL den entgegengesetzten Signalzustand von C_1 an. Danach werden R und SA = 1. Das führt dazu, daß die Leitungskapazität C_2 über T_9, T_8 den Signalzustand des Speicherkondensators C_1 annimmt und dessen ursprüngliche Ladung auf diese Weise über Transistor T_5 aufgefrischt wird.
Dieser Auffrischungsvorgang muß für alle Speicherzellen des Speichers nacheinander periodisch wiederholt werden. Hierzu werden über einen Adressenzähler alle Adressen nacheinander aktiviert. Verlustleistung entsteht dabei im eigentlichen Speicher allein durch das Aufladen und Entladen der einzelnen Kondensatoren. Bei den statischen Flipflopspeichern dagegen wird stets ein gewisser Ruhestrom benötigt; die hierzu erforderliche Energie ist wesentlich größer.

Über die Transistoren T_3 und T_4 kann die Information der jeweils angesprochenen Speicherzelle ausgelesen werden. Über T_1 und T_2 wird sie dagegen eingeschrieben. Dabei wird mit WC $\triangleq$ 1 (write control) der Schreibeingang durchgeschaltet (T_1) und die Leseleitung LL über T_{10} nach Null durchgeschaltet, wodurch auch T_9 gesperrt bleibt. Der Auffrischungsvorgang eines derartigen Speichers muß etwa alle 2 ms durch einen Adressendurchlauf wiederholt werden. Weitere Ausführungen siehe [46], S. 225 ff.
Ganz allgemein kann man sagen, daß die Entwicklung der elektronischen Halbleiterspeicher noch nicht abgeschlossen ist. Das betrifft den Speicherumfang, die Zugriffzeit und die Vereinfachung der äußeren Beschaltung. In Tabelle 6.3 findet sich die Zusammenstellung einiger gebräuchlicher RAM-Bausteine, wie sie zusammen mit Mikroprozessoren zur Anwendung kommen. Die Tabelle soll einen Überblick über die derzeit gültigen Organisationsdaten vermitteln.

Die üblichen MOS-Speicherschaltungen arbeiten mit N-Kanal-Transistoren. Sie benötigen wegen der höheren sowie negativen Versorgungsspannung vielfach Anpassungsschaltungen, wenn man sie mit den gebräuchlichen TTL-Schaltkreisen zusammen betreiben will. Bei Speicherausführungen mit P-Kanal-Transistoren sowie bei N-Kanal-Isoplanartechnik kommt man mit einer Versorgungsspannung von +5 V aus, und man kann unmittelbar mit TTL-Schaltungen zusammenarbeiten. Zur Zeit gehen die Anstrengungen dahin, umfangreichere Speicher in C-MOS-Technik zu verwirklichen. Hierdurch könnten viele der Beschränkungen, die heute noch eine Rolle spielen, fortfallen.
Es muß hier noch ausdrücklich betont werden, daß beide, die dynamischen wie die statischen Schreib-Lese-Speicher mit wahlfreiem Zugriff (RAM), zu den flüchtigen (volatile) Speichern gehören. Die gespeicherte Information geht bei Ausfall der Spannungsversorgung verloren.

> Bei dynamischen und statischen Halbleiter-RAM geht die gespeicherte Information bei Ausfall der Spannungsversorgung verloren.

Nichtflüchtige Halbleiterspeicher in MNOS-Technik (**MNOS** = **m**etal **n**itride **o**xide **s**emiconductor) sind in Entwicklung, aber noch nicht auf

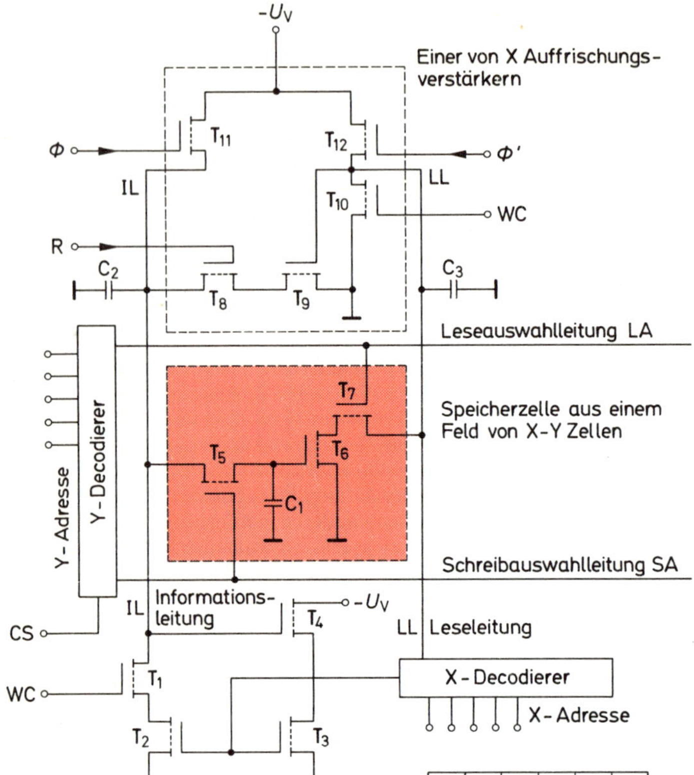

Φ	0	1	1	0	0
Φ'	0	1	0	0	0
R	0	0	0	1	0
CS	0	0	1	1	0
LA	0	0	1	0	0
SA	0	0	0	1	0

Zeit →

Bild 2.28 Prinzip eines dynamischen Schreib-/Lese-Speichers (nach [46])

dem Markt. Soweit es unumgänglich notwendig ist, die Information in den Speicherbausteinen zu erhalten, werden für die Stromversorgung Pufferbatterien eingesetzt. Diese erlauben, jedenfalls über eine gewisse Zeit, einen Stromausfall zu überbrücken.

Beispiel für einen statischen 1024 × 1-Schreib-Lese-Speicher mit wahlfreiem Zugriff (Fairchild 2102).

Der Speicherbaustein 2102 wird in N-Kanal-Isoplanartechnik hergestellt. Der Aufbau erfolgt in einem keramischen 16-Pin-DIL-Gehäuse in verschiedenen Geschwindigkeitsausführungen und für die Anwendung in verschiedenen Temperaturbereichen nach kommerziellen und militärischen Spezifikationen.

Arbeitstemperaturbereiche verschiedener Versionen:

DC	0 °C bis	+ 70 °C
DL	−55 °C bis	+ 85 °C
DM	−55 °C bis	+125 °C

Zugriffszeiten verschiedener Ausführungsformen:

2102 – F	maximal	350 ns
2102 – 1	maximal	450 ns
2102 – 2	maximal	650 ns
2102	maximal	1000 ns

Die wichtigsten Kennzeichen des Speicherbausteins sind:

- □ niedrige Zugriffszeit,
- □ Stromversorgung durch einzelne +5-V-Spannung,

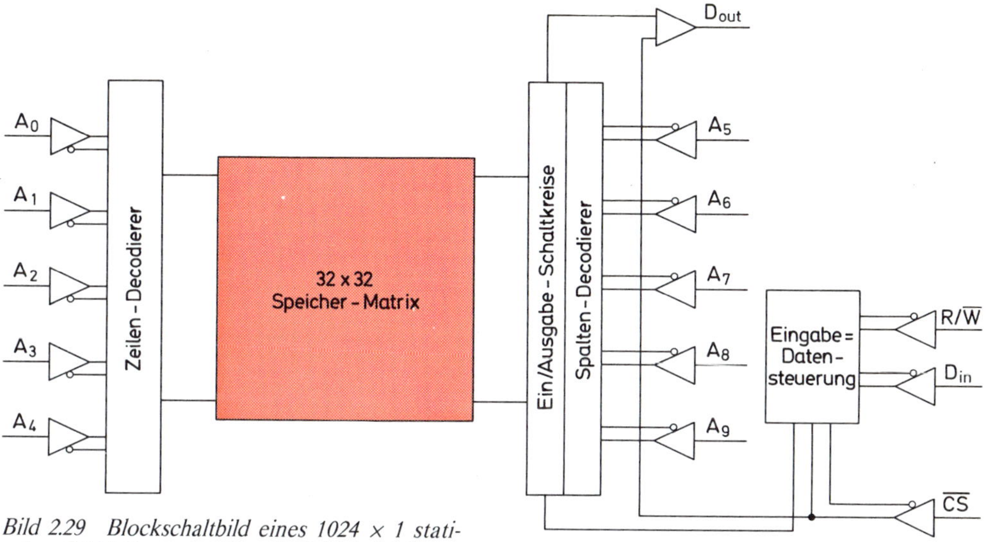

Bild 2.29 Blockschaltbild eines 1024 × 1 statischen RAM-Bausteins. Typ 2102 (Fairchild)

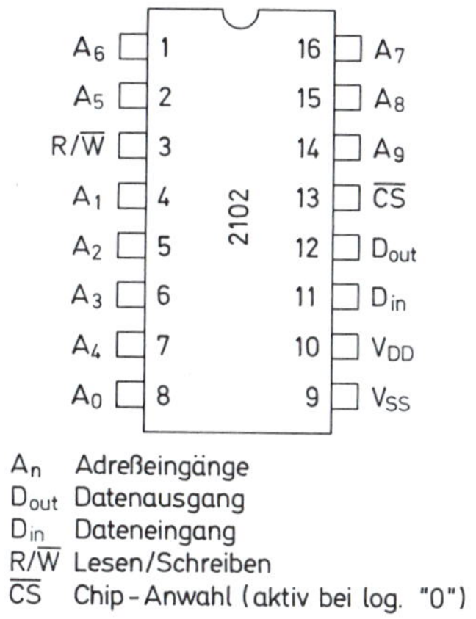

Bild 2.30 Anschlußbild des RAM-Bausteins 2102

Die Bilder 2.29 bis 2.31 zeigen den Baustein als Blockschaltbild und das Anschlußbild sowie die Wahrheitstabelle der Ansteuerungssignale.
Die Funktionsbeschreibung des Bausteins lautet gemäß dem Datenblatt des Herstellers:
Der Baustein 2102 ist ein 1024 × 1 statisches RAM. Wenn der Chip-Select-Eingang ($\overline{CS}$, Chip-Auswahl-Eingang) in den logischen „1"-Zustand (HIGH) geht, wird der Read/Write-Eingang ($R/\overline{W}$, Schreib-Lese-Eingang) gesperrt (disabled) und der Data Output (D_{out}, Datenausgang) wird in den offenen Zustand (high impedance state) gebracht. Wenn der Chip-Select-Eingang in den logischen „Ø"-Zustand (LOW) geht, wird der Schreib-Lese-Eingang (Read/Write) freigegeben (enabled).

$\overline{CS}$	$R/\overline{W}$	D_{in}	D_{out}	Bemerkung
H	X	X	*	Chip nicht selektiert
L	L	H	H	Schreiben "1" †
L	L	L	L	Schreiben "0" †
L	H	X	D_n	Lesen †

X = Zustand ohne Bedeutung
* = Ausgang im hochohmigen Zustand
D_n = Date entsprechend der adressierten Speicherzelle
† = Chip ist selektiert

Bild 2.31 Funktionstabelle der Ansteuersignale und Daten-Ein-/Ausgänge des RAM 2102

- ☐ TTL-kompatible Ein- und Ausgänge,
- ☐ vollständig statische Arbeitsweise,
- ☐ Tri-State-Ausgänge (three state outputs),
- ☐ erweiterungsfähig durch Zusammenschaltung mit weiteren Bausteinen,
- ☐ vollständige Adressendecodierung,
- ☐ keramisches 16-Pin-DIL-Gehäuse,
- ☐ Verlustleistung 350 mW.

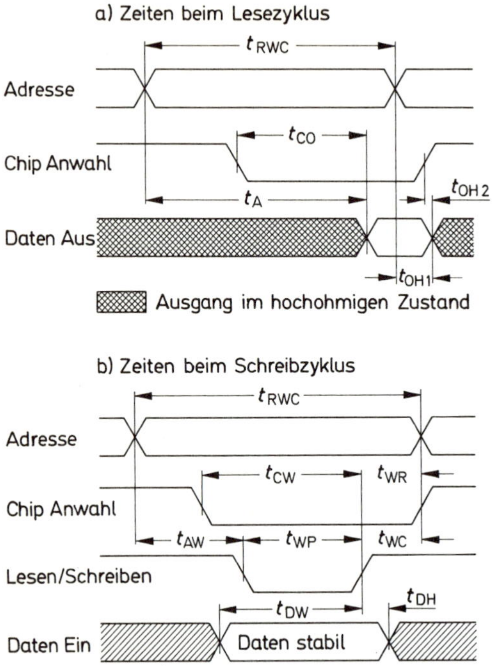

Bild 2.32 Signalzustandsschaubilder als Funktion der Zeit für a) Lesezyklus und b) Schreibzyklus des statischen RAM 2102. Die Zeiten haben folgende Definitionen und Charakteristika:

t_{RWC} *Lese- oder Schreib-Zykluszeit*
t_{CO} *Chip-Anwahl-Reaktionszeit*
t_A *Zugriffszeit für Lesen*
t_{OH1} *Daten verfügbar nach Adressierzeit*
t_{OH2} *Vorhergehende Daten verfügbar nach beendeter Chip-Anwahl*
t_{CW} *Chip verfügbar während der Schreibzeit*
t_{WR} *Schreib-Erholzeit*
t_{AW} *Schreib-Verzögerung nach Adressenwahl*
t_{WP} *Schreibimpulsdauer*
t_{WC} *Chip verfügbar nach Schreibimpuls*
t_{DW} *Zeit für Datenübernahme*
t_{DH} *Haltezeit für Daten*

Wenn das Signal $R/\overline{W}$ nach „Ø" geht, werden die Daten vom Daten-Eingang (D_{IN}, Data Input) in die Speicherzelle, die durch die Adressen-Eingänge A_n (Address Inputs) definiert ist, eingeschrieben. Während des Schreibbefehls ist das Signal am Datenausgang mit dem am Dateneingang identisch. Sobald $R/\overline{W}$ nach logisch „1" geht, erscheint der Inhalt der adressierten Speicherzelle am Ausgang D_{out} (Datenausgang). Beim Baustein 2102 ist das Signal an D_{out} gegenüber D_{IN} nicht invertiert (siehe Wahrheitstabelle).

Die Bilder 2.32a und 2.32b zeigen den Signal-Zeit-Verlauf beim Lesen und Schreiben von Information bei dem RAM 2102.

Beispiel für einen 4096 × 1 dynamischen Schreib-Lese-Speicher mit wahlfreiem Zugriff (Intel 2107 A).

Der Speicherbaustein 2107 A wird in N-Kanal-MOS-Technik hergestellt. Die Entwicklung erfolgte für solche Speicheranordnungen, bei denen niedrige Speicherkosten bei hoher Speicherkapazität gefordert werden. Durch den Aufbau als dynamischer Speicher wird die Verlustleistung im Betriebszustand (operation) und Wartezustand (standby) niedrig gehalten. Sie beträgt maximal 1 W.

Besondere Eigenschaften des dynamischen RAM 2107 A sind:

- ☐ Zugriffszeit maximal 300 ns,
- ☐ Auffrisch-Periode 2 ms,
- ☐ gutes Preis-Leistungs-Verhältnis, geringe Speicherkosten je bit,
- ☐ niedriger Leistungsverbrauch im Wartezustand,
- ☐ einfacher System-Anschluß,
- ☐ nur ein Signal mit hoher Eingangsspannung: Chip Enable,
- ☐ alle anderen Eingangssignale mit niedriger Eingangsspannung (Adresse, Daten, Chip-Anwahl, Schreiberlaubnis),
- ☐ Adreßregister auf dem Baustein,
- ☐ einfache Speichererweiterung,
- ☐ Adressencodierung auf dem Baustein,
- ☐ Tri-State-Ausgang mit TTL-Kompatibilität,
- ☐ Keramik- und Plastikgehäuse 22-Pin-DIL.

Das Lesen von Information aus dem Speicher erfolgt zerstörungsfrei. Die Auffrischung wird durchgeführt, indem ein Lesezyklus auf jeder der 64 Spalten-Adressen (row addresses) ausgeführt wird. Jede Spalten-Adresse muß in Abständen von 2 ms aufgefrischt werden. Der Speicherbaustein wird unabhängig vom logischen Zustand des Signales Chip Select (Chip-Auswahl) aufgefrischt. Für den Baustein werden folgende Versorgungsspannungen benötigt:

$$V_{DD} = +12\text{ V} \pm 5\%$$
$$V_{CC} = +\ 5\text{ V} \pm 5\%$$
$$V_{BB} = -\ 5\text{ V} \pm 5\%$$
$$V_{SS} = 0\text{ V}$$

Bild 2.33 Blockschaltbild des dynamischen RAM-Bausteins 2107 A (Intel) in der Organisation 4096 × 1 bit

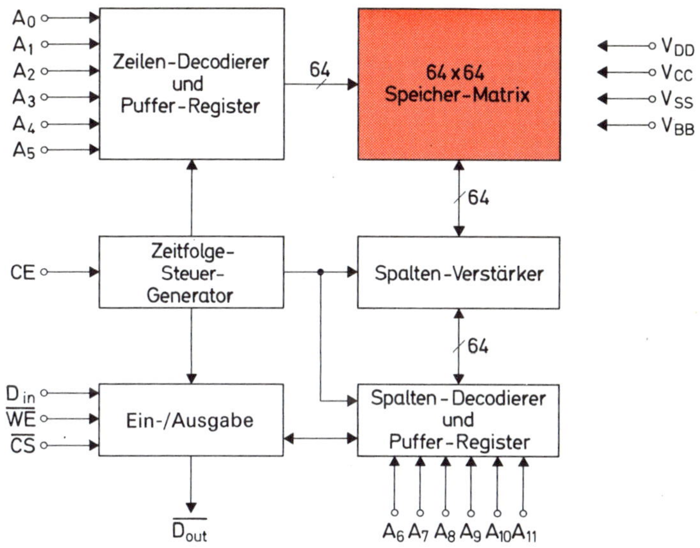

Der Betriebstemperaturbereich beträgt 0 °C bis +70 °C. Die Bilder 2.33 und 2.34 zeigen das Blockschaltbild und das Anschlußbild des Bausteins.
Der dynamische Speicherbaustein 2107 A kennt folgende verschiedene Betriebszustände:

- □ Lesen-Ändern-Schreiben (Read Modify Write Cycle),
- □ Lesen und Auffrischen (Read and Refresh Cycle),
- □ Schreiben (Write Cycle).

Für jeden dieser Betriebszustände ist die Einhaltung bestimmter Signalzustände als Funktion der Zeit erforderlich. Die Daten hierzu sind in Form von Tabellen und Diagrammen (ähnlich Bild 2.32) in den Datenblättern enthalten.

2.2.2. Beispiele für Nur-Lese-Speicherbausteine mit wahlfreiem Zugriff (ROM-Speicher)

Die **Lesespeicher-Bausteine (ROM)** werden vorzugsweise als **Programmspeicher** eingesetzt. Gelegentlich werden in ROM auch Daten gespeichert, bei denen keine Änderung zu erwarten ist (z.B. Funktionstabellen oder Umrechnungsfaktoren). **Masken-ROM**-Bausteine sind neben **Schieberegistern** die billigsten Halbleiter-Speicherbauelemente. Die Nur-Lese-Speicher sind **Fest-**

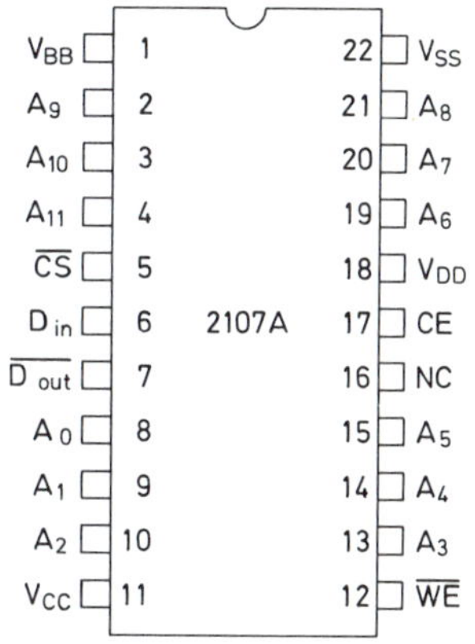

D_{in}	Dateneingang
$A_0 \ldots A_{11}$	Adresseneingänge ($A_0 \ldots A_5$: Auffrisch-Adr.)
$\overline{WE}$	Schreiben erlaubt
$\overline{CS}$	Chip angewählt
CE	Chip erlaubt
$\overline{D}_{out}$	Datenausgang
V_{BB}, V_{CC}, V_{DD}, V_{SS}	Stromversorgung
NC	nicht benutzt

Bild 2.34 Anschlußschaltbild des dynamischen Schreib-/Lese-Speichers 2107 A

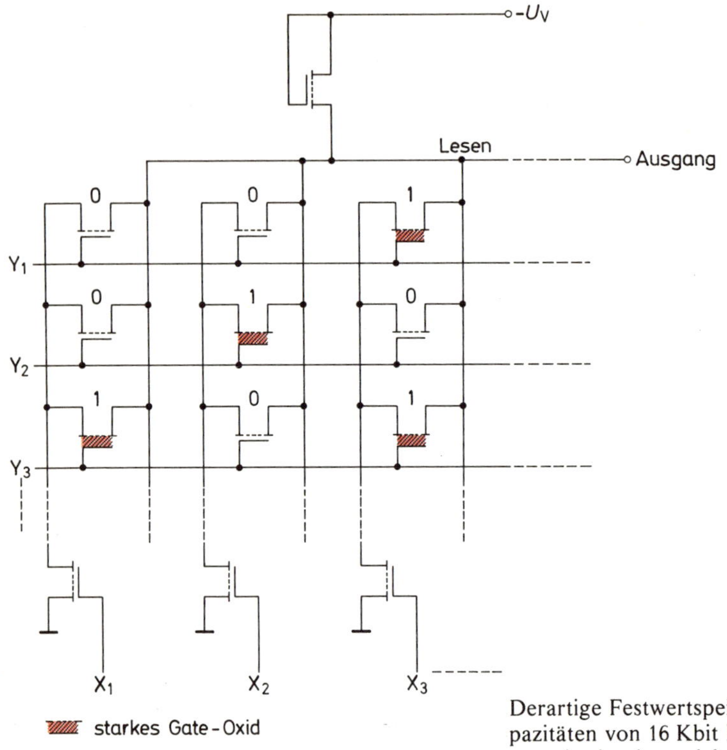

Bild 2.35 Prinzipschaltbild der Matrix eines Festwertspeichers (ROM) mit MOS-FET-Elementen (nach [46], S. 230)

wertspeicher, deren Information bei Stromausfall nicht verlorengeht – sie ist aber auch nicht abänderbar.

Das Prinzipschaltbild der Speichermatrix eines Festwertspeichers mit MOSFET-Elementen zeigt Bild 2.35. Die Festlegung der einzelnen Binärzeichen geschieht hier durch die Dicke der Gate-Isolierschicht einzelner Transistoren. Wo das Gate-Oxid stärker ist als üblich, spricht bei den auftretenden Steuerspannungen der Transistor noch nicht an. Er bleibt nichtleitend, so daß am Ausgang eine „1" ≙ $-U_v$ auftreten kann. Bei normaler Stärke der Gate-Isolierung wird der Transistor dagegen über die Y-Adreßleitung leitend, und am Ausgang erscheint Ø-Signal, wenn der X- und Y-Adreßeingang des entsprechenden Transistors „1" wird. Literatur hierzu u.a. in [46], S. 228 ff.

Das jeweils geforderte bit-Muster wird in einem einzigen, gesonderten Herstellungsschritt erzeugt und läßt sich bei der Fabrikation des Festwertspeichers den Wünschen des Anwenders entsprechend gestalten (Masken-Programmierung).

Derartige Festwertspeicher werden z.B. mit Kapazitäten von 16 Kbit hergestellt. Die Speicherorganisation kann dabei z.B. 2048 × 8 sein, d.h., der Speicherbaustein ist in 2048 Worte mit einer Wortlänge von je 8 bit aufgeteilt. Man kommt auf diese Weise mit 11 Adreßeingängen (2^{11} = 2048) und 8 Datenausgängen aus. Die Ausgänge können dabei sowohl vom Typ „offener Kollektor" oder auch Tri-State-Ausgänge sein. Über die Eigenschaften der beiden Typen von Speicherausgangsschaltungen siehe Abschnitt 2.2.4. Vergleichbare Festwertspeicher gibt es auch mit Bipolartransistoren z.B. in TTL- oder Low-Power-Schottky-Technik.

In der Tabelle 6.4 ist die Zusammenstellung einiger ROM-Bausteine aufgeführt. Sie soll einen Überblick über die derzeit gültigen Organisations-Daten vermitteln.

Beispiel für einen Nur-Lese-Speicher mit wahlfreiem Zugriff (ROM) in bipolarer Technik (Monolithic Memories 5275/6275; 5276/6276). Organisation 2048 × 8.

Die nachfolgend mitgeteilten Daten sind dem Datenblatt des Herstellers entnommen.

Der Speicherbaustein wird unter vier verschiedenen Typennummern auf den Markt gebracht. Diese bedeuten:

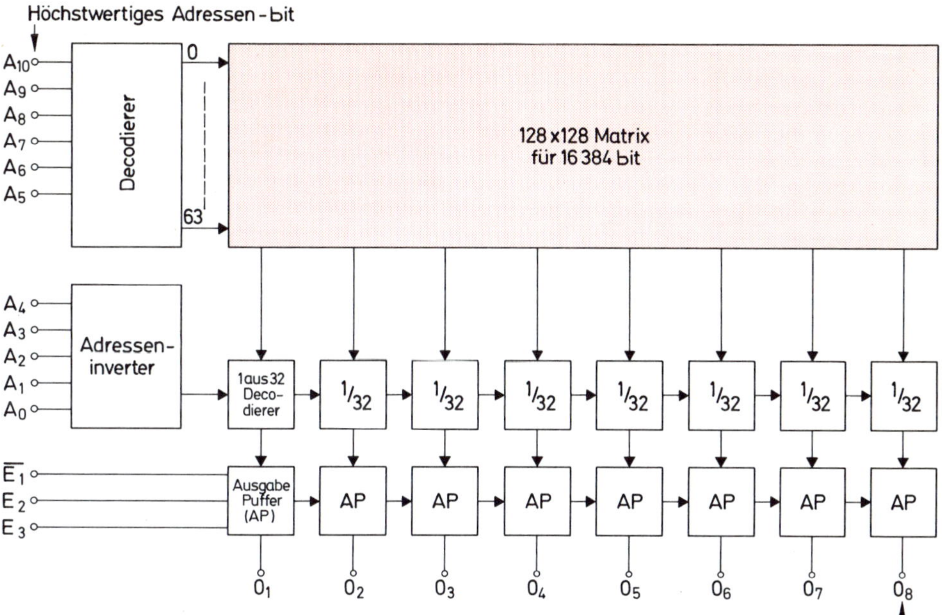

Bild 2.36 Blockschaltbild des bipolaren ROM-Bausteins 5275 (bzw. 6275, 5276, 6276) in der Organisation 2048 × 8 bit (Monolithic Memories)

Typen Nr.	Militärische Spezifikation	Kommerzielle Spezifikation	Tri-State-Ausgang	Ausgang mit offenem Kollektor
5275	×			×
5276	×		×	
6275		×		×
6276		×	×	

Die wichtigsten Eigenschaften der ROM-Bausteine sind:

- □ hochentwickelter Schottky-Herstellungsprozeß,
- □ niedrige Verlustleistung (typ. 50 μW/bit),
- □ Zugriffszeit maximal 120 ns,
- □ voll TTL-kompatibel,
- □ niedriger Eingangsstrom (maximal 250 μA),
- □ drei Freigabe-Eingänge (enable inputs) erlauben Speichererweiterungen,
- □ Ausgänge mit offenem Kollektor oder Tri-State,
- □ Versorgungsspannung +5 V.

Bild 2.36 zeigt das Blockschaltbild des ROM-Speicherbausteins und Bild 2.37 die Anschlußbelegung. Der Aufbau ist in einem 24-Pin-DIL-Gehäuse ausgeführt.

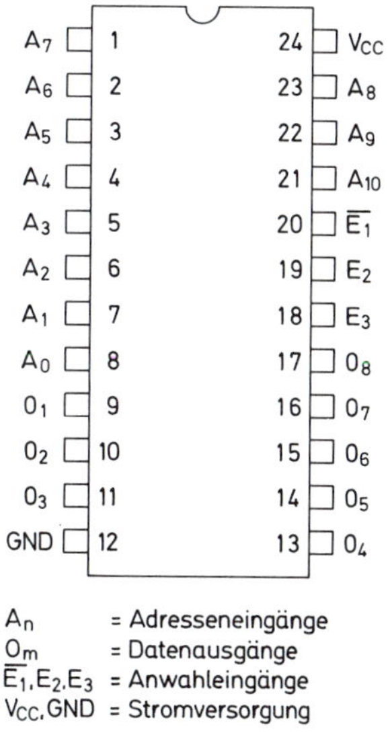

Bild 2.37 Anschlußbild des 2048 × 8-bit-ROM 5275

Arbeitsweise des Speicherbausteins:

Die Adressierung des Speichers erfolgt durch die Eingänge A_0 bis A_n. Hierdurch wird 1 Wort aus 2^{n+1} möglichen Worten adressiert. Der Inhalt der gewählten Adresse steht als 8-bit-Wort an den Ausgängen 0_1 bis 0_8 zur Verfügung. Größere Speichereinheiten können aufgebaut werden, indem man die Adreßleitungen parallel an mehrere Speicherbausteine führt und die Freigabeleitungen (enables) durch entsprechende Codierung für die Auswahl eines bestimmten Bausteines benutzt. Der Speicherbaustein ist freigegeben, wenn der Eingang E1 den logischen Zustand „Ø" (low) und die Eingänge E2 und E3 den logischen Zustand „1" (high) anliegen haben. Die logische Gleichung für die Freigabe lautet also:

$$\text{Enable} = \overline{E1} \wedge E2 \wedge E3$$

Weitere Einzelheiten für hochintegrierte Bausteine, wie z.B. diesen Speicherbaustein, sollten in jedem Falle den gültigen Datenblättern der Hersteller entnommen werden.

2.2.3. Beispiele für PROM-, EPROM- und EAROM-Bausteine

Die Nur-Lese-Speicher mit der Möglichkeit, wenn auch im begrenzten Umfange, die gespeicherte Information zu löschen bzw. abzuändern, besitzen eine nicht zu unterschätzende Bedeutung im Rahmen der verschiedenen Speicherbausteine. Die Maskenprogrammierung eines ROM beim Hersteller ergibt neben den hohen Maskenkosten und den notwendigen Fertigungszeiten einen nicht mehr veränderbaren Baustein. Ein wirtschaftlicher Einsatz ist nur bei sehr großen Stückzahlen gegeben. In der Entwicklungsphase von Mikroprozessorsystemen wird man in jedem Falle in ihrem Inhalt änderbare Speicherbausteine für den Aufbau vorziehen. Hierfür kommen RAM oder die billigen PROM zur Anwendung.

Der PROM-Anwender kann das gewünschte Datenmuster selbst programmieren. Hierfür sind **PROM-Programmiergeräte** auf dem Markt. Deren Automatisierungsgrad ist je nach Bedarf wählbar:

- ☐ manuelle Bedienung,
- ☐ Lochstreifen-Steuerung,
- ☐ Kopie eines Musters,
- ☐ Computer-Steuerung.

Programmierte **PROM**-Bausteine sind in bezug

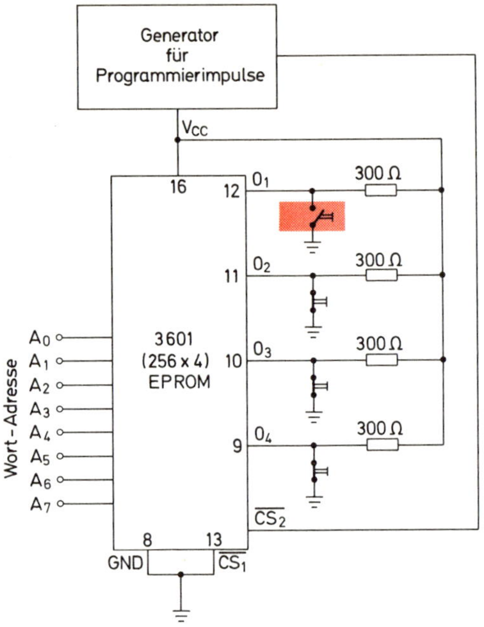

Bild 2.38 Blockschaltbild für die manuelle Programmierung eines EPROM-Bausteines (Erläuterung im Text)

auf die Anschlüsse und den Speicherinhalt voll kompatibel mit den entsprechenden ROM-Bausteinen. Sie bieten dem Anwender den Vorteil der einfachen Prototypenentwicklung. Weiterhin ergibt sich die Möglichkeit der Korrektur von Fehlern. Man kann Programmänderungen durchführen, ohne daß man die vorher programmierten Schaltkreise wegwerfen muß.

In Bild 2.38 ist das Blockschaltbild für die manuelle Programmierung eines PROM-Bausteins (nach [541], S. 3–43) gezeigt. Unter der angewählten Adresse kann jeweils nur 1 bit programmiert werden (z.B. 0_1 in Bild 2.38). Die zu programmierende Bitposition in der gewählten Adresse wird über den zugehörigen Ausgang und einen 300-Ω-Widerstand an V_{CC} (positive Versorgungsspannung) angeschlossen. Wenn mit dem Programmiertakt V_{CC} auf 10 V erhöht wird, fließt dann der richtige Programmierstrom von 3⋯6 mA in den Ausgang hinein. Alle anderen Ausgänge müssen während dieser Zeit auf TTL-„Ø"-Pegel gehalten werden. Der Programmier-Puls-Generator liefert eine Reihe von Impulsen zu dem zu programmierenden Baustein. Die

Spannung an V_{CC} wird von $\underline{4,5 \pm 0,25}$ V auf $10 \pm 0,25$ V erhöht. Am Eingang $\overline{CS}_2$ des gezeichneten Bausteins 3601 (einem 256 × 4-PROM) wird die Spannung von 0 V auf $15 \pm 0,5$ V erhöht. Diese Spannungspegel müssen für eine einwandfreie Programmierung unbedingt eingehalten werden. Mit Impulsdauern zwischen 1 und 8 µs müssen die Programmierimpulse an dem zu programmierenden Ausgang für 100 bis 400 ms anliegen, bis die Programmierung abgeschlossen ist. Unter der oben angegebenen Literaturstelle befindet sich auch der vollständige Schaltplan für einen Programmier-Impuls-Geber. Die Tabelle 6.5 enthält eine Zusammenstellung für die Gruppe der programmierbaren, löschbaren usw. Speicherbausteine. Sie soll einen Überblick über die derzeit gültigen Daten vermitteln. Literatur [46, 54, 65, 96].

Die **EPROM**-Bausteine benötigen für das Löschen der eingespeicherten Information (d.h. Nullsetzen aller Bitpositionen) eine energiereiche ultraviolette Strahlungsquelle. Die notwendige UV-Strahlungsmenge beträgt beispielsweise 6 Ws/cm^2 bei einer Wellenlänge von 0,2537 µm. Die Einwirkungsdauer ergibt sich damit bei handelsüblichen UV-Lampen zu etwa 15 Minuten, wenn die Entfernung zwischen Strahlungsquelle (Lampe) und Baustein ca. 25 mm beträgt.

2.2.4. Ausgangsschaltungen für Speicherbausteine

In den vorangehenden Abschnitten war bei der Erwähnung der **Ausgangsschaltungen von Speicherausgängen** mehrfach die Rede von **Ausgängen mit offenem Kollektor** und **Tri-State-Ausgängen**. Bereits in Abschnitt 2.1.4 war darauf hingewiesen worden, daß es notwendig ist, die Ausgänge von Speicherschaltungen auf **Datensammelleitungen (Bus-Leitungen)** zu schalten. Die Datensammelleitung eines Systems wird vielfach kurz als **Datenbus** bezeichnet. Tri-State-Ausgänge sind allgemein schneller als offene Kollektor-Ausgänge. Tri-State-Ausgänge verfügen neben den beiden Signalzuständen „Ø" und „1" noch über den dritten Zustand „hochohmig" oder „abgeschaltet". Die Datenverbindungen von allen Datenquellen werden gemeinsam in einer Schaltungsart, die man **verdrahtete ODER-Schaltung** nennt **(wired OR)** auf den Datenbus geschaltet. Hierbei muß gelten, daß für jede Bitposition jeweils nur ein Element aktiviert sein darf, das die Information auf dieser Leitung bestimmt. Tri-State-Ausgänge lassen sich einfach zusammenschalten, wenn dafür gesorgt wird, daß auf einer Leitung nur ein Ausgangselement nicht abgeschaltet ist. Welche Beachtung die Eingänge der nachfolgenden Schaltungen für einen Tri-State-Ausgang erfordern, ist im Abschnitt 2.3.1 unter dem Begriff Anpassungs-Schaltungen dargestellt. Für den Anschluß von Ausgängen mit offenem Kollektor zu einer verdrahteten ODER-Schaltung werden **Widerstände zur Pegelfestlegung**, sogenannte **Pull-up-Widerstände** benötigt.

Die Bilder 2.39a und b zeigen die Schaltungsanordnung eines Tri-State-Ausganges und eines Ausgangs mit offenem Kollektor.

Tri-State-Ausgänge haben gegenüber Ausgängen mit offenem Kollektor zwei Vorteile:

- □ Der Transistor Q_2 (siehe Bild 2.39a) fungiert als Treiberstufe mit niedrigem Innenwiderstand. Hierdurch ergibt sich bei kapazitiver Belastung der Ausgänge eine größere Impulsanstiegsgeschwindigkeit und damit eine größere Verarbeitungsgeschwindigkeit.
- □ Es werden keine Pull-up-Widerstände benötigt.

Funktion des Tri-State-Ausgangs:

Wenn der Baustein mit dem Tri-State-Ausgang aktiviert wird (enabled), sind die beiden Dioden D_1 und D_2 gesperrt und entweder Q_1 oder Q_2 sind leitend. Welcher Transistor leitend ist, hängt von der im Speicher befindlichen Date (Ø oder 1) ab. Wenn der Baustein gesperrt wird (disabled) schalten D_1 und D_2 durch und beide Transistoren Q_1 und Q_2 werden gesperrt. Hierdurch wird die verdrahtete ODER-Schaltung mehrerer Ausgänge erlaubt. Dieser Zustand wird als der dritte „hochohmige" Schaltzustand bezeichnet. In einem Speichersystem lassen sich so bis zu 50···60 verschiedene Speicherausgänge auf eine Leitung schalten. Es muß jedoch dafür Sorge getragen werden, daß nur ein Speicherbaustein aktiviert (enabled) ist. Sind mehrere Speicherausgänge an einer Leitung aktiviert, so kann es vorkommen, daß der Strom des einen Ausgangs in den anderen Ausgang (bei verschiedenen logischen Zuständen) hineinfließt. Obwohl hierdurch eine Beschädigung der Bausteine unwahrscheinlich ist, dürfte dieser Vorgang zu erheblichen Funktionsstörungen des Systems führen.

Bei den Ausgängen mit offenem Kollektor muß beim Zusammenschalten mehrerer Ausgänge der

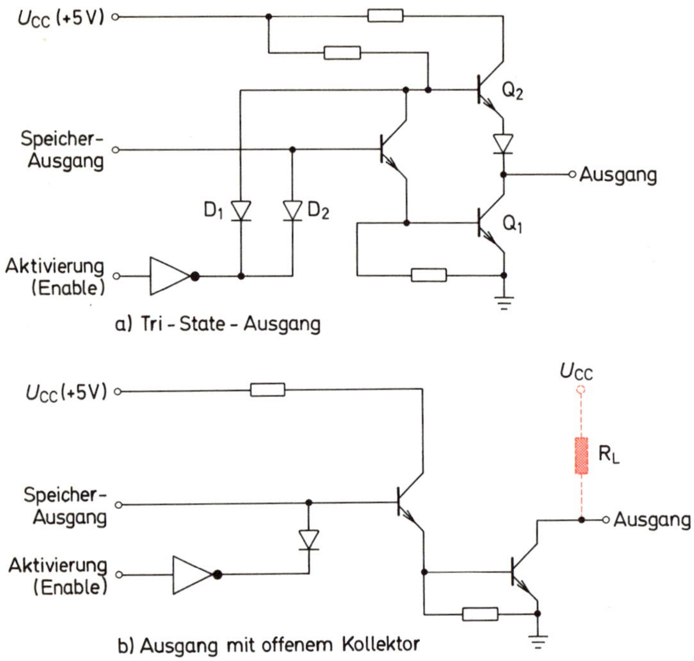

Bild 2.39 Prinzipschaltbilder für a) Tri-State-Ausgang und b) Ausgang mit offenem Kollektor

im Bild 2.39b gestrichelt gezeichnete Pull-up-Widerstand zugefügt werden.

> Der **Ausgang mit offenem Kollektor** hat den Vorteil, daß durch geeignete Wahl der Spannung, gegen die der Pull-up-Widerstand geschaltet wird, und durch den Wert des Widerstandes selbst eine Anpassung an andere Schaltkreisfamilien vorgenommen werden kann.

Die Berechnung der Pull-up-Widerstände erfolgt nach folgendem Algorithmus:

In den Formeln bedeuten

R_L = Wert des Pull-up-Widerstandes
N = Anzahl der getriebenen Eingänge nachfolgender Schaltkreise
M = Anzahl der Ausgänge, die durch verdrahtetes ODER zusammengeschaltet werden sollen
I_{0L} = Maximale Ausgangs-Treiberstromsenke im logischen „Ø"-Zustand (maximaler Strom in den Ausgang hinein)
U_{cc} = Pull-up-Spannung
$U_{out(1)}$ = Untere Spannungsgrenze des logischen „1"-Pegels
$U_{out(\emptyset)}$ = Obere Spannungsgrenze des logischen „Ø"-Pegels
I_F = maximaler Eingangsladungsstrom an der oberen Grenze des logischen „Ø"-Pegels (z.B. 0,45 V bei TTL)
$I_{out(1)}$ = Kollektor-Reststrom des gesperrten Ausgangstransistors im (1)-Zustand
I_R = maximaler Leckstrom an der unteren Grenze des logischen „1"-Pegels (z.B. 2,40 V bei TTL)

Die Werte für I_{0L} und $I_{out(1)}$ müssen den Datenblättern des jeweiligen treibenden (Speicher-)Bausteins entnommen werden. Die Werte für I_F und I_R sind für einige Schaltkreisfamilien in der nachfolgenden Aufstellung enthalten:

Schaltkreisfamilie	I_F	I_R
TTL	1,6 mA	40 µA
Low power TTL	0,16 mA	10 µA
High-Level TTL, Schottky-TTL	2,0 mA	50 µA
C-MOS	10 pA	10 pA

Die Formeln lauten

(2.1.) (2.2.)

$$R_{L(max)} = \frac{U_{cc} - U_{out(1)}}{M \cdot I_{out(1)} + N \cdot I_R}$$

$$R_{L(min)} = \frac{U_{cc} - U_{out(\emptyset)}}{I_{0L} - N \cdot I_F}$$

Für die Auswahl der Pull-up-Widerstände sind verschiedene Gesichtspunkte maßgebend. Neben den bereits in den Formeln enthaltenen Parametern sind noch weitere Punkte zu beachten. Die Wahl eines kleinen Widerstandswertes in der Nähe von $R_{L(min)}$ führt zwar zu kurzen Schaltzeiten, aber der Leistungsverbrauch wird beträchtlich erhöht. Ein typischer Wert für den Leistungsverbrauch ist 14 mW bei einem Widerstand von 2 kΩ. Die Festlegung eines Widerstandswertes hat sich je nach Anwendungsfall an den Parametern Schaltgeschwindigkeit und Leistungsverbrauch zu orientieren.

Beispiel 2.1: Berechnung von Pull-up-Widerständen.

Vier Speicherbausteine 6275 (ROM 2048 × 8), siehe Abschnitt 2.2.2, sollen durch eine verdrahtete ODER-Schaltung ihrer Datenausgänge auf 3 Eingänge nachgeschalteter TTL-Schaltkreise wirken. $U_{cc} = +5$ V. Welcher Maximal- und Minimalwert ergibt sich für den Pull-up-Widerstand?

Folgende Parameter sind gegeben:

$M = 4$	$I_{0L} = 10$ mA
$N = 3$	$I_{out(1)} = 100$ µA
$I_F = 1{,}6$ mA	$U_{out(1)} = 2{,}40$ V
$I_R = 40$ µA	$U_{out(\emptyset)} = 0{,}45$ V

$$R_{L(max)} = \frac{5{,}0\ \text{V} - 2{,}4\ \text{V}}{4 \cdot (100\ \mu\text{A}) + 3 \cdot (40\ \mu\text{A})} = 5000\ \Omega$$

$$R_{L(min)} = \frac{5{,}0\ \text{V} - 0{,}45\ \text{V}}{10\ \text{mA} - 3 \cdot (1{,}6\ \text{mA})} = 875\ \Omega$$

2.3. Signaltransfer

Der Mikroprozessorbaustein ist ein Bauelement in einem System. Er wird stets in Verbindung mit anderen Systemelementen angewendet. Die Verbindung zwischen den **Systemelementen** und der **Peripherie** wird durch **Signalleitungen** hergestellt. Im wesentlichen sind es drei Arten von **Signalen**, die im System und zwischen System und Peripherie übertragen werden (siehe Bild 2.40):

- □ **Steuersignale** im System auf der zugehörigen Sammelleitung (control bus) und von und zu peripheren Geräten auf den **Steuerleitungen (control lines)**. Zu den Steuersignalen werden auch die Anforderungssignale für Vorrangunterbrechungen gezählt.
- □ **Adreßsignale** im System auf der zugehörigen Sammelleitung **(address bus)**.
- □ **Daten** im System auf der zugehörigen Sammelleitung **(data bus)** und **Ein-/Ausgabedaten** von und zu peripheren Geräten auf den Datenleitungen **(data lines)**.

Um die Möglichkeiten eines Mikroprozessorsystems rationell zu nutzen, muß der **Signaltransfer,** speziell der **Datentransfer** zwischen System

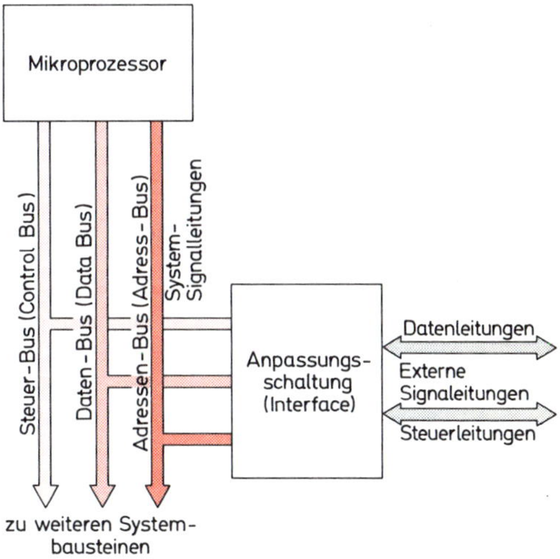

Bild 2.40 Signalarten bei datenverarbeitenden Systemen

und Peripherie, wirtschaftlich und schnell durchgeführt werden. Hierfür ist eine flexible Auslegung der Steuerung zur Behandlung der Steuerinformationen erforderlich. Für den Signal- und Datenverkehr mit der Peripherie sind folgende Punkte von Bedeutung:

- □ Um **Verarbeitungszeit** zu sparen, wird die Steuerung von Routinevorgängen an der Peripherie soweit wie möglich in die **Anpassungsschaltungen (Interface-Adapter** oder einfach kurz **Interfaces)** übertragen. Diese Anpassungsschaltungen **(PIA = peripheral interface adaptor)** sind vielfach programmierbare Bausteine. Sie vermögen oftmals Steuerroutinen selbsttätig auszuführen, wozu Peripheriegeräte üblicherweise nicht in der Lage sind.
- □ Anpassungsschaltungen für Peripheriegeräte werden zweckmäßigerweise so aufgebaut, daß sie sich wie Speicherplätze adressieren lassen. Das hat den Vorteil, daß die **Speicherbefehle** mit ihren verschiedenen **Adressierungsarten** auch für den **Datentransfer von und zur Peripherie** verwendet werden können.
- □ Wünschenswert ist eine **Systemstruktur,** bei der die **Peripheriegeräte** Signale zur **Anforderung von Vorrangunterbrechungen** des laufenden Programmes erzeugen können **(interrupts).** Die asynchronen **Interrupt-Signale** werden von der Zentraleinheit nach vorgegebenen Regeln bearbeitet. Hierbei können den Interrupt-Anforderungen **Prioritäten** zugewiesen werden. Das ermöglicht die Einrichtung einer Prioritätenanordnung, die bei gleichzeitigem Auftreten mehrerer Anforderungen auf Vorrangunterbrechung wirksam wird.
- □ Bei der Notwendigkeit einer großen **Datentransfergeschwindigkeit** bei hoher **Datenrate** (bit/s) zwischen Peripherie und System wird das Verfahren des **direkten Speicherzugriffs (DMA = direct memory access)** angewendet. Hierbei werden die Daten zwischen Peripherie und Speicher direkt übertragen. Das Arbeitsregister wird bei dieser Transferart nicht benutzt. Im Interface-Adapter sind bei dem DMA-Verfahren spezielle Überwachungssignale und besondere Schaltungsmaßnahmen erforderlich, um die für diese Transferart notwendige Erzeugung von Adreßinformationen, Datenzählern (word count register) und Steuersignalen zu bewirken.
- □ Die normale Art des Datenverkehrs zwischen Peripherie und System erfolgt durch **programmierten Transfer** unter Einschaltung des Arbeitsregisters. Die peripheren Daten können dabei sowohl **seriell** als auch **parallel** anstehen. Bei **serieller Dateneingabe** muß die Interfaceschaltung in der Lage sein, die Daten in eine **parallele Information** umzuwandeln, damit sie auf dem internen Daten-Bus systemkonform verarbeitet werden können.

Die vielfältigen und unterschiedlichen Methoden des Signal- und Datentransfers zwischen Peripherie und System sowie den verschiedenen Systembausteinen sind Gegenstand der nachfolgenden Abschnitte.

2.3.1. Anpassungsschaltungen für verschiedene Schaltkreisfamilien

Die hier diskutierten **Anpassungs-** oder **Interfaceschaltungen** haben die Aufgabe, unterschiedliche **Signalpegel** aneinander anzupassen. Hierzu gehört insbesondere die Zusammenschaltung von Bausteinen aus unterschiedlichen Logikfamilien. Bei der Steuersignal-Ein- und Ausgabe kann es notwendig sein, von diesen Schaltungen Gebrauch zu machen, da der Aufbau eines peripheren Gerätes in Bausteinen eines anderen Schaltkreissystems häufig gegeben ist. Innerhalb des Mikroprozessorsystems, insbesondere bei komplexeren Aufbauten, ist es oftmals wünschenswert, Bausteine und integrierte Schaltungen zu verwenden, die billig und leicht verfügbar sind (z.B. Standard-TTL-Bausteine). Ein weiteres Argument für die Verwendung unterschiedlicher Logikfamilien in einem System ist die Tatsache, daß nur in bestimmten Schaltkreisfamilien Bausteine einer gewissen Art und Komplexität erhältlich sind. Neben der Möglichkeit zur Erzeugung von kompatiblen Signalen mittels diskreter Bauelemente (Widerstände, Transistoren, Dioden und Kondensatoren) sind insbesondere die speziell für diese Interface-Zwecke entwickelten integrierten Schaltungen zu erwähnen. Wie schon in Abschnitt 2.2.4 für Ausgangsschaltungen mit offenem Kollektor dargelegt wurde, ist die Kombination von Ausgangsschaltung **und** die Art und Anzahl der angeschlossenen Eingänge für den Aufbau der Anpassungsschaltung von Bedeutung.

Bei **TTL → MOS-Interface** besteht kein Unterschied im Anschluß zwischen Standard-TTL und den anderen TTL-Varianten wie 74 L, 74 S, 74 H

Tabelle 2.1: Lastäquivalente von TTL-Familien

Bausteinserie	Anzahl der Standard-TTL-Lasteinheiten gegenüber einem MOS-Ausgang	Anzahl der von einem MOS-Ausgang ansteuerbaren Eingänge
74	1,0	1
74 H	1,25	1
74 L	0,125	8
74 S	1,25	1
74 LS	0,25	4
74-NOR als Inverter 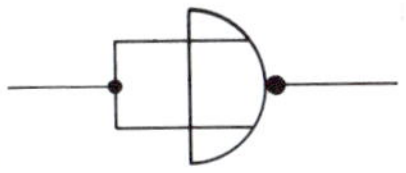	2,0	0,5
74-NAND als Inverter 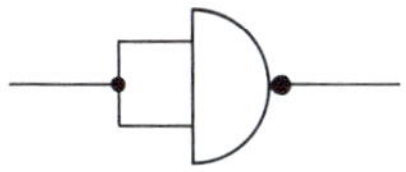	1,0	1

und 74 LS. Die Ausgänge der TTL-Bausteine lassen sich direkt auf die MOS-Eingänge aufschalten. Lediglich bei TTL-Ausgängen mit offenem Kollektor ist ein **Pull-up-Widerstand** von 0,5 bis 5 kΩ gegen die Versorgungsspannung U_{CC} = 5 V ± 5% erforderlich. Für den Anschluß verschiedener Logikfamilien-Bausteine an die Ausgänge von MOS-Schaltungen ergeben sich jedoch unterschiedliche Bedingungen. **MOS-Ausgänge** sind allgemein so ausgelegt, daß sie eine Standard-TTL-Lasteinheit treiben können. Welche **Lasteinheiten** bezogen auf Standard-TTL-Eingang = 1 die Eingänge der anderen TTL-Gruppen darstellen, ist in Tabelle 2.1 aufgeführt.

CMOS-Schaltungen lassen sich problemlos mit den Eingängen und Ausgängen von MOS-Schaltkreisen zusammenschalten. Bei der Verbindung von MOS-Ausgängen mit CMOS-Eingängen wird die Ausgangsfächerung nur durch die Einhaltung der geforderten Impuls-Anstiegs- und Abfallzeiten begrenzt. Ähnliche Überlegungen ergeben sich für den Anschluß von MOS-Tri-State-Ausgängen an nachgeschalteten Eingängen. In Abschnitt 2.2.4 wurde bereits darauf hingewiesen, daß sich mehrere dieser Tri-State-Ausgänge ohne zusätzliche Maßnahmen zusammenschalten lassen, um auf einer gemeinsamen Bus-Leitung zu arbeiten. Bedingung ist, daß nur ein Tri-State-Ausgang aktiv geschaltet ist. Alle anderen Ausgänge müssen sich im Aus- oder Hochohmig-Zustand befinden. Der aktive Tri-State-Ausgang wirkt nun als Sender auf dem Bus. Dieser Sender muß so beschaffen sein und der oder die Empfänger müssen so abgestimmt sein, daß die Bedingungen für die Signal-Anstiegs- und -Abfallzeiten im System erfüllt werden. Die Anzahl der auf dem Bus zusammenschaltbaren MOS-Bausteine mit Tri-State-Ausgang für das Treiben einer Standard-TTL-Last errechnet sich nach:

$$n = \frac{I_0(\mathrm{MOS}) - I_{\mathrm{IN}}(\mathrm{TTL}) - (C_{\mathrm{IN}} + C_{\mathrm{DIST}}) \cdot \dfrac{\mathrm{d}U_{\mathrm{OUT}}}{\mathrm{d}t} + I_{\mathrm{LK}}(\mathrm{MOS})}{I_{\mathrm{LK}}(\mathrm{MOS}) + C_{\mathrm{OUT}} \cdot \dfrac{\mathrm{d}U_{\mathrm{OUT}}}{\mathrm{d}t}} \tag{2.3}$$

In der Formel 2.3 bedeuten: I_0(MOS) ist der mögliche Ausgangsstrom der MOS-Schaltung. I_{IN}(TTL) ist der Eingangsstrom, den ein TTL-Gatter benötigt. C_{IN} und C_{DIST} sind die TTL-Eingangskapazitäten und die verteilte Kapazität der Eingangszuleitung. I_{LK}(MOS) ist der Leckstrom eines abgeschalteten MOS-Tri-State-Ausganges. C_{OUT} ist die Ausgangskapazität eines MOS-Ausganges. dU_{out}/dt ist die erforderliche Spannungsänderungsgeschwindigkeit für die Ansteuerung der Empfängerstufen.
Das Beispiel 2.2 erläutert den Zusammenhang.

Beispiel 2.2: Ausgangsfächerung bei Tri-State-Ausgängen (fan out)
Folgende Werte sind gegeben:

$$C_{IN} + C_{DIST} = 15\ \text{pF} = 15 \cdot 10^{-12}\ \frac{\text{A} \cdot \text{s}}{\text{V}}$$

$$dU_{out}/dt = 1\ \text{V}/20\ \text{ns} = 0{,}05\ \text{V/ns} = 0{,}05 \cdot 10^{9}\ \text{V/s}$$

$$C_{out} = 5\ \text{pF} = 5 \cdot 10^{-12}\ \frac{\text{A} \cdot \text{s}}{\text{V}}$$

$$I_0(\text{MOS}) = 1{,}6\ \text{mA}$$

$$I_{IN}(\text{TTL}) = \begin{cases} 0 \text{ für } U_{out} \geqq 1{,}8\ \text{V} \\ 1 \cdots 1{,}5\ \text{mA für } U_{out} < 1{,}8\ \text{V} \end{cases}$$

$$I_{LK}(\text{MOS}) = 1\ \mu\text{A}$$

Mit diesen Parametern und der Formel 2.3 ergibt sich

$$n = \frac{1{,}6 \cdot 10^{-3}\,\text{A} - 0\,\text{A} - 15 \cdot 10^{-12}\,\frac{\text{A} \cdot \text{s}}{\text{V}} \cdot 0{,}05 \cdot 10^{9}\,\frac{\text{V}}{\text{s}} + 1 \cdot 10^{-6}\,\text{A}}{1 \cdot 10^{-6}\,\text{A} + 5 \cdot 10^{-12}\,\frac{\text{A} \cdot \text{s}}{\text{V}} \cdot 0{,}05 \cdot 10^{9}\,\frac{\text{V}}{\text{s}}}$$

$$n = \frac{1{,}6 \cdot 10^{-3}\,\text{A} - 0{,}75 \cdot 10^{-3}\,\text{A} + 0{,}001 \cdot 10^{-3}\,\text{A}}{0{,}001 \cdot 10^{-3}\,\text{A} + 0{,}25 \cdot 10^{-3}\,\text{A}}$$

$$n = \frac{0{,}851 \cdot 10^{-3}\,\text{A}}{0{,}251 \cdot 10^{-3}\,\text{A}} \triangleq 3{,}4$$

Mit der in diesem Beispiel zugrunde gelegten niedrigen Spannungsänderungsgeschwindigkeit kann also ein MOS-Tri-State-Ausgang eine TTL-Last und drei weitere MOS-Tri-State-Ausgänge treiben. Um die Ausgangsfächerung bei dieser Belastung zu vergrößern, wäre es notwendig, I_0(MOS) zu vergrößern. Ein Weg, um dies zu realisieren, wäre, für die Versorgung der MOS-Schaltkreise eine möglichst große Versorgungsspannung zu wählen und die höchste zulässige Betriebstemperatur auf Werte unter 70 °C zu beschränken. Das ist notwendig, weil die in den Datenblättern angegebenen Werte für I_0(MOS) sich auf die ungünstigsten Verhältnisse hinsichtlich der Versorgungsspannung und Temperatur beziehen.
Bild 2.41 gibt Schaltungshinweise für die Verbindung zwischen unterschiedlichen Schaltkreisfa-

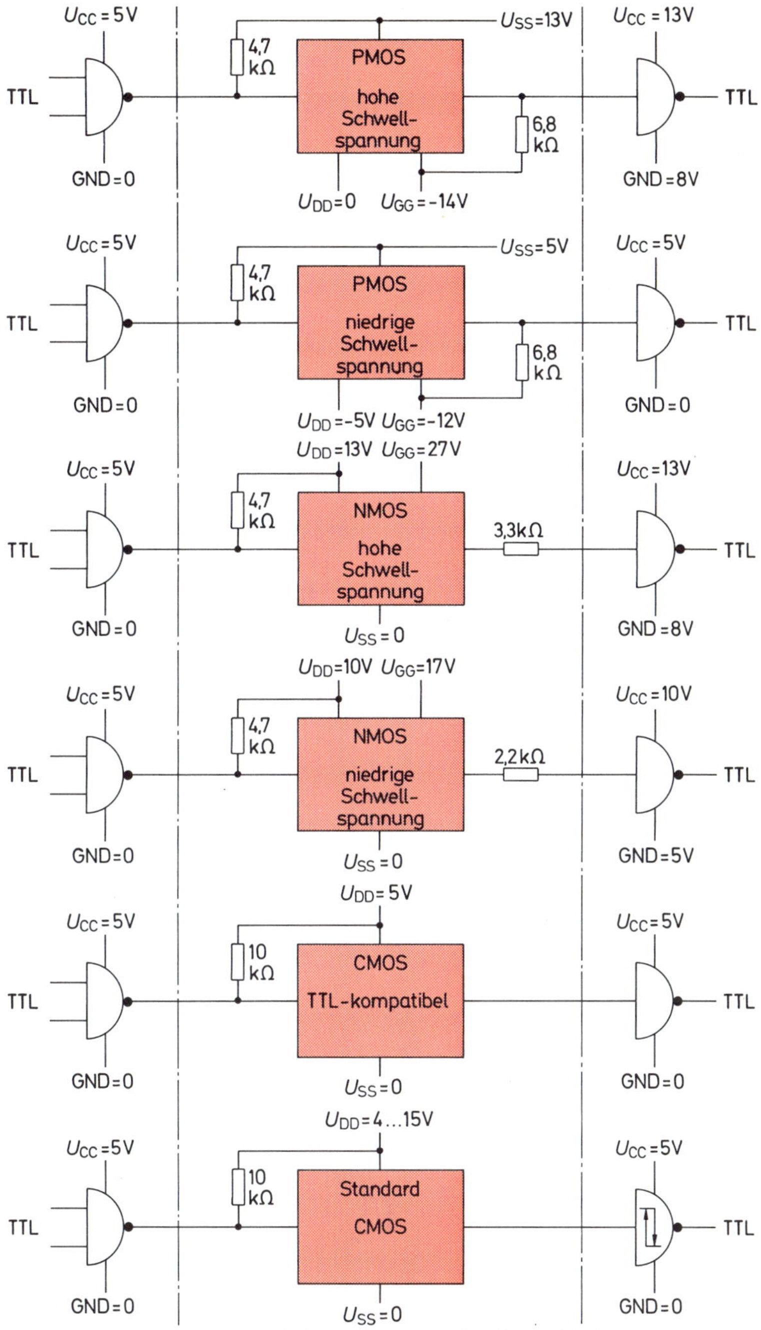

Bild 2.41 Auswahl von Schaltungshinweisen für die Verbindung unterschiedlicher Schaltkreisfamilien miteinander. Die treibenden TTL-Bausteine sind vorzugsweise solche mit offenem Kollektor im Ausgang. Der gezeigte Schmitt-Trigger ist ein Baustein mit hohem Eingangswiderstand (z.B. 74135 bzw. 74137)

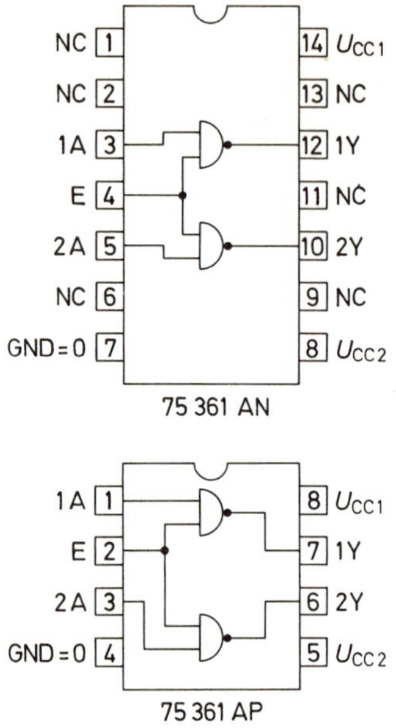

Bild 2.42 Funktionsschaltbild und Anschlußbelegung des Bausteins SN 75361 A (Texas Instruments)

milien untereinander. Dabei wurden nur die wichtigsten Kombinationen ausgewählt. Für weitere Einzelheiten sei auf die ausgezeichneten und praktisch vollständigen Darstellungen in [55, 94b und 96d] verwiesen.

Für die beispielhafte Darstellung der auch unter dem Namen **Pegelkonverter** bekannten Interfacebausteine zwischen verschiedenen Schaltkreisfamilien sind nachfolgend einige Bausteine hinsichtlich ihrer Funktion und ihres Aufbaus beschrieben. Die Tabelle 6.6 im Tabellenanhang, Kapitel 6, teilt die kennzeichnenden Werte für eine Reihe von Interfacebausteinen dieser Kategorie mit.

Hier sollen nur zwei **Pegelumsetzer**-Bausteine, die ohne zusätzliche externe Komponenten auskommen, beschrieben werden. Der monolithisch integrierte Baustein SN 75361 A setzt TTL-(oder auch DTL-)Eingangssignale in MOS-Ausgangssignale um. Er arbeitet mit der Standardspannung von +5 V für U_{CC}. Die Spannungsversorgung für U_{CC2} erhält man durch Verbindung mit dem gewünschten MOS-Pegel, im allgemeinen +16···+20 V. Bild 2.42 zeigt das Funktions-Schaltbild und die Anschlußbelegung des Bausteins SN 75361 A in den Bauformen N und P. Die Ausgangsschaltung dieses Bausteins arbeitet in beiden Richtungen aktiv, so daß sich hohe Arbeitsgeschwindigkeiten bei Lasten mit großer Kapazität ergeben. Bekanntlich sind MOS-Eingänge kapazitiv. Dabei besitzen **Takteingänge** im allgemeinen eine größere Kapazität als **Dateneingänge.** Die Takteingänge von MOS-Schaltungen können eine Kapazität von mehr als 60 pF besitzen. MOS-Treiber müssen derartige Lasten steuern können, wobei manchmal mehrere Eingänge parallel betrieben werden.

Für minimale Schaltzeiten ist es erforderlich, daß bei den Ausgängen der MOS-Treiber sowohl das Schalten von niederem auf hohen Pegel wie umgekehrt auf eine aktive Weise erfolgt [96d, S. 209ff.]. Bild 2.43 zeigt eine typische Anordnung, in der ein SN 75361 A den Dateneingang eines dynamischen RAM-Bausteines vom Typ 1103 steuert.

Der SN 75361 A (Bild 2.42) ist in einem 8poligen Plastikgehäuse (P) und in einem 14poligen Plastikgehäuse (N) erhältlich. Die Anschlußanordnung wurde so gewählt, daß die Eingänge auf einer Seite des Gehäuses und die Ausgänge auf der anderen Seite liegen. Auf diese Weise ergibt sich eine gute Leitungsführung auf der Printplatte. Die **Verlustleistung** der Schaltung nimmt mit steigender Frequenz und größerer kapazitiver Belastung zu. Die Verlustleistung wird vor allem durch den Pegel von U_{CC2} bestimmt. Eine Erhöhung von U_{CC2} um 25% kann unter Umständen eine Steigerung der Verlustleistung um 50% bewirken. Bild 2.44 zeigt die Abhängigkeit der Verlustleistung von der Frequenz und der kapazitiven Belastung für $U_{CC2} = 20$ V.

Um eine Platzersparnis in größeren Schaltungen zu erzielen, gibt es den SN 75361 A als SN 75365 in Vierfachausführung im 16-Pin-DIL-Gehäuse. Diese Schaltung ist wie beim SN 75361 A aufgebaut, und sie besitzt darüber hinaus noch einen U_{CC3}-Anschluß. U_{CC3} wird an eine Spannung geschaltet, die um einige Volt (z.B. 2,5 V) höher liegt als U_{CC2}. Dadurch ergibt sich eine kräftigere Basissteuerung und damit höhere Ausgangspegel während der Abgabe der Steuerimpulse. Gleiche Signalverzögerung ist ein weiterer Vorteil für die vier Stufen im gemeinsamen Gehäuse. Alle Eingangs-Ausgangs-Verzögerungen weichen um weniger als 3 ns voneinander ab [96d]. Für die Umwandlung von MOS-Logikpegeln auf TTL-Pegel sind einige allgemeine Anforderungen zu berücksichtigen. MOS-Ausgangs- wie auch Eingangspegel sind bei manchen Schaltungstypen sehr verschieden. Manche Ausgangsspannungen

Bild 2.43 Dateneingangssteuerung eines dynamischen RAM-Bausteins mit SN 75361 A

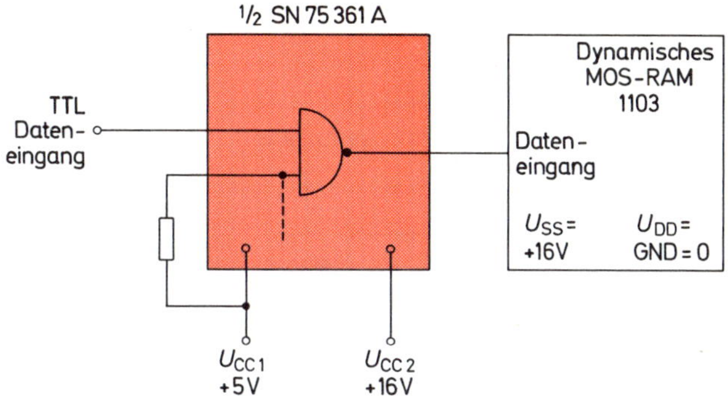

Bild 2.44 Abhängigkeit der Verlustleistung des Bausteins SN 75361 A von Belastung und Frequenz (nach Unterlagen der Firma Texas Instruments)

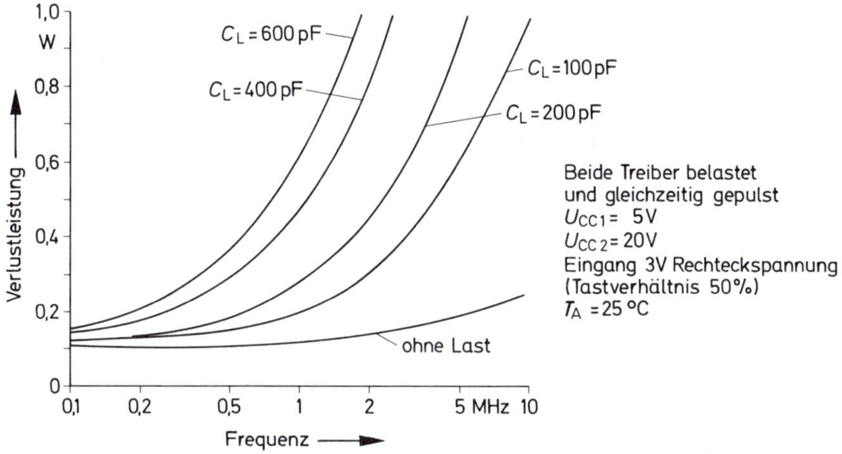

liegen zwischen Masse und negativen Werten von 10···20 V. Andere Schaltungen können positive Ausgangspegel haben und in manchen Fällen müssen sehr niedrige Signale (z.B. +40 mV) verarbeitet werden. Für die verschiedensten Arten der Signalverarbeitung und Pegelumwandlung wurden eine ganze Reihe von Schaltungen entwickelt. In Anlehnung an die Darstellungen in [96d, S. 221 ff.] wurden hier zwei Bausteine beispielhaft dargestellt, um das Prinzip der Pegelumwandlung von MOS auf TTL zu erläutern. Die Tabelle 6.6 im Kapitel 6, Tabellenanhang, enthält die Daten weiterer Bausteine.

Der periphere Treiber SN 75450 B kann als Zweikanal-Interfaceschaltung zwischen MOS und TTL verwendet werden. Die Benutzung eines seiner Transistoren zur Feststellung der MOS-Pegel und der nachfolgenden Steuerung eines der internen Gatter stellt eine einfache Methode der Pegelanpassung dar. Der Eingang kann an positive oder negative MOS-Pegel angeschlossen werden, abhängig von der angelegten Eingangsvorspannung.

Bild 2.45 zeigt die Anordnung für eine Hälfte eines SN 75450 B für positive MOS-Eingangspegel. MOS-Ausgangsspannungen von +3 V oder mehr können mit dieser Schaltung verarbeitet werden.

Bild 2.46 zeigt eine Anordnung des SN 75450 B für die Verarbeitung negativer MOS-Pegel (typisch z.B. für Schieberegister). Der 33-kΩ-Serienwiderstand am Eingang und der 22-kΩ-Vorwiderstand sorgen für richtige Spannungspegel an der Basis des Transistors. Sie können so gewählt werden, daß sie mit verschiedenen negativen Eingangspegeln arbeiten. Der Serienkondensator von 100 pF dient zur Erhöhung der Schaltgeschwindigkeit, indem er die steilen Flanken der

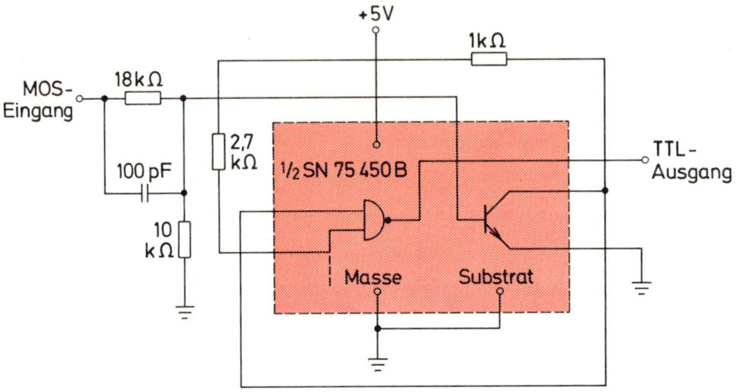

Bild 2.45 Interfaceschaltung für positive MOS-Pegel auf TTL mit Baustein SN 75450 B (Texas Instruments)

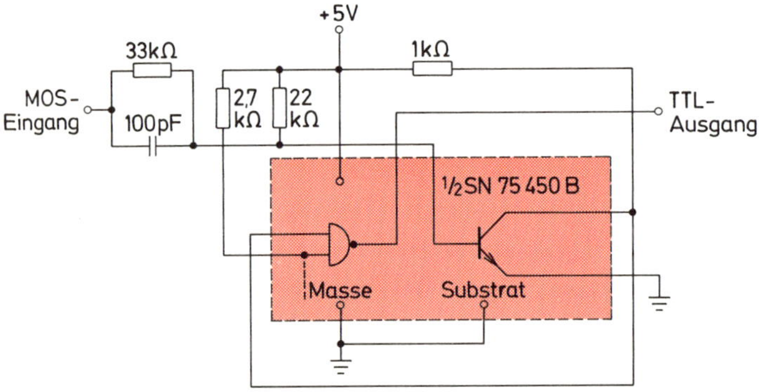

Bild 2.46 Interfaceschaltung für negative MOS-Pegel auf TTL mit Baustein SN 75450 B (Texas Instruments)

Eingangsimpulse überträgt. Der Baustein SN 75450 B kann die Pegelverschiebung für zwei Kanäle durchführen. Bild 2.47 gibt die Anschlußbelegung des Bausteins sowie die wichtigsten Kenndaten an [nach 96i]. Eine Schaltung, die ohne externe zusätzliche Schaltelemente auskommt, ist der Baustein SN 75270, eine 7-Kanal-Interface-

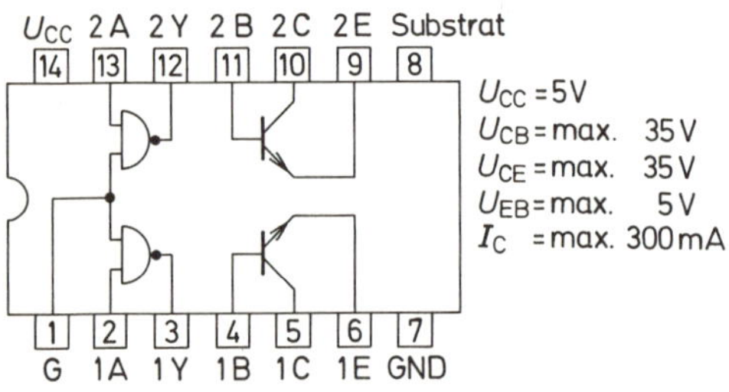

Bild 2.47 Anschlußbelegung und Kenndaten des Bausteins SN 75450 B (Texas Instruments)

Schaltung (Bilder 2.48a und 2.48b). Diese monolithisch integrierte Schaltung enthält sieben Anpaßschaltungen von MOS auf TTL in einem einzigen Gehäuse. Die gesamte Ruheverlustleistung der 7-Kanal-Schaltung beträgt nur 100 mW. Diese Tatsache, zusammen mit seiner hohen Schaltgeschwindigkeit (t_{PLH} = 30 ns typisch, t_{PHL} = 5 ns typisch; t_{PLH} = Schaltverzögerung beim Übergang L → H, t_{PHL} entsprechend beim Übergang H → L) und einer Eingangsempfindlichkeit von 500 µA für eine logische „1", machen den SN 75270 für viele MOS zu TTL-Anwendungen geeignet. Ein Eingangsstrom von 100 µA oder weniger sichern eine logische „Ø" am Ausgang.
Bild 2.49 zeigt den Baustein SN 75270 als Anpaßschaltung zwischen einem MOS-Rechnerchip und einem thermischen Siebensegment-Drucker. Dabei ist nur eine +5-V-Versorgungsspannung erforderlich. Diese Applikation zeigt, daß der Baustein außer zur internen Pegelumsetzung unter bestimmten Umständen auch für den An-

schluß externer Peripheriegeräte geeignet ist. Die speziell hierfür entwickelten Schaltungen werden im nächsten Abschnitt behandelt.

2.3.2. Ein-/Ausgabe-Schaltungen (Interfaces)

Hierunter werden die Schaltungen verstanden, die eine Anpassung, oder auch Umwandlung, der Daten an den **Ein-/Ausgabe-Schnittstellen (I/O-Ports)** der Mikroprozessor- und der anderen Systembausteine vornehmen. Als Eingabe- bzw. Ausgabedaten kommen nicht nur Zahlen, Wörter oder Meßwerte in Betracht, sondern auch die verschiedenen Zustandsmeldungen, Schalterstellungen, Signale von Tastaturen in unterschiedlicher Codierung und viele andere. Während an den Schnittstellen der Systembausteine die Daten meist parallel anstehen, ist für den Verkehr mit der Peripherie (z.B. Bedienungsblattschreiber) oftmals die Umwandlung in bitserielle Zeichenfolgen erforderlich. In der Einführung zum Hauptabschnitt 2.3 war bereits darauf hingewiesen worden, daß diese **Datentransfers zur Peripherie** in den Kombinationen **parallel** und **seriell** sowie **synchron** und **asynchron** erfolgen können. Die Forderungen an die Anpassungsschaltungen gingen weiter dahin, daß die Steuerung von Routinevorgängen in diese verlegt werden sollte und daß die Interface-Bausteine in gewissem Umfange für die verschiedenen Steuerfunktionen programmierbar sein sollten. Um

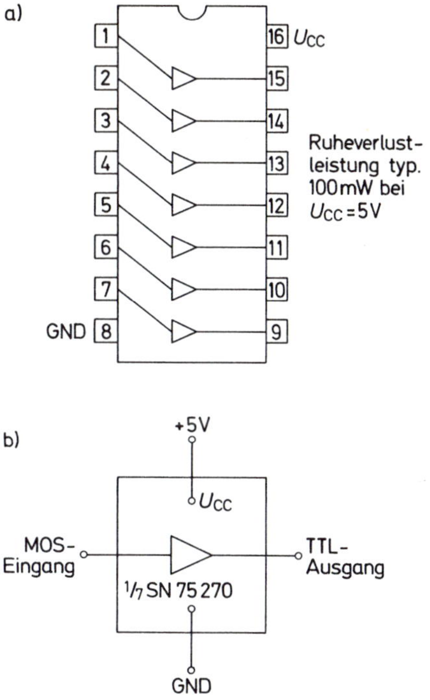

Bild 2.48 a) Anschlußbelegung der Siebenkanal-Interface-Schaltung MOS → TTL 75270
b) Prinzipschaltbild einer Stufe

Bild 2.49 Blockschaltbild mit SN 75270 als Anpaßschaltung zwischen einem MOS-Rechnerchip und einem thermischen Drucker (nach Unterlagen der Firma Texas Instruments [96d])

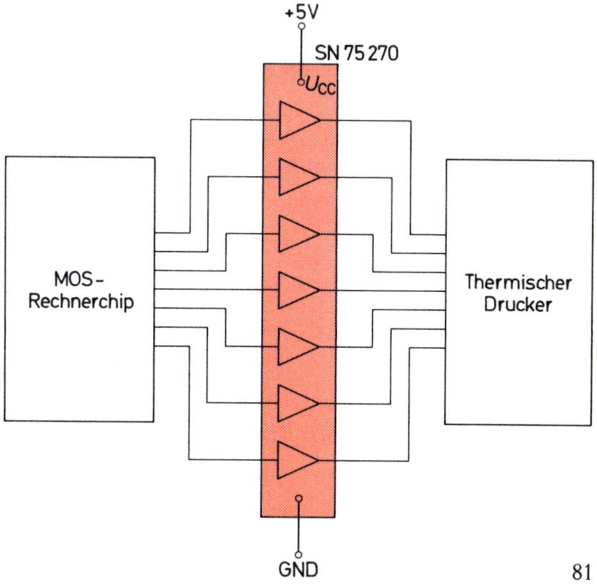

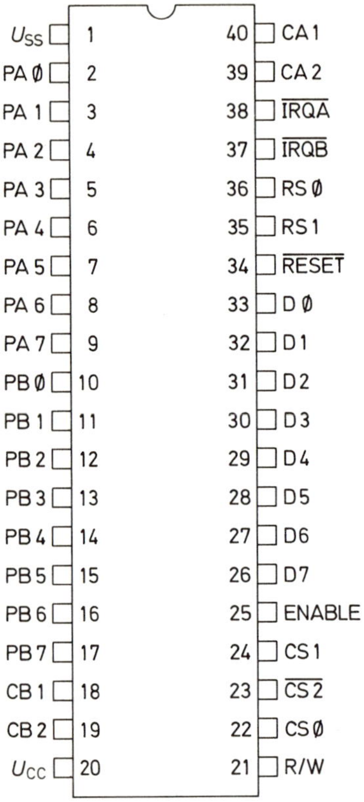

U_{SS}, U_{CC}	: Stromversorgung
PA_n, PB_n	: Peripherie-Anschlüsse A und B
CA_n, CB_n	: Interr.-Status-Steuerrung A und B
IRQA, IRQB	: Interr.-Anforderung A und B
D_n	: Datenbus-Anschlüsse
Übrige	: Die übrigen Signale sind Anschlüsse für die Chip-Anwahl und die Lese/Schreib-Steuerung

Bild 2.50 Anschlußbelegung des peripheren Interface-Bausteins 3820 (Fairchild)

diesen und noch weiteren Forderungen gerecht zu werden, wurde eine Vielzahl von Bausteinen unter der Bezeichnung **PIA** entwickelt (PIA = **p**eripheral **i**nterface **a**daptor oder auch **p**rogrammable **i**nterface **a**daptor). Man will damit Allzweck-Anpaßschaltungen schaffen, die auf die jeweiligen Anforderungen der Peripheriegeräte programmierbar sind.

> Der periphere oder auch programmierbare Interface-Baustein (PIA) ist ein Bauelement, mit dem sich unterschiedliche **Schnittstellenbedingungen** zwischen Mikroprozessorsystem und der Peripherie aneinander **anpassen** lassen.

Auch in dem hier für die Demonstration verwendeten Mikroprozessorsystem F8 ist der PIA-Baustein 3820 enthalten. Die wichtigsten Daten dieses Bausteines sind nachfolgend aufgeführt. Die Bilder 2.50 bis 2.52 zeigen die Anschlußbelegung, das Blockschaltbild sowie die Funktion der Schaltung.
Der PIA-Baustein 3820 ist eine universell anwendbare Ein-/Ausgabe-Schnittstelle für die Anpassung peripherer Geräte an das F8-Mikroprozessor-System. Der Baustein kann in einem F8-System auf zwei Arten integriert werden:

- ☐ als Ein-/Ausgabe-Gerät
- ☐ durch Zuweisung einer Adresse im Bereich der Systemadressen kann der Baustein 3820 wie eine statische Speicherzelle angesprochen werden.

Der Verkehr mit den peripheren Geräten wird durch zwei 8-bit-Schnittstellen, die in beiden Richtungen arbeiten, und vier programmierbaren Steuer- und Unterbrechungsleitungen durchgeführt. Letztere ermöglichen die Verwaltung und Bearbeitung der Aktivitäten des Peripheriegerätes durch die Zentraleinheit 3850 des F8-Systems. Die zwei Steuerleitungen für die beiden Ein-/Ausgabe-Schnittstellen können so programmiert werden, daß man 1 × Eingang und 1 × Ausgang oder 2 × Eingang oder 2 × Vorrangunterbrechungseingang erhält.
Besonderheiten des Bausteines sind:

- ☐ +5 V Versorgungsspannung,
- ☐ statische Arbeitsweise,
- ☐ TTL-kompatible Ein- und Ausgänge,
- ☐ bidirektionaler 8-bit-Datenbus für den Verkehr mit der Zentraleinheit,
- ☐ zwei bidirektionale 8-bit-Busleitungen für den Anschluß von Peripheriegeräten,
- ☐ zwei programmierbare Steuerregister,
- ☐ hochohmige Tri-State-Ausgänge und direkte Transistor-Treiberstufen für die Peripherie-Leitungen,
- ☐ CMOS-kompatible Peripherie-Leitungen.

Neben dieser Art von parallel arbeitenden peripheren Interface-Adaptern gibt es die seriell

Bild 2.51 Blockschaltbild des PIA-Bausteins 3820 (Fairchild)

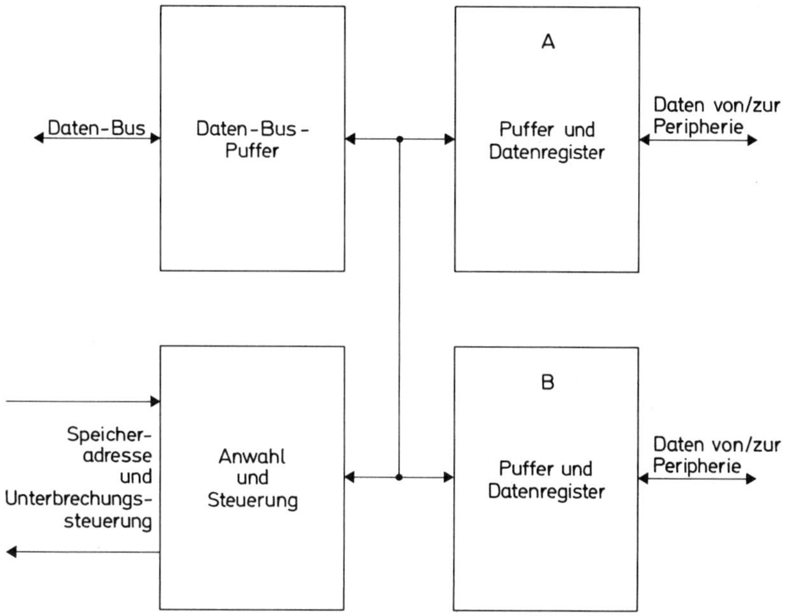

arbeitenden und parallel-seriell umsetzenden Anpassungsschaltungen. Bild 2.53 zeigt die serielle Schnittstelle unseres F8-Modellcomputers für den Anschluß eines Bedienungsblattschreibers (TTY) in einem Aufbau mit diskreten Bauelementen. Der Anschluß an die Ein-/Ausgabe-Schnittstelle 4 des PSU-Bausteins 3851 ist dabei so vorgenommen, daß die seriell empfangenen bit bzw. die seriell gesendeten bit per Software (Programm) in der PSU verarbeitet werden. In der Gruppe der peripheren Interface-Bausteine gibt es die sogenannten **UART-Schaltungen** (UART = **u**niversal **a**synchrons **r**eceiver and **t**ransmitter = universell asynchron arbeitender **Empfänger- und Sender-Baustein**) sowie Schaltungen, die auch noch für den synchronen Transfer program-

Tabelle 2.2: Stromaufnahme für die verschiedenen Versorgungsspannungen sowie Verlustleistung der Baugruppen des F8-Mikroprozessorsystems

Baustein-Typ (F8-System)	Symbol	Stromaufnahme typisch mA	Stromaufnahme maximal mA	Verlustleistung maximal mW
3850	I_{DD} I_{GG}	30 15	80 25	330
3851	I_{DD} I_{GG}	30 10	70 18	275
3852/ 3853	I_{DD} I_{GG}	35 13	70 30	335
3854	I_{DD} I_{GG}	20 15	40 28	280

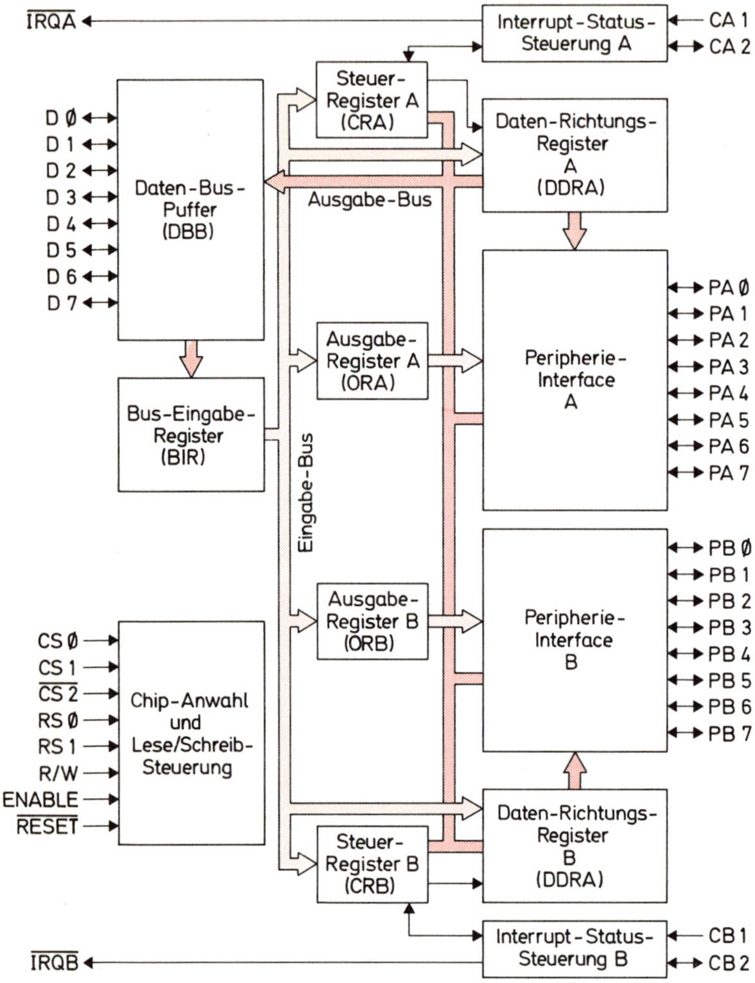

Bild 2.52 Funktionsschaltbild des peripheren Interface-Bausteins 3820 (Fairchild)

mierbar sind. Eine Auswahl solcher Bausteine ist zusammen mit PIA-Bausteinen in der Tabelle 6.7 in Kapitel 6, Tabellenanhang, tabellarisch mit den wichtigsten Kenndaten aufgeführt. Hier soll als Beispiel der UART-Baustein AY-5-1013/AY-5-1013 A zur Erläuterung der Arbeitsweise besprochen werden. Wegen der Bedeutung der seriellen bitweisen und asynchronen Datenübertragung im Halbduplex- oder auch Vollduplex-Verfahren auf Zwei- und Vierdrahtleitungen im Zusammenhang mit Mikroprozessoren und Mikrocomputern soll dieses Verfahren etwas ausführlicher dargestellt werden. Der UART AY-5-1013 ist ein LSI-Baustein (LSI = **l**arge **s**cale **i**ntegration = Großintegration), der in einem 40-Pin-DIL-Gehäuse ein vollständiges Untersystem für die Datenübertragung darstellt. Die Anordnung stellt eine **Vollduplex-Empfänger-Sender-Schaltung** dar, die asynchron serielle binäre Zeichen empfängt und sie in ein paralleles Datenformat umwandelt (siehe auch Bild 1.3). Ebenso können gleichzeitig parallele binäre Zeichenfolgen (charakter) verarbeitet und als serielle asynchrone Ausgangsdaten mit hinzugefügten Start- und Stop-bit gesendet werden. Alle Zeichenketten enthalten 1 Start-bit, 5, 6, 7 oder 8 Daten-bit und 1 oder 2 Stop-bit. Weiterhin kann 1 bit für gerade (even) oder ungerade (odd) **Parität** vorhanden sein. Wenn ohne

Bild 2.53 Serielle Schnittstelle für 20-mA-Stromkreis zum Anschluß eines Blattschreiberterminals (z.B TTY) an ein Mikroprozessorsystem F8 (Fairchild) in diskreter Schaltung

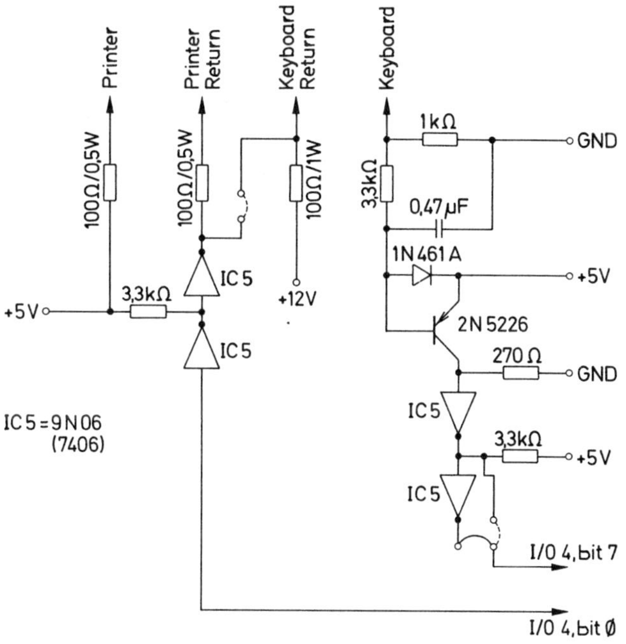

Bild 2.54 Format serieller Ein-/Ausgabedaten (8 Daten-bit mit 2 Stop-bit, ohne Parität)

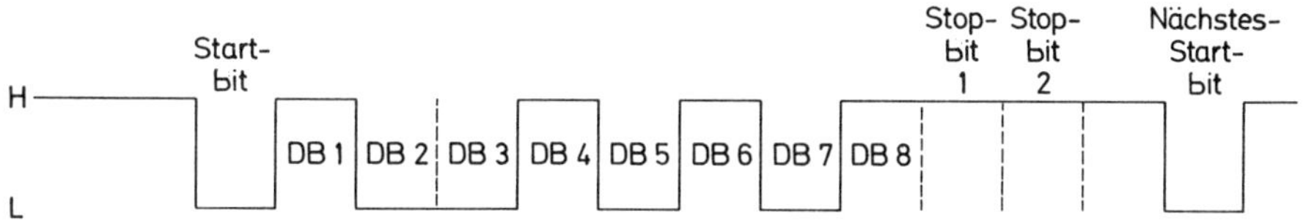

Paritätsprüfung gearbeitet wird, entfällt dieses bit. Die Stop-bit haben jeweils eine unterschiedliche Polarität zum Start-bit. Das Format der seriellen Ein- und Ausgabedaten ist in Bild 2.54 für eine der möglichen Kombinationen dargestellt (8 Daten-bit mit 2 Stop-bit ohne Parität). Die **Übertragungsgeschwindigkeit** in bit/Sekunde (auch oft in der Einheit Baud ausgedrückt, 1 Baud = 1 bit/s), die Art der Parität und ob überhaupt Parität sowie die Anzahl der Stop-bit (1 oder 2) sind extern wählbar. Die Empfangs- wie auch die Sendedaten sind doppelt gepuffert (siehe Bilder 2.56 und 2.57). Das Start-bit wird intern mit dem Takt-Eingang (clock-input) synchronisiert, um eine vollständige 16 Takte der Clock umfassende Verarbeitung zu gewährleisten. Damit wird die Verarbeitung unabhängig vom Zeitpunkt der Datenübernahme. Die Abweichung der Sendedaten vom gewählten Takt wird mit weniger als 3% bis zu Übertragungsraten von 30 kBaud garantiert (Typ 1013 A bis 40 kBaud). Der Empfangsteil der Schaltung bewirkt die Datenübernahme mit einer Abweichung von nur ±8% von der theoretischen Mitte des bit-Impulses. Unvollständige (zu kurze) Start-bit werden ignoriert, und eine Zeichenübernahme findet nicht statt.
Bild 2.55 zeigt die Gesamtschaltung in einem Blockschaltbild. Die Bilder 2.56 und 2.57 zeigen den Empfangsteil und den Sendeteil der Schaltung in einer aufgelösten Darstellung.
Die Anschlußbelegung für die UART-Schaltung AY-5-1013 ist in der Tafel 2.3 dargestellt.
Die Schaltung ist in P-Kanal-MOS-Technik aufgebaut und benötigt die Versorgungsspannungen $U_{CC} = +5$ V, $U_{GG} = -12$ V bezogen auf $U_{GR} = \emptyset$ V.

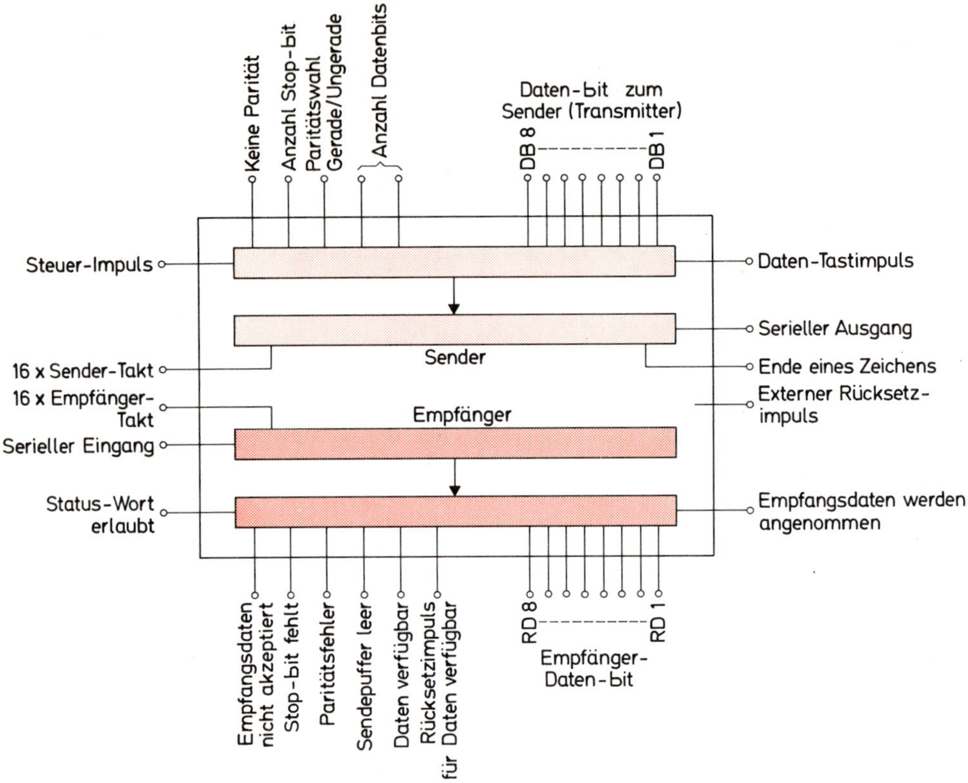

Bild 2.55 Gesamtschaltung des UART-Bausteins AY-5-1013/AY-5-1013A im Blockschaltbild

rechts oben:
Bild 2.56 Empfangsteil des UART-Bausteins AY-5-1013

rechts unten:
Bild 2.57 Sendeteil des UART-Bausteins AY-5-1013

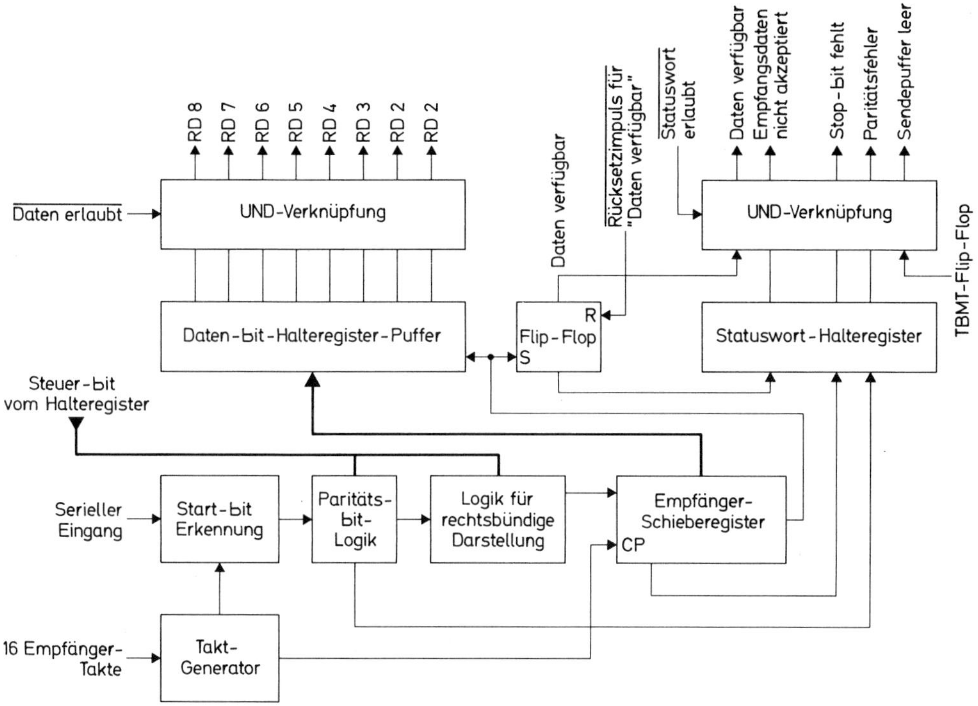
RD 8
RD 7
RD 6
RD 5
RD 4
RD 3
RD 2
RD 2
Daten verfügbar
Rücksetzimpuls für "Daten verfügbar"
Statuswort erlaubt
Daten verfügbar
Empfangsdaten nicht akzeptiert
Stop-bit fehlt
Paritätsfehler
Sendepuffer leer
Daten erlaubt
UND-Verknüpfung
UND-Verknüpfung
TBMT-Flip-Flop
Daten-bit-Halteregister-Puffer
R
Flip-Flop
S
Statuswort-Halteregister
Steuer-bit vom Halteregister
Serieller Eingang
Start-bit Erkennung
Paritäts-bit-Logik
Logik für rechtsbündige Darstellung
Empfänger-Schieberegister
CP
16 Empfänger-Takte
Takt-Generator

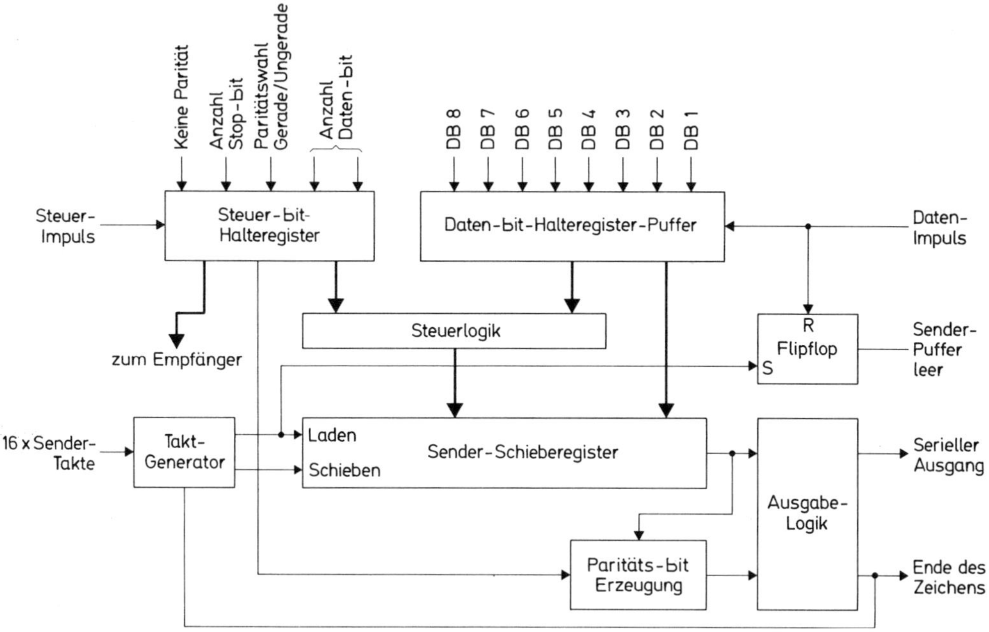
Keine Parität
Anzahl Stop-bit
Paritätswahl Gerade/Ungerade
Anzahl Daten-bit
DB 8
DB 7
DB 6
DB 5
DB 4
DB 3
DB 2
DB 1
Steuer-Impuls
Steuer-bit-Halteregister
Daten-bit-Halteregister-Puffer
Daten-Impuls
Steuerlogik
R
Flipflop
S
Sender-Puffer leer
zum Empfänger
16 x Sender-Takte
Takt-Generator
Laden
Schieben
Sender-Schieberegister
Ausgabe-Logik
Serieller Ausgang
Paritäts-bit Erzeugung
Ende des Zeichens

Tafel 2.3: Anschlußbelegung für den 40-Pin-DIL-Baustein AY-5-1013/1013A (UART, asynchroner Empfänger/Sender-Baustein)

Anschluß-Pin Nr.	Signal-Name	Symbol	Funktion
1	U_{CC}-Spannung	U_{CC}	+5-V-Spannungsversorgung
2	U_{GG}-Spannung	U_{GG}	−12-V-Spannungsversorgung
3	Ground	U_{GR}	Masse, Bezugspol
4	Eingangsdaten verfügbar	RDE	Eine logische „Ø" auf diesem Eingang schaltet die empfangenen Daten auf die Ausgangsleitungen $RD_8 \cdots RD_1$
5···12	Empfangene Datenbits	$RD_8 \cdots RD_1$	Dies sind die 8 Datenausgänge der Empfangsdaten. Die empfangenen Datenbits sind rechtsbündig dargestellt; LSB erscheint an RD_1. Diese Leitungen haben Tri-state-Ausgänge, d.h., sie haben die normale TTL-Ausgangs-Charakteristik, wenn RDE = Ø ist, und sie sind im hochohmigen Zustand, wenn RDE = 1 ist. Die Datenleitungen eignen sich für Bus-Anschluß. Unbenutzte Ausgänge gehen in den aktiven Null-Zustand, wenn sie verfügbar gemacht werden.
13	Empfangener Paritätsfehler	PE	Diese Leitung führt 1-Signal, wenn das empfangene Zeichen nicht mit der gewählten Parität übereinstimmt. Tri-State-Ausgang.
14	Format-Fehler	FE	Diese Leitung führt 1-Signal, wenn das empfangene Zeichen fehlerhafte Stop-Bits enthält. Tri-State-Ausgang.
15	Überlappung	OR	Diese Leitung führt 1-Signal, wenn das vorher empfangene Zeichen nicht gelesen wird (DA-Signal wurde nicht zurückgesetzt), bevor das vorhandene Zeichen zum Empfangs-Register übertragen wurde. Tri-State-Ausgang.
16	Statuswort erlaubt	SWE	Eine logische „Ø" auf diesem Eingang bringt das Statuswort (bestehend aus den Signalen PE, FE, OR, DA, TBMT) auf die Ausgangsleitungen (Tri-State).
17	Empfangstakt	RCP	Taktimpulse mit der 16fachen Frequenz der gewünschten Empfangs-Baud-Rate.
18	Rücksetzsignal für DA	RDA	„Ø"-Signal setzt das DA-Signal zurück. Das DA-Flipflop ist das einzige zurücksetzbare Schaltglied.
19	Empfangsdaten verfügbar	DA	Das Signal wird „1", wenn eine vollständige Zeichenkette empfangen und in das Empfangsregister übertragen wurde. Tri-State-Ausgang.
20	Serieller Eingang	SI	Serieller Eingangsanschluß. Ein H → L-Übergang ist für die Initialisierung eines Empfangs notwendig.
21	Externer Rücksetzeingang	XR	Rücksetzen des Schieberegisters, SO, EOC und TBMT werden auf „1", DA und die Fehler-Marken auf „Ø" gesetzt. Eingangsdaten-Puffer wird gelöscht. Im unbenutzten Zustand wird der Eingang auf „Ø" geschaltet.

Anschluß-Pin Nr.	Signal-Name	Symbol	Funktion
22	Sender-Puffer leer	TBMT	Die Leer-Marke des Sender-Puffers wird „1", wenn das Datenbit-Halteregister für die Aufnahme eines neuen Zeichens bereit ist. Tri-State.
23	Daten-Schiebetakt	DS	Ein Taktpuls an diesem Eingang übernimmt die Daten in das Datenbit-Halteregister. Die erste Datenübernahme wird durch die ansteigende Flanke des DS-Signals eingeleitet. Die Daten müssen während der Signaldauer von DS stabil sein.
24	Ende eines Zeichens	EOC	Dieser Ausgang wird „1", wenn ein volles Zeichen gesendet wurde. Er bleibt in diesem Zustand bis zum Start der Übertragung des nächsten Zeichens.
25	Serieller Ausgang	SO	Serieller Datenausgang (bitseriell). Das Signal bleibt auf „1"-Pegel, wenn keine Daten gesendet werden.
26···33	Dateneingang der Sendedaten	$DB_1 \cdots DB_8$	8 Datenleitungen für den Sendereingang.
34	Steuertakt	CS	„1"-Signal auf diesem Anschluß bewirkt die Übernahme der Steuerbits (EPS, NB 1, NB 2, TSB und NP) in das Steuerbit-Halteregister. Der Anschluß kann durch Taktsignal angesteuert oder fest auf „1"-Signal geschaltet werden.
35	Keine Parität	NP	„1"-Signal auf diesem Anschluß verhindert den Empfang und die Sendung des Paritätsbits. Die Stopbits folgen dem letzten Datenbit. Im unbenutzten Zustand muß der Anschluß mit „Ø"-Signal beschaltet werden.
36	Anzahl der Stopbits	TSB	„Ø" = 1 Stopbit; „1" = 2 Stopbits
37···38	Anzahl der Datenbits	NB 2, NB 1	Auswahl der Anzahl bit/Zeichen NB 1 NB 2 bit/Zeichen Ø Ø 5 1 Ø 6 Ø 1 7 1 1 8
39	Ungerade/gerade Parität	EPS	„Ø" = ungerade Parität; „1" = gerade Parität.
40	Sende-Takt-Puls	TCP	Taktimpuls-Eingang mit der 16fachen Frequenz der gewünschten Sender-Baud-Rate.

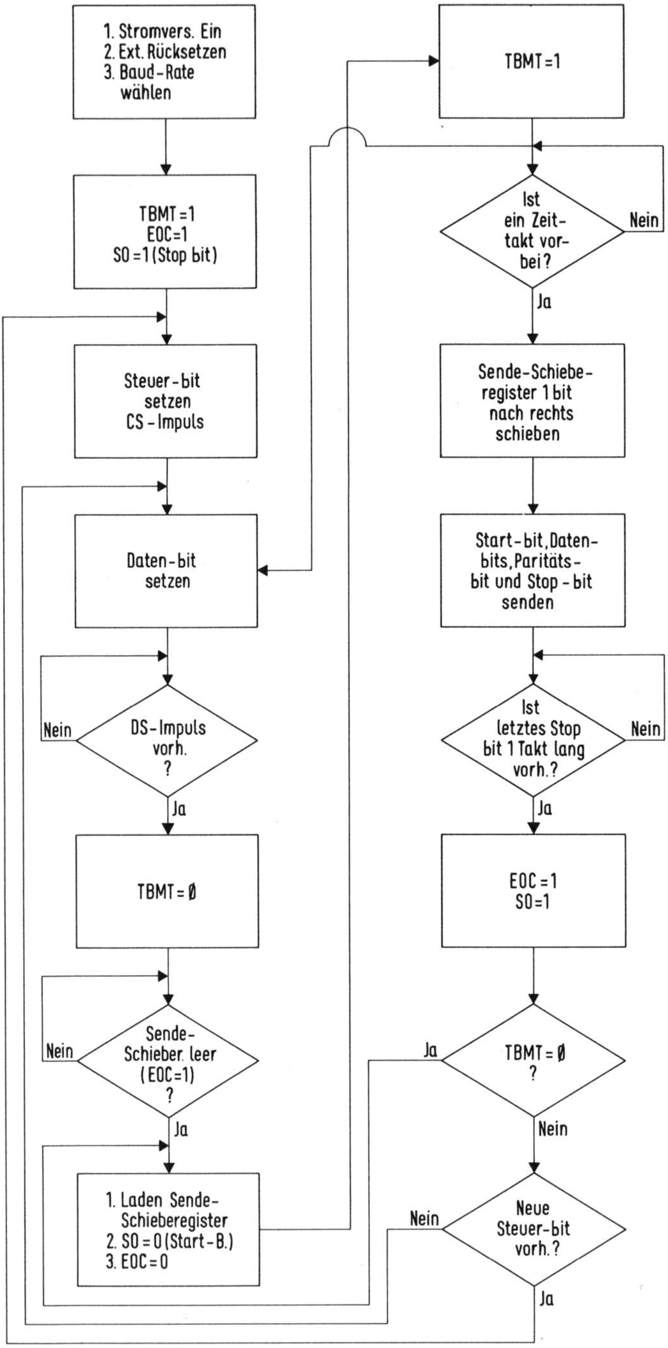

Bild 2.58 Ablaufplan einer Sendeoperation. Die Bedeutung der verwendeten Signalabkürzungen kann der Tafel 2.3 entnommen werden

Der Ablauf einer Sendeoperation (Bild 2.58) und der Ablauf einer Empfangsoperation (Bild 2.59) sind als Ablaufpläne dargestellt, die die genannten Operationen recht gut erläutern. Für weitere Einzelheiten muß auf das Original-Datenblatt des Herstellers [103] verwiesen werden, da sonst der Rahmen der vorliegenden Darstellung gesprengt würde.
Mit einer solchen UART-Schaltung und eventuell einem weiteren Baustein zur **Leitungsanpassung** an den 20-mA-Schaltkreis ließe sich die in Bild 2.53 dargestellte Interface-Schaltung ersetzen und wesentlich von der Software- zur Hardware-Verarbeitung beitragen.
Abschließend werden die wichtigsten Eigenschaften der UART-Schaltung zusammengefaßt:

- □ Ausgänge DTL- und TTL-kompatibel (1 Lasteinheit)
- □ Doppelte Datenpufferung, d.h. große Verarbeitungsgeschwindigkeit ohne System-Synchronisation.
- □ Vollduplex-Betrieb. Gleichzeitige Datenverarbeitung Senden/Empfangen mit unterschiedlichen Übertragungsgeschwindigkeiten.
- □ Start-bit-Kontrolle (Fehler-Verminderung)
- □ Externe Rücksetzung von Fehler-Marken (flags)
- □ Große Verarbeitungsgeschwindigkeit, Typ 1013A bis 40 k Baud
- □ Tri-State-Ausgänge für Bus-Anschluß
- □ Niedriger Leistungsverbrauch
- □ Eingangs-Schutz gegen Überspannung

2.3.3. Signaltransfer mit direktem Speicherzugriff (DMA, direct memory access)

Diese Datenübertragungsart erlaubt den Datenverkehr von der Peripherie direkt zum Arbeitsspeicher, ohne das Hauptarbeitsregister (Akkumulator) zu benutzen. Es wird lediglich ein Signal zum Start des Transfers benötigt. Die übrigen Daten, wie die **Adreßinformation** (wohin die Daten ab welcher Anfangsadresse gespeichert werden sollen) und das **Datenzähler-Register** (wie viele Daten übertragen werden sollen), werden vom DMA-Baustein oder Schaltglied bereitgestellt.
In einer einfachen Definition kann man feststellen, daß durch DMA schnellen Peripheriegeräten (oder auch einer anderen Zentraleinheit) der Zugriff auf den Arbeitsspeicher eines Systems erlaubt wird, ohne dabei Verarbeitungszeit der Zentraleinheit zu beanspruchen. Die letztere Aussage darf man jedoch nicht allzu genau nehmen. Bei der Ausführung eines direkten Speicherzugriffes wird der Ablauf des normalen Verarbeitungszyklus doch bis zu einem gewissen Grad beeinflußt.

> Die bei einem Mikroprozessorsystem angewendete DMA-Technik zählt zu den zur Beurteilung des Systems herangezogenen Kriterien.

Die bei dem DMA-Verfahren erreichte Geschwindigkeit der Datenübertragung liegt weit über der, die bei programmiertem Transfer erreicht werden kann. Zur Zeit sind drei verschiedene DMA-Techniken gebräuchlich [36]. Zwei davon erlauben das Anliefern und Speichern der Daten im Arbeitsspeicher, während der Programmablauf in der Zentraleinheit nicht unterbrochen wird. Das dritte Verfahren erfordert ein Anhalten des Programmablaufs (halt method). Diese Haltmethode ist am einfachsten durchzuführen. Bedingt durch die Wartezeit bis zum Stop des Prozessors (Abarbeiten des gerade in Bearbeitung befindlichen Befehles!) kann diese Methode bei Steuerung des DMA-Transfers durch externe Unterbrechungssignale nicht angewendet werden, wenn die Anforderung einen sofortigen Transfer bewirken soll. Denn außer der Abarbeitung des Befehls ist es auch noch erforderlich, alle Adreß- und Datenleitungen des Systems freizumachen.
Die beiden anderen Verfahren werden als Methode des Zyklus-Diebstahls (cycle stealing) und Multiplex-Betrieb (multiplexed DMA). Beim Zyklus-Diebstahl werden die Daten in kurzen Bündeln (bursts) übertragen, während die Zentraleinheit inmitten einer Instruktion zeitweise kurz angehalten wird. Der Vorteil liegt in der sehr kurzen Verzögerung bis zum Aufbau der DMA-Verbindung (z.B. 500 ns). Durch das „cycle stealing“ wird die Arbeitsgeschwindigkeit der Zentraleinheit herabgesetzt. Beim Multiplex-Betrieb werden die Operationen der Zentraleinheit durch den DMA-Transfer weder angehalten noch verlangsamt. Es ist die schnellste und daher auch die kritischste Methode in der Schaltungsauslegung und im Zeitablauf. Der Einsatz schneller Speicher ist für den Multiplex-Betrieb eine unabdingbare Forderung.

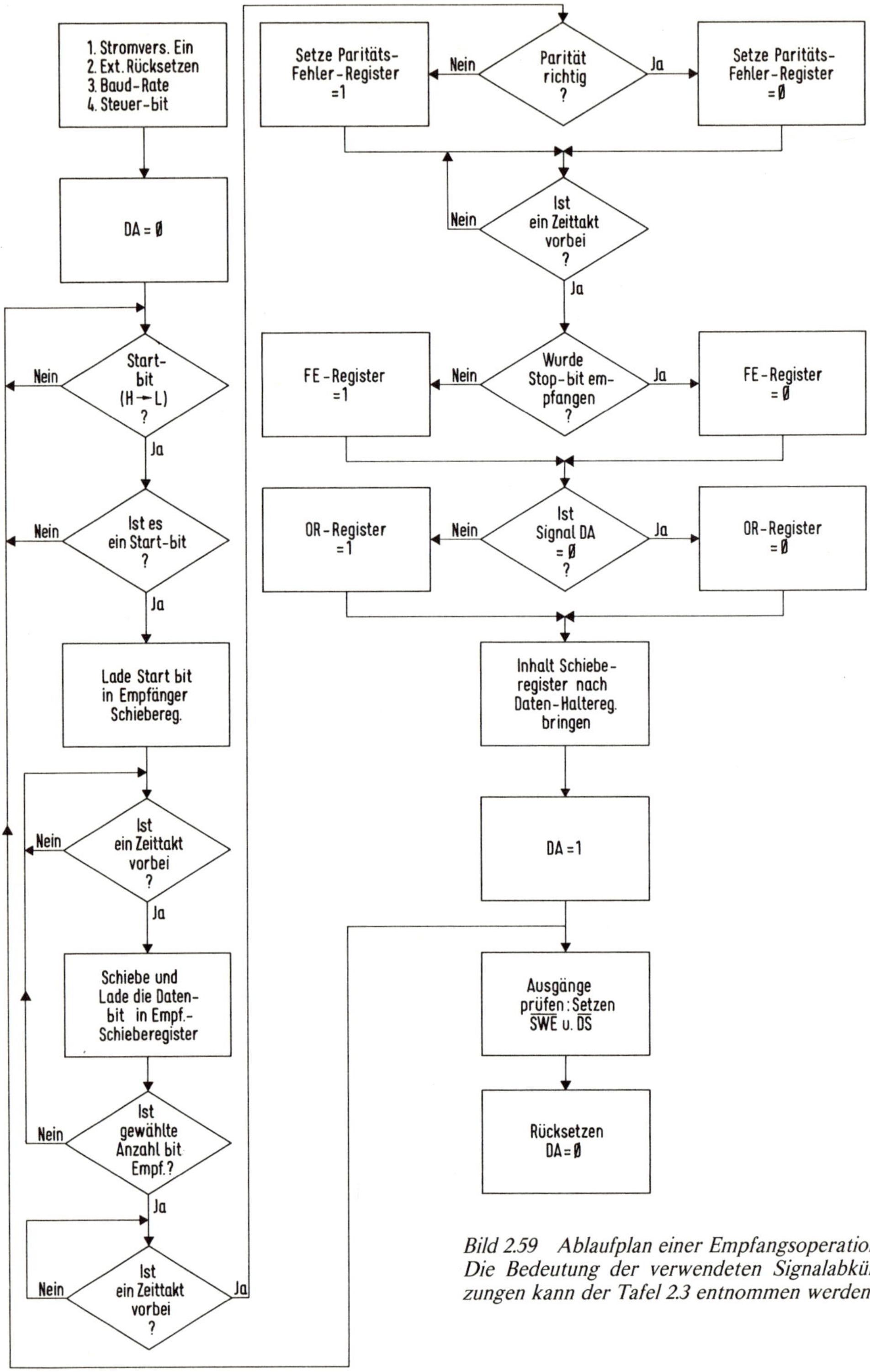

Bild 2.59 Ablaufplan einer Empfangsoperation. Die Bedeutung der verwendeten Signalabkürzungen kann der Tafel 2.3 entnommen werden

Tabelle 2.3: DMA-Transferarten und ihre Eigenschaften

Methode	maximale DMA-Transferrate	Auswirkung auf CPU und Programmablauf	relative Komplexität der erforderlichen Hardware
Prozessor-Halt	1 Byte je Taktzyklus	CPU steht	gering
Zyklus-Stehlen	1 Byte je 2,5 Taktzyklen	CPU arbeitet 1 von 5 Zyklen	mittel
Multiplex-Betrieb	1 Byte je (verlängertem) Taktzyklus	langsamerer CPU-Zyklus	groß

Das Multiplexverfahren zwischen Zentraleinheit-Operation und DMA-Transfer ist dadurch möglich, daß die Operationen der Zentraleinheit nur während einer der Taktphasen durchgeführt werden (Phase heißt in dem hier dargestellten Zusammenhang positive oder negative Takt-Halbwelle). Die andere Taktphase nutzt man für den DMA-Transfer aus. Hierbei muß jedoch eine Verlängerung des Zyklus der Zentraleinheit (CPU = **c**entral **p**rocessing **u**nit) in Kauf genommen werden.
Die Tabelle 2.3 gibt eine Aufstellung verschiedener Eigenschaften der DMA-Transferarten [36].

2.4. Hilfsbausteine und Hilfsschaltungen

Zu den Hilfsbausteinen und Hilfsschaltungen lassen sich im weitesten Sinne alle monolithisch integrierten Bausteine der verschiedenen Schaltkreisfamilien und viele Schaltungen mit diskreten Bauelementen rechnen. Hier sollen jedoch nur solche Schaltungen betrachtet werden, die bei Mikroprozessorsystemen besonders häufig angewendet werden. Dazu zählen **Pufferbausteine (Datenpuffer), Schieberegister (Parallel-Serien-** und **Serien-Parallel-Wandler), Multiplexer (Datenselektoren), Demultiplexer (Dekodierer)** und **Oszillatorschaltungen** für die Erzeugung von Taktimpulsen **(clock generator).** Weitere Bausteine, die man wegen ihrer Systemnähe hier betrachten sollte, sind die **Treiberbausteine** und **Treiberschaltungen für Anzeigeeinheiten** (numerische Displays). Andere **Treiberschaltungen** für das **Schalten von Leistung** zum Betrieb von Verbrauchern sowie **Leitungstreiber** werden in Kapitel 3 in den Abschnitten 3.3.4 und 3.3.5 über Prozeßperipherie behandelt. Alle Typen der genannten Bausteingruppen und Schaltungen an dieser Stelle zu behandeln ist nicht möglich. Neben den gezeigten Beispielen muß auf einige Übersichtstabellen im Tabellenanhang, Kapitel 6, sowie auf die entsprechende Literatur verwiesen werden [11, 39c, 45, 46, 47, 55, 82, 90, 93d, 96]. Unter den angegebenen Literaturstellen finden sich meist weitere Hinweise auf einschlägige Arbeiten.

2.4.1. Datenpuffer, Schieberegister

Datenpuffer werden vielfach eingesetzt, um Ausgangsdaten parallel verfügbar zu machen oder Eingangsdaten, die nacheinander bitweise an den verschiedenen Positionen eines Wortes anfallen, parallel zu übernehmen. Als Beispiel werden hier die Schaltkreise 54/74S240 und 54/74S241 betrachtet. Während der Baustein '240 ein invertiertes Ausgangssignal liefert, wird bei der Schaltung '241 das Ausgangssignal in bezug auf das Eingangssignal nicht invertiert. Beide Schaltkreise werden als 8fache Bus-Leitungstreiber bezeichnet. Die Bilder 2.60a und b zeigen für die beiden Schaltkreistypen 240 und 241 den Prinzipaufbau und die Anschlußbelegung. Die 20poligen integrierten Bausteine sind in den Varianten Schottky-Technik (S) und Schottky-Technik mit niedrigem Leistungsverbrauch (LS, low power schottky) verfügbar. Die Funktion schließt Schmitt-Trigger-Verhalten ein. Besondere Eigenschaften und Anwendungsgebiete der Bausteine sind:

- □ Reduzierung von Schaltkreisanzahl und Anzahl notwendiger Leitungsverbindungen.
- □ Durch Gegeneinanderschaltung (back to back) können parallel asynchron arbeitende Ein-/Ausgangs-Übertrager aufgebaut werden.

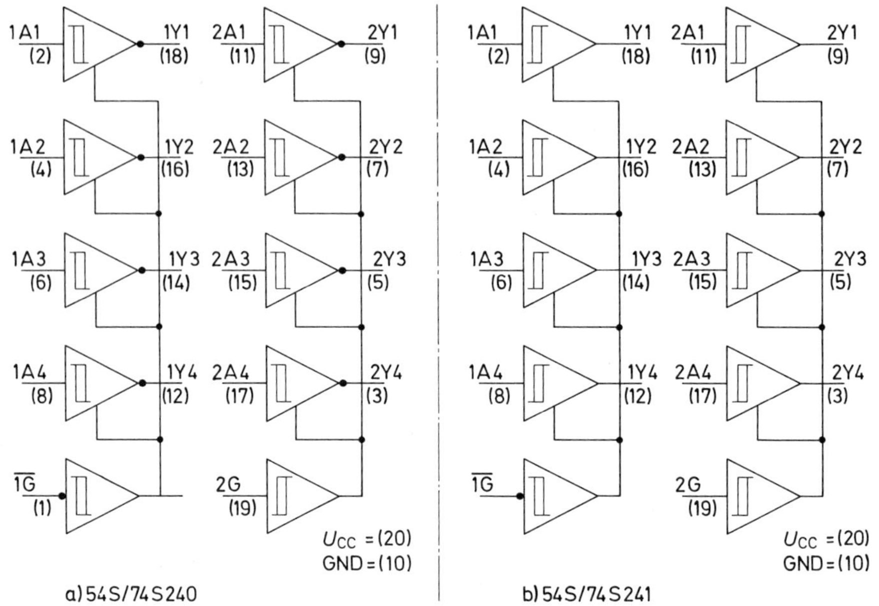

Bild 2.60 TTL-Datenpuffer-Baustein 54S/74S240 (2.60a) (invertierend) und 54S/74S242 (2.60b) (nicht invertierend). Die Zahlen in Klammern geben die Nr. des Anschlußstiftes an

□ Bei langen Leitungsverbindungen kann eine Signalaufbereitung bzw. Auffrischung mit diesen Bausteinen erfolgen.
□ Das Schmitt-Trigger-Verhalten der Eingänge verbessert die Störunempfindlichkeit.
□ Die Tri-State-Ausgänge erleichtern den Bus-Anschluß und können als Speicheradreßregister fungieren.
□ Große Ausgangsfächerung (64 mA Stromsenke, 15 mA Treiber-Strom) erlauben in idealer Weise den Betrieb von niederohmig (z.B. 133 Ω) abgeschlossenen Leitungen.

Ein ähnlich aufgebauter Baustein ist der Typ 54/74S226. Dies ist ein universeller 4-bit-Bus-Transceiver mit Speicher (**Transceiver** = **Trans**mitter (Sender) + Re**ceiver** (Empfänger). Er dient zum Datenaustausch zwischen zwei Bus-Systemen während eines Taktimpulses. Die Isolation zwischen beiden Bus-Systemen wird durch den Baustein gewährleistet. Der Baustein kann sowohl die Empfangs-(Eingangs-)Daten wie auch die Sende- (Ausgangs-)Daten speichern. Bild 2.61 zeigt das Blockschaltbild der Schaltung sowie die Anschlußbelegung. Die Funktionscodierungen für die Übergabe- und Ausgabe-Operationen der Daten sind ebenfalls in diesem Bild enthalten.

Schieberegister dienen sowohl zur **Serien-Parallel-Wandlung** wie auch zur **Parallel-Serien-Wandlung.** Verbindet man den Eingang mit dem Ausgang, dann läßt sich je nach Länge des Registers eine bestimmte Anzahl von bit speichern. (Die Information läuft getaktet im Register um.) Läßt man mehrere solcher Schaltungen parallel arbeiten, dann erhält man eine wortweise arbeitende Anordnung. Die Grundschaltung eines 8-bit-Universal-Schiebe- und Speicherregisters mit Tri-State-Ausgängen ist in Bild 2.62 gezeigt. Es handelt sich um die Schaltung 54/74S299 bzw. 54/74LS299 im 20-Pin-DIL-Gehäuse. Die kennzeichnenden Eigenschaften sind:

□ Vier Betriebsarten:
Halten (Speichern),
Schieben links,
Schieben rechts,
Daten laden,
□ typische Schiebefrequenz 70 MHz,
□ zur Hintereinanderschaltung vorbereitet (kaskadierbar),

Bild 2.61 4-bit-Bus-Transceiver mit Speicher-Type 54S/74S226. Blockschaltbild, Anschlußbelegung und Kodierung der Funktionen

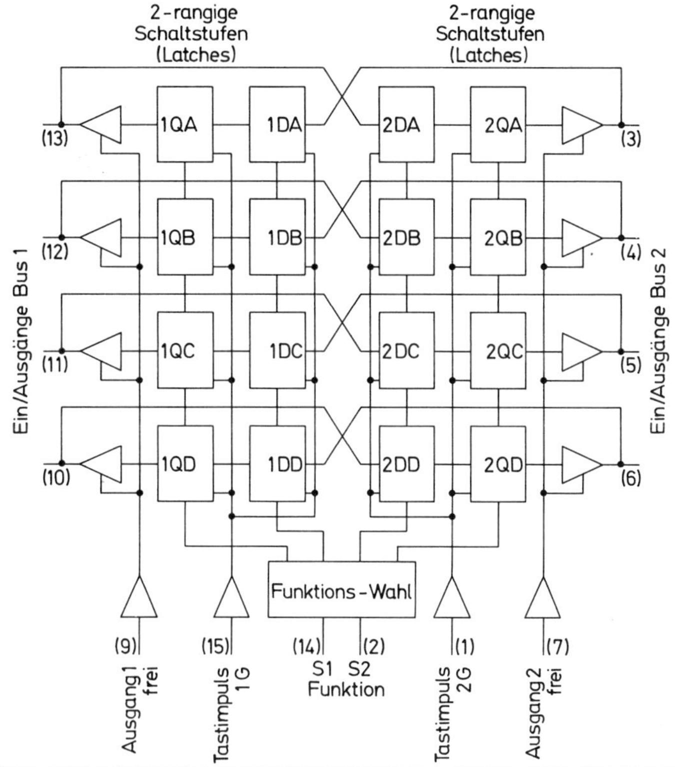

Operation	S1	S2	Latch-Funktion
Treiben Bus 2	L	L	Daten von Bus 1 nach Bus 2
Treiben Bus 1	H	L	Daten von Bus 2 nach Bus 1
Vertauschen der Daten von Bus 1 und 2	H	H	Speichern der Daten von Bus 1 und 2
	L	H	Auslesen der gespeicherten Daten

G1	G2	Ausgangs-Funktion
L	X	Sperren Bus 1
H	X	Freigabe Bus 1
X	L	Sperren Bus 2
X	H	Freigabe Bus 2

- □ Eingangs-/Ausgangs-Multiplexer,
- □ Tri-State-Ausgänge für Bus-Anschluß,
- □ unabhängiger Takteingang erlaubt Betrieb ohne Rücksicht auf Lade- und Speicherzeiten.

Neben den hier als Beispiele aufgeführten Bausteinen sind im Kapitel 6 weitere Schaltungen dieser Funktionsgruppen in der Tabelle 6.8 aufgeführt.

2.4.2. Multiplexer und Demultiplexer

Multiplexer, oft auch im hier angesprochenen Zusammenhang als **Datenselektoren** bezeichnet, dienen zur Umschaltung von einem aus mehreren Eingängen auf einen Ausgang. Der zum Ausgang durchzuschaltende Eingang wird per Adreßinformation an den Adreßeingängen ausgewählt. **Demultiplexer,** auch als **Decodierer** bezeichnet, erhalten über eine Adreßinformation den Befehl zur Generierung eines bestimmten logischen Signals auf einer von mehreren Ausgangsleitungen, die durch die Adresse festgelegt ist.

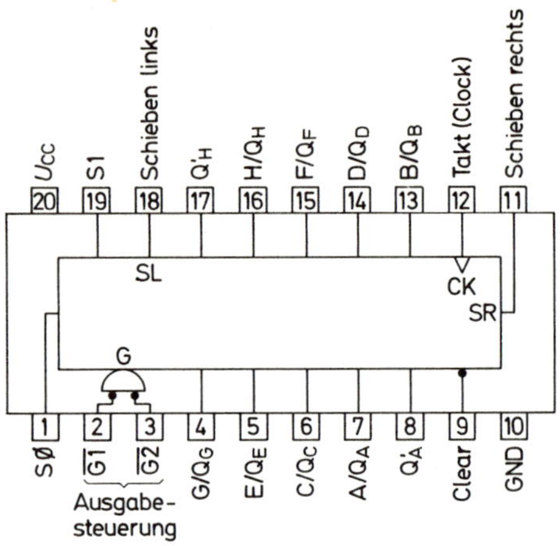

Betriebsart	Eingänge								Ein/Ausgänge								Ausgänge	
	Clear	Funktion		Ausgabe-steuerung *)		Takt	Seriell											
		S1	SØ	$\overline{G1}$	$\overline{G2}$		SL	SR	A/Q_A	B/Q_B	C/Q_C	D/Q_D	E/Q_E	F/Q_F	G/Q_G	H/Q_H	Q'_A	Q'_H
Löschen	L	X	L	L	L	X	X	X	L	L	L	L	L	L	L	L	L	L
(Clear)	L	L	X	L	L	X	X	X	L	L	L	L	L	L	L	L	L	L
Speichern	H	L	L	L	L	X	X	X	Q_{A0}	Q_{B0}	Q_{C0}	Q_{D0}	Q_{E0}	Q_{F0}	Q_{G0}	Q_{H0}	Q_{A0}	Q_{H0}
(Hold)	H	X	X	L	L	L	X	X	Q_{A0}	Q_{B0}	Q_{C0}	Q_{D0}	Q_{E0}	Q_{F0}	Q_{G0}	Q_{H0}	Q_{A0}	Q_{H0}
Schieben rechts	H	L	H	L	L	↑	X	H	H	Q_{An}	Q_{Bn}	Q_{Cn}	Q_{Dn}	Q_{En}	Q_{Fn}	Q_{Gn}	H	Q_{Gn}
(Shift right)	H	L	H	L	L	↑	X	L	L	Q_{An}	Q_{Bn}	Q_{Cn}	Q_{Dn}	Q_{En}	Q_{Fn}	Q_{Gn}	L	Q_{Gn}
Schieben links	H	H	L	L	L	↑	H	X	Q_{Bn}	Q_{Cn}	Q_{Dn}	Q_{En}	Q_{Fn}	Q_{Gn}	Q_{Hn}	H	Q_{Bn}	H
(Shift left)	H	H	L	L	L	↑	L	X	Q_{Bn}	Q_{Cn}	Q_{Dn}	Q_{En}	Q_{Fn}	Q_{Gn}	Q_{Hn}	L	Q_{Bn}	L
Laden (Load)	H	H	H	X	X	↑	X	X	a	b	c	d	e	f	g	h	a	h

*) Wenn einer oder beide Steuereingänge H-Signal haben, gehen die acht Ein/Ausgänge in den hochohmigen Zustand

H = hoher Pegel, L = niedriger Pegel, ↑ = Übergang von L → H (ansteigende Flanke), X = ohne Bedeutung.

$Q_{A0} \ldots Q_{H0}$ = der Pegel der jeweiligen internen Q-Ausgänge bevor die stabilen Zustände an den Signaleingängen anlagen.

$Q_{An} \ldots Q_{Hn}$ = die Pegel von $Q_A \ldots Q_H$ vor dem wirksamen Takt-Impuls (ansteigende Flanke).

a … h = die Pegel der Signale A … H werden in die Flipflops geladen, wobei die Flipflop-Ausgänge von den Ein/Ausgabeanschlüssen isoliert werden.

Bild 2.62 Anschlußbild und Funktionstabelle eines 8-bit-Universal-Schiebe- und Speicherregisters mit Tri-State-Ausgängen (SN54S/74S299 bzw. SN54LS/74LS299, Texas Instruments)

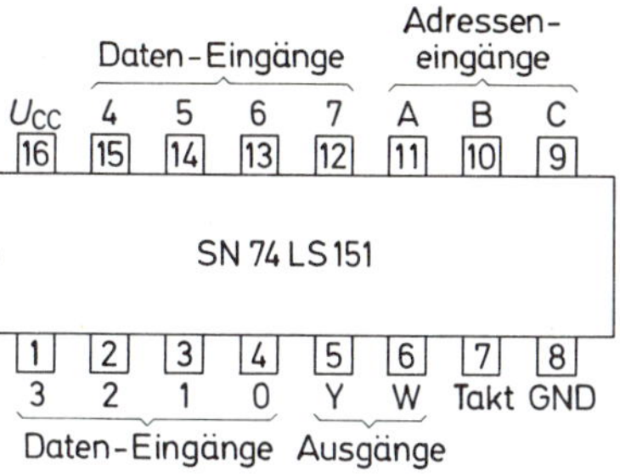

Eingänge				Ausgänge	
Adressen			Takt	Y	W
C	B	A			
X	X	X	H	L	H
L	L	L	L	D_0	$\overline{D_0}$
L	L	H	L	D_1	$\overline{D_1}$
L	H	L	L	D_2	$\overline{D_2}$
L	H	H	L	D_3	$\overline{D_3}$
H	L	L	L	D_4	$\overline{D_4}$
H	L	H	L	D_5	$\overline{D_5}$
H	H	L	L	D_6	$\overline{D_6}$
H	H	H	L	D_7	$\overline{D_7}$

H = hoher Pegel
L = niedriger Pegel
X = beliebig
$D_0 \ldots D_7$ = Dateneingänge ∅...7

Bild 2.63 Anschlußbild und Funktionstabelle für den 8: 1-Multiplexer 74LS151 (Texas Instruments)

Multiplexer: Adresse legt fest, welcher von mehreren Eingängen auf den Ausgang durchgeschaltet wird.
Demultiplexer: Adresse legt fest, welcher von mehreren Ausgängen auf einen Eingang durchgeschaltet wird bzw. welcher Ausgangspegel auf dieser Leitung liegt.

Zu dieser Gruppe von Bausteinen gehören auch die **Prioritätscodierer (priority encoders).** Diese führen auf binär oder BCD-codierten Ausgängen die Information, welcher von mehreren, nach Priorität festgelegten Eingängen, mit der höchsten Priorität Signal führt. Die bei BCD-Codierung und binärer Codierung vorhandene Null-Bedingung benötigt keinen Eingang, da der Ausgang in diesem Falle die Nullbedingung (kein Eingangssignal an allen Eingängen) automatisch erfüllt.

Bild 2.63 zeigt als Beispiel das Anschlußbild und die Funktionstabelle für einen 8 zu 1 Multiplexer der Typenbezeichnung 74 LS 151 im 16-Pin-DIL-Gehäuse. Bild 2.64 zeigt in der gleichen Anordnung die Daten zum 3 (Adreßeingänge) zu 8 (Datenausgänge) Demultiplexer der Typenbezeichnung 74 LS 138. Auch dieser Baustein ist als 16-Pin-DIL-Gehäuse aufgebaut.
Bild 2.65 ist eine Darstellung eines 8 zu 3 Prioritätscodierers. Der duale Wert der Eingangsleitung, die von den 8 vorhandenen Eingangsleitungen die mit der höchsten Priorität ist und auch Signal führt, wird als Ausgangscode generiert. Für den Baustein 74148 sind das Anschlußschaltbild und die Funktionstabelle angegeben. Tabelle 6.9 in Kapitel 6 gibt eine Zusammenfassung einiger Bausteine.

2.4.3. Taktgeber- und Oszillatorschaltungen

Für den Betrieb von Mikroprozessorsystemen sind stets Taktsignale, die in der Mehrzahl der Fälle mehrphasig sind, erforderlich. Für die Erzeugung der Taktsignale werden mehrere Verfahren angewendet:

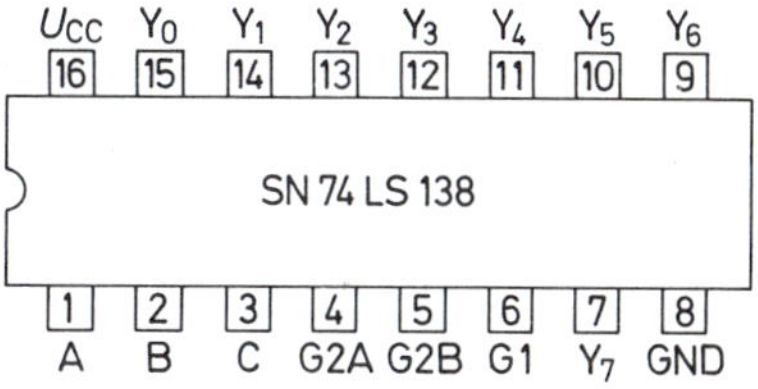

Eingänge					Ausgänge							
Aktivierung		Adresse										
G1	G2*)	C	B	A	Y_0	Y_1	Y_2	Y_3	Y_4	Y_5	Y_6	Y_7
X	H	X	X	X	H	H	H	H	H	H	H	H
L	X	X	X	X	H	H	H	H	H	H	H	H
H	L	L	L	L	L	H	H	H	H	H	H	H
H	L	L	L	H	H	L	H	H	H	H	H	H
H	L	L	H	L	H	H	L	H	H	H	H	H
H	L	L	H	H	H	H	H	L	H	H	H	H
H	L	H	L	L	H	H	H	H	L	H	H	H
H	L	H	L	H	H	H	H	H	H	L	H	H
H	L	H	H	L	H	H	H	H	H	H	L	H
H	L	H	H	H	H	H	H	H	H	H	H	L

*) G2 = G2A V G2B

Bild 2.64 Anschlußbild und Funktionstabelle für den 3 : 8-Demultiplexer 74LS138 (Texas Instruments)

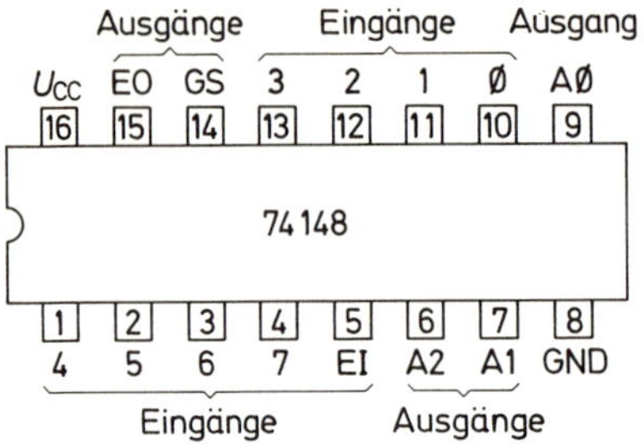

Eingänge									Ausgänge				
EI	0	1	2	3	4	5	6	7	A2	A1	A0	GS	EO
H	X	X	X	X	X	X	X	X	H	H	H	H	H
L	H	H	H	H	H	H	H	H	H	H	H	H	L
L	X	X	X	X	X	X	X	L	L	L	L	L	H
L	X	X	X	X	X	X	L	H	L	L	H	L	H
L	X	X	X	X	X	L	H	H	L	H	L	L	H
L	X	X	X	X	L	H	H	H	L	H	H	L	H
L	X	X	X	L	H	H	H	H	H	L	L	L	H
L	X	X	L	H	H	H	H	H	H	L	H	L	H
L	X	L	H	H	H	H	H	H	H	H	L	L	H
L	L	H	H	H	H	H	H	H	H	H	H	L	H

Bild 2.65 Anschlußbild und Funktionstabelle für den 8 : 3-Prioritätskodierer 74148

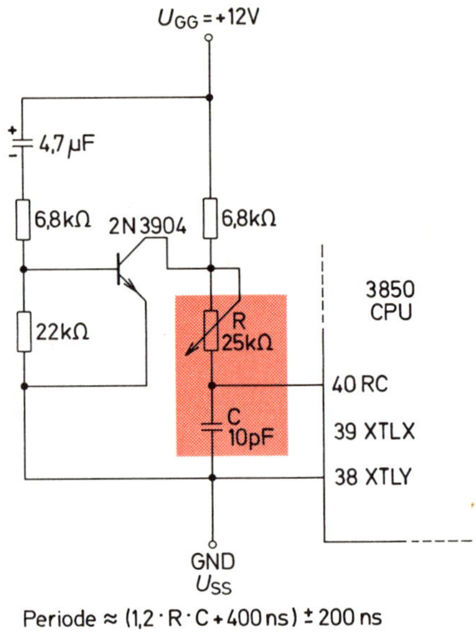

Bild 2.66 Eingangsbeschaltung des CPU-Bausteins 3850 (Fairchild) bei Frequenzfestlegung mit RC-Schaltkreis

- □ Der Taktgenerator ist in der Zentralprozessoreinheit integriert und nur die frequenzbestimmende Beschaltung wird durch diskrete Bauelemente vorgenommen (z.B. Fairchild-F8-System).
- □ Das Mikroprozessorsystem enthält einen besonderen Baustein, der die benötigten mehrphasigen Taktsignale erzeugt (z.B. Baustein 8224 im Intel-8080-System).
- □ Für den Betrieb genügt die Bereitstellung eines externen einphasigen Taktsignals. Aus diesem wird intern ein mehrphasiges Signal erzeugt (Ratio-Technik).
- □ Für den Betrieb wird ein externes, mindestens zweiphasiges, Signal benötigt (z.B. Motorola-6800-System).

Die hier genannten Punkte erheben keinen Anspruch auf Vollständigkeit. Von weiterer Bedeutung sind auch Fragen über die geforderte Konstanz und Stabilität der erzeugten Taktsignale sowie der erforderlichen Frequenzen. Als frequenzbestimmende Glieder können sowohl RC-Glieder wie auch quarzstabilisierte Schaltungen Verwendung finden. Für die erforderliche **Frequenzstabilität** ist es notwendig zu wissen, ob der Datenverkehr im System asynchron erfolgt (eventuell mit Quittungssignal, handshaking) oder synchron und ohne Quittung (sehr zeitkritisch, erfordert hohe Frequenzstabilität). Als Hilfstakte werden oft auch nur einfache Rechteckspannungen ohne große Frequenzkonstanz benötigt. Die Schaltungen für die Erzeugung dieser Taktsignale sind einfach aufgebaute astabile Multivibratoren. Nachstehend werden zu den oben aufgeführten Punkten einige charakteristische Beispiele gebracht. Für weitergehende Einzelheiten muß auch hier auf die Datenblätter bzw. Systemunterlagen und einschlägige Literatur verwiesen werden [46, 54, 55, 96a, 96b]. Das Beispiel 2.3 zeigt mit den Bildern 2.66 und 2.67 die Varianten zur äußeren Beschaltung mit frequenzbestimmenden Gliedern bei dem Modellsystem F8.

Beispiel 2.3: Takterzeugung im F8-System

In Bild 2.66 ist die Eingangsbeschaltung für die Anschlußstifte 38···40 der CPU-Einheit 3850 des F8-Mikroprozessorsystems bei Frequenzfestlegung durch einen RC-Schaltkreis dargestellt. Die

frequenzbestimmenden Glieder sind der Kondensator C_2 = 10 pF und der veränderliche Widerstand R_4 von 25 kΩ. Die wählbare Taktfrequenz liegt im Bereich von 1,0 bis 2,0 MHz. Wenn eine genauere, d.h. stabile Arbeitsfrequenz benötigt wird, ist die Verwendung eines externen Schwingquarzes notwendig. Die Anschlußbelegung ist in Bild 2.67 gezeigt.
Bei Benutzung eines einphasigen externen Taktgenerators als Referenz-Frequenz-Quelle, wird dieser an Pin 38 und der Bezugspunkt (Ground) an Pin 40 angeschlossen.

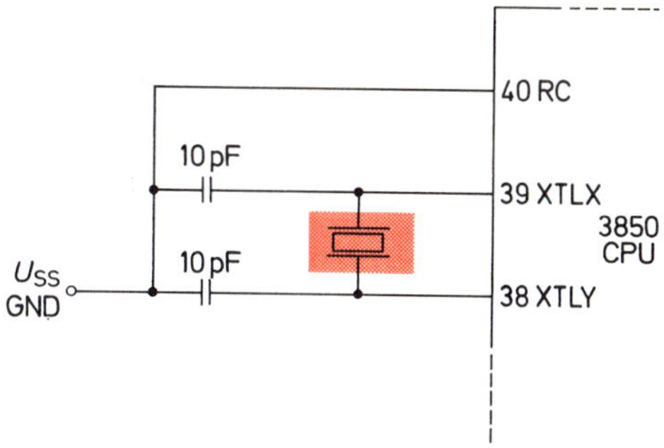

Bild 2.67 Eingangsbeschaltung des CPU-Bausteins 3850 (Fairchild) bei Frequenzfestlegung mit Schwingquarz

---

Die ein- und mehrphasigen externen Taktgeber werden meist aus einem **Impulsgenerator** in TTL-Technik mit nachgeschaltetem **Impulsformer** und entsprechendem Interface zur verwendeten Schaltkreisfamilie aufgebaut. In den hier angeführten Beispielen wird der Baustein MIC 54/74124 verwendet. Dieser Baustein ist ein hochstabiler universeller Impulsgenerator für Impulse von 35 ns···40 s Dauer. Bild 2.68 zeigt die Anschlußbelegung und gleichzeitig den inneren Aufbau als Blockschaltbild. In Bild 2.69 ist eine Schaltung mit diesem Baustein für einen TTL-Impulsgenerator mit direkt angekoppeltem MOS-Interface gezeigt [55].
Die vom TTL-Impulsgenerator MIC 74124 erzeugte Taktfrequenz gehorcht der Gleichung

$$f = \frac{0{,}72}{R \cdot C} \tag{2.4}$$

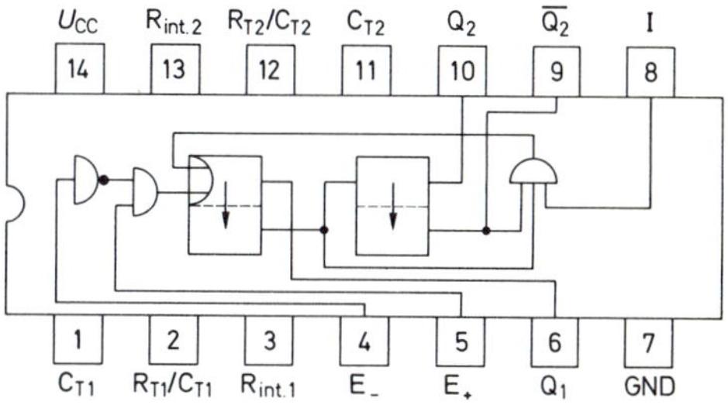

Bild 2.68 Anschlußbelegung und Blockschaltbild des Impulsgenerator-Bausteins MIC 54/74124 (ITT-Intermetall)

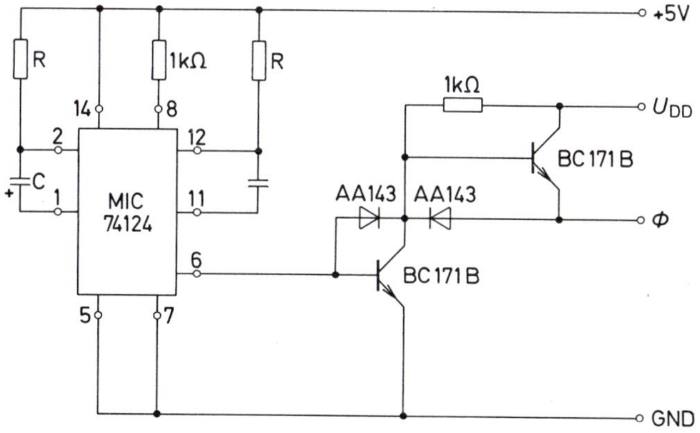

Bild 2.69 Schaltung eines TTL-Impulsgenerators mit MIC 74124 und direkt angekoppeltem MOS-Interface

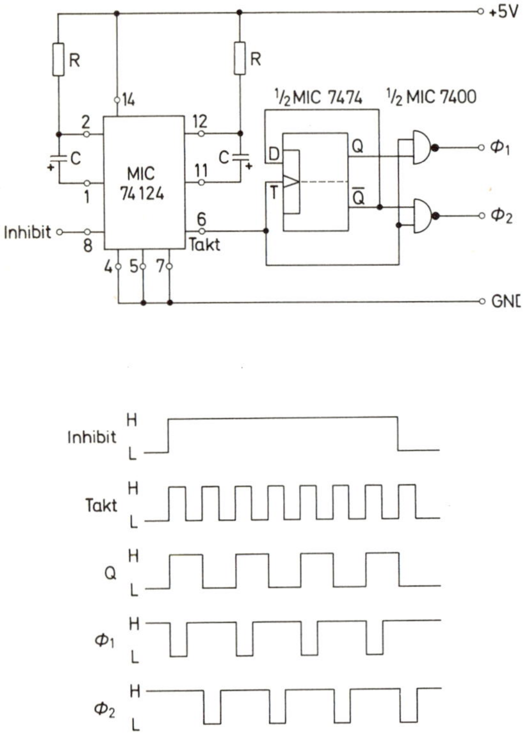

Bild 2.70 Schaltung mit MIC 74124 zur Erzeugung eines zweiphasigen, nicht überlappenden Taktsignals

Die Kapazität der Kondensatoren *C* darf zwischen 0···50 µF liegen und der zulässige Bereich für die Widerstände *R* beträgt 1,4···50 kΩ (obere Grenze beim MIC 54124 : 25 kΩ). Die Interface-Schaltung mit den Transistoren BC 171B ist über den Pin 6 des integrierten Schaltkreises direkt angekoppelt. Die untere Grenzfrequenz der Interface-Schaltung wird damit zu Null. Die Schaltung arbeitet sicher im Bereich von 0,2 Hz···10 MHz.

Ein zweiphasiges **nichtüberlappendes Taktsignal** erhält man mit einer Schaltung nach Bild 2.70. Ein Impulsgenerator mit MIC 74124 schwingt auf der doppelten Taktfrequenz. An den Ausgängen des nachgeschalteten Flipflops (z.B. 1/2 MIC 7474) erscheinen dann zwei gegenphasige Signale mit der einfachen Taktfrequenz. Durch zwei NAND-Glieder wird der Ausgang des Impulsgenerators mit den Ausgängen des Flipflops derart verknüpft, daß ein im „Null-Zustand" nichtüberlappender Zweiphasentakt entsteht. Ersetzt man die NAND-Glieder durch NOR-Schaltungen, so erhält man einen im „Eins-Zustand" nichtüberlappenden Zweiphasentakt. Die Anpassung an die für MOS-Schaltungen benötigte Takt-Amplitude ist durch eine zusätzliche Interface-Schaltung (z.B. wie in Bild 2.69) möglich.

Die Funktion der **Zweiphasen-Taktformer** aus NAND- und NOR-Gliedern ist in den Bildern 2.71a und 2.71b nochmals getrennt dargestellt. Hierbei sind die Ausgangstaktfrequenzen Φ_1 und

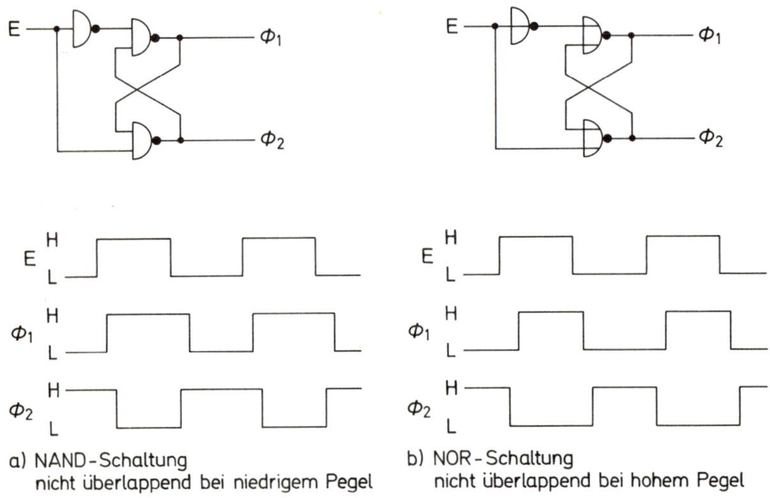

Bild 2.71 Funktion von Zweiphasen-Taktformern aus NAND- und NOR-Gliedern

Φ_2 gleich der Eingangstaktfrequenz E. Der einfachste freilaufende Oszillator in Form eines astabilen Multivibrators läßt sich mit drei Inverterstufen (z.B. 1/2 SN 7404) aufbauen. Schaltbild siehe Bild 2.72. Die Frequenz genügt der Beziehung

$$f \approx \frac{0{,}5}{R \cdot C} \tag{2.5}$$

Der Widerstand R darf Werte zwischen 300 Ω und 1,8 kΩ annehmen, die Kapazität C sollte in ihrem Wert zwischen 10 pF und 10 µF liegen. Es dürfen nur ungepolte Kondensatoren verwendet werden. Bild 2.73 zeigt die Beziehung zwischen Oszillatorfrequenz und verwendeten Schaltgliedern. Bedingt durch die Toleranzen der Schaltschwelle von TTL-Invertern, Temperaturabhängigkeiten, Versorgungsspannungsschwankungen, Bauteilestreuungen usw. ergibt sich für solche Schaltungen eine Frequenzkonstanz von ±30%.

Eine bessere Konstanz erhält man durch Verwendung von Schmitt-Triggern als Verstärkerelement. Als frequenzbestimmende Kondensatoren können dann auch gepolte Kondensatoren (Elektrolytkondensatoren) eingesetzt werden. Bei Verwendung eines 330-Ω-Widerstandes ergibt sich die Ausgangsfrequenz der Schaltung nach Bild 2.74 zu

$$f \approx \frac{0{,}92}{R \cdot C} \tag{2.6}$$

Als Schmitt-Trigger wird der Baustein 7413 eingesetzt. Infolge der Belastung des Ausgangs der ersten Stufe durch den Rückkopplungswiderstand von 330 Ω ist das Signal C′ stark verschliffen. Der zweite im Baustein 7413 enthaltene Schmitt-Trigger wird daher als Impulsformer nachgeschaltet. In Bild 2.75 ist die Abhängigkeit der Frequenz von der Größe des Kondensators C dargestellt. Weitere Multivibratorschaltungen sind auch unter Verwendung der Monovibratoren 74122/74123 sowie des Interfacebausteines 75450 realisiert worden [96a].

Wird eine große Frequenzkonstanz gewünscht, so lassen sich Schaltkreise wie die oben beschriebenen auch unter Verwendung von Schwingquarzen aufbauen. Mit TTL-Schaltkreisen lassen

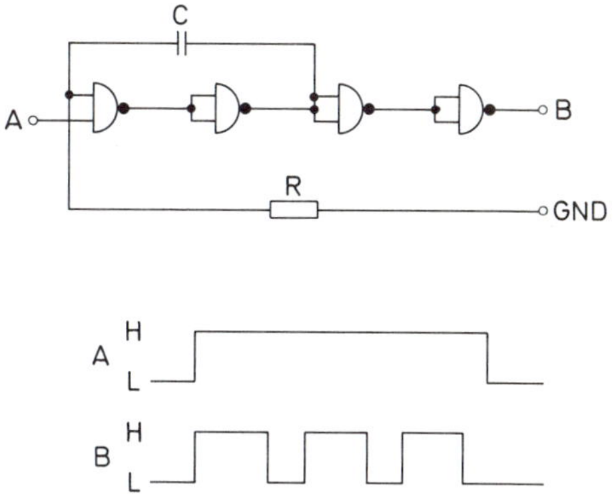

Bild 2.72 Aus Inverterstufen aufgebauter freilaufender Oszillator

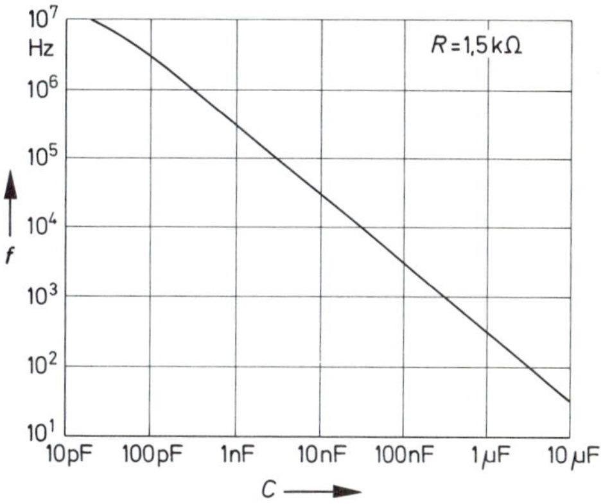

Bild 2.73 Abhängigkeit der Oszillatorfrequenz eines Oszillators nach Bild 2.72 von den verwendeten Schaltgliedern

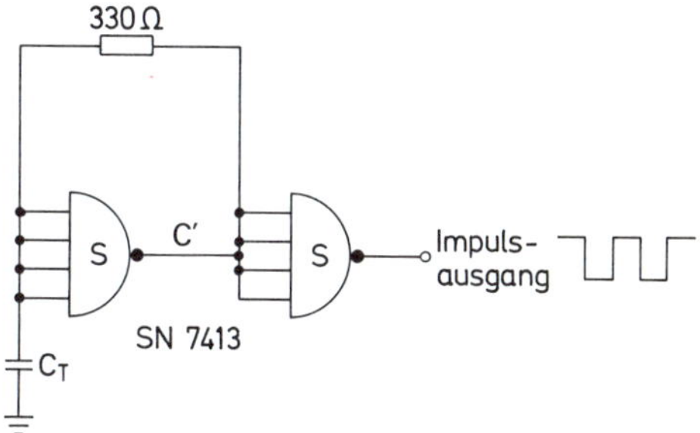

Bild 2.74 Aus Schmitt-Trigger-Stufen aufgebauter freilaufender Oszillator

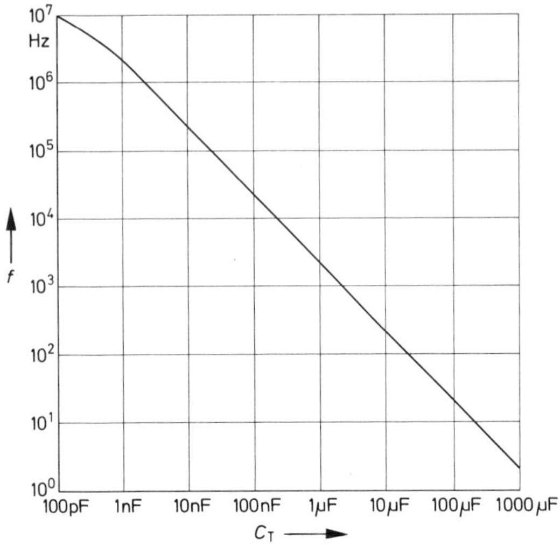

Bild 2.75 Abhängigkeit der Oszillatorfrequenz eines Oszillators nach Bild 2.74 von der Größe des verwendeten Kondensators

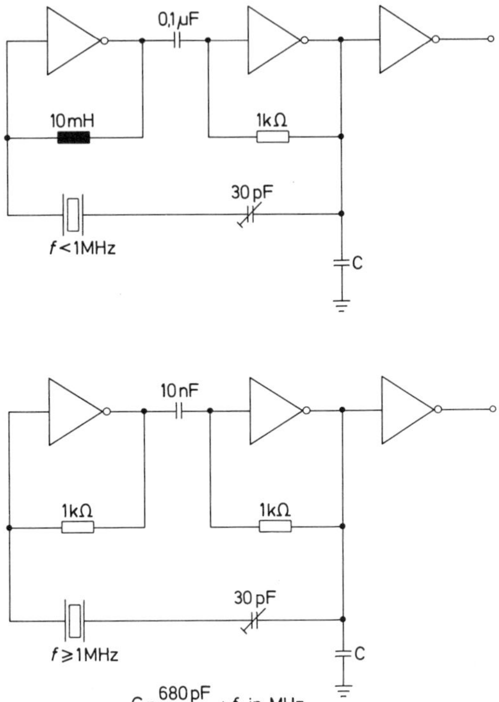

$C = \frac{680\,\text{pF}}{f}$; f in MHz

f	200 kHz	500 kHz	1 MHz	2 MHz	5 MHz
C	3,3 nF	1,2 nF	680 pF	330 pF	120 pF

rechts
Bild 2.76 Zwei Oszillatorschaltungen aus TTL-Schaltkreisen und Schwingquarzen

sich z.B. Oszillatoren aufbauen, die im Frequenzbereich von 200 kHz bis 5 MHz gute Ergebnisse liefern. Bild 2.76 zeigt zwei solcher Schaltungen. Für die wichtigsten Frequenzen ist der Wert des Kondensators angegeben, der die steilen Flanken am Ausgang des Verstärkers verschleifen soll. Bei Frequenzen unter 1 MHz muß in der ersten Verstärkerstufe im Gegenkopplungszweig anstelle eines Widerstandes eine Induktivität (Richtwert = 10 mH) eingefügt werden, um den Eingangswiderstand des Verstärkers besser an den Resonanzwiderstand des Quarzes anzupassen. Verwendet werden können alle Gatter und Inverter wie z.B. die Typen 7400, 7404, 7410, 7420 usw.

Stabilitätsempfindlichkeiten dieser Schaltungen ergeben sich zu

$2 \cdot 10^{-6}$/V bei Schwankungen der Versorgungsspannung,
$1 \cdot 10^{-6}$/°C bei Schwankungen der Temperatur.

Zu weiteren Einzelheiten, insbesondere zu Fragen der Alterung und Temperaturstabilisierung, wird auf die Literatur [96a, 96b] verwiesen.

2.4.4. Treiberbausteine für Anzeigedisplays

Die einfachste Form der **optischen Anzeige** eines binären Zustandes ist die Benutzung einer **Leuchtdiode (LED = l**ight **e**mitting **d**iode). Leuchtdioden werden in verschiedenen Farben hergestellt. Für den Anschluß an TTL-Ausgänge zeigt Bild 2.77 zwei Beispiele. Die Ausgänge von TTL-Gattern sind ohne weiteres in der Lage, den geforderten Diodenstrom von 20 mA zu liefern, wenn man eine Ausgangsspannung $U_{AUS(0)} \geqq 0{,}4$ V zuläßt. Dies ist bei Anwendungen dieser Art sicher möglich. Der maximal zulässige Richtstrom durch Leuchtdioden für Anzeigezwecke ist meist auf 20 mA begrenzt. Bei 5…10 mA ist jedoch auch noch eine meist ausreichende Lichtstärke gegeben.

Die Größe des zur Strombegrenzung erforderlichen Vorwiderstandes R_V berechnet sich bei Variante a zu:

(2.7)

$$R_V = \frac{U_{CC} - U_{out(\emptyset)} - U_F}{I_F}$$

Hierin bedeuten U_{CC} die Versorgungsspannung, $U_{out(\emptyset)}$ die Ausgangsspannung bei logischem Pegel „Ø", U_F der Spannungsabfall an der Diode und I_F der Richtstrom durch die Diode. Bei $R_V = 300\ \Omega$ beträgt der Diodenstrom ca. 11 mA, so daß für weitere 3 Gattereingänge der erforderliche Treiberstrom zur Verfügung steht. Für U_{out} kann 0,5 V und für U_F 1,2 V angesetzt werden. Bei der Schaltung für die Anzeige des logischen „1"-Pegel wird die Anzahl der ansteuerbaren Eingänge (fan-out) nicht beeinträchtigt.
Bei der letzten Schaltungsvariante gilt:

(2.8)

$$R_V = \frac{U_{out(1)} - U_F}{I_F}$$

$U_{out(1)}$ ist die Ausgangsspannung bei logischem „1"-Pegel.
Für die ziffernmäßige Darstellung von Ergebnissen, Adressen, Registerinhalten usw. empfiehlt sich die optische Darstellung mit z.B. **Siebensegment-Anzeigeeinheiten**. Diese werden allgemein mit sogenannten **Treiberstufen** angesteuert. Die Treiberstufen übernehmen dabei auch gleichzeitig die Decodierung der am Eingang anliegenden Information im BCD-Code oder auch im Binär-Code. Die **Siebensegment-Decodierer-Treiber** besitzen noch eine Reihe zusätzlicher Eingänge und Ausgänge, mit denen Funktionen wie z.B. „Lampentest" durchgeführt werden können. Diese Funktion dient zur Prüfung der Anzeigeeinheit. Weiterhin sind Funktionen wie

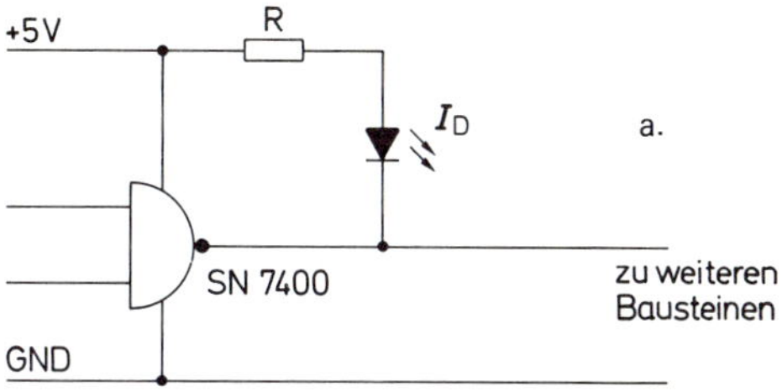

I_D(mA)	1	2	4	6	8	10	14
R (Ω)	3200	1600	800	510	390	300	
Fan-Out	9	8	7	6	5	3	1

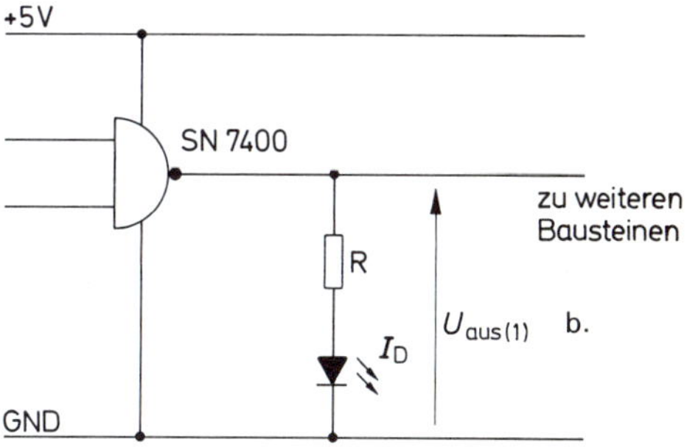

I_D(mA)	0,5	0,75	1,0	1,5
R(kΩ)	3,9	2,5	1,7	1,3
$U_{aus(1)}$	3,6	3,52	3,5	3,46

Bild 2.77 Anschlußschaltungen für Leuchtdioden (LED = light emitting diode) an die Ausgänge von TTL-Schaltkreisen

Bild 2.78 Möglichkeiten zur Datendarstellung mit Siebensegment-Anzeigeeinheiten

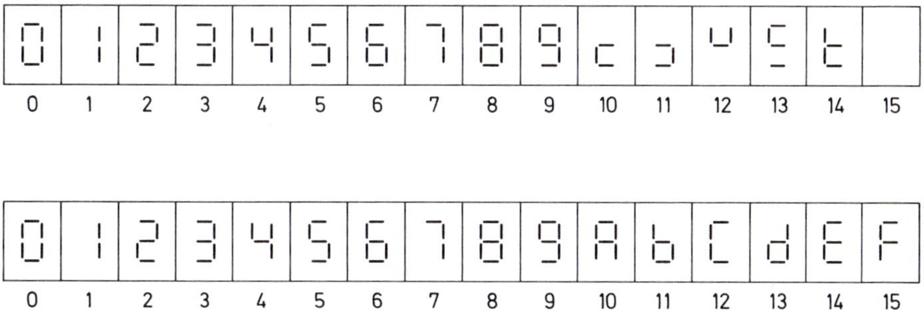

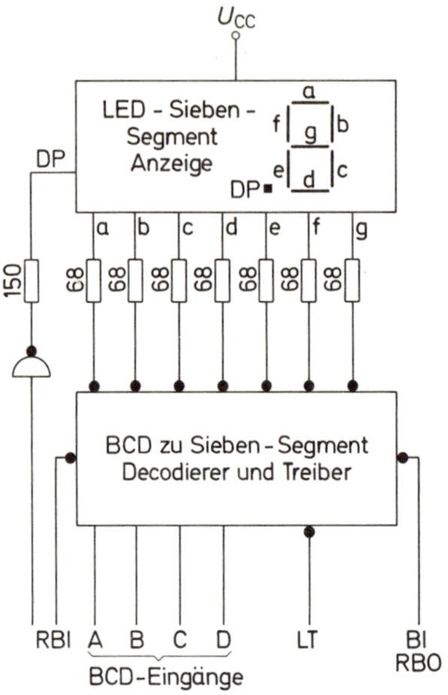

DP = Dezimalpunkt
LT = Lampen-Test
BI = Blanking Input
RBO = Ripple Blanking Output
RBI = Ripple Blanking Input

Für LT = ∅ und BI = 1: leuchten alle Segmente (8 wird angezeigt)
RBI = ∅ und A, B, C, D = 0: alle Segmente werden abgeschaltet
RBO = ∅ über offenen Kollektor: erlöschen der Anzeige

Bild 2.79 Blockschaltbild der Zusammenschaltung von Dekodier- und Treiberbaustein mit einem Anzeigeelement

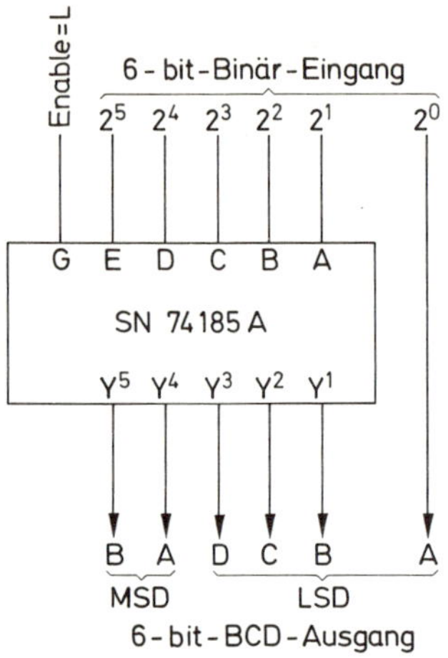

Bild 2.80 Aufbau einer einfachen Kode-Umsetzer-Schaltung binär zu BCD mit Baustein 74185 A

„Blanking“ gebräuchlich (Nullstellenunterdrükkung) sowie die Möglichkeit, einen Dezimalpunkt oder andere Zeichen (z.B. +, · —) anzusteuern. Teilweise sind Decodier- und Treiberstufen in den Anzeigebaustein integriert. Bei einer gewünschten Anzeige in dezimalen Ziffern ist die Ansteuerung im BCD-Code erforderlich. Da sich eine Gruppe von 4 bit bei dualer Bedeutung jedoch vorteilhaft im Hexadezimalsystem darstellen läßt, gewinnt auch diese Möglichkeit hier an Bedeutung. In Bild 2.78 sind einige Möglichkeiten zur Datendarstellung mit Siebensegment-Anzeigeeinheiten gezeigt. Bild 2.79 gibt in Form einer Blockschaltung die Zusammenschaltung von Decodier- und Treiberbaustein mit einem Anzeigeelement wieder. Die Widerstände von 68 Ω dienen zur Strombegrenzung. Wenn Binärinformationen in den BCD-Code umgewandelt werden sollen, so kann dies mit dem Baustein 74185 A geschehen. Der Baustein hat einen 6-bit-Binäreingang (in Wirklichkeit sind nur 5 Eingänge vorhanden, da das niedrigstwertige bit direkt durchgeschaltet wird) und 8 Ausgänge. Bild 2.80 zeigt den Aufbau einer einfachen Schaltung. Für den Aufbau erweiterter Schaltungen mit größeren Stellenzahlen wird auf die Literatur [90, 96c] verwiesen. Ein Beispiel für die Anwendung des Treiberbausteines SN75492 findet sich in Abschnitt 4.1 bei dem Aufbau einer industriellen Steuerung (Bild 4.2) mit zeilenförmiger Leuchtdiodenanzeige.

Die Kenndaten einiger Treiberbausteine für LED-Anzeigen und Anzeigedisplays sind in Tabelle 6.10 in Kapitel 6 aufgeführt.

3. Mikrocomputer

Im Gegensatz zu den im zweiten Kapitel besprochenen Baugruppen, ist in diesem Kapitel von funktionsfähigen Einheiten, aufgebaut aus diesen Baugruppen, die Rede. **Mikrocomputer** sind damit als **Geräte** für die Informationsverarbeitung zu definieren. In Übereinstimmung mit den Ausführungen in Abschnitt 1.3 (siehe auch Bild 1.1) besteht ein Mikrocomputer aus den Baugruppen Zentraleinheit, Speichern und Schaltgliedern für die Dateneingabe und Datenausgabe. Der **Mikrocomputer** sollte, wie auch die größeren **Minicomputer,** mit solchen Ein-/Ausgabe-Schnittstellen ausgerüstet sein, die den Anschluß von **Standard-** und **Prozeßperipherie** gestatten. Wie schon in Kapitel 1 ausgeführt wurde, sind die Mikroprozessoren und die damit aufgebauten Mikrocomputer entwickelt worden, um **industrielle Steuerungen** in **festverdrahteter** Form durch **frei programmierbare** Schaltungen zu ersetzen. Ein weiteres Anwendungsgebiet ist der Ersatz von teuren Minicomputern und Prozeßrechnern in solchen Fällen, in denen mit verteilter Intelligenz und bei ausreichender Verarbeitungsgeschwindigkeit eine bessere Betriebssicherheit der Gesamtanlage erreicht werden kann. Was hierunter zu verstehen ist, wird in Kapitel 4 (Anwendungen) näher erläutert. Das vorliegende Kapitel 3 befaßt sich mit den Mikrocomputern und ihrer Standard- und Prozeßperipherie. Hierbei sollen verschiedene physikalische Aufbauten sowie Geräteausführungen für verschiedene Anwendungszwecke beispielhaft dargestellt werden. Die Bilder 3.1 und 3.2 zeigen industrielle Ausführungsformen von Mikrocomputern. Die Tabelle 6.2 im Kapitel 6 gibt eine Zusammenstellung wichtiger Kenndaten von auf dem Markt befindlichen Geräten.

Mikrocomputer lassen sich nach verschiedenen Gesichtspunkten einteilen.

Eine grobe Einteilung nach dem Aufbau läßt sich wie folgt treffen:

- □ Ein-Chip-Mikrocomputer,
- □ Mikrocomputer auf einer Platine,
- □ Mikrocomputer als komplettes Gerät (z.B. Tischgerät oder 19-Zoll-Einschub).

Bei den beiden zuerst genannten Aufbauten handelt es sich um Anordnungen **ohne Stromversorgungsteil.** Dieses muß gesondert bereitgestellt werden.

Eine Einteilung nach Einsatzgebieten oder Verwendungszwecken führt zu folgender Darstellung:

- □ freiprogrammierbare Steuerung oder Regelung zum Einbau in ein größeres Gerät oder System (sogenannte OEM-Version, OEM = own equipment manufacturer),
- □ Ersatz für Minicomputer,
- □ Gerät zur Prototypenentwicklung,
- □ Gerät zur Programmentwicklung für ähnliche oder gleiche Mikrocomputer bzw. Mikroprozessorsysteme,
- □ spezieller integrierter Bestandteil eines datenverarbeitenden Systems.

Diese Unterteilungen erheben keinen Anspruch auf Vollständigkeit. Sie sollen lediglich zeigen, welche unterschiedlichen Gesichtspunkte für den Aufbau eines Mikroprozessorsystems bzw. eines Mikrocomputers von Bedeutung sein können. Als Beispiel für den Aufbau eines Mikrocomputers wird in diesem Buch eine Ausführung auf einer Schaltkarte (Platine) herangezogen. Es handelt sich hierbei um den Entwicklungsbausatz der Firma Fairchild Semiconductor (F8 Evaluation Kit 1).

Solche **Entwicklungsbausätze** werden von fast allen Herstellern in unterschiedlichen Varianten hinsichtlich Komplexität und Ausstattung angeboten. Für viele Mikroprozessorsysteme gibt es auch komplette **Entwicklungsgeräte** mit Tastatur, Display, Schalterregistern usw. Die zuletzt genannten Geräte können praktisch schon als komplettes Mikrocomputer-Gerät angesehen werden. Nachfolgend werden einige Hinweise für die Entwicklung von Mikrocomputersystemen gegeben.

Die Entwicklungsschritte lassen sich wie folgt definieren [16, A1]:

- □ Problemdefinition
- □ Prüfung auf Wirtschaftlichkeit
- □ Beschluß zur Realisierung
- □ Systemanalyse
- □ Hardwareentwicklung
- □ Softwareentwicklung

- Systemtest und Fehlerkorrektur
- Abschließende Dokumentation

Diese einzelnen Punkte zeigen natürlich nur ein grobes Vorgehensraster. Bei der Problemdefinition, Wirtschaftlichkeitsprüfung, Realisierungsbeschluß und Systemanalyse zeigt sich allgemein, daß die Anzahl der Entwicklungsschritte mehr als doppelt so groß ist wie bei einem konventionellen System. Als wesentlich ist anzusehen, daß der Entwickler im Stadium der Projektplanung noch

Bild 3.1 Zentraleinheit des Mikrorechnersystems EPR 100 von Krupp Atlas Elektronik
Die Doppeleuropaplatine enthält neben dem Mikroprozessor 8080 max. 16 KByte EPROM und 2 KByte RAM, eine V24-Schnittstelle bis 9600 Baud, einen programmierbaren quarzstabilen Taktgeber, einen 16-bit-Zähler sowie eine 3 × 8-bit-E/A-Schnittstelle und die Bus-Schnittstelle des EPR 100-Systems
(Foto: Krupp Atlas Elektronik)

nicht übersehen kann, welchen Mikroprozessor er einsetzen muß.

Spielt bei der Entwicklung die Zeit eine Rolle, dann ist meist ein entsprechend hohes Kapital für Unterlagen, Kurse, Firmenberatung durch den Hersteller und den Komfort des Entwicklungssystems aufzuwenden. Die Gefahr von Überraschungseffekten bei der eigentlichen Programmierung und beim Test bleibt jedoch bestehen. Hier kann sich dann bei ungenügender Vorplanung zeigen, daß

- □ die erforderliche Geschwindigkeit nicht erreicht wird
- □ der Speicherplatz nicht ausreicht
- □ der falsche Mikroprozessor ausgewählt wurde, der zwar die übrigen Anforderungen erfüllt, aber umständlich zu programmieren ist (hohe Softwarekosten).

Bezüglich der Hardwareentwicklung sind zwei Vorgehensweisen möglich:

- □ der Kauf fertiger Mikrocomputer-Karten, eines Einschubsystems oder eines fertigen Gerätes,
- □ die eigene Entwicklung der Schaltkarten zum Aufbau von CPU, Speicher usw. eines Mikrocomputersystems.

Im ersten Fall hat man mit Problemen wie Schaltungsentwurf und Layout der Schaltplatinen nichts zu tun. Dafür muß man aber Lieferzeiten und Liefermöglichkeiten der fertigen Produkte in Betracht ziehen. Im zweiten Fall ist es erforderlich, daß die notwendigen Fachkräfte mit dem entsprechenden Wissen über den Aufbau eines Mikrocomputers und seiner Systemkomponenten vorhanden sind. Der Entwicklungsaufwand geht zu eigenen Lasten, und es müssen entsprechende Fertigungskapazitäten verfügbar sein. Sind die genannten Voraussetzungen gegeben, so hat man es natürlich in der Hand, das Layout und den Bausteineinsatz zu optimieren, indem man die periphere Logik sogleich optimal mit einbezieht. Überflüssiger Bauteileaufwand, der bei Standardausführungen fast nie zu vermeiden ist, läßt sich so vermeiden. Das spielt insbesondere beim Bedarf größerer Stückzahlen eine Rolle.

In der Fließbilddarstellung 6.15 des Kapitels 6 sind die wesentlichen Punkte der Mikrocomputerauswahl noch einmal zusammengefaßt.

An dieser Stelle sei ein allgemeiner Hinweis erlaubt: Mikroprozessoren und die übrigen Systembausteine wurden nicht entwickelt, um jedermann die Möglichkeit zu verschaffen, sich seinen eigenen Mikrocomputer zu basteln. Dem steht zwar technisch nichts entgegen, aber man bedenke, welcher Aufwand hier getrieben werden muß!

Im technischen Bereich wird der störungsfreie Betrieb über den gesamten Temperaturbereich (z.B. −20 bis +50 °C) gefordert, und es müssen weitere Parameter wie Rüttelfestigkeit, Störungsfreiheit gegenüber Fremdfeldern sowie gegen Schwankungen der Versorgungsspannung in bestimmtem Umfang garantiert werden.

Diese Forderungen erfordern Entwicklungsarbeit, Konstruktion verschiedener Ausführungsformen und Tests, Tests und noch einmal Tests unter all den geforderten Umgebungsbedingungen. Es ist einzusehen, daß der Test eines Mikrocomputers wesentlich komplizierter und zeitaufwendiger ist, als die Funktionsprüfung von diskre-

Bild 3.2 Mikrocomputersystem 210 E von Siemens
Von links nach rechts die einfach hohen Flachbaugruppen des Einbausystems 902:

- *Zentralprozessor 210 mit Mikroprozessor SAB 8080 A und Prioritätsbaustein*
- *Schreib-Lese-Speicher (2 KByte) und Festwertspeicher (4 KByte)*
- *serielle Schnittstellenbaueinheit mit Zeitgeberbaustein*

(Foto: Siemens AG; 77FE59BG)

ten Steuerungsbauteilen oder -baugruppen. Diese kurzen Hinweise auf die Problematik beim Aufbau von Mikrocomputern mögen genügen. Sie sollen nicht vom Experimentieren mit den neuen Baueinheiten abhalten – Experimente sind einfach notwendig, wenn man eine Sache verstehen will. Aber es soll davor gewarnt werden zu glauben, es sei nunmehr mit Mikroprozessoren nichts leichter als Computer im Eigenbau herzustellen. Ein wesentlicher Kostenfaktor beim Einsatz freiprogrammierbarer Geräte ist weiterhin die Erstellung der Software. Darauf wird in Kapitel 5 noch näher eingegangen. Hier sollen in Beispielen einige Mikrocomputer als charakteristische Vertreter bestimmter Typen vorgestellt werden. Hierbei spielen, wie auch schon in den vorangegangenen Kapiteln ausgeführt, die Parameter Wortlänge und Technologie des Mikroprozessorsystems eine besondere Rolle hinsichtlich der Verarbeitungsgeschwindigkeit.

3.1. Beispiele für Mikrocomputer

3.1.1. Die Ein-Chip-Mikrocomputer-Serie TMS 1000 mit 4 bit Wortlänge (Texas Instruments)

Zu dieser Serie, deren verschiedene Bausteine jeweils einen kompletten Mikrocomputer in Form einer integrierten Schaltung in P-Kanal-MOS-Technik darstellen, gibt es folgende Varianten:

TMS 1000: 28-Pin-DIL-Gehäuse mit 11 Steuer- und Daten-Ausgängen, 1024 × 8 ROM, 64 × 4 RAM, 20 V (O, R, K)

TMS 1070: Wie TMS 1000, jedoch für 35 V (O, R, K)

TMS 1100: 28-Pin-DIL-Gehäuse mit 11 Steuer- und Daten-Ausgängen, 2048 × 8 ROM, 128 × 4 RAM, 20 V (O, R, K)

TMS 1200: 40-Pin-DIL-Gehäuse mit 13 Steuer- und Daten-Ausgängen, 1024 × 8 ROM, 64 × 4 RAM, 20 V (O, R, K)

TMS 1270: Wie TMS 1200, jedoch für 35 V (O, R, K)

TMS 1300: 40-Pin-DIL-Gehäuse mit 16 Steuer- und Daten-Ausgängen, 2048 × 8 ROM, 128 × 4 RAM, 20 V

TMS 1098: 64-Pin-DIL-Gehäuse mit 16 Steuer- und Daten-Ausgängen, Baustein für die Systementwicklung mit Anschlüssen für die externe Anschaltung eines RAM- oder PROM-Speichers anstelle des sonst intern vorgesehenen 2048 × 8 ROM.

TMS 1099: Wie TMS 1098, jedoch mit 13 Steuer- und Daten-Ausgängen und für externen Speicheranschluß 1024 × 8.

Abgesehen von den Entwicklungsbausteinen TMS 1098 und TMS 1099, für deren besondere Eigenschaften auf die Datenblätter des Herstellers verwiesen wird, haben die übrigen Serienbausteine, neben den bereits aufgeführten, folgende besondere Eigenschaften (nach [96k]):

- □ 8192- bzw. 16 384-bit-Nur-Lese-Speicher (ROM) auf dem Chip,
- □ 256- bzw. 512-bit-Schreib-Lese-Speicher (RAM) auf dem Chip,
- □ ALU und zwei 4-bit-Arbeitsregister sind vorhanden,
- □ bedingte Programmverzweigung und Unterprogramme sind möglich,
- □ paralleler 4-bit-Dateneingang,
- □ 11 bzw. 13 geschaltete (latched) Steuer- und Daten-Ausgänge sind vorhanden,
- □ 8-bit-Paralleldatenausgang und eine Ausgabe-programmierbare Logik-Anordnung (PLA) sind vorhanden,
- □ programmierbare Befehlsdecodierung,
- □ der Oszillator für die Takterzeugung ist auf dem Chip vorhanden. Externe Synchronisation ist möglich,
- □ Versorgung mit nur einer Spannung von 15 V, Befehlszykluszeit zwischen 15 und 60 μs.

Bild 3.3 zeigt die Anschlußbelegung für die Typen TMS 1000 und TMS 1200. Bild 3.4 zeigt den Blockaufbau des Mikrocomputers mit den Ein- und Ausgängen.

Der Nur-Lese-Speicher (ROM) enthält das Programm für die Steuerung von Dateneingabe, Speicherung, Verarbeitung und Datenausgabe. Die Datenverarbeitung findet in der Arithmetischen Logikeinheit (ALU) statt. Die Daten der K-Eingänge gehen in die ALU und werden im 4-bit-Arbeitsregister (Akkumulator) gespeichert. Der Akkumulator-Ausgang hat Zugriff auf die Ausgabe-Schaltstufen der O-Ausgänge, den Schreib-Lese-Speicher (RAM) und den Eingang des Addierers in der ALU. Die Datenspeicherung im 256-bit-RAM ist in 64 Worten à 4 bit organisiert. Die 4-bit-Worte sind in 4 Gruppen zu je 16 Worten angeordnet. Für die Adressierung einer Gruppe reicht dann ein 2-Wort-Register aus. Ein 4-bit-Register adressiert eines der 16 Worte eines Blockes durch Steuerung über das ROM.
Als Ausgänge stehen die bereits oben angeführten O-Ausgänge und die R-Ausgänge zur Verfügung. Die 8 parallelen O-Ausgänge werden von den 5 Daten-Schaltstufen decodiert. Die O-Ausgänge sind für viele Aufgaben verwendbar, da der Decodierer eine PLA-Einheit ist, die bereits bei der Herstellung den speziellen Anforderungen angepaßt werden kann. Jeder der 13 bzw. 11 R-Ausgänge hat einen individuellen Ausgabepuffer, der durch Programmsteuerung gesetzt oder gelöscht werden kann. Die R-Ausgänge vermögen Status- und Steuersignale zu externen Geräten zu senden. Die R-Ausgänge können z.B. verwendet werden, um bei einem Display die Daten der O-Ausgänge zu takten (strobe). Sie dienen ganz allgemein zur Steuerung von Interface-Schaltungen. Eine andere Verwendungsmöglichkeit ist die Steuerung der Dateneingabe der K-Eingänge aus verschiedenen Datenquellen über Multiplexer.
Für die Mikrocomputer dieser Serie stehen 43 Standard-Befehle zur Verfügung. Diese ermöglichen Ein-/Ausgabe, Konstanten-Übernahme aus dem ROM, bit-Steuerung, internen Daten-Transfer, arithmetische Datenverarbeitung, Verzweigungen, Schleifen und Unterprogramme. Der Standard-Befehlssatz für die Ein-Chip-Mikrocomputer der Serie TMS 1000 ist in Tafel 3.1 dargestellt. Die 8-bit-Befehle erlauben die Darstellung von insgesamt 256 verschiedenen Operationen. Für spezielle Anwendungsfälle ist Mikroprogrammierung möglich. Darüber hinaus können die Befehle bei der Maskenanwendung für die Programmierung von ROM und O-Ausgänge der PLA-Einheit modifiziert werden.
Hier kann auf die Einzelheiten des Schaltungsaufbaues nicht in aller Ausführlichkeit eingegangen werden. Hierfür muß auf die jeweils gültigen

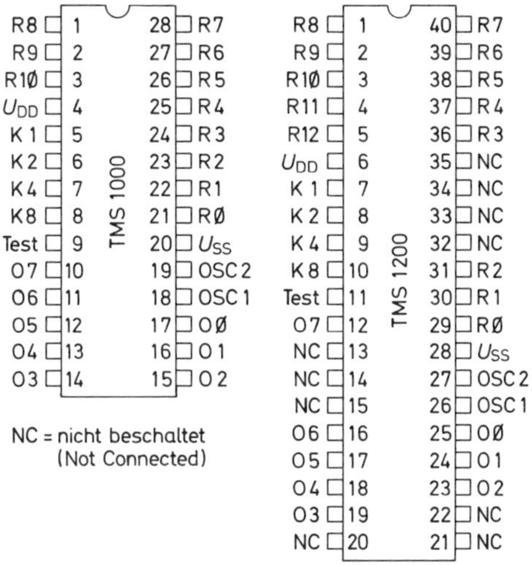

Bild 3.3 Anschlußbelegung der 1-Chip-Mikrocomputer TMS 1000 und TMS 1200

Datenblätter des Herstellers verwiesen werden. In Kapitel 4 (Anwendungen von Mikrocomputern) ist ein Beispiel für den Einsatz eines TMS-1000-Bausteins für eine industrielle Steuerungsaufgabe gezeigt. In Kapitel 5 wird ein Programmierbeispiel für diesen Steuerungsaufbau angegeben.
Die Vorstellung dieser Ein-Chip-Mikrocomputerfamilie sollte lediglich auf die Möglichkeit dieser Miniaturisierung hinweisen und zeigen, welche Funktionen auf einem einzelnen Chip realisierbar sind.

3.1.2. Mikrocomputer auf einer Platine – aufgebaut mit Fairchild-F8-Entwicklungsbausatz

Die einzelnen Bauteile für diesen Mikrocomputer wurden bereits in Abschnitt 2.1.2 (Kapitel 2) dieses Buches vorgestellt. In den Bildern 2.7 und 2.8 sind sowohl die Einzelteile des Bausatzes wie auch der Aufbau des fertig montierten Bausatzes gezeigt. Der Kartenaufbau des Bildes 2.8 stellt dabei den hier zu besprechenden Computer (allerdings noch ohne die Spannungsversorgungsbausteine) dar. Zusätzlich zu den im Bausatz gelieferten integrierten Schaltkreisen und der Montageplatine wurden die Fassungen für die integrierten Schaltkreise sowie die diskreten

Tafel 3.1: Standard-Befehlssatz der Mikrocomputer der Serie TMS 1000 (Texas Instrument s)

Funktion	Mnemonic	Statusbits C	Statusbits N	Beschreibung	Symbolische Beschreibung
Register nach Register übertragen	TAY			Übertragung des Akkumulatorinhalts in das Register Y	A → Y
	TYA			Übertragung des Inhaltes von Register Y in den Akkumulator	Y → A
	CLA			Akkumulatorinhalt löschen; Ø → Akkumulator	Ø → A
Register zum Speicher übertragen	TAM			Übertragung des Akkumulatorinhalts zum Speicher	A → M (X, Y)
	TAMIY			Übertragung des Akkumulatorinhalts zum Speicher und erhöhen Register Y um 1	A → M (X, Y); Y + 1 → Y
	TAMZA			Übertragung des Akkumulatorinhalts zum Speicher und Löschen des Akkumulators	A → M (X, Y), Ø → A
Speicher zum Register übertragen	TMY			Speicherinhalt zum Register Y übertragen	M (X, Y) → Y
	TMA			Speicherinhalt zum Akkumulator übertragen	M (X, Y) → A
	XMA			Inhalte von Speicher und Akkumulator austauschen	M (X, Y) ↔ A
Arithmetische Operationen	AMAAC	×		Addiere den Speicherinhalt zum Akkumulator, Ergebnis im Akkumulator, bei Übertrag 1 nach C-Status	M (X, Y) + A → A
	SAMAN	×		Subtrahiere Akkumulatorinhalt vom Speicher, Ergebnis im Akkumulator. Bei Operation ohne „borgen" erfolgt 1 nach C-Status.	M (X, Y) − A → A
	IMAC	×		Speicherinhalt + 1 nach Akkumulator. Bei Übertrag: C = 1	M (X, Y) + 1 → A
	DMAN	×		Speicherinhalt − 1 nach Akkumulator. Ohne Borgen: C = 1	M (X, Y) − 1 → A
	IA			Akkumulatorinhalt inkrementieren, (+1), C unverändert	A + 1 → A
	IYC	×		Inhalt des Y-Registers inkrementieren. Bei Übertrag: C = 1	Y + 1 → Y
	DAN	×		Akkumulatorinhalt dekrementieren, (1). Ohne Borgen: C = 1	A − 1 → A
	DYN	×		Inhalt des Y-Registers dekrementieren. Ohne Borgen: C = 1	Y − 1 → Y
	A8AAC	×		Inhalt Akkumulator +8, Ergebnis im Akkumulator. Bei Übertrag: C = 1	A + 8 → A
	A10AAC	×		Inhalt Akkumulator +10, Ergebnis im Akkumulator. Bei Übertrag: C = 1	A + 10 → A
	A6AAC	×		Inhalt Akkumulator +6, Ergebnis im Akkumulator. Bei Übertrag: C = 1	A + 6 → A
	CPAIZ	×		Inhalt Akkumulator komplementieren und inkrementieren. Wenn dann Inhalt Akkumulator = Ø: C = 1	(Zweier-Komplement)
Arithmetische Vergleichs-Operationen	ALEM	×		Wenn Akkumulator-Inhalt ≦ Speicherinhalt: C = 1	A ≦ M (X, Y)
	ALEC	×		Wenn Akkumulator-Inhalt ≦ einer Konstante: C = 1	A ≦ I (C)
Logische Vergleichs-Operationen	MNEZ		×	Wenn Speicherinhalt ≠ Ø: N = 1	M (X, Y) ≠ Ø
	YNEA		×	Wenn Inhalt des Y-Registers ≠ Inhalt des Akkumulators: N = 1	Y ≠ A, S → SL
	YNEC		×	Wenn Inhalt des Y-Registers ≠ einer Konstanten: N = 1	Y ≠ I (C)
Speicher-Bitbefehle	SBIT			Setzen eines Speicherbits	1 → M (X, Y, B)
	RBIT			Löschen eines Speicherbits	Ø → M (X, Y, B)
	TBIT1		×	Testen eines Speicherbits. Wenn gleich 1: N = 1	M (X, Y, B) = 1
Konstantenbefehle	TCY			Konstante in das Y-Register übertragen	I (C) → Y
	TCMIY			Konstante zum Speicher übertragen und Y-Register inkrementieren	I (C) → M (X, Y); Y + 1 → Y

Funktion	Mnemonic	Statusbits		Beschreibung	Symbolische Beschreibung
		C	N		
Eingabebefehle	KNEZ TKA		×	Wenn K-Eingänge ≠ Ø: N = 1 Übertragen der an den K-Eingängen anstehenden Information zum Akkumulator	K ≠ O K → A
Ausgabebefehle	SETR RSTR TDO CLO			Setzen der R-Ausgänge; Adresse im Y-Register Rücksetzen der R-Ausgänge; Adresse im Y-Register Daten von Akkumulator und Status zu den O-Ausgängen O-Ausgaberegister löschen	1 → R (Y) Ø → R (Y) A, SL → O-REG Ø → O-REG
RAM-„X"-Adressierung	LDX COMX			„X" – mit einer Konstanten laden „X" komplementieren	I (B) → X $\overline{X}$ → X
ROM-Adressierung	BR CALL RTN LDP			Verzweigen wenn C = 1 Unterprogrammaufruf wenn Status = 1 Rücksprung vom Unterprogramm Laden des Seiten-Puffer-Registers mit einer Konstanten	 I (C) → PB

Bemerkungen: Ein × in den Spalten für die Statusbits C und N zeigt an, daß der Befehl je nach vorgefundenen Bedingungen Einfluß auf das jeweilige Statusbit hat.

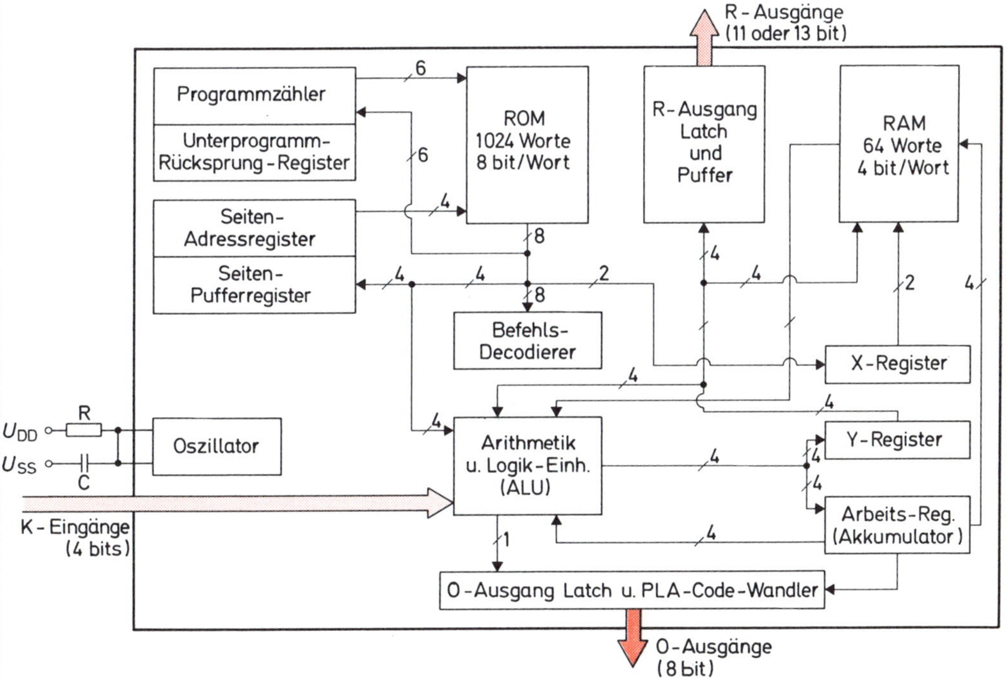

Bild 3.4 Blockschaltbild der Mikrocomputer der TMS 1000-Serie

Bauelemente beigefügt. Da es für die hier angestrebte Demonstration nicht notwendig erschien, eine quarzstabilisierte Taktschaltung aufzubauen, wurde für die Festlegung der Taktfrequenz eine RC-Schaltung nach Bild 2.66 gewählt.

Im Beispiel 3.1 ist eine Auflistung aller verwendeten integrierten und diskreten Bauelemente gegeben. Besonderheit dieses Aufbaues ist es, daß der hier verwendete ROM-Baustein 3851 (PSU) bereits vom Hersteller programmiert wurde. Unter der Bezeichnung Fair-Bug ist ein interaktives Programmsystem für den Verkehr mit der Zentraleinheit und dem Schreib-Lese-Speicher über ein Bedienungsterminal (z.B. Teletype) einprogrammiert. In Kapitel 5 (Programmierung) und weiter unten in diesem Abschnitt wird noch näher auf dieses Programmsystem eingegangen. Hier kann festgestellt werden, daß ein solches interaktives Programmsystem, einprogrammiert in einen ROM-Baustein, bei dem Prototypenaufbau wie auch bei dem industriellen Einsatz eines Mikrocomputers bzw. eines Mikroprozessorsystems eine direkte Beziehung zur Hardware herstellt. In herkömmlicher Technik war es notwendig, umfangreiche Daten- und Adressen-Schalterregister sowie Zustands-Anzeigelampen für den Inhalt von Adressen sowie den Programmzähler hardware-seitig aufzubauen. Diese Funktionen werden hier durch Software realisiert. Dies geschieht durch die Eingabe von Befehlen über die Bedienungskonsole des Bedienungsterminals.

Hier lassen sich durch entsprechende Aufrufe Adresseninhalte ausdrucken oder auf einem Display sichtbar machen, und es lassen sich in die spezifizierten Adressen neue Inhalte einschreiben. Der F8-Computer, der hier aufgebaut wurde, enthält aus diesem Grunde keine Schalterregister und Display-Lampen.

Beispiel 3.1: Liste der Bauteile für den Aufbau eines F8-Mikrocomputers (Fairchild Kit 1)

Die Bezeichner mit ihren fortlaufenden Indizes stimmen mit denen in Bild 3.3, dem Schaltplan des F8-Computers, überein.

IC_1 :	3850 CPU,	F8-Zentralprozessor
IC_2 :	3851 PSU,	F8-Programmspeicher (hier ein mit Fair-Bug vorprogrammiertes ROM)
IC_3 :	3853 SMI,	F8-statisches Speicher-Interface
$IC_4 \cdots IC_{11}$:	2102-2DC,	statische RAM-Bausteine, Organisation: 1024 bit × 1, in MOS-Technik für den Umgebungstemperaturbereich 0···70 °C mit 650 ns Zugriffszeit. Stromversorgung +5 V
$IC_{12} \cdots IC_{13}$:	340097,	Sechsfach-Pufferbaustein in CMOS-Technik, nicht invertierend, Tri-State-Ausgänge
IC_{14} :	34001,	Vierfach-NOR-Schaltung mit je 2 Eingängen, CMOS
IC_{15} :	34023,	Dreifach-NAND-Schaltung mit je 3 Eingängen, CMOS
IC_{16} :	9N06,	Sechsfach-Inverter, TTL
IC_{17} :	34075,	Dreifach-OR-Schaltung mit je 3 Eingängen, CMOS
T_1 :	2N3904,	NPN-Transistor
T_2 :	2N5226,	PNP-Transistor
D_1 :	1N461A,	Si-Diode
R_1, R_3, R_5, R_6, R_8 :	6,8 kΩ; 0,25 W	
$R_2, R_9 \cdots R_{16}$:	22 kΩ; 0,25 W	
R_4 :	Potentiometer, 25 kΩ	
$R_7, R_{21}, R_{23}, R_{24}$:	3,3 kΩ; 0,25 W	
R_{17}, R_{18} :	100 Ω; 0,5 W	
R_{19} :	100 Ω; 1 W	
R_{20} :	1 kΩ; 0,25 W	
R_{22} :	270 Ω; 0,25 W	
C_1 :	4,7 µF/20 V, Elektrolyt-K.	
C_2 :	10 pF	
C_3 :	0,47 µF	
C_4 :	50 µF/20 V, Elektrolyt-K.	Sieb-kond.
C_5 :	100 µF/10 V, Elektrolyt-K.	Sieb-kond.
$C_6 \cdots C_{14}$:	0,047 µF/50 V (Siebkondensatoren)	
$J_1 \cdots J_4$:	Kurzschlußbrücken (jumper)	
S_1 :	Taster (Reset)	
S_2 :	Schalter (Debug ON/OFF)	

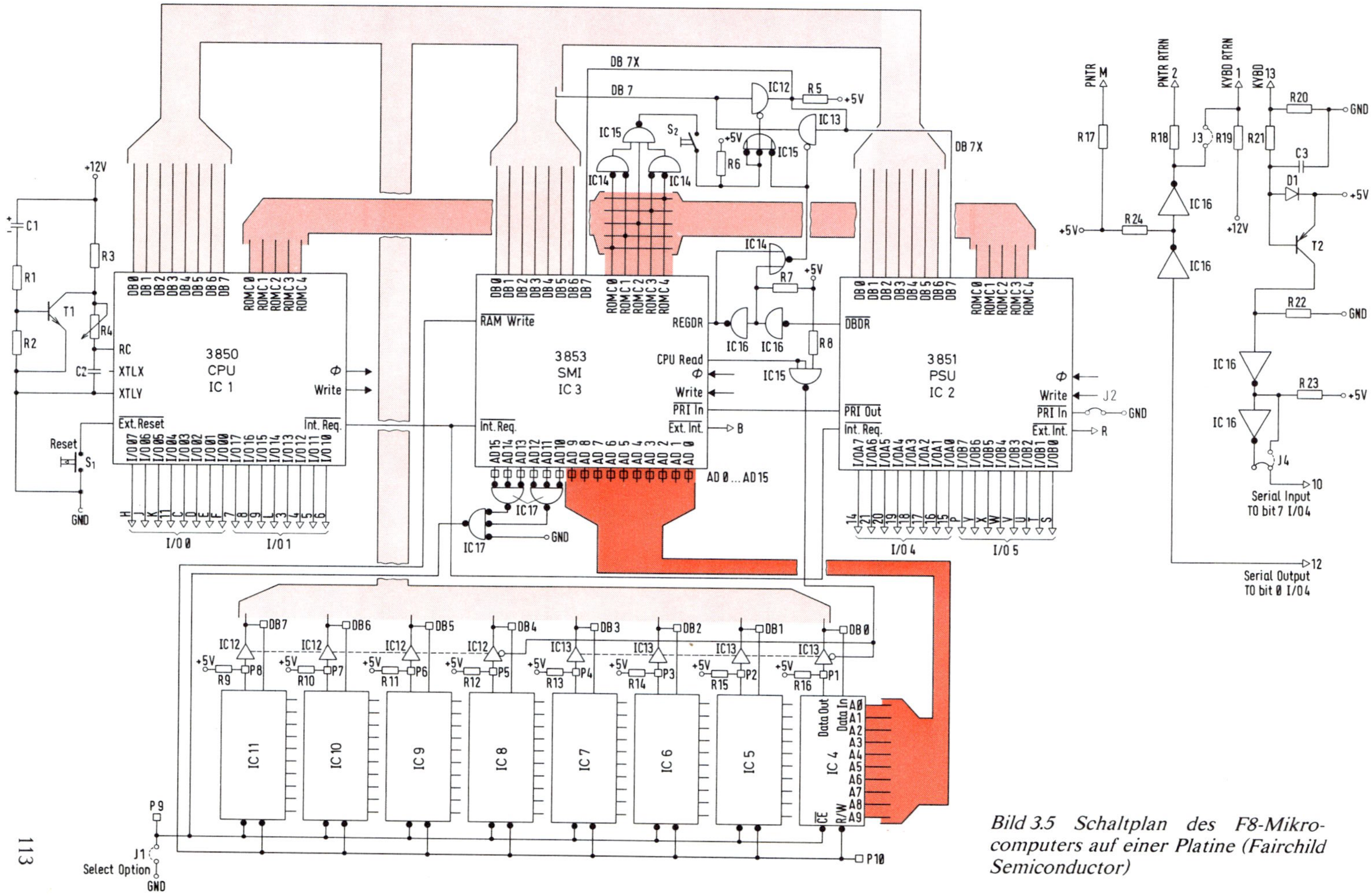

Bild 3.5 Schaltplan des F8-Mikrocomputers auf einer Platine (Fairchild Semiconductor)

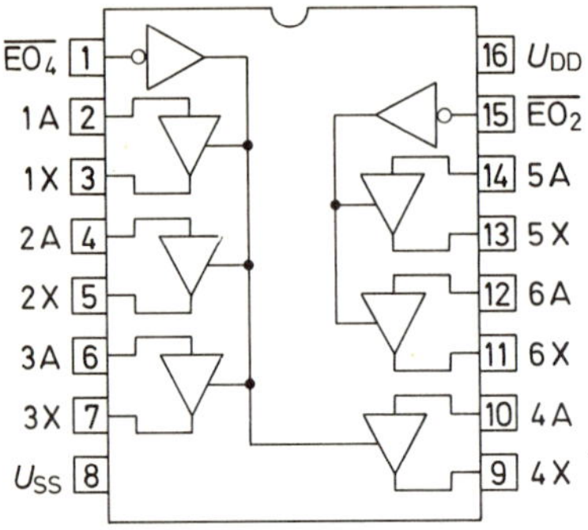

Bild 3.6 Anschluß- und Funktionsbild des Sechsfach-Pufferbausteins 340097 (CMOS)

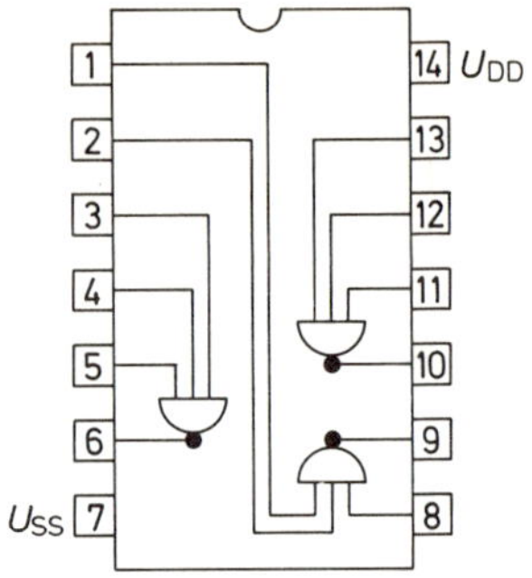

Bild 3.8 Anschluß- und Funktionsbild der Dreifach-NAND-Schaltung 34023 (CMOS)

Der Schaltplan des gesamten Computer-Aufbaus auf der Platine ist in Bild 3.5 gezeigt (nach Unterlagen der Fa. Fairchild Semiconductor). Die Anschlußbelegungen der Bausteine IC_1 bis IC_3 sind in den Bildern 2.11, 2.14 und 2.18 gzeigt. Die Anschlußbelegung für den statischen RAM-Baustein ist in Bild 2.30 dargestellt. Im Abschnitt 2.2.1 ist der RAM-Baustein auch in seiner Funktion ausführlich beschrieben. Die Bilder 3.6 bis 3.10 zeigen die Anschlußbelegung und die Funktion der integrierten Schaltkreise $IC_{12} \cdots IC_{17}$.
Die Platine, auf der das F8-Mikroprozessorsystem aufgebaut ist, hat einen 44poligen Steckeranschluß. Dabei liegen die Anschlüsse 1…22 auf der Komponentenseite der Platine und die Anschlüsse A…Z (ohne G, I, O, Q) auf der Gegenseite. Die Karte ist beidseitig mit Leiterbahnen versehen. Für die Signale AD_0 bis AD_{15} (Adressen-Bus),

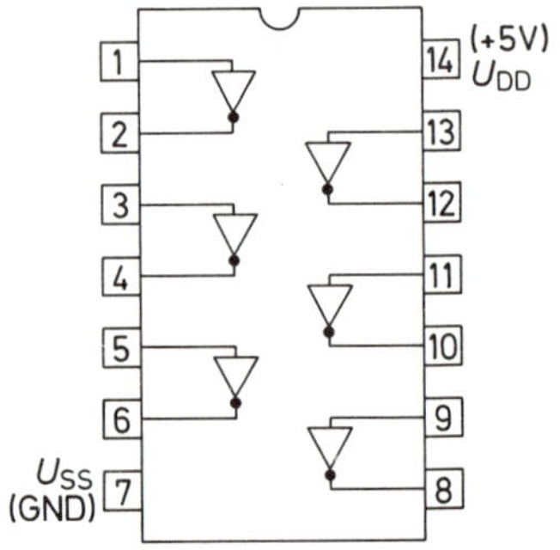

Bild 3.9 Anschluß- und Funktionsbild der Sechsfach-Inverter-Schaltung 9N06 (TTL)

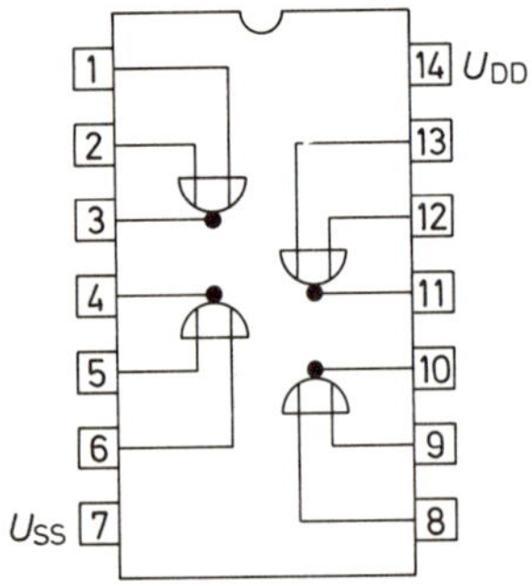

Bild 3.7 Anschluß und Funktionsbild der Vierfach-NOR-Schaltung 34001 (CMOS)

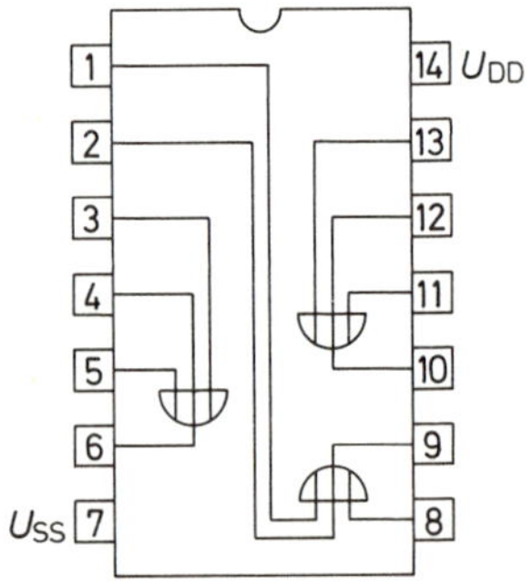

Bild 3.10 Anschluß- und Funktionsbild der Dreifach-OR-Schaltung 34075 (CMOS)

$P_1 \cdots P_{10}$ (Speicherausgänge und Speichersteuerung) sowie $DB_0 \cdots DB_7$ (Daten-Bus) sind für Erweiterungszwecke Lötpunkte am anderen Kartenende vorgesehen. Die Belegung der Steckeranschlüsse des 44poligen Flachsteckers ist in Beispiel 3.2 angegeben.

Beispiel 3.2: Steckerbelegung des 44poligen Anschlußsteckers für F8-Computer-Karte

PIN

1 KYBD RTRN (Keyboard Return) Terminal, Eingabetastatur
2 PNTR RTRN (Printer Return) Terminal, Drucker
3 I/O 13
4 I/O 12
5 I/O 11
6 I/O 10
7 I/O 17
8 I/O 16
9 I/O 15
10 Serieller Eingang vom Terminal (verbinden mit Pin 14)
11 I/O Ø4
12 Serieller Ausgang zum Terminal (verbinden mit Pin 15)
13 KYBD (keyboard) Terminal, Eingabetastatur
14 I/O A7
15 I/O AØ
16 I/O A1
17 I/O A2
18 I/O A3
19 I/O A4
20 I/O A5
21 I/O A6
22
A Versorgung +5 V
B $\overline{\text{EXT. INT.}}$ Interrupt-Eingang 3853 SMI
C I/O Ø3
D I/O Ø2
E I/O Ø1
F I/O ØØ
H I/O Ø7
J I/O Ø6
K I/O Ø5
L I/O 14
M PNTR (Printer) Terminal, Drucker
N Versorgung +12 V
P I/O B7
R $\overline{\text{EXT. INT.}}$ Interrupt-Eingang 3851 A PSU
S I/O BØ
T I/O B1
U I/O B2
V I/O B3
W I/O B4
X I/O B5
Y I/O B6
Z GND, Bezugspotential

Bemerkung:
I/O ØØ···Ø7 = 8-bit-Eingabe Ø (3850)
I/O 1Ø···17 = 8-bit-Eingabe 1 (3850)
I/O AØ···A7 = 8-bit-Eingabe 4 (3851)
I/O BØ···B7 = 8-bit-Eingabe 5 (3851)

Bereits in Abschnitt 1.5 wurde beschrieben, warum in datenverarbeitenden Systemen nicht die wirklich vorhandene duale Darstellung von Zahlen, sondern Hilfszahlensysteme wie z.B. das Hexadezimalsystem zur Anwendung kommen. Sie dienen der übersichtlichen Darstellung großer Dualzahlen. Auch die Dokumentation zum F8-System benutzt die hexadezimale Darstellung von Zahlenwerten. Hexadezimalzahlen werden hier durch ein vorgestelltes H gekennzeichnet.

Die wesentlichen Eigenschaften des F8-Mikrocomputers bei dem hier verwendeten Aufbau sind:

- □ 1024-Byte-Programm- oder -Datenspeicher als Schreib-Lese-Speicher (RAM) mit den Speicheradressen H′ ØØØØ′ bis H′ Ø3FF′. (Anschlüsse AD_0 bis AD_9 von SMI 3853)
- □ 4 Ein-/Ausgabeanschlüsse mit je 8 bit unter den Adressen:

  3850 CPU I/O: H′ ØØ′
  H′ Ø1′
  3851 PSU I/O: H′ Ø4′
  H′ Ø5′

  Alle Ein-/Ausgabe-Anschlüsse sind direkt geeignet für den TTL-Anschluß von Anpassungsbausteinen.
- □ 2 Vorrang-Unterbrechungs-Ebenen
  Die erste Ebene wird durch 3851 PSU geliefert. Sie hat die höchste Priorität und steht in der Prioritätenkette zuoberst. Ihre Vektor-Adresse ist mit H′ ØØ2Ø′ für eine **Zeitkreis-Unterbrechung (timer interrupt)** und mit H′ ØØAØ′ für eine **externe Unterbrechung (external interrupt)** festgelegt. Die Anschlußadresse für die lokale Interrupt-Steuerung ist H′ Ø6′, die entsprechende Adresse für den Zeittaktgeber (integrierter timer) ist H′ Ø7′.

Auf die Handhabung bzw. Bedeutung dieser Interrupt-Möglichkeiten wird später in anderem Zusammenhang eingegangen (siehe Abschn. 5.4.4). Die zweite Ebene wird über 3852 SMI gebildet. Sie hat die niedrigste Priorität und steht in der Prioritätenkette zuunterst. Ihre Vektor-Adressen sind programmierbar. Die Anschlußadressen und deren Funktionen sind folgende:

Anschluß-Adresse (port address)	Funktion (function)
H′ ØC′	Interrupt-Vektor, höchstwertiges Byte
H′ ØD′	Interrupt-Vektor, niedrigstwertiges Byte
H′ ØE′	Lokale Interrupt-Steuerung
H′ ØF′	Zeittakt (timer)

- □ Möglichkeit zur **externen Rücksetzung (external reset).** Durch einen Taster ist es möglich, das Programm zu stoppen und bei ′Ø′ erneut zu starten. In Verbindung mit der Fehlersuchmöglichkeit (Debug mode) und dem zugehörigen Schalter S_2 wird bei externer Rücksetzung ein Einsprung in das Debug-Programm im 3851A-PSU-Baustein (unter Adresse H′ 8Ø8Ø′) ermöglicht. Hierbei wird der Maschinenstatus in den **Zwischenspeicher-Registern (scratchpad register)** H′ 3C′ bis H′ 3F′ abgespeichert. Außerdem werden die letzten 26 Byte der externen RAM-Bausteine benutzt. Diese haben (bei 1 KByte RAM) die Adressen H′ 3E6′ bis H′ 3FF′ bzw. (bei 7 KByte RAM) die Adressen H′ BE6′ bis H′ BFF′. Der Inhalt der Register 8 und PC_1 geht bei Aufruf von FAIR-BUG verloren, wenn er nicht durch das Benutzerprogramm gerettet wird. Ebenso wird beim FAIR-BUG-Eintritt die Möglichkeit für Interrupts gesperrt. Ein Einschalten ist durch Benutzer-Programmierung möglich.

- □ Teletype-Interface. Die bereits in Bild 2.53 dargestellte Schaltung ist auf der Platine des F8-Computers vorhanden. Sie stellt einen Vierdraht-Voll-Duplex-Anschluß für 20 mA Stromfluß dar. Die Programmierung der Unterprogramme für serielle Ein-/Ausgabe im FAIR-BUG-Programm ist so vorgenommen, daß hierfür bestimmte bit des Ein-/Ausgabe-Anschlusses Nr. 4 des 3851 A PSU-Bausteins verwendet werden. Die Ein-/Ausgabe-Geschwindigkeit ist wählbar. Für weitere Einzelheiten der Beschaltung siehe weiter unten den Abschnitt über Ein-/Ausgabe.
In der Datenverarbeitungstechnik wird die Übertragungsgeschwindigkeit in der Einheit Baud angegeben. 1 Baud = 1 bit/s. Ein Zeichen (englisch character) besteht je nach Anzahl der Start-, Stop- und Parity-bits aus mehreren bit. Z.B. erhält man 11 bit je Zeichen bei 1 Start-, 8 Daten- und 2 Stop-bit. Im angelsächsischen Schrifttum wird die Übertragungsgeschwindigkeit oft in Character per second (**CPS** = Zeichen je Sekunde) angegeben.

Mit der Beziehung

$$\frac{\text{Übertragungsgeschwindigkeit in Baud} (=\text{bit/s})}{\text{Zeichenlänge in bit}} = \frac{\text{Zeichen}}{\text{s}} = \text{CPS}$$

erhält man also für 110 Baud bei 11 bit je Zeichen, daß die Anzahl der Zeichen je s = 10 ist.
110 Baud entspricht dann 10 CPS.

- □ Interaktives Programmsystem FAIR-BUG mit den folgenden Möglichkeiten:
  - Darstellen oder Ändern der Inhalte von Speicherstellen, Zwischenregistern, Arbeitsregister (accumulator), indirekten Zwischenspeichern (ISAR) und Statusregistern (W-register)
  - Darstellen oder Ändern der Inhalte von PC_0, DC_0 und DC_1
  - Laden formatierter Lochstreifen.
  - Stanzen formatierter Lochstreifen.
  - Stanzen von Lochstreifen im PROM-Format.
  - Programmstart über die Konsole oder durch programmierten Befehl.
  - Die Ein-/Ausgabe-Unterprogramme sind für den Benutzer verfügbar.

Speicher-Organisation

In der ausgeführten Schaltung mit 1 KByte RAM ist folgende Speicherorganisation vorhanden

RAM:	Adressen H′ ØØØØ′ bis H′ Ø3FF′
FAIR-BUG ROM:	Adressen H′ 8ØØØ′ bis H′ 83FF′

Die letzten 26 RAM-Adressen, d.i. H′ Ø3E6′ bis H′ Ø3FF′, werden von FAIR-BUG mitbenutzt.

Bedingt durch das Vorhandensein von 16 Adressen-bit (AD_0 bis AD_{15}) lassen sich durch einen Baustein 3852 bzw. 3853 bis zu 64 KByte adressieren. 16 Adressen-bit entsprechen $2^{16} = 65\,536$ verschiedenen Zuständen. In unserem Beispiel werden die Adreßleitungen AD_0 bis AD_9, das sind 10 bit entsprechend $2^{10} = 1024$, für die Adressierung der 8 parallel geschalteten RAM-Bausteine 2102 (1024 × 1 organisiert) verwendet. Die höherwertigen Adreßbit werden durch den Baustein IC_{17} (34 075) so verknüpft, daß am Ausgang der letzten ODER-Stufe (Pin 6) Ø-Signal anliegt bzw. über den Kurzschlußbügel J_1 werden die Select-Eingänge der verwendeten RAM-Bausteine direkt auf GND-Potential gelegt.
Die Adressenübergabe an die Systembausteine erfolgt in zwei aufeinanderfolgenden Zyklen über den Daten-Bus (DB_0 bis DB_7) als höherwertiges Byte (Upper Byte) und niederwertiges Byte (Lower Byte) mit Steuerung durch die 5 bit des Steuer-Bus ($ROMC_0$ bis $ROMC_4$). Weitere Ausführungen finden sich auch in diesem Abschnitt unter dem Titel Bus-Struktur des F8-Systems. Für die Einzelheiten muß auf die umfangreichen Datenbücher des Herstellers verwiesen werden.

Eingabe/Ausgabe

Für die Ein- und Ausgabe unter FAIR-BUG werden die Ein-/Ausgabe-Anschlüsse 4 und 5 des 3851 PSU-Bausteins belegt. Anschluß 4 wird für die serielle Ein-/Ausgabe und für Steuerfunktionen benutzt. Über Anschluß 5 können von einem schnellen Lochstreifenleser parallele 8-bit-Daten eingegeben werden. Die Zuordnung für Anschluß 4 ist wie folgt gegeben:

bit	**Funktion**	
7	Serieller Eingang	
6	Zeichen fertig (Parallel-Eingabe)	
5	– – –	
4	Gerät bereit (Parallel-Eingabe)	
3	Schritt Leser (Parallel-Eingabe)	
2–1	Ø Ø	110 Baud serielle Eingabe/Ausgabe
	Ø 1	300 Baud serielle Eingabe/Ausgabe
	1 Ø	Parallel-Daten-Übernahme
	1 1	Verzögerungs-Zähler in Speicherstelle H′ Ø3FF′.
Ø	Serieller Ausgang.	

Ohne FAIR-BUG-Benutzung, also bei Verwendung einer normalen 3851-PSU-Einheit, stehen dem Benutzer selbstverständlich alle vier Ein-/Ausgabe-Anschlüsse mit ihren je 8 bit Paralleldaten zur freien Verfügung. Hier lassen sich durch entsprechende Programmierung alle Standard- und Prozeß-Interfaces ansteuern. Ob man dabei universelle Interface-Bausteine oder diskrete Schaltungen verwendet und ob man mit oder ohne Interrupt arbeitet, wird durch den jeweiligen Anwendungsfall bestimmt. Im nächsten Kapitel wird an einigen ausgewählten Beispielen gezeigt, welche Überlegungen hier anzustellen sind.
Die Speicherbausteine eines F8-Computers können ebenfalls als ROM, PROM und RAM-Bausteine in beliebigem Mischungsverhältnis angewendet werden. Mit jeder PSU-Einheit gewinnt man gleichzeitig 16-bit-Positionen für die Ein-/Ausgabe dazu.

BUS-Struktur des F8-Systems

Im vorliegenden Falle benutzen mehrere voneinander unabhängige Systembausteine gemeinsam einen **umschaltbaren Bus (multiplexed bus).** Der Zugriff der verschiedenen Geräte muß daher sorgfältig aufeinander abgestimmt werden und bestimmte Regeln für die Bus-Benutzung müssen zur Vermeidung von Fehlern beachtet werden. Das F8-System enthält nur zwei Bus-Arten:

- □ Den im Zeit-Multiplex betriebenen 8-bit-**Daten-Bus** (DB_0 bis DB_7), über den alle Adreß- und Datentransfers im System abgewickelt werden.
- □ Den 7-bit-**Steuer-Bus** ($ROMC_0$ bis $ROMC_4$ und die Taktleitungen WRITE und Φ) zum Koordinieren und Synchronisieren des Bus-Zugriffs der System-Bausteine.

Die Zeittaktsignale für die Steuerung werden mit dem Taktgenerator (clock generator) im 3850-CPU-Baustein erzeugt. Der Φ-Takt unterteilt den Maschinentakt in mehrere Phasen, während derer die bestimmten Systemaktivitäten erfolgen. Die Anzahl der Phasen in einem Maschinenzyklus hängt von der Art des ausgeführten Befehles ab. Die meisten Maschinenzyklen benötigen 4 Taktphasen, einige jedoch auch sechs.
Alle Systemfunktionen während der Befehlsausführung werden durch die beiden Taktsignale synchronisiert. Da einige Befehle einen mehrfachen Speicherzugriff erfordern, kann hierdurch die Ausführung bestimmter Befehle bis zu drei Maschinenzyklen erfordern.
Die Status-Steuersignale $ROMC_0$ bis $ROMC_4$ stellen die restlichen 5 Leitungen des Steuer-Bus dar. Sie werden über die in der CPU befindliche ROM-Steuereinheit (CROM, control ROM) getrieben. Ihr Zustand ist eine Funktion des jeweils in Bearbeitung befindlichen Befehls. Mit den 5 bit

lassen sich 32 verschiedene Statuszustände darstellen. Diese Zustände bewirken in den anderen angeschlossenen Systembausteinen, zusammen mit den Signalen WRITE und Φ, jeweils spezifische Reaktionen des jeweiligen Bausteins. Für jeden Systembaustein existiert eine gesonderte Tabelle, in der die spezifischen Reaktionen des Bausteins als Funktion des ROMC-Zustandes beschrieben sind. Für die Einzelheiten wird auf die Datenbücher der Hersteller verwiesen [39].

Programmspeicher im F8-System

Als **Programmspeicher** im F8-System werden vorzugsweise PSU-Bausteine 3851 verwendet. Diese enthalten für die Programmspeicherung ein 8192-bit-ROM in der Organisation 1024 × 8. Die **Maskenprogrammierung** erfolgt beim Hersteller. Dabei wird eine 6 bit umfassende Seitenanwahl-Option (page select option) erzeugt. Sie wird zu den oberen 6 bit der für den Chip charakteristischen Adresse.
Die Adressenlänge von 16 bit beim F8-System erlaubt die Adressierung von bis zu 64 KWorte Speicher. Das können sowohl 64 PSU-Bausteine wie auch alle möglichen Kombinationen aus ROM-, RAM-, PROM-Bausteinen sein. Im F8-System hat jede PSU-Einheit ihren eigenen Programmzähler (PC_0). Das besondere hierbei ist, daß **jeder** einzelne PSU-Baustein des Systems mit jeder Veränderung der Adresse seinen Programmzählerstand ändert. Bei Verwendung von 64 PSU-Bausteinen z.B. würden alle 64 Programmzähler bei Befehlsausführung angesprochen und alle würden den gleichen Stand zeigen. Man spricht bei der Unterteilung von **Speicheranordnungen** ganz allgemein von den **Seiten eines Speichers.** Bei dem hier betrachteten F8-System bezeichnet man als eine Seite einen Speicherumfang von $2^{10} = 1024$ Worte.
Wenn, wie oben beispielsweise angenommen, 64 PSU-Seiten vorhanden sind, dann vergleicht eine Logik-Schaltung im PSU-Baustein die sechs höchstwertigen bit im PC_0-Register mit der maskenprogrammierten PSU-Adresse. Normalerweise darf im gesamten System nur **eine** Übereinstimmung festgestellt werden. Weitere Register auf dem Baustein sind ein Stapelregister (stack register) PC_1 und ein Zeigerregister (pointer register) DC, das auch als Datenzähler bezeichnet wird. Diese werden ebenso wie das PC_0-Register bei jeder Befehlsausführung angesprochen und in ihrem Inhalt auf den aktuellen Stand gebracht. Für den Programmierer heißt das, daß er in seinem System jeweils nur einen Programmzähler, einen Stapelspeicher und nur einen Datenzähler sieht (auch wenn mehrere Kopien davon vorhanden sind).

Datenspeicher im F8-System

Im F8-System wird kein logischer Unterschied zwischen Programm- und Datenspeicher gemacht. Die vorhandenen 64 KAdreßmöglichkeiten können auf beliebige Speicherbausteine angewendet werden. Zu den externen Daten- oder Arbeitsspeichern kommt noch das in der 3850 CPU-Einheit vorhandene Stapelregister (Indexregister) von 64 Byte Umfang mit RAM-Funktion hinzu.
Die externen Speicher werden über 3852 DMI- oder 3853 SMI-Bausteine angeschlossen. Die Unterschiede in den Arbeitsweisen wurden bereits in Abschnitt 2.1.2 dieses Buches besprochen.

Eingabe und Ausgabe im F8-System

Ergänzend zu den weiter oben gemachten Ausführungen zur Eingabe und Ausgabe bei unserem speziellen Beispiel-Computer sollen hier noch einige allgemeine Betrachtungen zum gleichen Thema folgen.
Das Ein-/Ausgabe-System ist logisch mit der Speicher-Konfiguration im F8-System verknüpft. Bekanntlich befinden sich in jedem PSU-Baustein 3851 zwei Ein-/Ausgaben. Darüber hinaus ist in jedem CPU-Baustein 3850 eine Zweifach-Ein-/Ausgabe integriert.
Für die Ein-/Ausgabe-Programmierung ergeben sich aus dem Systemaufbau folgende Überlegungen:
Man zerlegt die 64 KWorte Speicherplatz in 16 Blöcke zu je 4 KWorten. Jeder Block wird in 4 Seiten zu je 1 KWorte unterteilt. Jeder Seite ordnet man nun 4 Anschlüsse zu. Dieses Schema führt nun zu einer 8-bit-Adresse für die Ein-/Ausgabe.

4 bit	zur Festlegung des Blocks ($2^4 = 16$ Möglichkeiten)
2 bit	zur Festlegung der Seite ($2^2 = 4$ Möglichkeiten)
2 bit	zur Festlegung des Anschlusses ($2^2 = 4$ Möglichkeiten)

Damit ergeben sich für das F8-System im Prinzip 256 Adressierungsmöglichkeiten für Ein-/Ausgabe-Anschlüsse. Einige dieser möglichen Adressen haben jedoch definierte Funktionen im System zu erfüllen und stehen daher für die Ein-/Ausgabe nicht zur Verfügung. Von den 4 Möglichkeiten

einer PSU-Seite werden z.B. nur die beiden ersten, B'ØØ' und B'Ø1' (B steht hier als Präfix für eine **binäre** Darstellung), für die Ein-/Ausgabe benutzt. Unter der Adresse B'1Ø' wird das Interrupt-Kontroll-Register geführt und unter der Adresse B'11' wird eine programmierbare Zeiteinheit (timer) angesprochen.
Von den 16 möglichen Adressen eines Blockes werden nur 8 für den Verkehr mit der Peripherie benutzt. Wenn ein Block ganz oder teilweise über einen Speicher-Interface-Baustein angesteuert wird (z.B. 3852, 3853), sind die obersten vier Adressen für Interface-Funktionen reserviert. Im Falle des Bausteins 3853 werden die Register B'11ØØ' und B'11Ø1' für den programmierbaren Interrupt-Vektor benutzt und die Adressen B'111Ø' und B'1111' als Register für die Interrupt- und Zeitkreissteuerung. Bei Verwendung des Bausteins 3852 wird mit der Adresse B'11Ø1' der Auffrisch-Zyklus dynamischer RAM-Bausteine und der direkte Speicherzugriff (DMA, direct memory access) gesteuert. Die übrigen Register sind zwar verfügbar, sind aber nicht für den Verkehr mit der Peripherie vorgesehen. So kann die Anzahl der verfügbaren Ein-/Ausgabe-Register in manchen Blöcken bis auf sechs absinken.
Im allerersten Block (Nr. Ø), sind die beiden ersten Adressen für die Ein-/Ausgabe-Anschlüsse der CPU-Einheit 3850 reserviert. Diese Adressen sind zwar auch im ROM-Baustein mit der Seite Nr. Ø vorhanden, sie werden jedoch von der Systemlogik ignoriert. Im ersten Block stehen also nur 4 Ein-/Ausgabe-Anschlüsse zur Verfügung. Schließlich sind noch vier der höchsten Anschluß-Adressen für Steuerfunktionen des direkten Speicherzugriffs (DMA) belegt. Diese 4 Adressen werden beim Systemaufbau durch entsprechende Verdrahtung bestimmter Anschlüsse des DMA-Bausteins 3854 festgelegt. Sie befinden sich stets im Adreßbereich der letzten 4 Seiten (H'FØ' – H'F3', H'F4' – H'F7', H'F8' – H'FB' oder H'FC' – H'FF').
Bei der Entwicklung eines Systems ist darauf zu achten, daß alle diese Systemadressen nicht benutzt werden dürfen.

Direkter Speicherzugriff

Normalerweise erfolgt die Datenübernahme einer programmierbaren Einrichtung so, daß jeweils eine Date von der Peripherie zur Zentraleinheit, z.B. in das Arbeitsregister, übertragen wird. Die Datenausgabe erfolgt auf dem gleichen Weg.
Manchmal ist es notwendig, einen ganzen **Datenblock** zu übertragen. Das kann sowohl eine Dateneingabe für eine Verarbeitung wie auch die Ausgabe eines Datenblocks nach der Verarbeitung sein. In diesen Fällen wäre der oben beschriebene Weg der programmierten Einzelübertragung über das Arbeitsregister zu unrationell und zeitaufwendig. Für jede einzelne Date wären zwei Zyklen notwendig:

1. Date lesen von Peripherie in Arbeitsregister,
2. Date abspeichern aus Arbeitsregister in Speicher.

Für den **Blocktransfer** wurde daher die Möglichkeit des direkten Speicherzugriffs geschaffen. Im F8-System gibt es hierfür den Baustein 3854. Es wird eine Verknüpfung zwischen Arbeitsspeicher und Peripherie hergestellt, die es erlaubt, zu Zeiten, wenn die Zentraleinheit nicht auf den Speicher zugreift, die Daten automatisch zwischen Speicher und Peripherie in beiden Richtungen zu übertragen.
Das Blockschaltbild des Bildes 3.11 erläutert die Schaltungsverknüpfung für den DMA-Transfer im F8-System. Die Programmsteuerung der Blockübertragung im DMA-Betriebszustand geschieht durch Ausgabe von 4 Informationsbytes an den Baustein 3854:

1. höherwertiges Byte der Startadresse,
2. niederwertiges Byte der Startadresse,
3. Anzahl der zu übertragenden Bytes (Datenzähler),
4. Steuerbyte zur Festlegung der Übertragungsrichtung und der Übertragungsart.

Durch den 8 bit langen Datenzähler ist die Anzahl der mit einer DMA-Übertragung transferierbaren Bytes auf 256 begrenzt. Die Startadresse ist die Speicheradresse, von der ab fortlaufend die gewünschte Anzahl übertragen oder abgespeichert werden (je nach Übertragungsrichtung).

Der **direkte Speicherzugriff** als Möglichkeit zur **Datenübertragungssteuerung** sollte immer dann angewendet werden, wenn große Datenmengen von und zu schnell arbeitenden Peripheriegeräten übertragen werden müssen.

Vorrang-Unterbrechungen (Interrupts) im F8-System

Ein wichtiger Punkt bei der Betrachtung eines Mikrocomputersystems ist die Möglichkeit zur

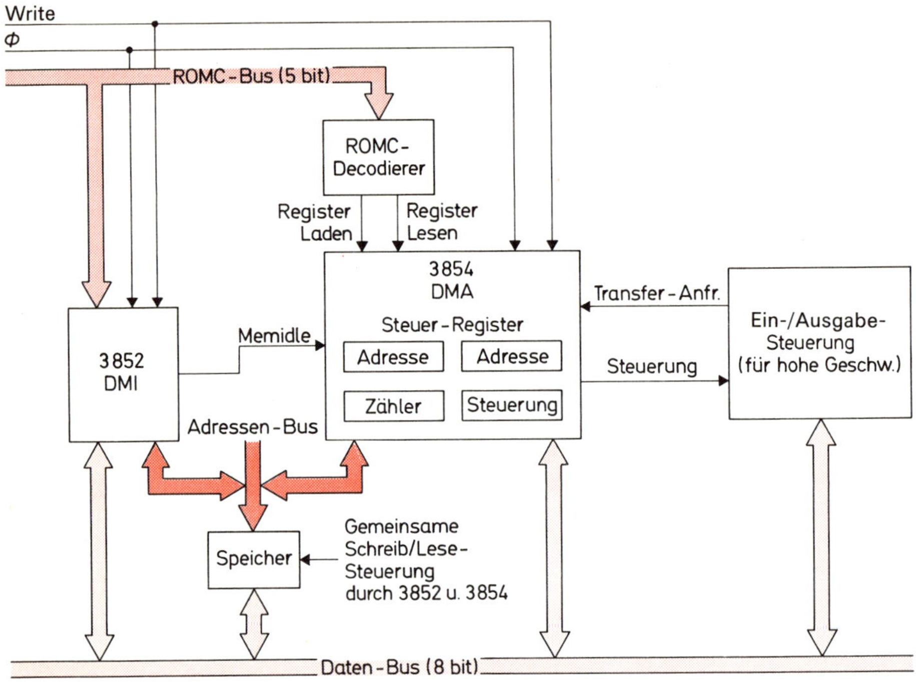

Bild 3.11 Blockschaltbild für die Signalverknüpfung bei einem DMA-Transfer im F8-System

Verarbeitung von Interrupts. Bei Anwendung einer **Interruptsteuerung** läßt sich ein System hinsichtlich der Verarbeitungszeit für bestimmte Systemaufgaben meist wesentlich rationeller nutzen. Bei vorhandenen Interruptstufen verschiedener Priorität läßt sich die Programmsteuerung nach der Wichtigkeit der einzelnen Systemaufgaben unterteilen.

Das F8-System besitzt diese Möglichkeit zur Vorrangunterbrechung auf bestimmten Prioritätsebenen. Der CPU-Baustein 3850 besitzt eine mikroprogrammierte Funktion zur Interruptbehandlung. Eine Unterbrechungsanfrage (interrupt request) wird praktisch wie ein Unterprogramm-Aufruf behandelt.

Wenn auf der Leitung „Interrupt Request" logischer Null-Pegel erscheint, wird zuerst die gerade in Bearbeitung befindliche Instruktion abgearbeitet. Danach wird geprüft, ob es sich um eine von 8 priviligierten Instruktionen gehandelt hat. Im zutreffenden Falle wird die Unterbrechungsanfrage für die Dauer eines weiteren Verarbeitungszyklus nicht beachtet. Danach, bzw. nach Ausführung des Befehls, wird getestet, ob das Interrupt-Steuerbit (interrupt control bit) gesetzt ist (ICB output). Diese programmierte Funktion erlaubt die Bedienung des Interrupts. Wenn auch diese Bedingung erfüllt ist, wird die Unterbrechungsanfrage durch die Zentraleinheit angenommen:

Das Interrupt-Steuerbit wird gelöscht, der Inhalt des Programmzählers wird in das Stapelregister (stack) abgespeichert, und eine als Interrupt-Vektor bezeichnete Adresse wird in den Programmzähler übertragen.

An dieser Adresse wird das Programm fortgesetzt. Unter dieser Adresse beginnt die Interrupt-Bedienungs-Routine, ein Programm, das als Reaktion auf die Unterbrechung abläuft. Die Interrupt-Vektor-Adressen sind bei den ROM-Speichern der PSU-Einheiten maskenprogrammiert und bei den Speichern, die über Speicher-Interfaces 3852 bzw. 3853 angeschlossen sind, frei programmierbar. Die Interrupt-Möglichkeit eines Systems läßt sich (meist) programmiert abschalten.

Nach Beendigung der Interrupt-Bedienungs-Routine wird der Programmzähler aus dem Stapelregister restauriert und das ursprünglich unterbrochene Programm dort fortgesetzt, wo es unterbrochen wurde. Das Stapelregister (stack) besteht meist aus mehreren Registern, die als LIFO-Speicher betrieben werden. LIFO ist die Abkürzung für last in — first out, d.h., zuletzt hinein — zuerst heraus. Je nach Umfang des LIFO-Speichers lassen sich Interrupts ineinander verschachteln, und es kann dann ein Interrupt höherer Priorität in einem niedriger Priorität zugelassen werden. Bild 3.12 möge zur Erläuterung dieser Stack-Technik dienen. Für weitere Einzelheiten sei auf die Literatur, z.B. [33, 36, 45], verwiesen.

Die Prioritätenfolge für Interrupts kann auf verschiedene Weise festgelegt werden. Wenn die Zeit für die Interrupterkennung nicht sehr kritisch ist, ist die einfachste Möglichkeit für die Prioritätenfestlegung die **serielle Prioritätsschaltung (daisy chain)**. Diese Methode wurde beim F8-System gewählt. Bild 3.13 zeigt die Funktion im Prinzip.

Das Interrupt-Steuerbit (ICB) der Zentraleinheit 3850 ist an den Eingang PRIORITY IN des nachfolgenden PSU-Bausteins angeschaltet. Dieser Baustein hat damit die höchste Priorität. Wenn für diesen Baustein Interrupt-Anfragen an das System durch Programmierung erlaubt sind, dann wird bei Interrupt-Anforderung die Leitung INT REQ aktiviert und der Interrupt an die CPU weitergeleitet.

Gleichzeitig wird der Ausgang PRIORITY OUT zu den nachfolgenden Bausteinen gesperrt. Diese werden damit nicht mehr für eine Unterbrechungsanforderung zugelassen. Wenn bei näher zur CPU angeordneten Bausteinen kein Interrupt aktiv ist, können die nachfolgenden Bausteine

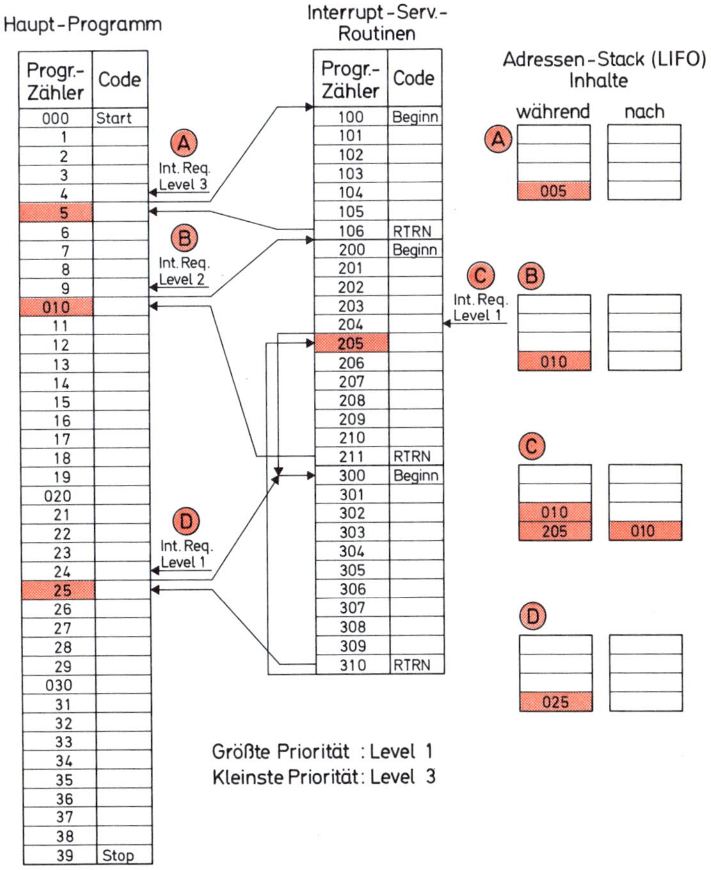

Bild 3.12 Erläuterung der Betriebsweise eines Stapelspeichers (Stack) und der LIFO-Methode

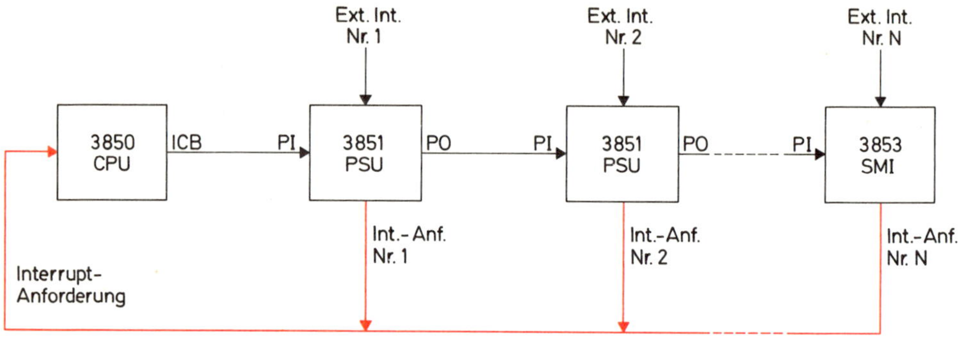

Bild 3.13 Serielle Prioritätsschaltung (daisy chain) im F8-System. Erläuterung im Text

Unterbrechungsanforderungen durchführen. Das letzte Glied in der Kette ist der Baustein 3853 (SMI). Dieser hat keinen Anschluß für PRIORITY OUT und damit immer die niedrigste Priorität.

3.1.3. Der Mikrocomputer als Gerät – Comstar System 8 (Warner und Swasey)

Für den Einsatz eines **Mikrocomputers als Gerät** ergeben sich verschiedene Forderungen, deren Erfüllung Bedingung für einen weitverbreiteten Einsatz sind. Einige solcher Anforderungen sind:

- □ kleine Abmessungen, mechanisch leicht in eine Maschine oder ein System integrierbar,
- □ preisgünstig, da Einsatz in großen Stückzahlen,
- □ geringer Stromverbrauch und damit geringe Verlustwärmeentwicklung,
- □ einfache Stromversorgung,
- □ rationelle Programmierbarkeit,
- □ genügend schnelle Verarbeitung der Daten,
- □ ausbaufähig und variationsfähig (modularer Aufbau),
- □ große Zuverlässigkeit, niedrige Fehler- und Ausfallquoten,
- □ einfache Anwendung (nicht schwieriger als herkömmliche Prozeßrechner oder Minicomputer).

Diese Punkte gelten selbstverständlich auch für solche Minimalsysteme, wie sie in den beiden vorhergehenden Abschnitten besprochen wurden.

Bei den als Geräte vorhandenen Mikrocomputern lassen sich zwei Hauptgruppen unterscheiden:

- □ Die Software zur Programmerstellung (Editor, Assembler, Debug-Programm, einfaches Betriebssystem) ist auf dem Mikrocomputer lauffähig (wenn auch dafür ein gewisser Speicherausbau erforderlich ist).
- □ Die Software zur Programmerstellung ist nicht auf dem Mikrocomputer lauffähig. Sie muß auf einem eigenen größeren Rechner (host computer) oder über ein Timesharing-System auf einem fremden Rechner erstellt werden.

Da auch der beste Mikrocomputer ohne Programm nicht läuft und die Hersteller der Computersysteme in den seltensten Fällen die Software für den Anwendungsfall des Benutzers liefern können, kann die Zugehörigkeit eines Mikrocomputers zu einer der beiden Gruppen über seine Eignung für den Einsatz entscheidend sein. Die Möglichkeiten zur Erstellung und Implementierung der **Anwendersoftware** sind eine entscheidende Voraussetzung für den Einsatz von Mikroprozessoren und Mikrocomputern. Das ist nicht nur eine Frage des Preises, sondern vor allem der Wirtschaftlichkeit. Es ist insbesondere von Einfluß, ob diese Software für einen einmaligen spezifischen Anwendungsfall erstellt werden muß oder ob es Software für den zigfachen Einsatz bei einem Seriengerät ist. Besondere Bedeutung bei den Mikrocomputern als komplettes Gerät kommt solchen Typen zu, die so konstruiert oder programmiert sind, daß für die Programmierung der geläufige Befehlssatz eines eingeführten Minicomputers oder Prozeßrechners verwendet werden kann. Bei dem Einsatz eines solchen Gerätes können die Softwarekosten unter Umständen beträchtlich gesenkt werden, da auf die vorhandenen Programmbibliotheken der Prozeßrechner zurückgegriffen werden kann [z.B. 34].

Nachfolgend wird beispielhaft für diese Gerätegruppe ein Mikrocomputer beschrieben, der nahezu alle geschilderten Anforderungen erfüllt. Es handelt sich hierbei um ein Produkt aus den USA, das Comstar-System 8 (Warner und Swasey). Die Tabelle 6.2 in Kapitel 6 dieses Buches ist eine Zusammenstellung weiterer Geräte dieser Art mit ihren typischen Kenndaten.

Das Comstar-System 8 wurde mit Blick auf die industrielle Meß-, Steuer- und Regelungstechnik geschaffen. Die wesentlichsten Eigenschaften des Systems sind:

- □ bipolarer 8-bit-Prozessoraufbau,
- □ modularer Aufbau und leichte Erweiterbarkeit,
- □ über 75 Ein-/Ausgabe-Interfacebausteine,
- □ asynchron arbeitende Speicher verschiedener Geschwindigkeit,
- □ Speicher mit Mehrfachanschluß zur Verwendung mit mehreren Prozessoren (siehe Bild 3.14),
- □ tragbare, flexibel angeschlossene Programmierkonsole,
- □ direkte Speicheradressierung bis 64 KWorte,
- □ direkte Ein-/Ausgabe-Adressierung für bis zu 240 Geräte,
- □ drei verschiedene Prozessorarten für drei Programmiermethoden:
  Assembler-Sprache,
  Symbolsprachen-Übersetzer (Symbolic Compiler),
  FORTRAN-Compiler,
- □ Prozessoren in zwei Geschwindigkeitsvarianten:
  250 ns Mikrozykluszeit,
  125 ns Mikrozykluszeit,
- □ Montage-Hardware für rauhen Industriebetrieb,
- □ Befehlsliste mit 134 Befehlen, darunter:
  Satz logischer Befehle,
  Hardware-Multiplikation und Division,
  leistungsfähige Verschiebe- und Transportbefehle,
- □ sieben Interrupt-Stufen verschiedener Priorität,
- □ Bus-Organisation,
- □ quarzstabilisierter System-Takt (clock),
- □ störungsunempfindlich gegen:
  Rauschspannungen und Störfelder,
  relativ große Temperaturschwankungen,
  Schock und Vibration.

Schon aus dieser Aufzählung geht hervor, daß es sich hier um ein leistungsfähiges System für den industriellen Einsatz handelt. Nahezu alle Forderungen, die oben gestellt wurden, sind hier erfüllt.

Die über 75 verschiedenen **Interface-Moduln** machen einen nahezu problemlosen Anschluß jedweder Standard- und Prozeßperipherie möglich. Es würde an dieser Stelle zu weit führen, alle Systembausteine zu beschreiben. Die nachfolgende Aufstellung enthält die wichtigsten Modularten, die im Comstar System 8 vorhanden sind.

Zentralprozessor und System-Steuermoduln

- □ vier verschiedene Zentralprozessoren (CPU),
- □ Modul für Echtzeitsteuerung (real time control),
- □ Programmierkonsole,
- □ Modul für Speicherschutz (program trap module).

Speicherbaugruppen

- □ Bipolar-Speicher als PROM,
- □ EPROM-Baugruppen,
- □ CMOS und NMOS RAM-Moduln,
- □ RAM-Modul mit Mehrfachzugriff (multiport RAM),
- □ ladungsgekoppelte Speichersysteme (CCD = Charge Coupled Device).

Gleichstrom-Digital-Ein-/Ausgabe
(DC digital I/O)

- □ TTL-Ein-/Ausgabe,
- □ Optokoppler Ein-/Ausgabe,
- □ Ein-/Ausgabe mit offenem Kollektor,
- □ Treiber-Bausteine mit Multiplexer.

Wechselstrom-Bausteine (AC Modules)

- □ 24-V$_\sim$-Digitalbaustein,
- □ 120-V$_\sim$-Digitalbaustein.

Spezial-Bausteine für Digitaldaten-Verarbeitung

Bausteine für Analog-Ein-/Ausgabe

- □ Bausteine zur Konditionierung von Eingangssignalen,
- □ Multiplexer,
- □ Verstärker,
- □ Abtast- und Halte-Schaltungen (sample and hold),
- □ A/D- und D/A-Wandler.

Bausteine für den Anschluß von Kommunikationsgeräten und Modems

Peripherie Anschluß-Bausteine für

- □ Streifen-, Matrix- und Trommel-Drucker,
- □ Lochstreifen- und Lochkarten-Leser-Stanzer,
- □ Bedienungsblattschreiber und Displays,
- □ Magnetbandkassetten-Speicher,
- □ Floppy-Disk und Plattenspeicher.

Sonstige Bausteine und Hilfsmittel

- □ Stromversorgungsbausteine,
- □ Spannungskonstanthalter,
- □ Montagerahmen für Gestelleinbau,
- □ Tischgehäuse.

In Bild 3.14 ist ein Systemaufbau als Blockschaltbild gezeigt. Hierbei sind zwei Prozessoren über einen Speicher mit Mehrfachanschluß (multiport memory) sowie eine umfangreiche Peripherie zusammengeschaltet. Die Speichermoduln mit Mehrfachanschluß sind mit je 8 Anschlußmöglichkeiten versehen. Die Speichergröße beträgt 1 K- oder 4 K-8-bit-Worte. Die peripheren Geräte erhalten ihre Befehlsinformationen über zugeordnete Speicheradressen, die von den Geräten ständig abgefragt werden. Bei dieser Arbeitsweise ist es möglich, mit einer Zentralprozessoreinheit einen umfangreichen blockweisen Datentransfer zu steuern.

Die Übersetzer der drei verwendeten Programmiersprachen sind sowohl auf Timesharing-Anlagen verfügbar als auch auf dem Comstar-System 8 Mikrocomputer lauffähig. Bei dem Symbolic Compiler wird als Quellsprache eine Codierung in booleschen Ausdrücken und durch Verknüpfungsbeschreibungen (relay ladder diagram) angewendet. Die verwendete FORTRAN-Version ist kompatibel mit ANSI Standard X 3.9 – 1966 for FORTRAN IV. Zusätzliche Erweiterungen für Prozeßsteuerung und -regelung; Ein-/Ausgabe, Zeichenbehandlung und Multitasking sind zugefügt. Für Einzelheiten zu FORTRAN siehe z.B. [33].

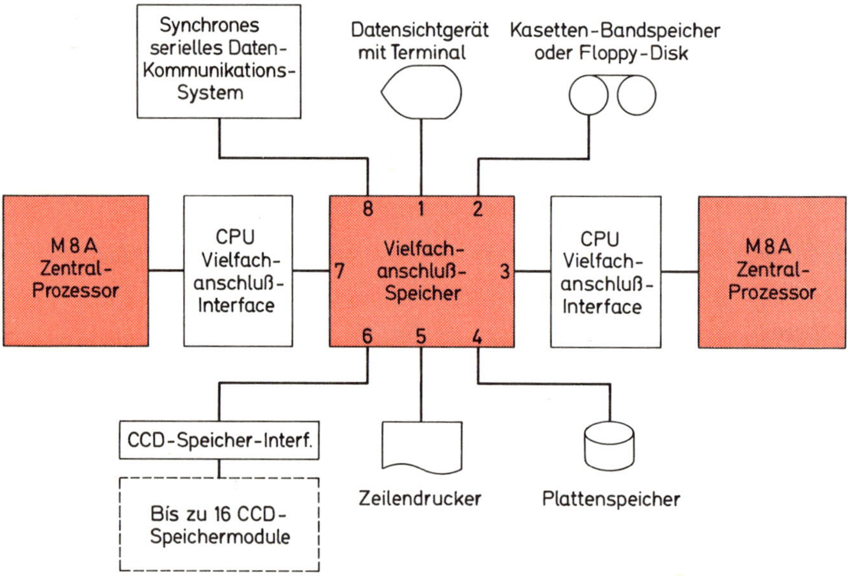

Bild 3.14 Ein Systemaufbau mit dem Mikrocomputersystem Comstar 8

3.2. Standard-Peripherie für Mikrocomputer

Unter der **Standard-Peripherie** eines Computersystems werden allgemein Geräte verstanden, die die folgenden Funktionen ausführen:

- □ alphanumerische Dateneingabe und Datenausgabe,
- □ Programmeingabe, Eingabe von Steuerdaten,
- □ Programmspeicherung,
- □ externe Daten- und Ergebnisabspeicherung auf Massenspeichern.

In den verschiedenen Anwendungsbereichen der Mikrocomputer, von der einfachen Ablaufsteuerung bis hin zum Ersatz eines Minicomputers oder Prozeßrechners, kommt dieser Standardperipherie eine unterschiedliche Bedeutung zu. Oftmals vermögen Mikroprozessorsysteme bzw. Mikrocomputer im Serieneinsatz ganz ohne Standardperipherie auszukommen. Die Programme sind in ROM-Bausteinen gespeichert, und als Ein- und Ausgabedaten kommen nur Prozeßgrößen als analoge und digitale Signale sowie als binäre Schaltzustände vor. Der Programmwechsel wird durch Austausch des Speicherbausteins durchgeführt. Für die Entwicklung einfacher Mikrocomputersysteme und bei der Programmerstellung und dem Programmtest kann jedoch auf eine bestimmte Mindestmenge peripherer Geräte nicht verzichtet werden. Größere eingabe-/ausgabeintensive Mikrocomputer-Anwendungen erfordern unter Umständen eine sehr umfangreiche Standardperipherie. Hier kann der Anschaffungspreis für die peripheren Geräte ein Vielfaches des Computerpreises betragen. Besonders bei den **Massenspeichern** mit magnetischem Datenträger (Band, Platte) hat man große Anstrengungen unternommen, um billigere und damit adäquatere Geräte für den Einsatz in Mikrocomputersystemen zu entwickeln.
Durch die fast stets bei Mikroprozessorsystemen und Mikrocomputern vorhandenen Möglichkeiten zur bitseriellen bzw. byteparallelen Digitaldatenausgabe ist der Anschluß **alphanumerischer Ein- und Ausgabegeräte** nahezu problemlos. Allenfalls wird eine Anpassungsschaltung aus diskreten Bauelementen oder auch einer der für diese Zwecke speziell entwickelten Interface-Schaltkreise (siehe Abschnitt 2.3.2 und Bilder 2.50 bis 2.57) erforderlich. Für die **alphanumerische Dateneingabe** werden teils besondere **Tastaturen,** ansonsten aber die Eingabetastaturen von **Bedienungsblattschreibern** (z.B. Teletype®) und **Terminals** verwendet. Für die **alphanumerische Datenausgabe** kommen neben speziellen **Datendisplays** aus Siebensegment-Anzeigen die bereits erwähnten **Bedienungsblattschreiber, Datendrucker** und **Katodenstrahlröhren-Displays (CRT-Display** = Cathode Ray Tube Display) zur Anwendung. Besonders bei modernen Mikrocomputer-Systemen kann auf eine solche alphanumerische Ein- und Ausgabemöglichkeit nicht verzichtet werden, da sowohl bei den Bausätzen wie auch bei den fertigen Systemen keine Wartungskonsole vorgesehen ist. Hier befindet sich eine entsprechende Display-Routine auf einem ROM-Baustein und über die alphanumerische Ein- und Ausgabevorrichtung lassen sich Speicherinhalte verändern und auslesen. **Lochstreifenleser** und **-stanzer** sind weiterhin beliebte Geräte für die Programmeingabe, Programmspeicherung und die Eingabe von Steuerdaten. Langsame, mechanisch arbeitende Leser sind vielfach mit den Teletype-Modellen ASR gekoppelt (ASR = automatic send/receive). Schnellere Leser, die mit optischer Abtastung arbeiten, sind weit verbreitet und verhältnismäßig preiswert in der Anschaffung. Der Datenträger – Papier oder Plastik – ist billig und haltbar; die aufgebrachten Daten sind gegen Verlust durch Umgebungseinflüsse (Störfelder, Staub, Wärme) weitgehend sicher. Bei Anwendung von RAM-Bausteinen als Halbleiterspeicher für die Programmspeicherung kann auf einen externen Programmdatenträger, wie z.B. Lochstreifen, nicht verzichtet werden. Die gespeicherten Daten gehen bei Stromabschaltung verloren (volatile memory) und müssen bei Wiederinbetriebnahme neu eingelesen werden. Auch nach Fehlern im System, die zur Programmzerstörung (Überschreibung) bei Schreib-Lese-Speichern führen können, ist eine erneute Programmeingabe erforderlich.

Als Massenspeicher für Mikrocomputer-Systeme haben sich im wesentlichen Plattenspeicher mit flexibler **Magnet-Platte (Floppy-Disk)** und **Kassettenmagnetbandgeräte** eingeführt. Letztere benutzen entweder modifizierte Magnetbänder, mit den gleichen Abmessungen für Band und Kassette, wie sie als Musi-Kassetten in der Unterhaltungselektronik eingeführt sind, oder besondere Magnetbandkassetten. Sowohl die Platten- wie auch die Bandgeräte werden zur Programm- und Datenspeicherung bei Mikrocomputer-Anwendungen eingesetzt. Die Tabelle 3.1 gibt einige charakteristische Kenndaten für die externen

Speichergeräte, die hier vorwiegend zur Anwendung kommen.
Selbstverständlich ist der Anschluß nahezu aller Peripheriegeräte, die bei Computern gebräuchlich sind, an Mikrocomputer möglich. Doch dürften solche peripherieintensiven Systeme nicht die Regel sein.

Tabelle 3.1: Kenndaten von Externspeichern

Datenträger	nutzbare Länge in m	maximale Aufzeichnungsdichte in Bpi*	Kapazität in Bytes	Arbeitsgeschwindigkeit in m/s	Transferrate in bit/s
Philips-Digital-Magnetbandkassette LGH 6003	86	800	625 000	0,19	6 000
Hewlett-Packard-Bandkassette	42,6	1200	250 000	0,56	22 000
3M-Kassette DC 300 A	91,4	1600	300 000	0,76	48 000
Floppy Disk IBM 3740, 7,88″ Magnetic Disc	–	3200	250 000	<0,55	250 000
Lochstreifen	<300	80	≈ 400/m	0,3···0,5 (nur lesen)	1000···1500 (nur lesen)

* Bpi = bit per inch, 1 inch = 2,54 cm.

3.3. Prozeßperipherie für Mikrocomputer

Da Mikrocomputer in erster Linie als Ersatz für festverdrahtete Steuer- und Regelschaltungen entwickelt werden, kommt dem direkten Anschluß der Signale für die Weiterverarbeitung im Prozessor eine besondere Bedeutung zu. Es sind dies die von den **Meßwertumformern** und **Schaltgliedern** gelieferten analogen und digitalen Eingangssignale und die entsprechenden Ausgangssignale, die auch bei herkömmlichen Steuerungsaufbauten vorhanden sind. Die Baueinheiten und Schaltgruppen, die die Daten bzw. Signale so umformen, daß sie von der Datenverarbeitungsanlage (im vorliegenden Fall dem Mikrocomputer) verarbeitet werden können und die die Ausgangsdaten so aufbereiten, daß die Stellglieder betätigt werden können, bezeichnet man als Prozeßperipherie.

Unter dem Begriff der **Prozeßperipherie** werden die Baueinheiten und Schaltgruppen verstanden, die folgende Funktionen erfüllen:

Potentialtrennung,
Verstärkung,
Digitalisierung von Analogdaten (AD-Umsetzer),
Pegelanpassung,
Prellunterdrückung von Kontakten,
Analogisierung von Digitaldaten (DA-Umsetzer),
Ausgabeverstärker für Stellgliedbetätigung.

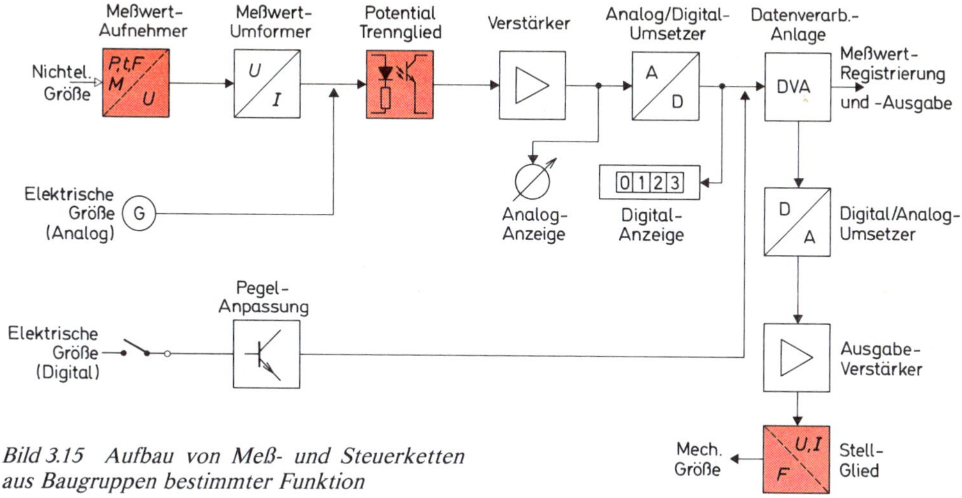

Bild 3.15 Aufbau von Meß- und Steuerketten aus Baugruppen bestimmter Funktion

Betrachtet man die hier aufgezählten Funktionen, die von der Prozeßperipherie realisiert werden müssen, dann stellt man fest, daß es die gleichen sind, die in der Meß-, Steuer- und Regelungstechnik und in der Prozeßrechnertechnik gebräuchlich sind. Es würde den Rahmen dieses Buches sprengen, wollte man alle diese Verfahren hier abhandeln. Für die Grundlagen und die speziellen Techniken wird daher auf die umfangreiche Fachliteratur der Meß- und Regelungstechnik verwiesen. Eine einführende Darstellung mit Angaben über vertiefende Literatur findet sich in dem im gleichen Verlag erschienenen Buch [33] unter Abschnitt 2.4.
Auf die Darstellung einiger Punkte kann jedoch auch hier nicht verzichtet werden. Es gibt Schaltungen und Baugruppen, die entweder speziell für den Gebrauch mit Mikrocomputern entwickelt wurden oder deren Kenntnis beim Umgang mit analogen und digitalen Signalen aus dem Prozeßbereich unbedingt erforderlich ist. Auch für die Datenübertragung auf Leitungen, die diesem Themenkreis zugeordnet werden kann, wurden spezielle Treiber- und Anpassungsschaltkreise entwickelt. In Bild 3.15 ist der grundsätzliche Aufbau einer **Meß- und Steuerkette** mit den wesentlichen Baugruppen gezeigt.

3.3.1. Potentialtrennung und Verstärkung

Eine **Potentialtrennung** zwischen Prozeß und Meßkreis läßt sich am einfachsten durch eine galvanische Unterbrechung des Signalpfades erreichen. Während man dafür bis vor einiger Zeit bei Digitaldaten Relais und bei Analogdaten transformatorische Trennwandler bzw. Trennverstärker einsetzte, werden heute in zunehmendem Maße **optoelektronische Koppelelemente** verwendet. Diese haben den Vorteil des niedrigen Leistungsverbrauchs und der geringen Baugröße bei einer trotzdem beachtlichen Durchschlagfestigkeit von 1…2 kV. Folgende Vorteile werden durch den Einsatz von Schaltgliedern zur Potentialtrennung erreicht:

- Vermeidung von Störspannungs- und Störstromverschleppung,
- Überführung von Meßgrößen auf ein anderes Bezugspotential zur einheitlichen Weiterverarbeitung,
- Erhöhen der Betriebssicherheit gegenüber Erdschlüssen,
- Abtrennung eigensicherer Kreise (Ex-Schutz),
- Unterdrückung von Gleichtaktstörungen,
- Vermeidung von gegenseitigen Rückwirkungen bei gleichzeitiger Aufschaltung eines Prozeßsignals auf mehrere Signalverarbeitungseingänge.

Während die optoelektrische Potentialtrennung bei Digitalsignalen wegen der leichter zu realisierenden Binärzustände schon länger in Gebrauch ist, ist die Potentialtrennung bei Analogsignalen nach dieser Methode noch nicht sehr weit verbreitet. Bild 3.16 zeigt die Funktionsweise eines

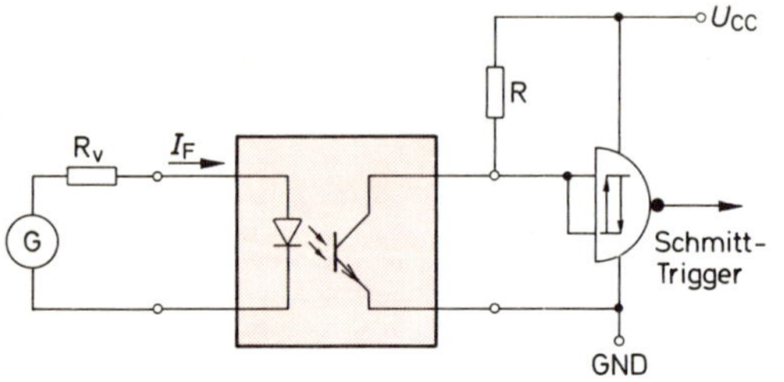

Bild 3.16 Funktionsweise eines Optokopplers und Schaltung für Digitaldatenübertragung

Optokopplers und den entsprechenden Schaltungsaufbau für Digitaldatenübertragung.

Bei der Analogdatenübertragung wird eine lineare Übertragungskennlinie über den Aussteuerbereich vorausgesetzt, um die Amplitudenverhältnisse des analogen Signals nicht zu verfälschen. Bild 3.17 zeigt das Prinzipschaltbild eines linearen Trennübertragers mit optoelektrischer Kopplung. Der Baustein ist unter Verwendung von Operationsverstärkern aufgebaut und gestattet neben der Potentialtrennung auch noch eine Pegelanpassung (Abschwächung, Verstärkung). Die Abmessungen des Bausteins betragen ca. 29 mm × 45 mm × 6 mm. Für die Spannungsversorgung der beiden entkoppelten Schaltkreisteile kann ein isolierter Gleichspannungswandler eingesetzt werden, wenn die Versorgung aus einer Stromquelle erforderlich ist. Die Kenndaten des optisch gekoppelten linearen Isolierverstärkers werden wie folgt angegeben:

Ausgangsspannung ±10 V/±5 mA,

Gleichtaktspannung max. ±1500 V,

Gleichtaktunterdrückung 120 dB,

Linearität 0,1%,

Langzeitstabilität 0,1%/1000 h,

Anstiegsgeschwindigkeit 1,0 V/µs.

Bandbreite 10 kHz ± 3 dB,

Für weitere Einzelheiten wird auf die Datenblätter des Herstellers verwiesen [18].

Auf die **Verstärker** für die Konditionierung von analogen Eingangssignalen wird hier nicht eingegangen. Im Prinzip lassen sich alle auf dem Markt befindlichen Verstärkerbausteine sowie beschaltete Operationsverstärker und aus diskreten Bauelementen hergestellte Verstärker einsetzen.

3.3.2. Pegelanpassung und Prellunterdrückung von Kontakten

Für die Verarbeitung analoger wie auch digitaler Eingangssignale kann unter Umständen eine **Pegelanpassung** notwendig werden. Wenn ohne Entkopplung der Signale durch Optokoppler oder transformatorische Elemente gearbeitet

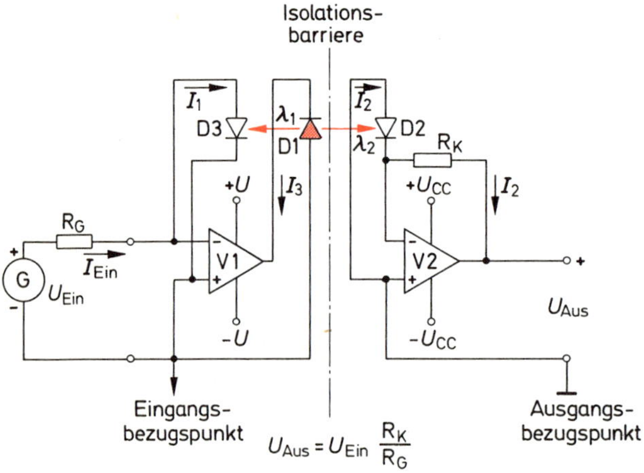

Bild 3.17 Prinzipschaltbild eines linearen Trennübertragers mit optoelektrischer Kopplung (Burr Brown)

werden kann, werden hierfür vorzugsweise Dioden- oder Transistorschaltungen verwendet. Bei der Verarbeitung von Wechselspannungssignalen (24···220 V~) als binärer Zustandsindikator werden in zunehmendem Maße anstelle der Relaisschaltungen Schaltstufen mit Gleichrichtern und Optokopplern sowie einem nachgeschalteten Schmitt-Trigger eingesetzt. Bei der Verwendung von Kontakten zur binären Zustandssignalisierung der digitalen Daten für die Eingabe, kommt es infolge von **Kontaktprellungen** zu häufigen Systemstörungen. Da auf die Kontaktelemente wie Schalter, insbesondere Endschalter und Lageschalter, Relaiskontakte und Schaltschütze meist nicht verzichtet werden kann, wurden Schaltungen entwickelt, um die durch Kontaktprellen entstehenden Störungen zu unterdrücken. Bild 3.18 zeigt einige Schaltungsvarianten zur Pegelanpassung und Bild 3.19 ist das Blockschaltbild einer Schaltstufe für die Verarbeitung von Wechselspannungssignalen. In Bild 3.20 sind einige Möglichkeiten gezeigt, wie Kontaktprellen unterdrückt werden kann. Die mit Wechselkontakt arbeitende Schaltung c des Bildes 3.20 funktioniert nur dann einwandfrei, wenn das Prellen des Kontaktes nicht so stark ist, daß beim Rückschwung der Kontaktzunge der Gegenpol noch einmal berührt wird.

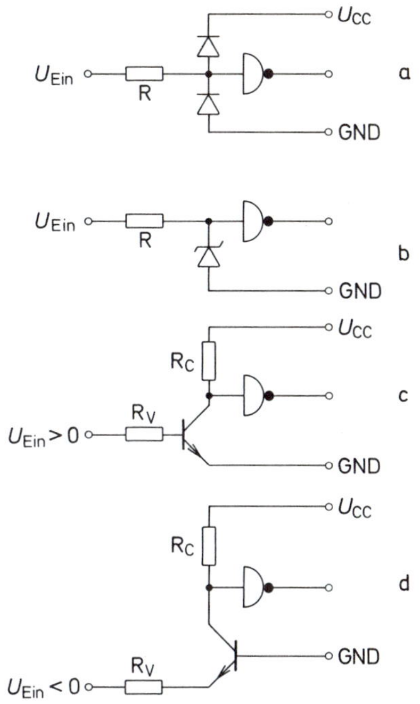

Bild 3.18 Schaltungen zur Pegelanpassung

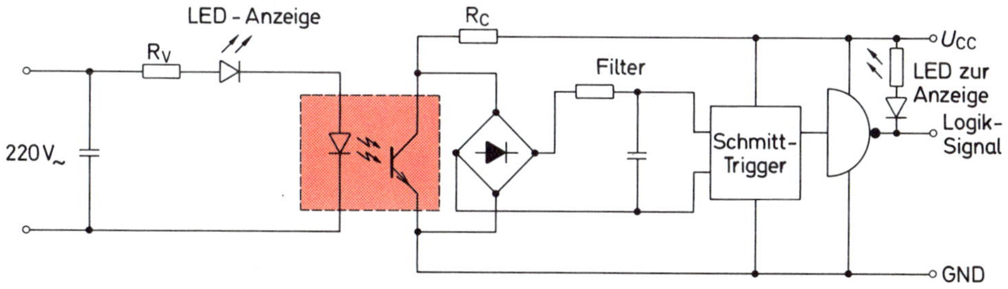

Bild 3.19 Blockschaltbild einer Schaltstufe für die Verarbeitung von Wechselspannungssignalen

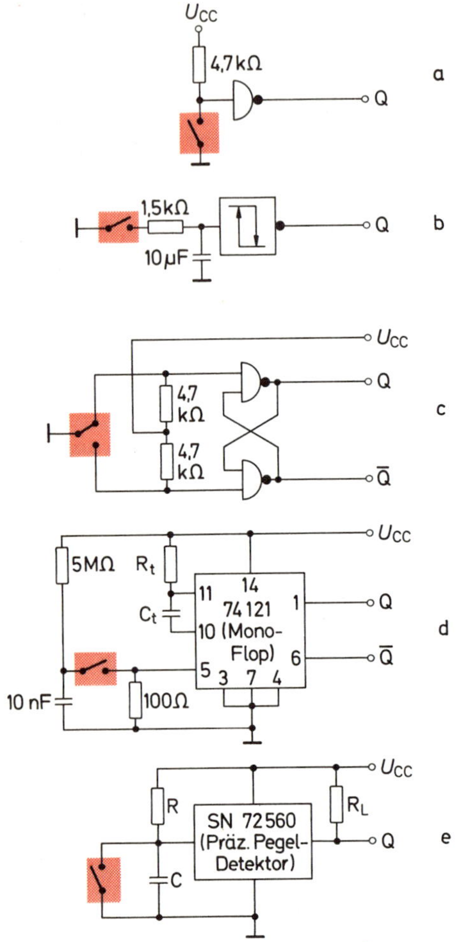

Bild 3.20 Schaltungen zur Unterdrückung des Kontaktprellens

3.3.3. Analog-Digital- und Digital-Analog-Umsetzung

Über die Methoden zur **AD-** und **DA-Umsetzung** steht umfangreiche Fachliteratur zur Verfügung [siehe auch z.B. 37]. Eine Zusammenfassung findet sich in dem Buch [33] des gleichen Verfassers. Die beiden hier diskutierten Umsetzungsarten stellen jedoch den wohl wichtigsten Teil jeder Prozeßperipherie dar. Die überwiegende Anzahl der bei einem Prozeß anfallenden Signale sind Analogdaten. Die analogen Spannungen und Ströme, die mit den Meßwerten der physikalischen Größen Temperatur, Durchfluß, Druck usw. in einem funktionalen Zusammenhang stehen, werden von **Meßwertumformern** erzeugt. Diese Meßwertumformer sind lange eingeführte und weit verbreitete Geräte mit großer Zuverlässigkeit, auf die in der Prozeßtechnik vorläufig nicht verzichtet werden kann.

Somit ist es notwendig, Analogdaten in großer Anzahl zu digitalisieren. Die Digitaldaten werden in Prozessoren (Computer, Prozeßrechner, Mikrocomputer) verarbeitet, und das Ergebnis wird vielfach nach einer Rückwandlung in ein analoges Signal für die grafische Darstellung oder zur Erzeugung einer Stellgröße verwendet.

Die erforderliche meßtechnische Präzision und die nicht einfache Schaltungstechnik und Steuerung der Umwandler (ADU und DAU) verlangen einen großen Aufwand bei der Geräteherstellung. Hier wurden von verschiedenen Herstellern **Analog-Digital-** wie auch **Digital-Analog-Umsetzer** geschaffen, die speziell auf die Bedürfnisse für die Zusammenarbeit mit Mikrocomputern abgestimmt sind. Der Aufbau auf systemkompatiblen Platinen mit gleichzeitiger Steckerkompatibilität und Festlegung der Steuer- und Datenadressen führt zu einem problemlosen Einsatz. Die Steckkarten beinhalten Gleichspannungswandler, um aus der Computerstromversorgung mit ±5 V die für den Wandlerbetrieb notwendigen Spannungen von ±15 V zu erzeugen. Die Bilder 3.21 und 3.22 zeigen den Prinzipaufbau der Karten. Mit dieser Anschlußbeschaltung sind sie für den Einsatz mit dem Intellec-8-Mikrocomputer (Intel) vorgesehen. Die wichtigsten Kenndaten zur Charakterisierung der Systemkarten sind:

Eingabeeinheiten (AD-Wandler)

Typ MP 8216 mit 16 unsymmetrischen Eingabekanälen (single-ended inputs), massebezogen,
Typ MP 8208 mit 8 differentiellen Eingabekanälen (differential inputs), Differenzeingänge,
Eingangsspannungsbereiche:
±10 V, 0···+10 V, 0···+5 V (über Brücken wählbar),
maximale Spannung am Eingang: ±15 V,
Eingangsimpedanz: 100 MΩ,
Auflösung: 12 bit binär,
Genauigkeit: 0,025% vom Meßbereich,
Wandlungszeit: 20 µs.

Ausgabeeinheit (DA-Wandler)

Typ MP 8104 mit 4 Analogausgängen,
Ausgangsspannungsbereiche:
±10 V, 0···+10 V, ±5 V, 0···+5 V, ±2,5 V (wählbar),

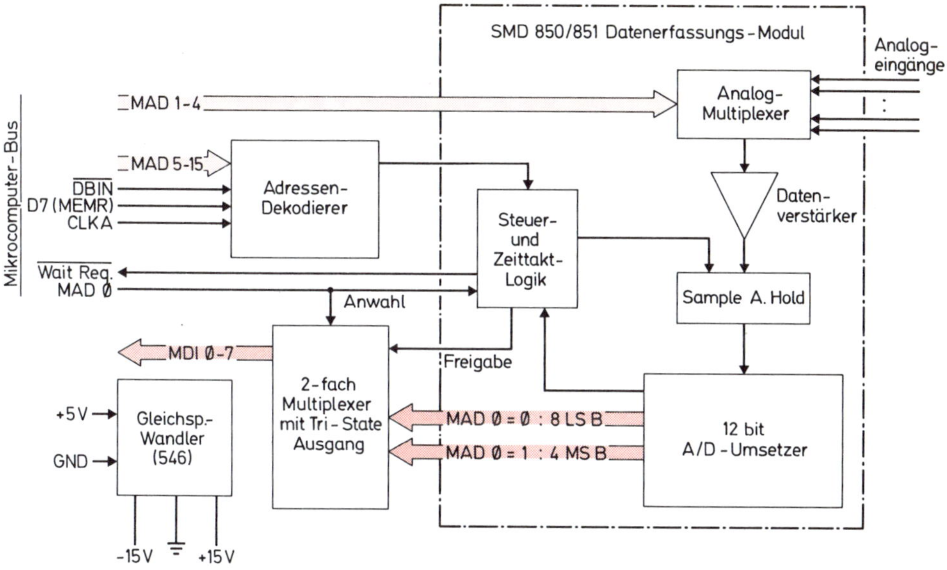

Bild 3.21 Prinzipschaltung eines Analog-Digital-Umwandlers für Mikrocomputer-Anschluß (Intellec 8)

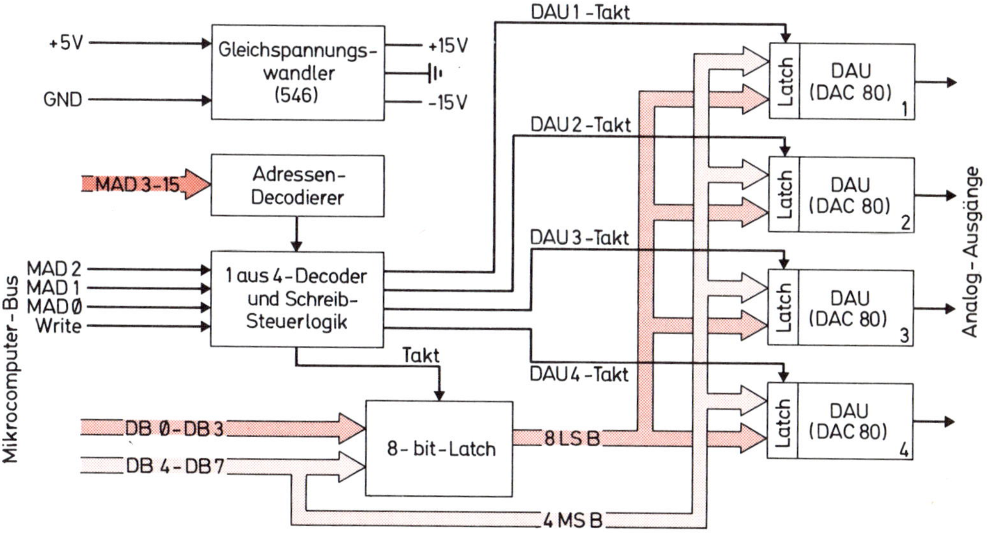

Bild 3.22 Prinzipschaltung eines Digital-Analog-Umwandlers für Mikrocomputer-Anschluß (Intellec 8)

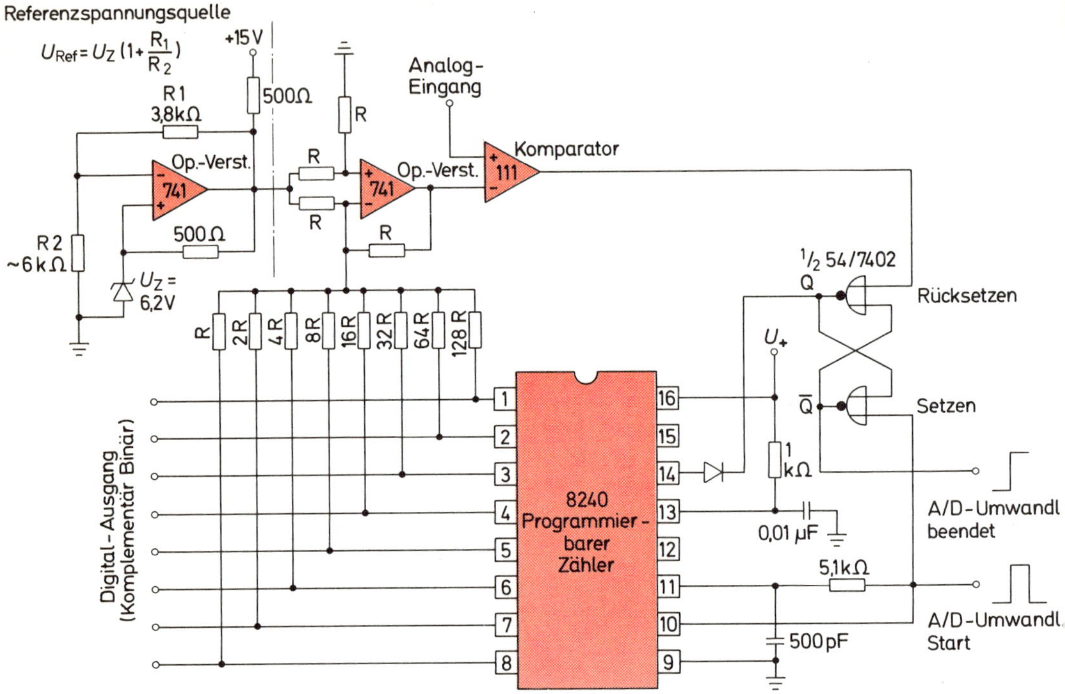

Bild 3.23 Schaltung eines 8-bit-AD-Umsetzers nach der Zählermethode (Umwandlungszeit max. 2,6 ms)

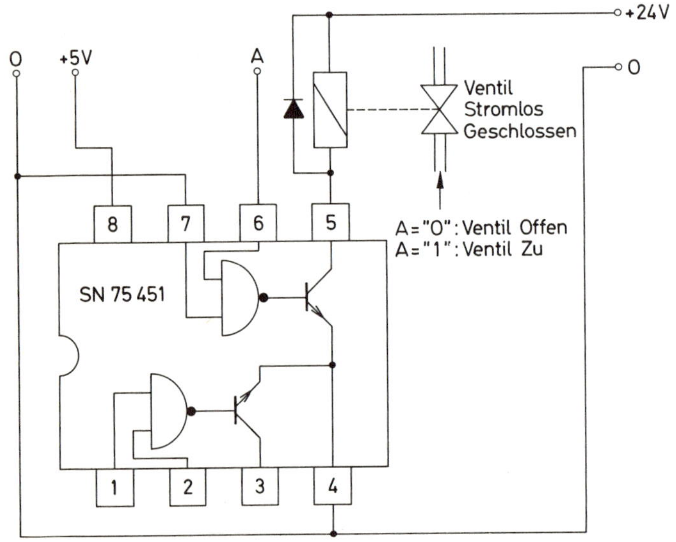

Bild 3.24 Ausgabeschaltung mit Treiberbaustein SN 75451 für Magnetventilbetätigung

maximaler Ausgangsstrom: 5 mA,
Ausgangswiderstand: 1 Ω,
Einschwingzeit: < 10 μs,
Auflösung: 12 bit binär.

Für Demonstrationszwecke, bei geringen Ansprüchen an die Genauigkeit, wurde für den Anschluß an den Modellcomputer mit dem Fairchild-F8-Bausatz ein sehr preiswerter Analog-Digital-Umsetzer nach der im folgenden Beispiel 3.3 beschriebenen Methode aufgebaut.

Beispiel 3.3: Analog-Digital-Umsetzer nach einer Zählermethode mit 8 bit Auflösung

In Bild 3.23 ist der Schaltungsaufbau mit dem 8-bit-Zählerbaustein 8240 (Intersil) gezeigt. Über den Takteingang TAKT wird der Zähler zurückgesetzt (Pin 10) und gleichzeitig getriggert (Pin 11). Das Flipflop für die Zählerfreigabe wird gesetzt. Mit Beginn der Zählung wird an dem Ausgang des Operationsverstärkers eine treppenförmige abfallende Spannung erzeugt. Bei Gleichheit des Treppenspannungspegels mit der Spannung am Komparatoreingang wird der Rücksetzimpuls für das Flipflop erzeugt und damit der Zähler gestoppt. Die digitale Information im komplementären Binärformat kann an den 8 Ausgängen abgenommen werden. Die maximale Umwandlungszeit bei dieser Schaltungsanordnung beträgt ca. 2,6 ms. Der $\overline{Q}$-Ausgang der Flipflop-Stufe kann als Marke (flag) für das Ende der Umwandlung benutzt werden, da sie zu diesem Zeitpunkt einen Signalwechsel von „Ø" nach „1" ausführt [53, 94].

Die duale Darstellung in komplementärer Binärform bei 10 V Meßspannungsbereich sieht wie folgt aus:

Bruchteil des Meßbereiches	Spannung (analog) Volt	komplementäre Binärform MSB … LSB
8/8 − 1 LSB	9,96	0 0 0 0 0 0 0 0
7/8	8,75	0 0 0 1 1 1 1 1
3/4	7,50	0 0 1 1 1 1 1 1
5/8	6,25	0 1 0 1 1 1 1 1
1/2	5,00	0 1 1 1 1 1 1 1
3/8	3,75	1 0 0 1 1 1 1 1
1/4	2,50	1 0 1 1 1 1 1 1
1/8	1,25	1 1 0 1 1 1 1 1
Ø + 1 LSB	0,04	1 1 1 1 1 1 1 0
Ø	0,00	1 1 1 1 1 1 1 1

3.3.4. Ausgabeverstärker für Stellgliedbetätigung

Für die Ausgabe digitaler Daten (Ein-/Auszustand) ist das **Relais** der einfachste Ausgabeverstärker. Eine Aussteuerung mit den Signalpegeln des Mikrocomputers ist jedoch (von einigen Ausnahmen abgesehen) wegen der großen Leistungsaufnahme der Relaisspulen nicht möglich. Das gleiche gilt für die Betätigung von **Magnetventilen.** Bei kleinen bis mittleren Schaltleistungen lassen sich hier die mit Schalttransistoren versehenen integrierten Treiberstufen der Typenreihe SN 75 450 einsetzen (siehe auch Abschnitt 2.3.1 dieses Buches). Sie gestatten an den Transistoren bei Spannungen bis 30 V einen Kollektorstrom von bis zu 300 mA zu schalten. Das entspricht einer Leistung von ca. 9 W. Bild 3.24 zeigt das Schaltbild einer Anordnung. Bei Ausgangsschaltungen für höhere Leistungen werden allgemein Verstärkertransistoren entsprechender Dimensionierung eingesetzt. Für die angeschlossenen Verbraucher ist eine getrennte Stromversorgung zweckmäßig, deren Masse nur an einem einzigen Punkt mit der Masse des Logiksystems verbunden wird (siehe Bild 3.25). Bei direktem Anschluß eines TTL-Ausganges an die Basis eines Transistors wird für den Basisstrom ein Wert von 9 mA angesetzt. Je nach Größe des gewünschten Kollektorstromes muß der Transistor eine entsprechende Stromverstärkung besitzen. Ein zusätzlicher Widerstand zwischen Ausgang der TTL-Schaltung und der Versorgungsspannung bewirkt für den nachgeschalteten Transistor einen größeren verfügbaren Basisstrom von 20 mA. Die Begrenzung auf diesen Wert ist durch den zulässigen Ausgangs-Low-Strom des TTL-Standard-Ausganges von 16 mA gegeben. Der Kleinstwert für den Widerstand beträgt 330 Ω. Wenn an den Ausgang der TTL-Schaltung außer dem Transistor noch weitere TTL-Eingänge angeschlossen werden sollen, dann muß die für den logisch „1"-Zustand festgelegte Spannung erhalten bleiben, die in den Schaltungen a und b durch die Basis-Emitter-Diode des Transistors kurzgeschlossen wird. Eine Lösungsmöglichkeit ist in c gezeigt. Der Basisstrom beträgt 3,5 mA. Mit einer Darlington-Stufe nach d läßt sich damit ein Laststrom von 1 A schalten. Für weitere Einzelheiten sei auf die Literatur [46, 55, 96a, b] verwiesen.

Auf die Verstärkung der analogen Ausgangssignale der Digital-Analog-Umsetzer wird hier nicht eingegangen. Hier gilt, wie auch schon entsprechend bei den Eingangsverstärkern aus-

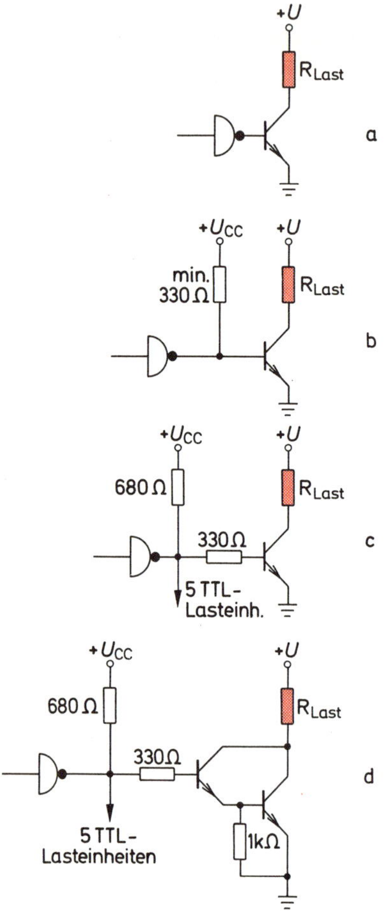

Bild 3.25 Schaltungen von Ausgabeverstärkern mit Transistoren

geführt wurde, daß nahezu alle verfügbaren Leistungsverstärker, die in der Steuer- und Regelungstechnik üblich sind, Verwendung finden können. In der **Regelungstechnik** wird vorzugsweise das **Normsignal** von 0···20 mA bzw. 4···20 mA für die Weiterverarbeitung verwendet. Geeignete Geräte zur Umsetzung der Signale des Digital-Analog-Wandlers in dieses Normsignal sind in vielfältigen Ausführungsformen auf dem Markt eingeführt.

3.3.5. Leitungen zur Informationsübertragung

In dem Maße, in dem die Anwendung von Speichersystemen und verschiedener Arten von Logiksystemen anwuchs, wurden auch Verbindungsmöglichkeiten zwischen den Systemteilen notwendig. Leitungen für die Übermittlung digitaler Daten zwischen Computer bzw. Steuergerät (Mikrocomputer) und entfernt liegenden Datenstationen, Druckern, Modems und optischen Anzeigen sind ebenso notwendig für die Übertragung analoger Signale. Eine Zusammenfassung grundlegender Betrachtungen über Leitungen und die auf ihnen möglichen Störungen finden sich in [33], Seite 64 bis 70.

Sowohl für die Übertragung von Analogdaten wie auch Digitaldaten wurde eine Reihe von Spezialkabeln entwickelt. Diese gewährleisten bei ordnungsgemäßem Abschluß eine weitgehend störungsfreie Signalübertragung. Hierbei ist sowohl das Übersprechen von benachbarten Adern wie auch die Abschirmung gegen Fremdstörungen weitgehend unterdrückt. Ein Kabelaufbau mit paarweise verdrillten Adern (twisted pairs), unter teilweiser Einzelabschirmung von Paaren, ist eine häufig gebrauchte Ausführungsform. Durch die gleichmäßige Verdrillung besitzen die Adernpaare eine definierte Impedanz und gestatten eine ordnungsgemäße Anpassung der Leitung. Hierdurch wird sowohl eine höhere Übertragungsgeschwindigkeit als auch eine längere Leitung möglich. Die Aufnahme von Störungen wird durch die gegenseitige Kopplung der beiden Drähte vermindert. Mit dieser Kabelart lassen sich sowohl symmetrische wie auch unsymmetrische Übertragungen vornehmen. Für die Steigerung der **Übertragungsqualität** und Standardisierung der **Übertragungseigenschaften** wurde eine Vielzahl von integrierten **Leitungstreiber-** und **Leitungsempfängerbausteinen** entwickelt. Für die verschiedenen Übertragungsarten, Geschwindigkeiten, Kanalzahl und sonstigen besonderen Erfordernisse stehen jeweils spezielle Bausteine zur Verfügung. Eine ausgezeichnete Zusammenfassung und Beschreibung aller möglichen Varianten mit Auswahltabellen für Treiber- und Empfängerbausteine findet sich in [96d], Seite 325 bis 373.

3.4. Stromversorgung von Mikrocomputern

Mikrocomputerbausteine wie auch allgemein integrierte Schaltungen benötigen Versorgungsspannungen, die nicht mehr als ±5% vom Sollwert abweichen sollen. Um diese Forderungen unter allen Umständen zu erfüllen, müssen hochstabile, **geregelte Netzteile** verwendet werden. Die Abweichungen der Ausgangsspannung eines Netzgerätes vom Sollwert werden durch folgende Größen bestimmt:

- □ Schwankungen der Eingangsspannung, Netzspannungsschwankungen,
- □ Temperaturabhängigkeit der Referenzspannung und des Regelverstärkers,
- □ Laständerungen.

Weitere Fehlerquellen stellen der Spannungsabfall auf den Versorgungsleitungen von der Stromversorgungseinheit zum Verbraucher sowie die sogenannten **„current spikes“**, die **Stromeinbrüche** während des Überganges zwischen den beiden Ausgangszuständen (insbesondere bei TTL-Schaltungen), dar.
Eingangskapazitäten und Leitungskapazitäten tragen mit zur Entstehung der beim Umschalten auftretenden Strom-Impulse bei. Eine kapazitive Last wird durch einen Standard-TTL-Ausgang z.B. mit 25 mA geladen und mit 50 mA entladen. Beim Entwurf von **Versorgungsleitungen** und **Netzteilen** ist diesen Punkten Beachtung zu schenken. Die Versorgungsleitungen müssen nicht nur im statischen Zustand durch kleinen Spannungsabfall die Versorgungsspannung gewährleisten. Durch zweckmäßig angeordnete und ausreichend bemessene **Stützkondensatoren** muß verhindert werden, daß die „current spikes“ Spannungsabfälle hervorrufen, durch welche die Störsicherheit beeinträchtigt wird oder gar Fehlschaltungen erzeugt werden. Kapazitäten in der Versorgungsleitung von 1 µF je 4 Schaltkreise (TTL) werden als ausreichend angesehen (möglichst Tantalkondensatoren verwenden). Für ein Netzgerät ist schließlich noch zu fordern, daß es durch einen Kurzschluß in der angeschlossenen Schaltung nicht zerstört wird, auch dann nicht, wenn der Kurzschluß über längere Zeit wirksam ist.
Durch die fast ausschließliche Verwendung von Halbleiterspeichern in Verbindung mit Mikrocomputern kommt der Stromversorgung eine besondere Bedeutung zu. Bei Stromausfall oder Absinken der Versorgungsspannung unter einen Mindestwert gehen die gespeicherten Informationen verloren. Man arbeitet daher in der industriellen Praxis vielfach mit **Pufferbatterien** für die Stromversorgung des Gesamtsystems oder zumindest der Speicherbausteine.
Netzteile für integrierte Digitalschaltungen sind in vielen Varianten auf dem Markt. Sie lassen sich in folgende Gruppen einteilen:

- □ Netzbausteine mit Netztrafo und Stabilisierung,
- □ Stabilisierungskarten mit Niederspannungswechselstromversorgung,
- □ integrierte Stabilisierungsschaltungen eventuell mit Längstransistor für Versorgung mit unstabilisiertem Gleichstrom,
- □ Gleichspannungswandler für die Versorgung aus Bordnetzen.

Schaltbeispiele und Berechnungsunterlagen für Netzteile sind in der einschlägigen Literatur reichlich dokumentiert.
Das nachfolgende Beispiel 3.4 zeigt die Ermittlung der notwendigen Netzteildaten für den F8-Demonstrations-Mikrocomputer aus den Datenblattangaben.

Beispiel 3.4: Strombedarfsermittlung für die Netzteile zum F8-Mikrocomputer

Aus den Datenblättern ergeben sich für die maximale Stromaufnahme der verwendeten Bausteine und Bauteile folgende Werte:

Baustein/Schaltung	bei U_{DD} = 5 V (mA)	bei U_{GG} = 12 V (mA)
1 × 3850	80	25
1 × 3851	70	18
1 × 3853	70	30
8 × 2102–2	400	–
2 × 340097	0,1	–
1 × 34001	0,02	–
1 × 34023	0,02	–
1 × 9N06	50	–
TTY-Interface	50	120
Summe	720 mA	195 mA

Diese Werte müssen den auszuwählenden Netzteilen zugrunde gelegt werden. Eine gewisse Überdimensionierung ist in diesem Falle zu empfehlen, um für eventuelle Erweiterungen (z.B. Arbeitsspeicher) gerüstet zu sein. Gewählt wurden 2 Netzbausteine: 5 V/2 A und 12 V/0,5 A.

---

4. Anwendungen von Mikrocomputern

Zur Anwendung von Mikroprozessoren und Mikrocomputern sind einige grundsätzliche Überlegungen anzustellen. Für die elektronischen Problemlösungen existieren hier noch immer die Möglichkeiten der Realisierung durch **Analogtechnik** oder **Digitaltechnik.** In bestimmten Anwendungsfällen, bei denen höchste Verarbeitungsgeschwindigkeit gefordert wird, kann auf die Analogtechnik nicht verzichtet werden. Ansonsten geht aber der Trend immer mehr zu digitaltechnischen Lösungen hin. Hier gewinnt die Problemlösung durch Mikroprozessorsysteme und Mikrocomputer immer dann an Bedeutung, wenn die **Komplexität** der Probleme groß ist und ein entsprechender schaltungstechnischer Aufwand durch **Software** ersetzt werden kann. Durch die **Programmierbarkeit** der Schaltungen ergibt sich ein weiterer entscheidender Vorteil:

> Für eine Vielzahl unterschiedlicher Anwendungen werden Standardbausteine aus einer Großserienfertigung zu Standardsystemen und -geräten verschaltet und lediglich mit unterschiedlichen Programmen eingesetzt.

Funktionsänderungen, Fehlerbeseitigung, Erhöhung der Fehlersicherheit, Erhöhung des Bedienungskomforts und eine eventuelle Wartungsvereinfachung können ohne technischen Mehraufwand und Fertigungsumstellung nur durch Programmänderungen erzielt werden. Für die Gerätehersteller ergibt sich hieraus eine große Flexibilität, wenn es darum geht, neue Produkte in kürzester Zeit auf dem Markt einzuführen. Zwei bereits begonnene Entwicklungen wird die Mikrocomputertechnik zweifellos beschleunigen: die zunehmende Digitalisierung bisher analogelektronisch realisierter Funktionen der Meß-, Steuer- und Regelungstechnik sowie der Nachrichtentechnik und den Ersatz vieler mechanischer durch elektronische Funktionen.

Aus Gründen der Wirtschaftlichkeit muß aber auch bei den Überlegungen zum Einsatz von Mikroprozessoren und Mikrocomputern geprüft werden, ob nicht andere Lösungsmöglichkeiten zu besseren, d.h. kostengünstigeren Ergebnissen führen. Für die Lösung eines Digitalproblems gibt es stets die Alternativen:

- Festverdrahtete Logik mit Standardschaltkreisen,
- Mikrocomputer mit freier Programmierbarkeit.

Man wird sicherlich die Alternative wählen, die das wirtschaftliche Optimum darstellt, nämlich optimale Leistung bei minimalen Kosten.
Wirtschaftlich optimale Lösungen bei Ausführung in festverdrahteter Logik sind dann zu erwarten, wenn folgende Bedingungen vorliegen:

- □ niedrige Stückzahlen,
- □ Platzbedarf und Leistungsverbrauch sind unwesentlich,
- □ das Problem ist wenig komplex. Es sind nur logische Verknüpfungen, aber wenig oder gar keine arithmetischen Operationen erforderlich,
- □ die Problemstellung bleibt immer gleich. Änderung von Konzept und Ein-/Ausgangs-Signalen sind nicht zu erwarten.

Dagegen bietet sich der Einsatz von Mikrocomputern für wirtschaftlich optimale Lösungen dann an, wenn folgende Bedingungen gegeben sind:

- □ sehr große Stückzahlen,
- □ kleiner Platzbedarf und geringer Leistungsverbrauch,
- □ große Komplexität des zu lösenden Problems,
- □ Notwendigkeit umfangreicher arithmetischer Operationen,
- □ wechselnde Eingabe- und Ausgabedaten,
- □ wenn Änderungen der Funktion oder des Schaltungskonzepts zu erwarten sind,
- □ an die Zwischenspeicherfähigkeit des Systems werden hohe Anforderungen gestellt.

Bei den Wirtschaftlichkeitsbetrachtungen spielen auch die Preise eine Rolle. Hierbei ist zu beachten, daß bei der Entscheidung für ein Mikrocomputersystem die Kosten für den Mikroprozessor oder das Bausteinsortiment nicht unbedingt maßgeblich sind. Die **Systemkosten,** die beim Mikrocomputer eine Reihe von verdeckten **Zusatzkosten** enthalten können, sind den Betrachtungen über die Wirtschaftlichkeit zugrunde zu legen. Solche Zusatzkosten, besonders für den Neuling, können sein:

- □ Im Verlauf der Entwicklung notwendig werdende Geräte: z.B.
  PROM und EPROM-Programmiergeräte,
  Logik-Tester, Logik-Analysator,
  Oszillograf mit hoher Grenzfrequenz,
  Simulationsanlagen für Signale und Umwelt,
- □ Entwicklungsperipherie (Bedienungsblattschreiber, Datendrucker, Lochstreifen-Leser-Stanzer, Sichtgerät),
- □ Peripheriegeräte des Anwender-Systems,
- □ Mietkosten für Time-Sharing-Terminals oder Kauf eines Entwicklungssystems,
- □ Programmkosten (Erstellung, Miete, Kauf),
- □ Hard- und Software-Ausbildung der Entwickler.

Diese Aufzählung ist sicher nicht vollständig und ließe sich in vielerlei Hinsicht erweitern. Bereits zu Beginn des Kapitels 3 wurde auf einige dieser Aspekte hingewiesen. Sie sollen dazu dienen, den Blick auf einige notwendige Voraussetzungen beim Start mit Mikrocomputern zu richten.
Hat man sich prinzipiell für die Verwendung eines Mikrocomputers zur Problemlösung entschieden, so muß man sich anschließend speziell über die Alternative MOS- oder bipolarer Mikroprozessor klar werden.

MOS-Mikroprozessoren sind langsamer, billiger und komplexer (daher weniger Bausteine). Sie sind dort einzusetzen, wo keine extremen Geschwindigkeitsanforderungen gestellt werden.
Bipolare Mikroprozessoren sind schneller, teurer, mikroprogrammierbar und weniger komplex. Sie werden bei höheren Geschwindigkeitsanforderungen eingesetzt und wo eine maßgeschneiderte Befehlsstruktur erforderlich ist.

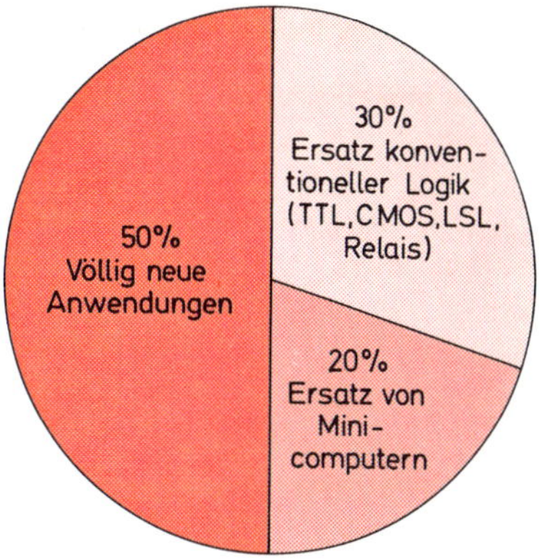

Bild 4.1 Anwendungsgebiete für Mikroprozessoren und Mikrocomputer im Jahre 1980 (Nach Siemens-Druckschrift B 1492)

Hinsichtlich gewisser wirtschaftlicher Überlegungen, die die Systemwahl aus den Alternativen digitale Logik, Mikroprozessor und schließlich spezifische Kundenschaltung betreffen, sind in Abschnitt 6.16 des Kapitels 6 einige Ausführungen zusammengefaßt [36, Folge 25].
In den nachfolgenden Abschnitten wird der Einsatz von Mikrocomputern an einigen ausgewählten Beispielen, die zum Teil der Applikationsliteratur der Hersteller entnommen wurden, dargestellt.
In der Tafel 4.1 erfolgt eine Zusammenstellung von realisierten und möglichen Anwendungsfällen, wie sie übereinstimmend von nahezu allen Mikroprozessor- und Mikrocomputerherstellern angegeben werden. Hierzu heißt es in einer Firmendruckschrift [Siemens B 1492], Seite 11: Die Experten erwarten, daß im Jahre 1980 nur etwa die Hälfte aller Mikrocomputer für Aufgaben eingesetzt sein wird, die heute schon durch konventionelle Logiktechniken mit TTL-, LSL-, MOS- oder Relaisschaltungen gelöst sind. Alle anderen werden ihre Anwendung auf Gebieten finden, die heute noch außerhalb der Digitalelektronik liegen. Siehe hierzu Bild 4.1.

Tafel 4.1: Anwendungen von Mikroprozessoren und Mikrocomputern

Industrie und Handel	**Wissenschaft und Forschung**	**Nachrichten- und Datentechnik, Energieversorgung**
Fließbänder Numerisch gesteuerte Werkzeugmaschinen Walzenstraßen Pressen Dosierautomaten Aufdampfanlagen Rechnende Waagen Analyseautomaten Massenspektrometer Zielgesteuerte Förderanlgagen Meß-, Prüf- und Überwachungssysteme Manipulatoren Registrierkassen Münzwechsler Fotosatzmaschinen Filmentwicklungsmaschinen Kopierautomaten	Programmierbare wissenschaftliche Tischrechner Automaten für Spektralanalyse und Gaschromatographie Manipulatoren für strahlungsgefährdete Bereiche Signalsynthesizer Umweltschutz-Beobachtungs- und Überwachungssysteme	Periphere Computergeräte (Datensichtgeräte, Plattenspeicher, Bandspeicher, Schnelldrucker, Beleg- und Klarschriftleser) Intelligente Terminals Emulation von Kleinrechnern Bankschalterterminals Rechnende Schreibautomaten Meß-, Regel- und Überwachungsfunktionen in Nachrichten- und Energieversorgungsnetzen Fernsprech- Wählautomaten Oszillographensysteme mit Auswertung
Verkehr	**Medizin**	**Konsumelektronik**
Autoelektronik (Einspritzsysteme, Blockierschutz) Kfz-Diagnose Tanksäulen-Durchflußmessung und -abrechnung Verkehrsabhängige Signalsteuerung Terminals für Flug- und Eisenbahn-Platzreservierung und Frachtbuchung Radargeräte Dezentrale Bordcomputer in Flugzeugen, Schiffen, Raumfahrzeugen Aufzugsteuerung	Analyseautomaten EKG- und EEG-Auswertung Röntgengerätesteuerung Strahlendosimetrie Psychologische Testsysteme Verwaltungscomputer für Arztpraxen Patientenüberwachung auf Intensivstationen	Waschmaschinen Geschirrspülmaschinen Mikrowellenherde TV-Spiele TV-Informationssysteme Foto- und Filmelektronik Kabelfernseh-Teilnehmerabrechnung Spielautomaten

4.1. Aufbau einer industriellen Steuerung mit dem Mikrocomputer TMS 1000 (Texas Instruments)

Da der Mikrocomputer TMS 1000 ein sogenannter Ein-Chip-Mikrocomputer ist, gestaltet sich der Aufbau eines **industriellen Steuerungssystems** verhältnismäßig einfach. Zum Computerbaustein sind die Anpassungsbausteine (Interfaces) für die Eingabe und die Ausgabe analoger und digitaler Signale hinzuzufügen. Art und Umfang dieser Bausteine sind vom jeweiligen zu steuernden bzw. zu regelnden Prozeß abhängig. Da die digitalen Ein- und Ausgänge des Computerbausteins meist für den gleichzeitigen Anschluß aller Signale nicht ausreichen, werden vor die eigentlichen Signalanschlüsse am Eingang **Multiplexer** und hinter die Signalanschlüsse am Ausgang bei Bedarf **Demultiplexer** geschaltet. Multiplexer sind steuerbare Umschalter, die mehrere Eingänge auf einen Ausgang umzuschalten gestatten. Demultiplexer gestatten, ein Eingangssignal auf mehrere adressierbare Ausgänge zu schalten. Man unterscheidet Multiplexer für analoge und digitale Signale.

Die in einer industriellen Steuerung zu verarbeitenden Analogsignale (Spannungen, Ströme) werden mit **Analog-Digital-Umsetzern (ADU**, englisch **ADC = analog to digital converter**) in Digitalwerte umgesetzt. Falls eine Umwandlung von Digitalsignalen in Analogwerte erforderlich ist, erfolgt diese mit **Digital-Analog-Umsetzern (DAU, DAC)**.

Der beispielhafte Gesamtaufbau einer Steuereinheit mit dem Mikrocomputer TMS 1000 ist in Bild 4.2 dargestellt.

Wie bereits in Abschnitt 3.1.1 bei der Systembeschreibung für die Mikrocomputerbaustein-Serie TMS 1000 ausgeführt wurde, handelt es sich hier um einen kompletten Mikrocomputer mit 4 bit Wortlänge. Für das Beispiel wird hier der Baustein TMS 1000 verwendet. Der Baustein TMS 1200 wäre jedoch ebenfalls zur Verwendung geeignet (Unterschied: mehr R-Ausgänge).

Als Eingänge stehen die Anschlüsse K_1, K_2, K_4 und K_8 zur Verfügung. Für die Ausgabe hat der Baustein die R-Anschlüsse ($R_0 \cdots R_{10}$) und die O-Anschlüsse ($O_0 \cdots O_7$). Die R-Anschlüsse sind einzeln über das Y-Register adressierbar und können speichernd (latch) mit logisch „Ø" oder „1" geladen werden. Die O-Anschlüsse sind die 8 Ausgänge einer programmierbaren Logik-Anordnung (PLA) mit 5 internen Eingängen. Diese 5 internen Eingänge sind der Inhalt des Arbeitsregisters und das Statusbit. Die Umcodierung auf die 8 Ausgänge erfolgt nach einem vom Benutzer festgelegten Code. In unserem Beispiel wird eine Codierung angenommen, die für die Ausgänge O_0 bis O_3 den Arbeitsregisterinhalt liefert.

Die Darstellung in Bild 4.2 sieht die Möglichkeit der Eingabe von 8 Analogsignalen und 8 Digitalsignalen vor. Die Analogsignale werden über einen Analogmultiplexer auf den Eingang des ADU geschaltet. Die Kanaladresse des Multiplexers wird über die Ausgänge R_5, R_6 und R_7 codiert. Der Ausgang R_4 leitet anschließend bei Aktivierung die Analog-Digital-Umsetzung ein. Da der Mikrocomputer TMS 1000 keine Interrupt-Einrichtung besitzt, muß für die Übernahme des digitalisierten Analogwertes entweder eine bestimmte Zeit gewartet werden (wie hier vorgesehen) oder über einen der Digitaleingänge das bei Ende der Umsetzung generierte Signal überwacht werden. Mit den Signalen R_1, R_2 und R_3 werden von den jeweils 8 Eingängen der Multiplexer 74LS157 bzw. 74LS257 vier auf den Ausgang durchgeschaltet. Bei dem digitalisierten Analogwert werden die höherwertigen und niederwertigen 4 bit nacheinander auf die K-Eingänge geschaltet. Der Multiplexer 74LS257 besitzt Tri-State-Ausgänge, die über das R_0-Signal ausgeschaltet werden können. Dies ist für den Betrieb des Tastenfeldes erforderlich. Aus den Signalen R_5 bis R_7 und den Ausgängen O_0 bis O_3 wird eine Matrix mit Leuchtdiodenanzeige gebildet. Für die Signale R_5 bis R_7 wird hierzu ein MOS zu VLED-Treiber 75492 benötigt. (**VLED = visible light emitting diode**; Leuchtdiode mit Emission im sichtbaren Spektralbereich). Als Ausgangssignale für die Steuerung stehen die drei Signale R_8, R_9 und R_{10} zur Verfügung. Diese können über einen Demultiplexer oder auch direkt über Treiberstufen zur Steuerung bzw. Regelung verwendet werden. Es läßt sich leicht abschätzen, daß eine solche Anordnung z.B. mehrere Regler (hier speziell Zweipunktregler) zu ersetzen vermag.

Der Programmspeicher befindet sich als ROM (1 KWort × 8 bit) auf dem Computerbaustein. Das Steuer- oder Regelprogramm wird, nach vorherigem Test mit einem Entwicklungsaufbau für das System, bei der Bausteinherstellung durch Maskenprogrammierung aufgebracht. Als Datenzwischenspeicher ist im vorliegenden Falle der ebenfalls auf dem Baustein vorhandene

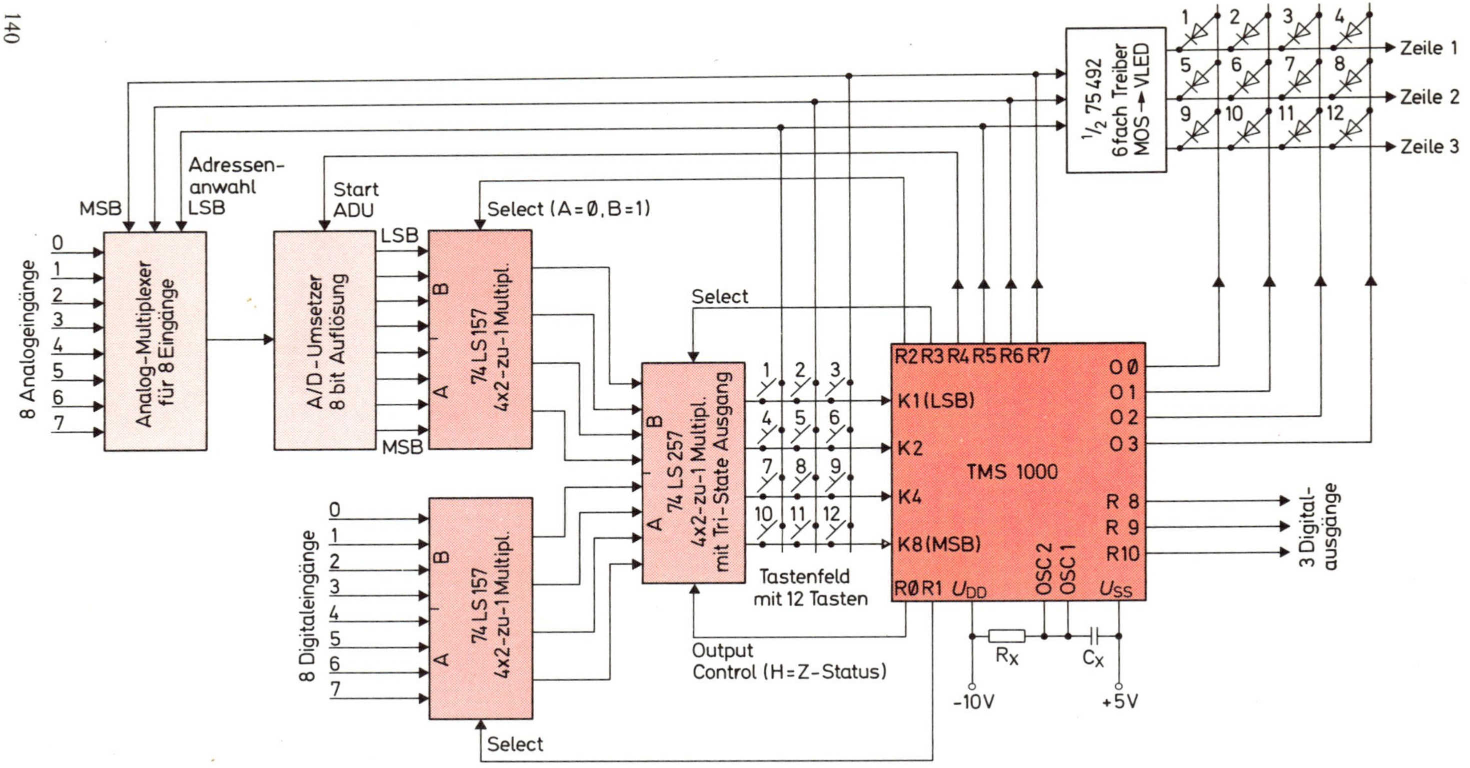

Bild 4.2 Industrieller Steuerungsaufbau mit dem Mikrocomputer TMS 1000 (Texas Instruments)

Schreib-Lese-Speicher (RAM) mit einem Umfang von 64 Worten à 4 bit vorgesehen.
Die Tastatur erlaubt einen manuellen Systemeingriff. Die über die Tastatur eingegebenen Daten können sowohl zur Ablaufvariation des Steuerprogramms als auch für Testzwecke verwendet werden. Die Leuchtdiodenmatrix liefert die optische Darstellung definierter Systemzustände. Ein Teil eines Programms für diese Steuerung ist in Kapitel 5, Bilder 5.6 bis 5.9, dargestellt und im zugehörigen Text beschrieben.

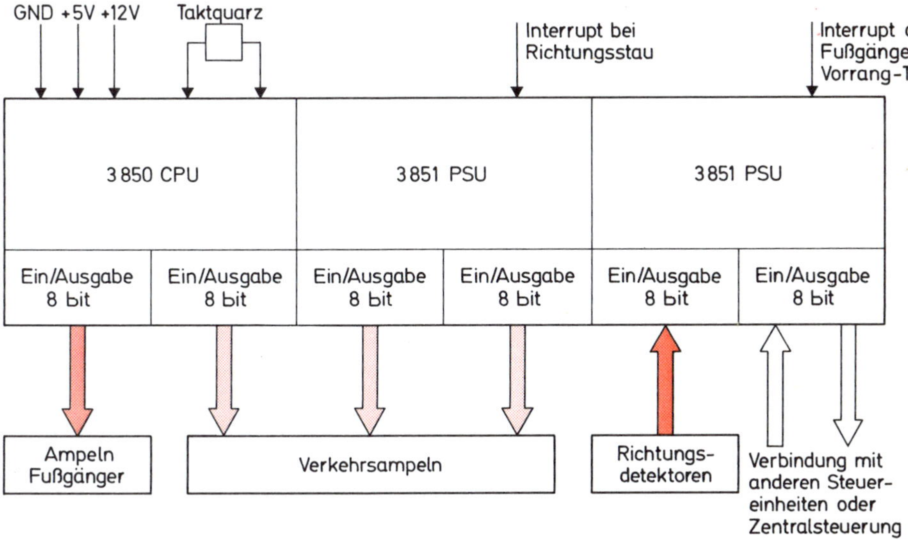

Bild 4.3 Blockaufbau einer Verkehrssteuerung mit Mikroprozessorsystem F8 (Fairchild Semiconductor)

4.2. Verkehrssteuerung über ein F8-Mikrocomputersystem (Fairchild Semiconductor)

Das hier kurz beschriebene **Ampelsteuersystem** ist ein verhältnismäßig komplexes Anwendungsbeispiel für den Einsatz von Mikrocomputern. In Bild 4.3 ist der Blockaufbau der Steuerung dargestellt. Durch die Verwendung von einem Zentralprozessor 3850 und zwei Programmspeichereinheiten 3851 stehen folgende Möglichkeiten zur Nutzung frei:

- zwei Zeitkreise,
- zwei Interrupt-Ebenen,
- integrierter Taktgeber,
- automatische Rücksetzung beim Einschalten,
- 48 Bitpositionen für die Verwendung als Anschluß zur Dateneingabe und -ausgabe.

An das System werden Fahrzeugdetektoren, die sich in der Straßenoberfläche befinden, angeschlossen. Hiermit lassen sich sowohl Linksabbieger feststellen als auch der gesamte Verkehrsfluß in allen vier Richtungen kontrollieren. Dabei wird gleichzeitig die Anzahl der Fahrzeuge gezählt. Weitere Eingangsdaten werden durch die Handtasten an den Fußgängerüberwegen geliefert. Diese werden aktiviert, wenn Fußgänger die Straße zu überschreiten wünschen. Die Ausgangsdaten werden zur Ansteuerung der Treiber für die Signalleuchten verwendet. Neben den genannten Ein-/Ausgabe-Daten ist noch genügend Kapazität vorhanden, um einen Datentransfer mit benachbarten Steueranlagen oder übergeordneten Steuereinheiten durchzuführen. Hierdurch besteht die Möglichkeit, den Verkehrsfluß großräumig zu steuern. Daneben können Vorkehrungen für den Test der Anlage oder Umschaltung auf Handbetrieb realisiert werden.

Von den beiden zur Verfügung stehenden Unterbrechungsmöglichkeiten kann eine benutzt werden, um die Ampelumschaltung nach einer gewissen Anzahl von Fahrzeugen oder nach Ablauf einer vorgegebenen Zeit zu bewirken. In der CPU wird die Anzahl der Fahrzeuge, getrennt nach Richtungen, gezählt. Die zweite Unterbrechungsmöglichkeit kann für die vorrangige Bedienung der Fußgängerwünsche zur Fahrbahnüberquerung verwendet werden. Hierdurch wird das ablaufende Ampelsteuerprogramm unterbrochen, die Fußgängerüberwege freigegeben und das Programm später wieder fortgesetzt.

Die zwei Zeitkreise erlauben die simultane Steuerung der Zeiten der Ampelphasen wie auch der Blinkfrequenz und Geschwindigkeitsvorschriften der Signale vor den Fußgängerüberwegen. Durch die Latch-Schaltkreise der Ein-/Ausgabe-Anschlüsse erübrigt sich das Halten der Information für die gesamte notwendige Dauer eines bestimmten Zustandes. Die an den Ausgängen vorhandene Information ist in einer bistabilen Schaltstufe (latch) gespeichert und kann nur durch erneutes Überschreiben geändert werden. Das gleiche gilt bei einem Betrieb als Dateneingang.

4.3. Eine Aufzugsteuerung mit Mikrocomputer (Siemens AG)

Dieses Beispiel für den Einsatz eines Mikrocomputers zeigt, wie eine allgemein verwendbare Hardware mit Eingangs- und Ausgangsanschlüssen für digitale Signale durch die Programmierung (Software) zu einem speziellen Gerät wird.

Das Blockschaltbild des Bildes 4.4 zeigt den schematischen Aufbau der Steuerung und dient gleichzeitig als Datenflußplan. Der **Datenflußplan** zeigt, welche Eingangssignale verarbeitet werden und an welche Geräte oder Aggregate die Ausgangssignale ausgegeben werden. Ein weiteres notwendiges Hilfsmittel für den Betrieb eines Mikrocomputersystems ist der für die Programmerstellung als Vorlage dienende **Programmablaufplan.** Im Programmablaufplan wird der genaue zeitliche Ablauf übersichtlich festgelegt. Charakteristisch sind die Ja-Nein-Verzweigungen mit den Programmschleifen, die den weiteren Programmablauf stets erst bei Erfüllung einer bestimmten Bedingung freigeben. Die Symbole für Programmablaufpläne sind in DIN 66001 festgelegt. Die Tabelle 6.11 in Kapitel 6 führt die wichtigsten Symbole auf. Programmablaufpläne

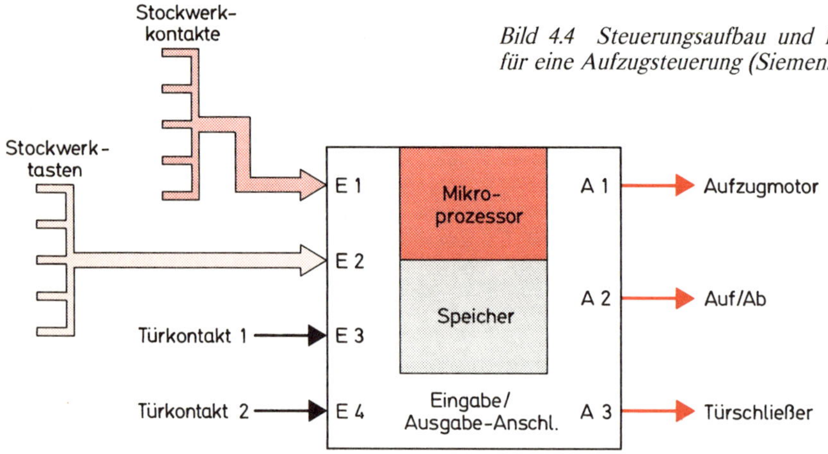

Bild 4.4 Steuerungsaufbau und Datenflußplan für eine Aufzugsteuerung (Siemens AG)

für die Realisierung von Steuerungsaufgaben können in verschiedenem Detaillierungsgrad erstellt werden. Je nach Aufgabenstellung ist eine unterschiedliche Unterteilung (grob: Funktionsblöcke; fein: ein Kästchen entspricht einem Befehl) notwendig.

Nach einem **Programmablaufplan** von ausreichender Unterteilung wird vom Programmierer das Programm für den Steuerungsablauf in einer geeigneten Codierung erstellt. Der **Programmablauf** ist eine Übersetzung der Beschreibung aller Steuervorgänge in eine übersichtliche bildhafte Form.

In Bild 4.5 ist der Programmablaufplan für eine Aufzugsteuerung als Beispiel dargestellt. Die Übertragung eines Programmablaufplanes in eine Programmcodierung ist im nächsten Kapitel dargestellt.
Die Beschreibung für die Aufzugsteuerung ergibt sich im Zusammenhang mit den Bildern 4.4 und 4.5 wie folgt:

- □ **Warteschleife**
  Wurde die Kabine betreten und eine Stockwerktaste gedrückt?
  NEIN: Warten (d.h. nochmals prüfen),
  JA: Tür schließen.
- □ **Türschließer auslösen**
- □ **Türkontakte prüfen**
  Türkontakt 1 (Außentür) geschlossen?
  NEIN: Warten (d.h. nochmals prüfen),
  JA: Türkontakt 2 (Innentür) prüfen.
  Türkontakt 2 (Innentür) geschlossen?
  NEIN: Warten (d.h. nochmals prüfen),
  JA: Abfahrt freigeben.
- □ **Fahrtrichtung entscheiden**
  Aufwärts- oder Abwärtsfahrt?
  Fahrtziel (Stockwerktaste) und Kabinenstandort (Stockwerkkontakt) vergleichen ($E_2 - E_1$)
  $E_2 = E_1$ Tür wieder öffnen ($A_3 = \emptyset$)
  $E_2 > E_1$ Aufwärtsfahrt ($A_2 = \emptyset$) einstellen
  $E_2 < E_1$ Abwärtsfahrt ($A_2 = 1$) einstellen
- □ **Fahrt**
  Aufzugmotor einschalten, entsprechend der durch A_2 festgelegten Fahrtrichtung.

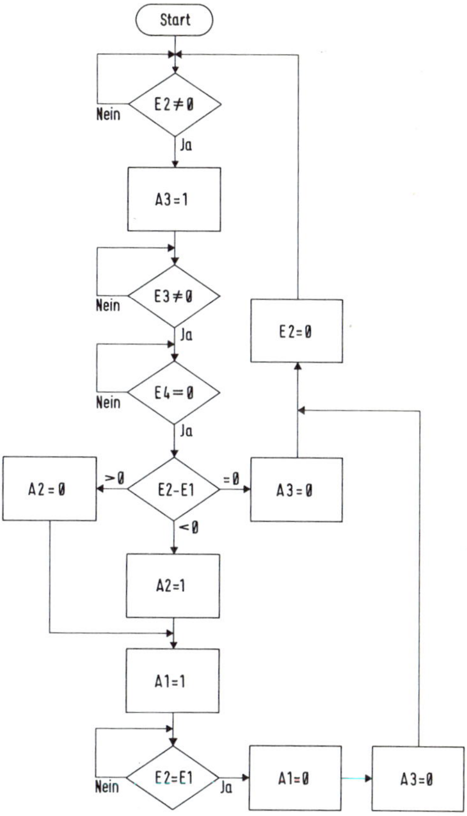

Bild 4.5 Programmablaufplan für eine Aufzugsteuerung (Erläuterung im Text)

- □ **Halt**
  Durch Vergleich von E_2 und E_1 wird bei Gleichheit ($E_2 - E_1 = \emptyset$) der Motor stillgesetzt und die Tür geöffnet. Dies ist hier im Programmablaufplan durch einen Rücksprung vereinfachend dargestellt. In der Praxis ist natürlich ein entsprechender Bremsvorgang vorgeschaltet und dafür Sorge getragen, daß der Halt bei exakter Gleichheit von Aufzugboden- und Flurhöhe erfolgt.

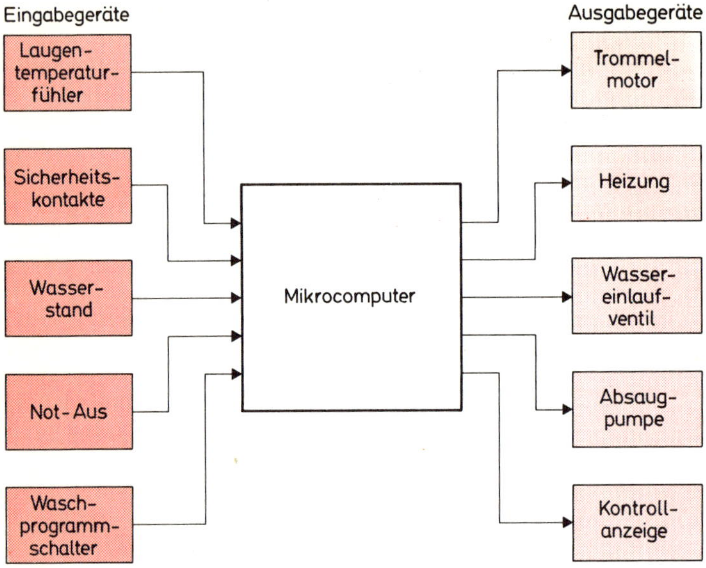

Bild 4.6 Blockschaltbild einer Waschmaschinensteuerung (Siemens AG)

4.4. Eine Waschmaschinensteuerung mit Mikrocomputer (Siemens AG)

Dieses Beispiel aus dem Bereich der Haushaltgerätetechnik soll zeigen, wie auch in diesem Bereich Mikroprozessoren und Mikrocomputer zur Anwendung kommen können. Nachdem bei den Preisen für großintegrierte Schaltungen weiterhin fallende Tendenzen zu beobachten sind und es sich hier um ein ausgesprochenes Serienprodukt handelt, ist der Einsatz von Mikrocomputern auf diesem Gebiet nicht als abwegig anzusehen.

Im Beispiel soll die gesamte Ablaufsteuerung der Waschmaschine durch einen Mikrocomputer ersetzt werden. Der Mikrocomputer bzw. das Mikroprozessorsystem, ist über Ein-/Ausgabe-Bausteine (Interface-Bausteine) mit der Peripherie verbunden. In Bild 4.6 ist die Anordnung als Blockschaltbild dargestellt.

Die Peripherie besteht bei diesem Beispiel aus:

- Temperaturfühler, der die Laugentemperatur kontrolliert. Hierzu gehört ein Analog-Digital-Umsetzer, der den analogen Meßwert in ein binär codiertes Digitalsignal umwandelt. Die Temperatur ist eine Eingabe-Date.
- Programmwahlschalter für die Einstellung des gewünschten Waschvorganges (z.B. 30 °C, Synthetics). Der Programmwahlschalter ist ein Eingabegerät mit der Waschgangcodierung als Eingabe-Date.
- Sicherheitskontakten und anderen binären Zustandsgrößen.
- Leistungsschalter, der beim Waschgang und beim Schleudern den Motor einschaltet. Der Leistungsschalter kann — auch zusammen mit dem Motor — als Ausgabegerät betrachtet werden.
- Betätigungsgliedern für Heizung, Magnetventile, Absaugpumpe.
- Kontrollampe, die den Schluß des Waschprogramms anzeigt. Sie ist ebenso ein Ausgabegerät für die Information: Ende des Waschvorganges.

Bild 4.7 zeigt einen Ausschnitt aus dem Programmablaufplan für die Waschmaschinensteuerung, der die enge Verflechtung zwischen Hard- und Software demonstriert. Während in der allgemeinen Datenverarbeitung eine organisatorische Trennung zwischen Schaltungsentwicklung und Programmierung besteht, ist diese hier bei den Mikrocomputern nicht erwünscht. Der Softwareentwickler kommt nicht ohne genaue Hardwarekenntnisse aus und umgekehrt. Viele Funktionen lassen sich wahlweise durch Schaltungen oder Programmteile realisieren.

4.5. Testsysteme für Kraftfahrzeuge mit Mikrocomputer (National Semiconductor)

Die Vielzahl von Tests, die notwendig sind, um über die einwandfreie Arbeitsweise eines Kraftfahrzeuges (Motor, Getriebe, Abgasanalyse) eine Aussage zu machen, erfordern eine computergesteuerte Prüfeinrichtung. Mikroprozessoren bzw. Mikrocomputer können hierbei als „intelligente Systeme", als selbständig arbeitende Echtzeit-Steuerungs-Geräte oder auch als Teil eines hierarchisch gegliederten Computer-Steuer-Systems zur Anwendung kommen. Mikrocomputer erlauben die Steuerung der Datenerfassung, der Ergebnisberechnung sowie die Ablaufsteuerung für den gesamten Systemtest. Auf der untersten Systemebene vermag ein Mikrocomputer als selbständiges Gerät die wesentlichen Steuerungsaufgaben zu übernehmen und damit den Bedienungs- und Wartungstechniker zu entlasten. Durch den Einsatz des Mikrocomputers wird die Flexibilität des Prüfsystems beträchtlich erhöht. Eine Schaltung zum **geschlossenen Regelkreis (closed loop control)** und eine entsprechende Überwachungseinrichtung (monitor) zeigen auf die Möglichkeiten einer solchen Systemüberwachung hin. In Bild 4.8 ist die Anordnung für den Motortest bei einem Kraftfahrzeug schematisch dargestellt.

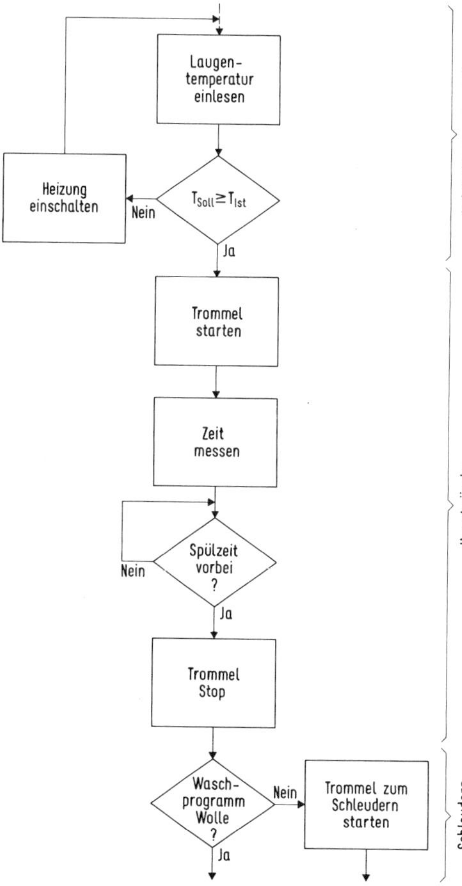

Bild 4.7 Ausschnitt aus dem Programmablaufplan einer Waschmaschinensteuerung

Die benötigten Parameter (Drehmoment, Drehzahl und Zylinderdruck) werden gemessen und mit vorgegebenen Werten verglichen. Der Mikrocomputer nimmt die Parameter auf, führt die Vergleiche durch und bestimmt die Aussage über die Güte der Messung und die Annahme der Testbedingungen. Der hierzu benutzte Algorithmus (Rechen-, Verfahrensregel) befindet sich als Programm im Programmspeicher des Mikrocomputers. Der Testablauf läßt sich wie folgt beschreiben:

- ☐ Die Maschine wird gestartet und warmlaufen lassen, damit sich ein stabiler Ausgangszustand einstellen kann. Die Meßwertaufnehmer, die über Multiplexer und Analog-Digital-Umsetzer an den Computer angeschlossen sind, sind für die Meßwertaufnahme an die Maschine montiert.
- ☐ Der Bedienungstechniker startet eine Testfolge über einen Bedienungsblattschreiber, der mit dem Prozessor verbunden ist. Ein Betriebsartenschalter für die Umschaltung Hand/Automatik kann als zusätzliche Sicherheitsmaßnahme vorgesehen werden.
- ☐ Drehmoment, Drehzahl und Gaspedalstellung können über bestimmte Bereiche eingestellt werden. Hierbei werden Zylinderdruck, Kolbenstellung und die Abgaszusammensetzung gemessen. Der optimale Arbeitspunkt wird durch die Gaspedaleinstellung festgelegt. Drehmoment und Drehzahl werden durch ein angeschlossenes Dynamometer gemessen.

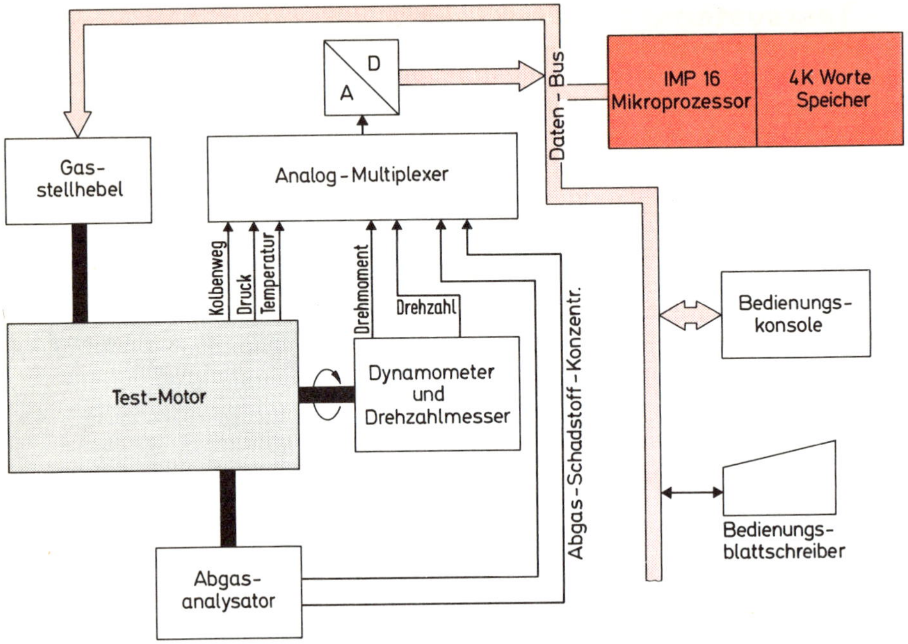

Bild 4.8 Motor-Testsystem für Kraftfahrzeuge mit Mikrocomputer-Steuerung (National Semiconductor)

Das verwendete Mikroprozessorsystem IMP-16 besitzt vier Interrupt-Stufen mit der Möglichkeit, insgesamt 64 verschiedene Anforderungen zu erkennen. Auf diese Weise kann ein solches System zeitkritische Vorgänge erkennen, wie z.B. den Zündzeitpunkt. Hierdurch kann eine effiziente Steuerung der Testabläufe erfolgen.
Wenn durch die Systemsteuerung die vorgesehene Folge von Tests abgearbeitet wurde, kann eine Klartext-Ausgabe der Testergebnisse über den Blattschreiber erfolgen. Anschließend wird der Motor automatisch abgeschaltet, und das System geht in den Betriebszustand Handsteuerung.
Außer den oben genannten Prüfungen sind weitere denkbar, die von einem solchen System gesteuert werden könnten:

- □ Kontrolle von Chassis und Radaufhängung,
- □ Antriebs-Wirkungsgrade- und Getriebe-Prüfung,
- □ Sicherheits-Überprüfungen (Sicherheitsgurte, Türen, Zündschloßverriegelung).

4.6. Schweißautomatensteuerung mit Mikrocomputer (National Semiconductor)

In Fertigungseinrichtungen zeigten eingesetzte Computer bisher folgende Vorteile gegenüber einer Steuerung durch Menschen: Sie arbeiten schneller, ermüdungsfreier und machen weniger Fehler (wenn sie überhaupt welche machen).
Die Mikroprozessortechnik und die aus den Mikroprozessoren aufgebauten Mikrocomputer haben heutzutage einen solchen Qualitätsstandard erreicht, daß sie vorteilhaft bisher eingesetzte große Computer in der numerischen Maschinensteuerung ersetzen können. Das hat darüber hinaus den Vorteil, daß die kleineren und billigeren Mikrocomputer verteilt, und jeweils nur für einen kleineren Steuerbereich, eingesetzt

werden können. Der Ausfall einer Mikrocomputer-Steuerung führt nicht zum Ausfall des Gesamtsystems. Weitere Vorteile sind:

- kleine übersichtliche Programme je Einheit,
- Flexibilität (für verschiedene Aufgaben nach Programmwechsel verwendbar),
- Effizienz (hohe Verarbeitungsgeschwindigkeit, niedrige Kosten),
- weitgehend unempfindlich gegen giftige Umgebungsbedingungen. (Lediglich die Temperatur muß in festgelegten Grenzen bleiben).

In Bild 4.9 ist schematisch die Anordnung einer automatischen Schweißeinrichtung gezeigt. Hierbei wird ein Mikrocomputersystem für die Steuerung eingesetzt.

Die X-, Y- und Z-Koordinaten von Werkstück und Schweißelektrode müssen genau bekannt sein. Beim Schweißvorgang muß die Elektrode stets einen bestimmten Abstand von der Schweißoberfläche einhalten. Bei zu geringem Abstand klebt die Elektrode an, und bei zu großem Abstand entsteht eine fehlerhafte Schweißung, oder die Schweißung erfolgt überhaupt nicht. Durch Bestimmung des Lichtbogenstromes und der Spannung zwischen Schweißelektrode und Werkstück läßt sich über eine Mikrocomputersteuerung eine präzise Steuerung der Entfernung zwischen Elektrode und Werkstück durchführen.
Die Prozeßperipherie besteht bei diesem Beispiel aus den bekannten Baugruppen, deren Bezeichnung und Funktion aus Bild 4.9 hervorgeht.

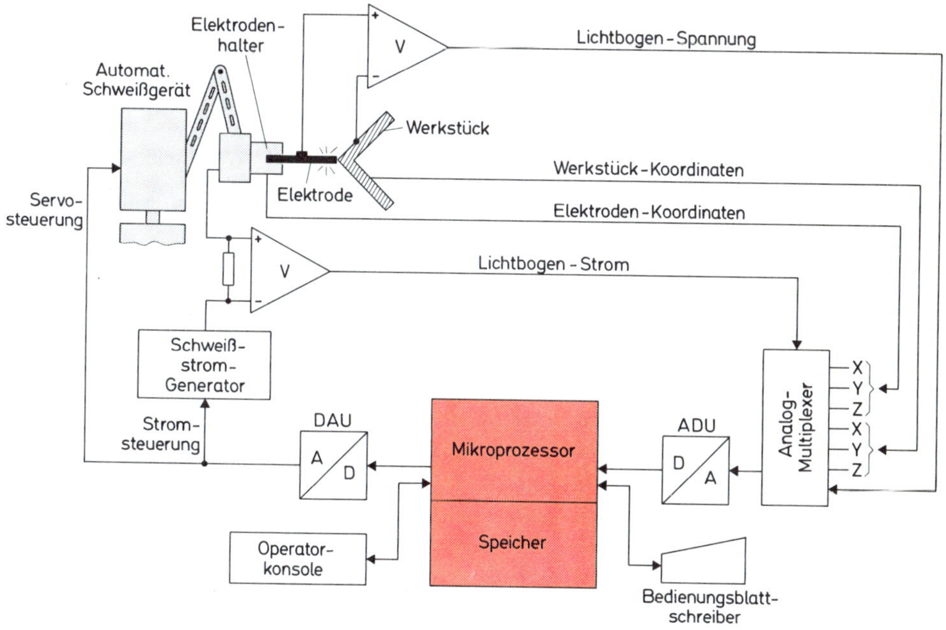

Bild 4.9 Schematische Darstellung eines Schweißautomaten mit Steuerung durch Mikrocomputer (National Semiconductor)

4.7. Regleraufbau mit Mikrocomputer

Die nachfolgenden Ausführungen stützen sich im wesentlichen auf die Literatur [13, 14, 15, 32, 35, 51, 59, 89].
Die Originalausführungen dürfen als eine Darstellung des derzeitigen Standes der Technik angesehen werden. Hier sollen auszugsweise nur einige Punkte herausgegriffen werden, die die Applikation von Mikrocomputern in diesem sicherlich für die Zukunft sehr wichtigen Einsatzbereich betreffen.
Die zentralisierte **digitale Vielfachregelung mit Prozeßrechnern (DDC** = direct digital control) hat sich nicht in dem Maße durchgesetzt, wie man erwartet hatte. Wie bereits in Abschnitt 4.6 erwähnt, kommt es beim Ausfall einer zentralen Steuer- oder Regeleinrichtung zum Ausfall des gesamten Systems. Mit der Verfügbarkeit preiswerter Mikroprozessoren und Halbleiterspeicher bietet sich nun die Möglichkeit **dezentrale Kleinstgeräte** für die direkte digitale Regelung zu entwickeln, die sich in ein größeres Prozeßregelungs- und Steuerungssystem übersichtlich integrieren lassen. Die Nachteile des zentralisierten Prozeßrechners entfallen größtenteils, die Vorteile der digitalen Regelung bleiben dagegen erhalten.
Die wesentlichen Vorteile digitaler Regelungen sind:

- sichere und einfache Signalübertragung,
- gut reproduzierbare Signaldarstellung,
- Driftfreiheit und leichte Veränderung des Integrationsspeichers. Damit wird eine wirksame Bewältigung des integralen „Windup" gewährleistet,
- zeitdiskrete Signalverarbeitung und damit die Möglichkeit der Mehrfachausnutzung von Geräten über Zeitmultiplexverfahren,
- einfache Herstellung von Verbindungen zu anderen Reglern oder Rechnern.

Als Nachteil der digitalen Regler bleibt zu erwähnen, daß sie aufgrund ihrer zeitdiskreten Signalverarbeitung prinzipiell niemals so schnell arbeiten können wie ein analoger Regler. Die Arbeitsgeschwindigkeit der Mikroprozessoren reicht jedoch im allgemeinen aus, um die meisten verfahrenstechnischen Regelstrecken zu bedienen. Bis auf wenige Ausnahmen, mit höchsten Anforderungen an die Geschwindigkeit, werden Mikroprozessoren immer zum Zwecke der Regelung einsetzbar sein.
Bild 4.10 zeigt eine Gegenüberstellung der typischen Geräteausrüstungen von analogen und digitalen Regelkreisen. Hierin bedeuten w den Sollwert, y die Stellgröße, und x die Regelgröße (Istwert). Ziel jeder Regelung ist es, die Abweichung zwischen w und x zu Null zu machen. Es würde den Rahmen dieser Darstellung sprengen, alle regelungstechnischen Begriffe hier zu definieren und einen Abriß der Regelungstechnik zu geben. Hierfür muß auf die einschlägige Literatur dieses Fachgebietes verwiesen werden.
An dieser Stelle sei im Zusammenhang mit Bild 4.10 lediglich darauf hingewiesen, daß der beim analogen Regler gegebene zeitliche Verlauf der Ausgangsamplitude der Stellgröße als Funktion von w und x durch das Schaltnetzwerk des Reglers gegeben ist. Jeder Reglertyp (z.B. P, PI, PID) besitzt sein eigenes Netzwerk. Beim digitalen Regler auf der Basis eines Mikrocomputers ist der **Reglertyp** durch den **Programm-Algorithmus** festgelegt. Durch einen Programmwechsel läßt sich der Reglertyp ändern. Es lassen sich aber noch weitergehende Möglichkeiten folgern: Bei Erreichen bestimmter Systemzustände kann durch Aufruf eines Unterprogrammes eine **Strukturumschaltung** wirksam werden. Die Leistungsfähigkeit und Flexibilität der Mikrocomputer ermöglicht die Entwicklung nichtkonventioneller Regelungen, für die es bisher noch keine sinnvollen gerätetechnischen Vorbilder gibt.
Die beim **analogen Regler** sich ergebenden Gleichungen zur Beschreibung des Regelvorganges werden bei den **digitalen Reglern** durch die zeitdiskrete Abtastung der Regelgröße, die digitale Datenverarbeitung und die zeitdiskrete Ausgabe der Stellgröße durch **Näherungsgleichungen** beschrieben. Wenn man das in den Näherungsgleichungen enthaltene **Abtastintervall** zu Null macht, erhält man wieder die Originalgleichungen. Daraus ergibt sich die Folgerung: Um ein ähnliches Verhalten des digitalen Reglers wie beim analogen Regler zu erzielen, wird das Abtastintervall so gewählt, daß der digitale Regler quasianalog arbeitet.

> Die quasianaloge Arbeitsweise eines digitalen Reglers ist dann gewährleistet, wenn das Abtastintervall kleiner ist als ein Zehntel der beherrschenden Zeitkonstanten des gesamten aus Regler und Strecke bestehenden Regelkreises.

Bild 4.10 Geräteausrüstung von analogen und digitalen Regelkreisen

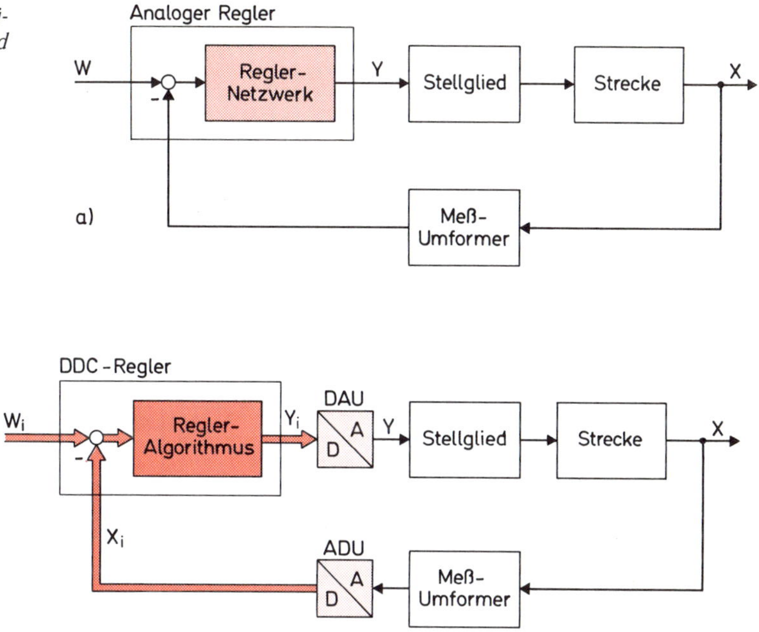

Zur Programmierung der als Regler verwendeten Mikrocomputer sei hier nur festgestellt, daß die Kosten für die notwendige Software die Gerätekosten wesentlich übersteigen. Es bestehen deshalb zwingende wirtschaftliche Gründe, der Software mindestens die gleiche Aufmerksamkeit wie der Hardware zu schenken.

Ein industriell bereits gefertigtes und auf dem Markt eingeführtes Prozeßautomatisierungssystem mit programmierten Mikroprozessoren als Regler wurde in [32] und [51] beschrieben. Das System trägt die Bezeichnung TDC 2000 (TDC = total distributed control, Hersteller: Honeywell GmbH, Industrieautomation).

Die Verwendung von Mikroprozessoren führte zur Standardisierung der Geräte bei einfacherer Planung, zeitsparendem Aufbau und unkompliziertem Betrieb von Regeleinrichtungen.

Das Herzstück von TDC ist der Kernregler. Dieses digitale Gerät bedient bis 8 Regelkreise. Für jeden Regelkreis kann der Mikroprozessor über einen Multiplexer und einen ADU zwei Eingänge abfragen. Jedem der Regelkreise kann das Bedienungspersonal einen aus 26 verschiedenen Algorithmen zuordnen. Die Rechenalgorithmen haben unter anderem folgende Funktionen:

- P-, PI- oder PID-Regelung,
- Verhältnisregelung,
- Multiplikation, Division, Addition, Subtraktion,
- Signalanpassung,
- Übersteuerungsfunktion,
- Linearisierung,
- Signalauswahl,
- Vorhalt, Verzögerung,
- Anforderung der Hilfe eines übergeordneten Systems (z.B. Prozeßrechner).

Die Verbindung der Systemteile erfolgt steckbar über ein Bus-System. Die TDC-2000-Systemarchitektur besteht insgesamt aus den 4 Teilsystemen:

- □ Instrumentierung,
- □ Fernübertragung,
- □ zentrale Bedienung,
- □ übergeordneten Prozeßrechnern.

Die im Zusammenhang mit der Anwendung von Mikrocomputern besonders interessierende **Instrumentierung** besteht aus den drei Hauptgruppen:

- □ Grundregler,
- □ analoge Darstellung,
- □ Hilfsfunktionseinheit.

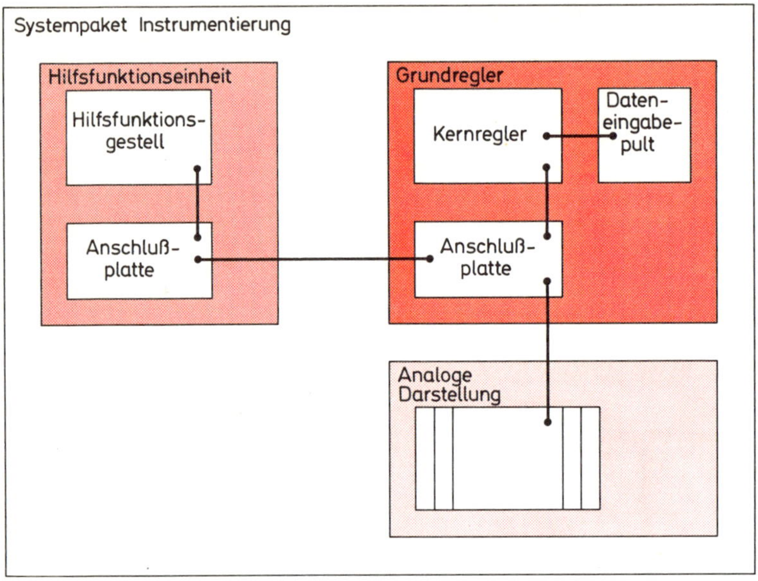

Bild 4.11 Schematische Darstellung des Systempaketes „Instrumentierung" des TDC 2000-Systems (Honeywell)

Bild 4.12 Die Hardwarestruktur des Kernreglers im System TDC 2000 (Honeywell)

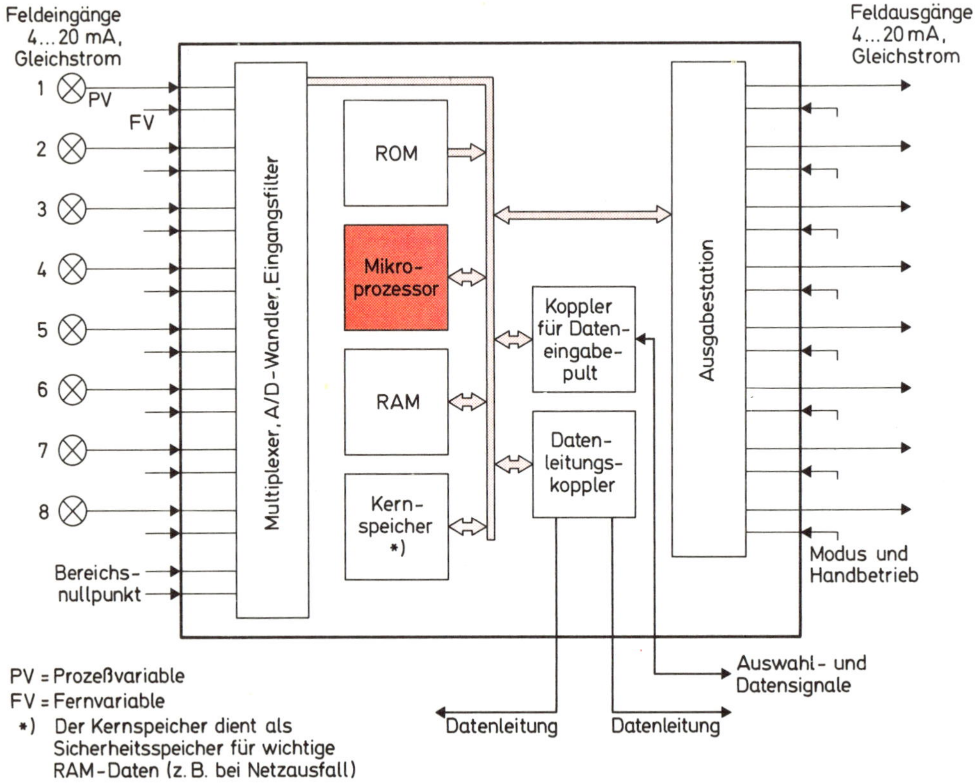

In Bild 4.11 ist ein solches Systempaket für die Instrumentierung schematisch dargestellt. Der **Grundregler** besteht aus mehreren **Kernreglern,** in die jeweils ein Mikroprozessor integriert ist. Ein Kernregler kann bis zu 8 Regelkreise bedienen. Er besteht aus 8 **Rechenblöcken** und ermöglicht den Anschluß von bis zu 16 Prozeßvariablen sowie die Ausgabe von 8 analogen Signalen. Weiterhin gehören zur Baugruppe Grundregler das **Dateneingabepult** und die **Anschlußplatte** für die **Feldverdrahtung.** Die Hardwarestruktur eines Kernreglers ist in Bild 4.12 dargestellt.

Zusätzlich zum digitalen Dateneingabepult stehen dem Bedienungspersonal analoge Anzeigegeräte und Schreiber zur Verfügung. Mit diesen analogen Instrumenten ist der zusätzliche manuelle Eingriff in den Prozeß und der Handbetrieb möglich.

Die **Hilfsfunktionseinheit** liefert, zusätzlich zu den im Grundregler vorhandenen Algorithmen, weitere 14 analoge Funktionen, wie mathematische Operationen, Signalanpassung und Signalverfolgung. Für weitere Informationen wird auf die Systemliteratur des Herstellers verwiesen [51].

4.8. Abrechnungssystem mit Mikrocomputer (Motorola)

In der Firmenliteratur [68c] ist ein Beispiel für eine Verkaufskasse, wie sie sich z.B. im Einzelhandel einsetzen läßt, beschrieben. Die minimal von einem solchen System zu erfüllenden Funktionen sind dieselben, wie sie von den seither verwendeten Registrierkassen erfüllt werden. Weitere Anforderungen beziehen sich auf eine einfache Bedienung und eine unabhängig von Hilfssystemen zuverlässige Arbeitsweise.

Von einem durch Mikrocomputer gesteuerten System lassen sich darüber hinaus weitere wünschenswerte Eigenschaften erzielen:

- Die Dateneingabe kann entweder über eine konventionelle Tastatur oder durch elektronische Abfrage einer Markierung auf der Ware erfolgen. Diese Markierung kann z.B. nur Angaben über die Ware und den Hersteller enthalten. Der Preis zu diesem Produkt-Code kann aus einem entsprechenden Verzeichnis auf einem Magnetspeicher (z.B. Floppy Disk) entnommen werden.
- Das Gerät kann weitere angeschlossene Geräte steuern, wie z.B. Münzwechsler, Briefmarkenautomaten, elektronische Zähler.
- Daten für Inventuraufnahme und Verkaufsstatistik werden auf einem Massenspeicher (z.B. Magnetband, -platte) gesammelt und später ausgewertet. Hierzu können noch Echtzeitinformationen über die Haupt-Einkaufszeit mit abgespeichert werden.
- Das Abrechnungsterminal sollte automatisch den Preis nach Vorgabe eines Gewichtes aus dem Preis je Einheit errechnen können. Weiterhin sollte der Gesamtpreis aus Einzelpreis und Stückzahl berechnet werden können sowie nach Aufsummierung aller Einzelpreise zum Gesamtpreis z.B. die zugehörige Mehrwertsteuer.
- Zukunftweisende Möglichkeiten ergeben sich durch den Anschluß von Kommunikationsverbindungen für Zentralbuchführung, Scheckkontrolle, Preisänderungen usw.

Der Phantasie sind hier keine Grenzen gesetzt. In Bild 4.13 ist ein solches Registrierkassen-System im Blockschaltbild gezeigt. Außer dem Mikroprozessor-System sind folgende Systemteile vorhanden:

- □ Lesestation für optisch codierte Warenangaben (in den USA wurde hierfür der UPC geschaffen; UPC = Universal Product Code),
- □ Display für 16 Zeichen zur optischen Darstellung der Eingabedaten,
- □ Drucker für den Kassenbeleg,
- □ Kassetten-Magnetband für Datenspeicherung,
- □ Floppy-Disk-Magnetplatte für Preisdatei,
- □ Datenverbindungsanschluß Terminal—Zentrale,
- □ Tastatur für Dateneingabe von Hand.

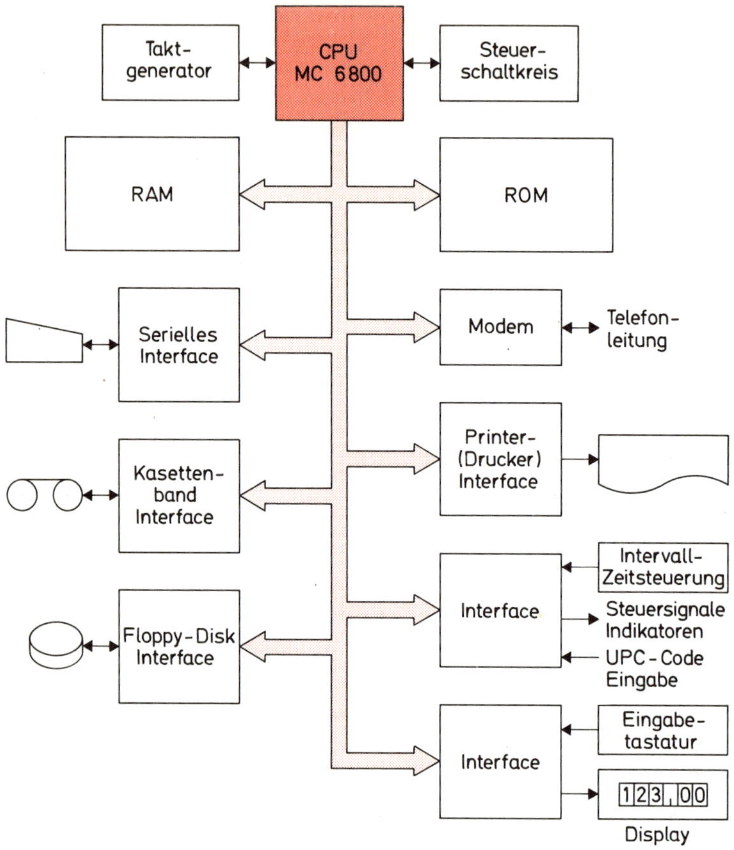

Bild 4.13 Blockschaltbild eines Registrierkassensystems mit Mikrocomputer (Motorola)

5. Die Programmierung von Mikrocomputern

Alle unter dieser Kapitelüberschrift behandelten Themen und Abschnitte befassen sich mit der **Software** der Mikrocomputer. In den vorhergehenden Kapiteln dieses Buches wurde schon mehrfach auf die Bedeutung der Software hingewiesen. Fundierte Softwarekenntnisse und die richtige Anwendung der Software sind die notwendigen Voraussetzungen für einen wirtschaftlichen Mikrocomputer-Einsatz. So wie die Hardware von der Schaltungstechnik beherrscht wird, ist für die Software die **Programmiertechnik** das wesentliche Element.

> **Software** ist der Sammelbegriff aller aufgabenspezifischen **(Anwendersoftware)** und aufgabenunabhängigen Programme **(Betriebssoftware)** für einen Computer oder Mikrocomputer.

Digitale Rechenanlagen, meist als Computer bezeichnet, sind in der Lage, Informationen zu speichern, Berechnungen durchzuführen und je nach Ergebnis Entscheidungen zu treffen. Sie vermögen damit ein gegebenes Problem zu einer endgültigen Lösung zu führen. Der Computer kann jedoch die einzelnen Aufgaben nicht ohne Anleitung bewältigen. Jeder einzelne Ablaufschritt wird als **Anweisung** eingegeben. Die Folge aller Anweisungen, die für die Lösung eines bestimmten Problems erforderlich ist, bezeichnet man als das **Programm** für diese Problemlösung. Die Anweisungen werden auch als **Befehle** des Computersystems bezeichnet. Für jeden Prozessor gibt es eine eigene **Befehlsliste** (siehe z.B. Tafeln 2.1, 2.2 und 3.1 in diesem Buch). So, wie hardwareseitig Signale mit Leitungen und Schaltkreisen verknüpft werden, werden auf der Softwareseite Daten (so heißen hier die Signale) durch Befehle miteinander verknüpft. Eine Schaltungsänderung erfordert auf der Hardwareseite eine Verdrahtungsänderung und softwareseitig eine Programmänderung.

In diesem Kapitel sollen die Themen besprochen werden, die für das Verständnis und den richtigen Umgang mit der Software notwendig sind. Hierbei werden solche Punkte hervorgehoben, die allen Mikroprozessor- und Mikrocomputersystemen gemeinsam sind. Das Kapitel kann und will keinen Programmierkurs darstellen. Man bedenke: Zu jedem Mikroprozessorsystem gibt es ein Programmierhandbuch, das auf die jeweils gültige Befehlsliste zugeschnitten ist. Der Umfang dieser Programmierhandbücher beträgt im Durchschnitt 300 Seiten!

5.1. Programmiertechnik

Für das Erstellen von Computerprogrammen haben sich bestimmte Methoden und Vorgehensweisen als zweckmäßig erwiesen. Um ein Problem mit Hilfe eines Computers lösen zu können, sind folgende acht Phasen für die Programmierung zugrunde zu legen [16, 39a, 41, 59, 68a, b, 96, 99]:

- ☐ Definition des Problems,
- ☐ Bestimmung des optimalen Lösungsverfahrens,
- ☐ Analyse der Lösung (Flußdiagramme, detaillierter Programmablaufplan),
- ☐ Codieren der Lösung in der jeweiligen Programmsprache,
- ☐ Eingabe des Programms in den Rechner (mit Editor),
- ☐ Übersetzen des Programms in die Maschinensprache,
- ☐ Prüfen der Lösung auf ihre Richtigkeit (Simulation, Systemtest),
- ☐ eventuelle Fehler suchen und verbessern (debugging, von to debug = entwanzen).

Die **Definition eines Problems** ist nicht in jedem Falle einfach. Sie muß darüber hinaus so ausführlich wie möglich erfolgen. Wenn der Computer z.B. die Steuerung eines Arbeitsablaufes (Schweißautomat, chemischer Prozeß) übernehmen soll, ist eine äußerst genaue Definition unter

Berücksichtigung aller Eventualitäten erforderlich.

Oft gibt es mehrere Verfahren für die **Lösung eines gegebenen Problems.** Man sollte versuchen, unter Berücksichtigung der Leistungsfähigkeit des jeweiligen Computers, die optimal geeignete Methode anzuwenden. Für die gewählte Lösungsmethode wird ein sogenanntes **Pflichtenheft** erstellt, das als Grundlage für alle weiteren Arbeiten dient. Der Programmierer hat nun die Aufgabe, eine Lösung in programmiertechnischer Hinsicht auszuwählen und zu analysieren. Hierbei muß er alle möglichen Zustände im System (festgelegt im Pflichtenheft) berücksichtigen. Die für die Lösung des jeweiligen Problems erforderlichen einzelnen Schritte sind zu identifizieren und in eine logische Folge zu bringen. **Flußdiagramme** bzw. **Programmablaufpläne** bieten die Möglichkeit, die logische Schrittfolge, die zur **Problemlösung** führt, grafisch darzustellen (siehe z.B. Bilder 4.5 und 4.7). Die für die Erstellung von Programmablaufplänen genormten Symbole (DIN 66001) sind in Tabelle 6.11 in Kapitel 6 auszugsweise dargestellt.

Die **Codierung,** die allzu häufig mit dem Programmieren selbst verwechselt wird, ist eine Teilphase bei der Ausarbeitung eines Programmes. Codieren heißt, jede einzelne Anweisung in eine Form zu bringen, die durch das Übersetzungsprogramm verarbeitet werden kann. Wenn ein Programm codiert und gespeichert ist, könnte das Problem bereits gelöst werden. Die Programmierung ist in diesem Stadium jedoch sehr selten beendet. Es gibt nicht viele Programme, die nach dem Schreiben „auf Anhieb" richtig funktionieren. Nach dem Test ist eine Fehlerkorrektur meist unerläßlich.

Für die Programmerstellung und die Verbesserung von Fehlern stehen verschiedene Hilfsmittel zur Verfügung

Ein Standardprogramm, das den Rechner dazu bringt (programmiert), daß er den Programmtext z.B. von einem Bedienungsblattschreiber akzeptiert, vom Programmentwickler korrigieren und verändern läßt und schließlich auf Abruf in maschinenlesbarer Form (Lochstreifen, Magnetband, Magnetplatte) ausgibt, heißt **Editor.** Der Vorgang heißt editieren. In der Mikrocomputerpraxis gibt es zwei prinzipielle Möglichkeiten zum Editieren von Programmen:

- ☐ Man verwendet ein komfortabel ausgerüstetes Mikrocomputersystem mit Ein-/Ausgabe-Einheiten. Man lädt das Editorprogramm und tippt sein Programm ein. Ein solches Mikrocomputer-System bezeichnet man als „Mikrocomputer-Entwicklungssystem".
- ☐ Man verwendet einen Großrechner im Timesharing-Betrieb. (Timesharing: An den Computer sind eine Reihe Benutzer mittels Terminal über Datenleitungen angeschlossen. Das System ist so aufgebaut, daß jeder Benutzer den Eindruck hat, daß der ganze Computer ihm allein zur Verfügung steht.) In dem Rechenzentrum, das den Großcomputer betreibt, muß das Mikrocomputer-Entwicklungsprogramm verfügbar sein. Es gibt auch Dienstleistungs-Rechenzentren, die solche Mikrocomputer-Programmentwicklungen durchführen.

Ist das Programm über Editor fertig eingegeben, kann man es vom Computer aus der **Symbolsprache** (mnemotechnischer Code) in die **Maschinensprache** übersetzen lassen. Hierfür muß in das Mikrocomputer-Entwicklungssystem bzw. in die Timesharing-Anlage ein **Assemblerprogramm** geladen werden. Das Assemblerprogramm, oft auch kurz der Assembler genannt, ist ein **Übersetzungsprogramm** von der Symbolsprache in die Maschinensprache. Assemblersprachen bestehen als **Symbolsprache** aus den **mnemotechnischen Abkürzungen** der Befehle in der Befehlsliste. Diese werden vom Computer, der ja nur binäre Zustandsfolgen verarbeiten kann, nicht verstanden. Man nennt die Codierung in der Maschinensprache auch **Object-Code** und das in die Maschinensprache übersetzte Programm **Object-Programm.** Die mnemotechnische Symbolcodierung wird im englischen Sprachgebrauch auch als Source-Programm bezeichnet. Der Übersetzer liefert neben dem Object-Code auch eine **Liste des Programmes** (englisch: **listing**), in der neben der Symbol-Codierung die Maschinencodierung, Angaben über die **Speicherplatzverteilung** und der vom Programmierer bei der Eingabe gemachte **Kommentar** ausgedruckt werden. Darüber hinaus werden Hinweise auf Programmfehler gegeben.

Bild 5.1 zeigt die Vorgänge bei der **Programmerstellung** und die **Eingabe-** und **Ausgabe-Files** (mit **File** bezeichnet man in der Datenverarbeitung einen zusammengehörigen Programm- oder Datensatz). Beispiele für Listings findet man in Abschnitt 5.4.

Als letzten Schritt der Software-Entwicklung führt man einen simulierten Programmablauf mit Hilfe eines **Simulatorprogrammes** (auf der Timesharing-Anlage) oder eines **Testprogrammes** (auf dem Entwicklungssystem) durch. Hieran

Bild 5.1 Vorgänge bei der Programmerstellung in einer Assemblersprache

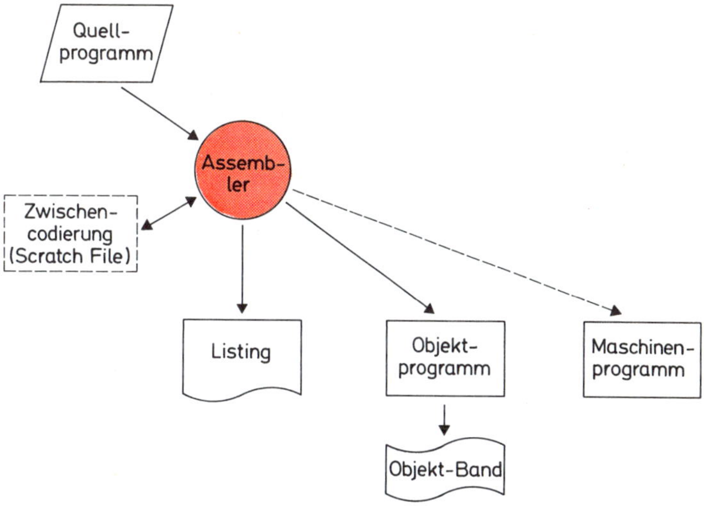

schließen sich eventuell notwendig werdende Fehlerkorrekturen an. Die beiden Alternativen: eigenes Mikrocomputer-Entwicklungssystem und Timesharing-Anlage haben ihre Vor- und Nachteile.

Vorteile bei der Verwendung eines eigenen Mikrocomputer-Entwicklungssystems sind:

keine laufenden Anlagenkosten (z.B. Miete),
oft Programmiereinrichtung für PROM angeschlossen,
direkte Anzeige aller Signale während des Testes möglich.
Test mit angeschlossener Benutzer-Peripherie möglich.

Vorteile der Benutzung eines Timesharing-Platzes:

keine Investition notwendig,
meist schneller Programmablauf durch Cross-Assembler*,
komfortable Fehlerdiagnose.

* Cross-Assembler sind meist in der höheren Programmiersprache FORTRAN geschrieben und dadurch weitgehend anlagenunabhängig.

In der Praxis hat sich gezeigt, daß Fehlersuche und Korrektur 20 bis 40% der Software-Entwicklungszeit ausmachen. Es erscheint daher lohnend, durch eine großzügige Bereitstellung von Testgeräten und Testhilfen an dieser Stelle Personalkosten zu sparen.
Eine andere Möglichkeit hierzu ergibt sich durch die Verwendung einer höheren Mikrocomputer-Programmsprache. Sie ist aus Befehlen aufgebaut, die kaum noch Kenntnis über die Mikrocomputer-Architektur voraussetzen und mehrere Maschinenbefehle umfassen. Die Übersetzung eines solchen Programmes in die Maschinensprache geschieht über ein **Compilerprogramm** (Compilerprogramme sind Übersetzer aus einer höheren Programmiersprache in die Maschinensprache). Für den Mikroprozessor 8080 existiert z.B. ein Compiler (PL/M®), der auf der Universalsprache PL/1 (programming language 1) aufbaut. Große Mikrocomputersysteme mit entsprechendem Speicherausbau (z.B. das in Kapitel 3 beschriebene System Comstar 8) vermögen auch FORTRAN-IV-Compiler aufzunehmen und die Übersetzung von Programmen in dieser Sprache kann auf dem Mikrocomputer erfolgen. Die technische Seite der Mikrocomputer-Systementwicklung wird durch den **Systemtest** und die eventuelle notwendige **Fehlerkorrektur** abgeschlossen. Voraussetzung hierfür ist, daß Elektronik und Programm einsatzbereit sind.
Der Systemtest ist besonders günstig unter Verwendung eines Mikrocomputer-Entwicklungssystems durchzuführen. Auf diese Weise kann man

das gesamte Benutzersystem in seiner endgültigen Konfiguration und in Echtzeit (real time) testen, ohne das Programm bereits in Form eines ROM oder PROM vorliegen zu haben.

Gerade der Aspekt der **Echtzeitprüfung** ist nicht hoch genug einzuschätzen. Jede Programmsimulation auf einem größeren Rechner (host computer) erfolgt unter anderen zeitlichen Aspekten (andere Zykluszeit, unterschiedliche Befehlsfolgen usw.). Dies kann insbesondere bei zeitkritischen Anwendungen zu erheblichen Störungen bei der Inbetriebnahme führen.

Stellen sich beim Systemtest noch einmal Fehler heraus, lassen diese sich mit dem Editor korrigieren, wenn man mit dem Entwicklungssystem gearbeitet hat. Das Entwicklungssystem besitzt meist Schreib-Lese-Speicher (RAM) für die Programmspeicherung. Für die Programmspeicherung bei den Steuer- und Regelsystemen mit Mikroprozessoren werden aus Kostengründen andere Speicherbausteine eingesetzt (siehe auch Abschnitte 2.2):

- □ Das Masken-ROM ist nicht änderbar. Das Programm liegt durch eine Halbleiter-Maske fest. ROM-Bausteine sind die billigsten Speicher.
- □ Das PROM ist etwas teurer. Man kann jedoch die Programmierung mit einem eigenen Gerät im Hause durchführen.
- □ EPROM sind noch teurer. Dafür sind sie aber löschbar und können mehrfach programmiert werden.

Teilweise werden RAM-, ROM-, PROM- und EPROM-Bausteine pinkompatibel angeboten. Hierdurch hat man die Möglichkeit, Tests mit Speichern veränderlichen Inhalts (RAM, EPROM) durchzuführen und, sobald das Gerät ausgetestet ist, ohne Hardware-Änderung PROM oder ROM in die Fassungen der integrierten Schaltkreise einzusetzen.

> In allen für die Programmspeicherung verwendeten Speicherarten (RAM, ROM, PROM, EPROM) wird derselbe Code – die Maschinensprache – verwendet. Der Maschinencode wird stets auf die gleiche Weise erzeugt, das Einschreiben in die Speicher geschieht durch Einlesen (z.B. vom Lochstreifen, Magnetband), Maskenprogrammierung, elektrisches Einbrennen usw.

Im Abschnitt 2.2 wurde auf die einzelnen Typen von Speicherbausteinen ausführlich eingegangen. Dort ist auch ein EPROM-Programmiergerät (Bild 2.38) beschrieben.

Wesentliche Hilfsmittel für die Programmierung oder besser gesagt, für die Erstellung der Benutzerprogramme sind die vom Systemhersteller jeweils angebotenen **Systemhilfen.** Zu den Mikrocomputer-Entwicklungssystemen wird meist ein sogenanntes **Betriebssystem** angeboten. Es enthält alle Programmteile, die die Abläufe steuern und das Programmieren und Testen der Benutzerprogramme erleichtern. Die hierzu gehörenden Hilfsprogramme wurden weiter oben in diesem Abschnitt zum Teil bereits beschrieben bzw. erwähnt. Es sind dies: Assembler, Compiler, Editor und Simulator.

Weitere Hilfsprogramme sind der **Lader** und die **Debugprogramme.** Mit dem **Lader (loader)** wird das bereits in den binären Maschinencode übersetzte Programm von einem Datenträger (z.B. Lochstreifen, Magnetband) in den Mikrocomputerspeicher eingelesen (wenn es ein Speicher ist, der beschreiben erlaubt, RAM). **Debugprogramme** (debug = entwanzen) dienen dem Austesten. Sie halten den Programmablauf an vorgegebenen Haltepunkten an, zeigen Speicher- und Registerinhalte an (z.B. am Datensichtgerät oder Ausgabe am Bedienungsblattschreiber) und erlauben sofortiges Korrigieren über die Tastatur. Ein solches Debugprogramm, das auch noch für weitere Aufgaben benutzt werden kann, befindet sich bei dem Fairchild-F8-Computerbausatz KIT 1 auf dem mitgelieferten PSU-Baustein 3851. Es trägt den Namen FAIRBUG (siehe auch Abschnitt 2.1.2).

Neben einem Betriebssystem mit den dazugehörigen Hilfsprogrammen stellen die Hersteller noch weitere Hilfen in Form von **Timesharing-Programmierhilfen** und teilweise sehr umfangreicher **Dokumentation** zur Verfügung. Der Wert dieser Hilfen für eine effiziente Systemrealisierung kann gar nicht hoch genug eingeschätzt werden.

Für Mikroprozessorsysteme und Mikrocomputer (wie auch für die mit ihnen realisierten Geräte) gilt

> Die Qualität der Dokumentation entscheidet über den Wert des Systems.

Das zeigt sich nicht nur bei der Neuentwicklung, sondern auch später bei Störungen, Systemänderungen usw. Neben den genannten Hilfsmitteln werden von Herstellern, Distributoren, Vereinen und Consultant-Firmen **Ausbildungskurse** für Hardware und Software angeboten. Besonders bei Experimental-Kursen und bei guter audiovisueller Darbietung des Stoffes können erhebliche Lernfortschritte erzielt werden, die zu einer schnelleren System-Realisierung infolge besseren Verständnisses der Mitarbeiter führen.

5.2. Speicherorganisation und Adressierung

Die Begriffe **Speicherorganisation** und **Adressierung** haben zusammen mit der **Wortlänge** bzw. der adressierbaren Einheit des verwendeten Prozessorsystems einen wesentlichen Einfluß auf den Aufbau der **Befehlsliste** und damit auf die Programmierung des Systems. Die Verhältnisse sind bei den einzelnen Mikroprozessortypen nicht vollkommen gleichartig, doch lassen sie sich durch die folgende Darstellung in ihrer Grundstruktur erklären.

Bei Mikroprozessorsystemen geht man allgemein so vor, daß man jeder **Datenquelle (data source)** und jedem **Datenziel (data destination)** eine Adresse zuordnet. Das gilt sowohl für die Ein-/Ausgabe-Anschlüsse, die Register zur Datenzwischenspeicherung und schließlich besonders für die Programm- und Datenspeicher. Hierbei geht man davon aus, daß jede Adresse nur einmal im System vorkommt. Unter der Adresse wird jeweils eine adressierbare Einheit, d.h. ein Datenwort variabler systemspezifischer Länge (z.B. 4 bit oder 16 bit) oder bei 8 bit Länge auch als 1 Byte bezeichnet, abgespeichert. Unter der jeweiligen Adresse kann eine Verarbeitungseinheit, z.B. 1 Byte, gelesen oder eingeschrieben werden.

> Der wahlfreie Zugriff (lesen, schreiben) auf jede adressierbare Dateneinheit (Wort, Byte) in einem System wird dadurch ermöglicht, daß jede Datenquelle und jedes Datenziel (Speicher, Register usw.) mit einer Adresse definiert wird.

In einem System wird die Anzahl der adressierbaren Einheiten durch die Länge des Adressenwortes (meist als Bitzahl des Adressenbus angegeben) festgelegt. Diese Bitzahl muß nicht mit der Wortlänge (genauer der Datenwortlänge) im System übereinstimmen. Bei dem Fairchild-F8-System beträgt z.B. die Wortlänge im System 8 bit = 1 Byte. Für die Adressierung stehen auf dem Adressenbus jedoch 16 bit zur Verfügung. Die Adressenanzahl N errechnet sich aus der Anzahl verfügbarer Adressenbits n zu

$$N = 2^n \tag{5.1}$$

Bei $n = 16$ bit ergibt sich für N ein Wert von $2^{16} = 65\,536$ Adressen. Da man $2^{10} = 1024$ auch mit 1 K bezeichnet, lassen sich mit 16 bit also anders ausgedrückt 64 KAdressen ansprechen. Das entspricht ebensoviel adressierbaren Einheiten, in diesem Falle bei 8 bit = 1 Byte Wortlänge also 64 KBytes.

Die Befehle eines Systems bestehen gewöhnlich aus 1, 2 oder 3 Worten langen Codierungen. Bei einer Wortlänge von 1 Byte spricht man dann von 1-, 2- oder 3-Byte-Befehlen. In Abhängigkeit von der Anzahl der Befehle und der Notwendigkeit, eine bestimmte Anzahl von bit für die Codierung der unterschiedlichen Befehle vorsehen zu müssen, steht bei Befehlen mit Adreßteil nicht die volle Befehlslänge für die Adressenangabe zur Verfügung. Befehle, die aus mehreren Bytes bestehen, sollen jedoch nach Möglichkeit wegen ihres größeren Speicherplatzbedarfes und der verlängerten Ausführungszeit vermieden werden. In Bild 5.2 sind einige Möglichkeiten für die Darstellung von Befehlen bei Bytestruktur des Systems gezeigt.

Der für den **Adreßteil** verbleibende Rest der Befehlsdarstellungen reicht oft nicht aus, um den Wert der Adresse in den verbleibenden Bitpositionen zu codieren. Bei den gebräuchlichen Arbeitsspeichergrößen von 1 bis 64 KWorten sind für die Adreßangabe entsprechend 10 bis 16 bit erforderlich. Der gesamte Bereich des Arbeitsspeichers wird daher in sogenannte **Seiten (pages)** wie z.B. bei einem Buch aufgeteilt (siehe Bild 5.3). Der Wortumfang einer Seite entspricht dabei der im Befehlswort zur Verfügung stehenden Anzahl an bit für die Adreßcodierung. Damit ist innerhalb einer Seite (page) eine direkte Adressierung möglich. Für alle anderen Speicherbereiche erfolgt die Adressierung indirekt. Unter

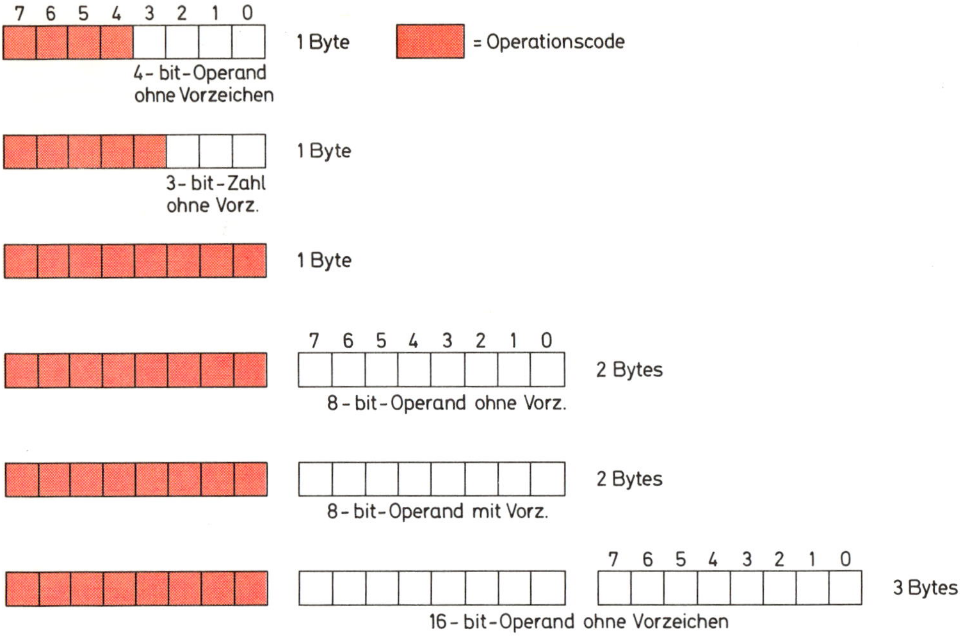

Bild 5.2 Möglichkeiten für die Darstellung von Befehlen bei einem System mit Bytestruktur (Fairchild F8)

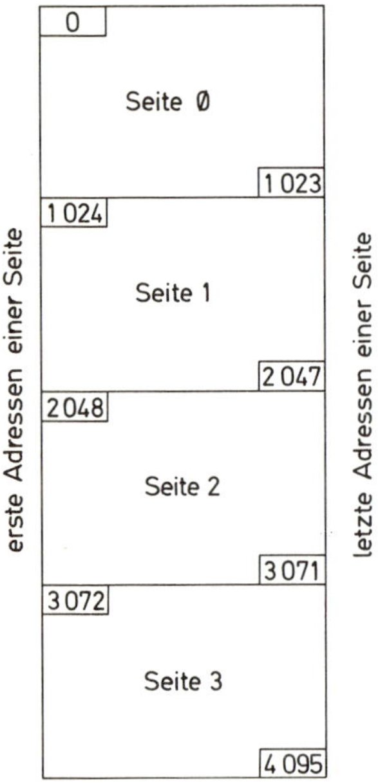

Arbeitsspeicher mit 4 K-Worten, unterteilt in 4 Seiten zu je 1 K-Worten
Die Adressen sind in dezimaler Schreibweise angegeben. Für andere Schreibweisen erhält man:

Dezimal	Oktal	Hexadezimal
0	0	0
1023	1777	3FF
1024	2000	400
2047	3777	7FF
2048	4000	800
3071	5777	BFF
3072	6000	C00
4095	7777	FFF

Bild 5.3 Schema der Speicherorganisation in Seiten (pages)

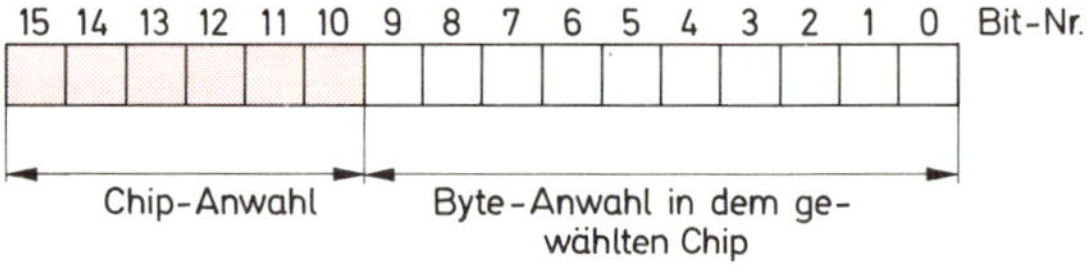

Bild 5.4 Aufteilung und Bedeutung der Bitpositionen bei einem 16-bit-Adreßwort

indirekter Adressierung wird folgendes verstanden: Im Adreßteil des Befehlswortes wird eine Speicheradresse der laufenden Seite angegeben, unter der die eigentliche Adresse zu finden ist. Diese Definition gilt streng genommen nur dann, wenn die Wortlänge im System genügend groß ist, um den gesamten Speicherbereich im System anzusprechen. Man behilft sich vielfach damit, daß man Mehr-Byte-Befehle verwendet (z.B. 3-Byte-Befehle) und für die Adressencodierung 2 Byte belegt, oder man benutzt ein besonderes Register (Programmzähler, Datenzähler) von entsprechender Länge, in dem die Adreßinformation zur Verfügung gestellt wird. In einigen Systemen wird die indirekte Adressierung unter Benutzung spezieller Register grundsätzlich angewendet, wenn Speicheradressen angesprochen werden (Programm- und Datenspeicher). Mit den niedrigen Adressen, die sich in einem 1-Byte-Adreßteil unterbringen lassen, werden die Ein-/Ausgabe-Anschlüsse (I/O ports), Echtzeituhren, Stack-Register usw. angesprochen. Die indirekte Adressierung über ein besonderes Zählerregister hat bei Systemen mit größeren Adressenwortlängen als Datenwortlängen noch eine besondere Bedeutung. Der Hardwareaufbau der Programm- und Datenspeicher eines Systems macht oftmals eine solche Arbeitsweise erforderlich. So ist z.B. in dem Modellaufbau eines Mikrocomputers mit dem F8-System (Fairchild) der Speicher in 1-KBlöcke unterteilt. Die PSU-Einheit enthält ein ROM in der Organisation 1024 × 8 bit und der Schreib-Lese-Speicher ist aus 8 RAM-Bausteinen in der Organisation 1024 × 1 bit aufgebaut (siehe Schaltplan Bild 3.3).

Bei den RAM-Bausteinen 2102-2 sind die Adreßeingänge und die Baustein-Auswahl-Eingänge (chip select inputs) parallel geschaltet. Die Daten-Ein- und Ausgänge vom und zum Datenbus stehen einzeln zur Verfügung. Damit ergibt sich insgesamt gesehen ebenfalls eine Organisation 1024 × 8 bit für diesen 1-KBlock. Verwendet man nun, wie in Bild 5.4 dargestellt, die niederwertigen 10 bit der 16-bit-Adreßinformation für die Adressierung der 1024 Speicherstellen in einem Speicherblock, so bleiben 6 bit mit $2^6 = 64$ Möglichkeiten zur Codierung der Chip-Select-Signale übrig. Das ergibt jedoch insgesamt die schon oben mitgeteilte Möglichkeit der Adressierung von 64 KBytes Speicher. Bei den PSU-Bausteinen wird die Speicherbereich-Codierung schon bei der Fertigung festgelegt. Im Falle des 3851-PSU-Bausteins sind das z.B. bei dem Entwicklungsbausatz Kit 1 die hexadezimalen Adressen H'8000' bis H'83FF' (= dezimal 32 768 bis 33 791) in absoluter Zählung. Bei Festlegung einer Seitenlänge von 1 KBytes wäre dies damit die Seite 32, wenn die Zählung der Seiten mit Null beginnt.

In der Datenverarbeitung ist es üblich, bei der Zählung von Seiten, Adressen, Bytes, bit usw. mit Null zu beginnen. Dann ist z.B. Ø die erste Adresse und 5 die 6. Adresse usw. Ganz allgemein trägt das *n*-te Element die Kennzeichnung $n-1$.

Eine dritte Adressierungsart ist die **relative Adressierung.** Hierbei enthält der Adreßteil des Befehlswortes eine Zahl mit Vorzeichen (bei einem 1-Byte-Adreßteil ergeben sich hiermit Zahlen zwischen −128 und +127). Diese Zahl gibt an, um wieviel Adressen vorwärts (+) oder rückwärts (−), gezählt von der laufenden Adresse (Speicherplatz an dem der Befehl steht), das Programm weitergeführt werden soll. Die relative Adressierung wird vorzugsweise bei sogenannten Verzweigungs- oder Entscheidungsbefehlen (branch instructions) angewendet.
Das folgende Beispiel 5.1 soll zur Erläuterung der beschriebenen Adressierungsarten beitragen.

Beispiel 5.1: Darstellung von Adressierungsarten

Bei diesem Beispiel gehen wir davon aus, daß wir ein System mit einem Seitenumfang von 1 KWorten (Byte) haben. Jede Seite hat also 1024 Adressen. Wir unterscheiden in unserem System **Absolutadressen** und **Relativadressen.** Die Absolutadressen zählen, beginnend in Seite Ø mit der Adresse Ø absolut bis zur letzten Speicherstelle der letzten Seite. Legen wir den 4-K-Speicher des Bildes 5.3 zugrunde, so ist die letzte Absolutadresse unseres Systems die Adresse 4095. Die Relativadressen sind, wie schon der Name sagt, die in jeder Seite von Ø bis 1023 relativ zur ersten Adresse in der Seite gezählten Speicherplätze. Während die Absolutadresse im System nur einmal auftritt, treten die Relativadressen so oft auf, wie Seiten vorhanden sind. Für unsere Beispiele gilt folgende Vereinbarung für Abkürzungen:

d = direkte Adressierung
i = indirekte Adressierung
r = relative Adressierung

a) **Direkte Adressierung**

Ab-solut-adresse	Relativ-adresse	Opera-tor	Index	Ope-rand
1025	1 (Seite 1)	LOAD	d	6
1030	6 (Seite 1)	XXX		

Das heißt im Klartext:

Lade direkt die Date, die sich in der Relativadresse 6 dieser Seite befindet (das ist Seite 1), in das Arbeitsregister. Die Date hat den Wert XXX.

b) **Indirekte Adressierung**

Ab-solut-adresse	Relativ-adresse	Opera-tor	Index	Ope-rand
1025	1 (Seite 1)	LOAD	i	6
1030	6 (Seite 1)	3075		
⋮	⋮	⋮		
3075	3 (Seite 3)	YYY		

Das heißt im Klartext:

Lade indirekt eine Date in das Arbeitsregister. In der Relativadresse 6 dieser Seite ist die Absolutadresse (3075) abgespeichert, unter der die Date zu finden ist. Die Date hat den Wert YYY.

c) **Relative Adressierung**

Ab-solut-adresse	Relativ-adresse	Opera-tor	Index	Ope-rand
1050	26 (Seite 1)	BRANCH	r	+5
1054	30 (Seite 1)	ZZZ		
1055	31 (Seite 1)	LOAD	d	30

Hierfür gilt folgende Erläuterung:

Das Programm verzweigt mit dem Befehl BRANCH um 5 Adressen nach vorwärts, also von der Relativadresse 26 zur Relativadresse 31. Dort steht ein direkter Ladebefehl für das Einschreiben der Date ZZZ in das Arbeitsregister.

5.3. Die Assemblersprachen und ihre Syntax

Im Abschnitt 5.1 dieses Kapitels war bereits von dem **Quellprogramm** (in einer Symbolsprache, **source program**) und dem daraus übersetzten Object-Programm (in Maschinensprache) die Rede. Quellprogramme werden in einer Programmiersprache geschrieben. Im Zusammenhang mit Mikroprozessoren und Mikrocomputern handelt es sich bei der Mehrzahl aller Fälle bei der **Programmiersprache** um eine **Assemblersprache.** Assemblersprachen sind schon weitgehend maschinenabhängig, da der wesentliche Teil ihres Befehlsrepertoires durch die in der Befehlsliste vorhandenen Befehle gegeben ist. Andererseits sind aber die binären Zustandsfolgen, die einen Befehl beschreiben, durch symbolische Abkürzungen **(mnemonics)** dargestellt, und numerische Daten werden nicht in der unübersichtlichen Dualschreibweise, sondern durch ein **Hilfszahlensystem** repräsentiert. Solche Hilfszahlensysteme sind vorzugsweise die in Kapitel 1 dargestellten Oktal- und Hexadezimal-Systeme (siehe auch Tabelle 6.13). Programmiersprachen stellen Daten und Befehlsfolgen in einer Weise dar, die keinerlei Beziehung zum verwendeten Mikroprozessor hat (abgesehen von der Bindung an die Befehlsliste). Diese Darstellungsform ist jedoch sehr leicht verständlich und gut lesbar, da sie an bestimmte Regeln gebunden ist. Der Assembler, selbst ein Computerprogramm, ist dazu da, die Symbolsprachenelemente des Quellprogrammes Zeichen für Zeichen zu lesen und zu interpretieren. Bei diesem Übersetzungsvorgang, der meist in mehreren Stufen abläuft, wird vom Assembler das Objektprogramm im Objekt-Code erzeugt und auf einen Datenträger (Lochstreifen, Magnetband) ausgegeben, von wo es mit dem Ladeprogramm (loader) in den Programmspeicher geladen werden kann. Das Objekt-Programm, von der Funktion her also das Benutzerprogramm, wird unter definierten Adressen abgespeichert, und es kann an einer bestimmten Stelle, die man mit **Startadresse** bezeichnet, gestartet werden. Neben dem Objekt-Code wird vom Assembler auf Wunsch eine Auflistung des Quellprogramms im Vergleich mit dem Objekt-Code und Adresseninformationen ausgegeben. Bei Ausgabe auf Papier über Drucker spricht man kurz vom Listing.

5.3.1. Anweisungsarten und Anweisungsfelder

Für das Schreiben eines Quellprogrammes in einer Assemblersprache gelten ganz bestimmte Regeln. Ein Assemblerprogramm besteht aus einer Folge von Befehlen, wobei für jeden einzelnen Befehl eine Zeile benötigt wird. Jede **Befehlszeile** wird in vier Teile (auch als **Felder** bezeichnet) eingeteilt. Ein Teil der Felder kann leer bleiben. Bestimmte Regeln legen die Zeichen fest, die in einem Befehl benutzt werden können, und wie jedes Zeichen interpretiert wird, abhängig davon, in welchem Feld das Zeichen angewendet wird. Die Regeln, die die Schreibweise für Symbolsprachen-Quellprogramme festlegen, werden als **Syntax** der Assemblersprache bezeichnet. Für die Darstellung von Quellprogrammen in Übereinstimmung mit der Syntax wird z.B. auf die Bilder 5.7, 5.9 und 5.11 hingewiesen.

Die **Anweisungen,** die in Quellprogrammen verwendet werden, lassen sich in drei Gruppen unterteilen:

- ☐ Kommentarhinweise,
- ☐ ausführbare Befehle,
- ☐ Steueranweisungen für das Assembler-Programm.

Die Kommentarhinweise werden für das Einfügen von Anmerkungen in das Programm benutzt. Solche Anmerkungen können Programmüberschriften, Abschnittkennzeichnungen und Erläuterungen der Befehlsfolgen sein. Sie dienen zur Programmdokumentation. Wenn man eine Textzeile mit einem Sonderzeichen (z.B. ∗, /, ;) beginnen läßt, wird der gesamte Zeileninhalt als Kommentar interpretiert. Kommentarhinweise werden nicht übersetzt und sind daher an kein Format gebunden.

Ausführbare Befehle sind die Anweisungen aus der Befehlsliste, die den Vorgang, der gesteuert oder geregelt werden soll, als Programm abbilden.

Assembler-Steueranweisungen sind Anweisungen an das Übersetzungsprogramm mit Informationen über das Benutzerprogramm. Sie erzeugen keinen Objekt-Code.

Ausführbare Befehle und Assembler-Steueranweisungen werden in ihrer Schreibweise gemäß Bild 5.5 in den vier Feldern dargestellt. Für eine übersichtliche Schreibweise läßt man den Text des jeweiligen Feldes in bestimmten Positionen der Zeile beginnen. Durch diese tabellierte Darstellung wird die Lesbarkeit der Programme verbessert. Die Bedeutung der einzelnen Felder geht aus Bild 5.5 hervor. Für die Länge der einzelnen Felder und die Anzahl der wesentlichen Zeichen, die vom Assembler verarbeitet werden, gibt es bei den verschiedenen Assemblersprachen unterschiedliche Festlegungen.

In Feld 1 werden **Symbolnamen** vom Benutzer frei (unter Beachtung gewisser Bildungsregeln) festgelegt. Diese Symbolnamen stellen zugleich **Symboladressen** dar und können als **Sprungmarken** benutzt werden.

In Feld 2 steht der **Befehlscode (operations code).** Sowohl ausführbare Befehle wie Assembler-Anweisungen werden hier eingeschrieben.

In Feld 3, dem **Operanden-Feld,** werden zusätzliche Informationen definiert. Das sind z.B. Befehlsparameter, Adressen usw., die der Assembler benötigt, um die Angaben in Feld 2 vollständig zu interpretieren. Der bei der Übersetzung erzeugte Objekt-Code kann 1 bis 3 Bytes lang sein. Auf die Verwendung von **Feld 4** für **Kommentare** und zur Programmbeschreibung wurde oben bereits hingewiesen.

5.3.2. Die Sprachelemente von Assemblersprachen

Zu den **Sprachelementen** gehören grundsätzlich alle **Zeichen,** die auf den üblicherweise verwendeten Eingabetastaturen vorhanden sind. Auch die Sonderzeichen sind bei richtiger Anwendung

Bild 5.5 Feldaufteilung der Befehlszeile bei Assemblerprogrammierung

Feld 1	Feld 2	Feld 3	Feld 4
Symbolname Symboladresse (Label Field)	Operator, Befehlssymbol (Mnemonic Field)	Operand Daten (Operand Field)	Kommentare, Hinweise und Erläuterungen (Comment Field)

unter Beachtung der jeweiligen Regeln erlaubt. Bei allen Assemblern dürfen die Buchstaben A···Z und die Ziffern 0···9 in jedem Falle verwendet werden. Einigen Zeichen (characters) wird immer eine besondere Bedeutung zugeordnet, und sie dürfen in dieser bestimmten Anwendungsform nur in eingeschränktem Maße verwendet werden.

Beispiel 5.2: Darstellung, wie bestimmten Zeichen bei einer Assemblersprache eine besondere Funktion zugeordnet wird (Fairchild F8)

Zeichen	Funktion	Beispiel
D	Bezeichnet dezimale Konstanten	D'1234'
H	Bezeichnet hexadezimale Konstanten	H'123A'
B	Bezeichnet duale Konstanten	B'110110'
O	Bezeichnet oktale Konstanten	O'23714'
C	Bezeichnet Symbol-Konstanten	C'VALID'
T	Bezeichnet Zeitzähler-Impulse	T'123'
*	Laufende Speicheradressen	* + 3
*	Multiplikationszeichen	X * 2
* *	Exponentialoperator	X * *2
+	Additionszeichen	X + 7
–	Subtraktionszeichen	X – 5
/	Divisionszeichen	X / 3
(	Anfang eines Ausdruckes	
)	Ende eines Ausdruckes	

In Beispiel 5.2 sind die Zeichen mit Sonderbedeutung für den Fairchild-F8-Assembler dargestellt.

Weitere Sprachelemente einer Assemblersprache sind **Konstanten.** In dem in Beispiel 5.2 dargestellten Zeichensatz finden sich Dezimale, Hexadezimale, Oktale, Duale (oder binäre) und Zeitzähler-Konstanten.
Die hexadezimalen und oktalen Darstellungen der Codierungen im ASCII-Code sind für die Zeichen und Sonderzeichen in Tabelle 6.12 in Kapitel 6 mitgeteilt (ASCII = American Standard Code for Information Interchange).
Neben den Konstanten machen **Symbole** und **Ausdrücke** die restlichen **Sprachelemente** aus. Da für die Sprachelemente bei den verschiedenen Assemblern hinsichtlich der Bildungsregeln und Bedeutungen oft unterschiedliche Festlegungen gelten, wird auf die entsprechende Systemliteratur der verschiedenen Hersteller verwiesen.
Zur Anwendung von Assemblersprachen werden im nächsten Abschnitt Beispiele gebracht, die einen ersten Einblick in die Methoden zur Problemformulierung mittels Programm geben sollen. Eine Programmieranleitung sollen sie nicht sein.
Die Beispiele orientieren sich teilweise an den Darstellungen in Kapitel 4. Die Beispiele sind bewußt einfach gehalten, um in guter Übersichtlichkeit das Prinzip zu demonstrieren.

5.4. Beispiele zur Assemblerprogrammierung

In den relativ einfachen Beispielen dieses Abschnittes soll gezeigt werden, wie man von der **Problemstellung** zum **Programm** für den Mikrocomputer kommt. Die Beispiele sind im Zusammenhang mit den Applikationsbeispielen des Kapitels 4 zu sehen. Es geht hier weniger um eine Anleitung zum Programmieren, als vielmehr darum, den Weg zu zeigen, wie man vorgehen muß, um die Software zu erstellen. Grundlage der Beispiele sind die Befehlslisten, wie sie für einige Mikroprozessoren und Mikrocomputer in den Tafeln 2.1, 2.2 und 3.1 dargestellt sind. Sie sollen beispielhaft den Operationscode für die jeweilige Problemformulierung liefern. Die für die Programmerstellung notwendigen Vorarbeiten

- Problemdefinition,
- Lösungsauswahl,
- Erstellung von Flußplänen

werden dabei entweder den Darstellungen in früheren Kapiteln entnommen oder werden hier durchgeführt. Erst nach Vorliegen dieser Unterlagen kann mit der Codierung der Quellprogramme begonnen werden.

5.4.1. Programmierbeispiel für den Mikrocomputer TMS 1000 als industrieller Steuerungsbaustein (Abschnitt 4.1)

Der Steuerungsaufbau hat auf der Eingabeseite 8 Analogeingänge über einen Analogmultiplexer und einen AD-Wandler mit 8 bit Auflösung. Weiterhin sind 8 Digitaleingänge vorhanden. Als manuelles Eingabegerät steht eine 12er-Tastatur zur Verfügung. Für die Ausgabe sind 3 Digitalausgänge vorgesehen, und eine Leuchtdiodenmatrix dient zur optischen Zustandsanzeige. Der Computeraufbau ist in Bild 4.2 dargestellt.

Von allen möglichen Steuerungsarten, die sich mit dieser Schaltung realisieren lassen, sei hier folgendes Beispiel herausgegriffen:
Eine Platte aus thermoplastischem Kunststoff wird mit drei Haltevorrichtungen positioniert. Die richtige Position wird durch drei Endschalter angezeigt. In dieser Position wird die Platte zum Zwecke einer thermoplastischen Verformung auf eine gegebene Solltemperatur mit UR-Strahlern aufgeheizt. Bei Istwert über Sollwert werden die Heizelemente abgeschaltet und ein Temperaturausgleich über Ventilatorgebläse herbeigeführt. Das Erreichen des Sollwertes wird durch eine Leuchtdiodenanzeige sichtbar gemacht. Die Anlage wird mit Schalter 1 in Betrieb genommen und kann nach genügend langer Aufheizzeit über Schalter 2 stillgesetzt werden.

Eingangssignale vom Prozeß

- Kanal 2, Analogeingang: Sollwertvorgabe 0···+10 V, einstellbar an einem Sollwertpotentiometer (AN 2),
- Kanal 3, Analogeingang: Signal 0···+10 V eines temperaturproportionalen Meßwertumformers für Thermospannung von Thermoelement (AN 3),
- Digitaleingaben an Kanälen 1, 3, und 5 von Endschaltern. Signalbezeichnung E_1, E_3, E_5,
- Schalter 1 = EIN, startet das Programm,
- Schalter 2 = EIN, beendet das Programm.

Ausgangssignale zum Prozeß

- Ausgangssignal A_3 an R_{10} wird 1, wenn die Bedingung $E_1 \wedge E_3 \wedge E_5 = 1$ erfüllt ist. Danach wird die Temperatur AN3 gegen den Sollwert AN 2 verglichen. A_3 dient zur Aufhebung einer Verriegelung.
- Ausgangssignal A_2 an R_9 wird 1 und A_1 an R_8 wird 0, wenn Istwert > Sollwert. Dann wird über O_0 bis O_3 und R_7 auch die Leuchtdiodenzeile eingeschaltet.
- Ausgangssignal A_1 an R_8 wird 1 und A_2 an R_9 wird 0, wenn Istwert ≦ Sollwert.

Anmerkungen zur Schaltung

- Bei dem Baustein SN75492 werden die Dioden mit gemeinsamer Katode angeschlossen. Die Dioden sind eingeschaltet wenn R- und O-Ausgang 1-Signal führen.
- Bei den Bausteinen 74LS157 und 74LS257 werden durch das Signal SELECT bei 0 die A-Eingänge und bei 1 die B-Eingänge durchgeschaltet.
- Bei 1-Signal am Eingang OUTPUT CTRL des Bausteins 74LS257 sind die Tri-State-Ausgänge im hochohmigen Zustand.

Der Programmablaufplan für dieses Steuerbeispiel ist in Bild 5.6 dargestellt. Wegen der besseren Übersichtlichkeit wurde die Struktur nicht zu sehr verfeinert. Die zugehörige Programmcodierung mit erläuterndem Kommentar zeigt Bild 5.7. Das Ende der Analogdigitalwandlung wird in diesem Beispiel nicht durch Programm abgefragt, sondern durch eine Warteschleife im Unterprogramm ADU für die AD-Umwandlung durch Generierung einer Wartezeit abgewartet. Der Programmablaufplan des Unterprogrammes ADU ist in Bild 5.8 und die dazugehörende Programmcodierung in Bild 5.9 dargestellt.

5.4.2. Programmierbeispiel für ein System mit Mikroprozessor 4040. Aufzugsteuerung aus Abschnitt 4.3

Für die Realisierung der in Abschnitt 4.3 dargestellten **Aufzugsteuerung** läßt sich eine Minimalkonfiguration von Mikroprozessor 4040, Taktgenerator 4201 und Speicherbaustein ROM 4308 einsetzen. Der Baustein 4308 wurde gewählt, da er 4 Ein-/Ausgabe-Anschlüsse mit je 4 bit Wortlänge besitzt. Diese Anschlüsse sind per Programm adressierbar. Bild 5.10 zeigt den Blockaufbau der Schaltungsanordnung ohne die erforderlichen Ein-/Ausgabe-Interfaces. Die Bilder 4.4 und 4.5 in Abschnitt 4.3 dieses Buches zeigen das Funktionsbild (Datenflußplan) und den Programmablaufplan für dieses Beispiel.
Für die Darstellung im Programm wurden folgende Festlegungen getroffen:

- Die Date E_1 ist eine 4-bit-Codierung der Stockwerkkontakte von 0001 bis 1111 (1. bis 15. Etage) an Ein-/Ausgabe-Anschluß 0 des ROM 4308.
- Die Date E_2 ist eine entsprechende Codierung der Stockwerktasten an Ein-/Ausgabe-Anschluß 1 des ROM.
- Die Daten E_3 und E_4 sind die beiden niedrigstwertigen bit in dem 4-bit-Wort an Ein-/Ausgabe-Anschluß 2 des ROM 4308.

MSB LSB
0 0 E_4 E_3

- Die Ausgabedaten A_1 bis A_3 sind die niederwertigen bit in dem 4-bit-Wort an Ein-/Ausgabe-Anschluß 3 des ROM 4308

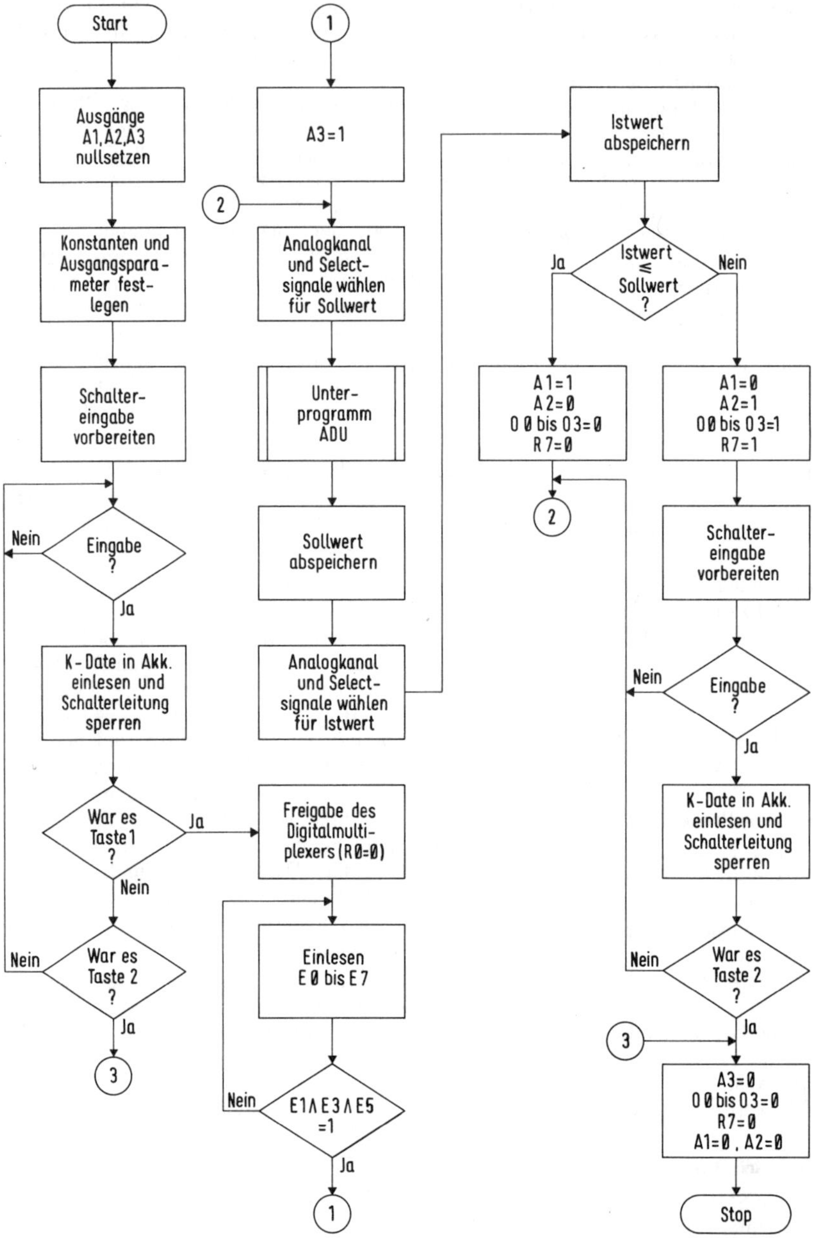

Bild 5.6 Programmablaufplan des Steuerungsbeispieles mit TMS 1000

```
* PROGRAMMNAME PLAST
* PROGRAMM ZUM BETRIEB EINES STEUERBAUSTEINS MIT TMS 1000
* AUFHEIZEN VON KUNSTSTOFFPLATTEN FUER THERMOPLASTISCHE VERFORNUNG
*
        TITLE PLAST
START   CLO             LOESCHEN DER O-AUSGAENGE
        TCY     8
        RSTR            R8=0
        TCY     9
        RSTR            R9=0
        TCY     10
        RSTR            R10=0
        LDX     3
        TCY     0
        TCMIY   15      B'1111' NACH SPEICHER 3/0
START1  TCY     0
        SETR            R0=1, AUSGAENGE DES SN 74257 HOCHOHMIG
        TCY     5
        SETR            R5=1, SCHALTERSPALTE 1 FREIGEGEBEN
        KNEZ            TESTE K-EINGAENGE AUF UNGLEICH 0
        BR      EINGAB  JA, GEHE NACH EINGAB
        BR      START1  NEIN, GEHE  ANACH START1
EINGAB  TKA             EINLESEN DER K-EINGAENGE IN AKK.
        RSTR            R5=0
        ALEC    1       WAR ES TASTE 1 ?
        BR      LAUF    JA, SPRINGE NACH LAUF
        ALEC    2       WAR ES TASTE 2 ?
        BR      AUS     JA, SPRUNG NACH AUS
        BR      START1  NEIN, SPRUNG NACH START1
* DAS PROGRAMM FUER DEN PROZESS WURDE DURCH TASTE 1  GESTARTET
* ABFRAGE DER ENDSCHALTERSIGNALE
LAUF    TCY     0
        RSTR            R0=0, AUSGAENGE VON SN 74257 SIND FREI
        TCY     1
        RSTR            R1=0, A-TEIL GESCHALTET
        TCY     3
        RSTR            R3=0, A-TEIL GESCHALTET
        TKA             DATENWORT EINLESEN (E4 BIS E7)
        TAY             (AKK.) NACH Y-REG.
        YNEC    2       (Y-REG.)=2 ?  (E5=1 ?)
        BR      LAUF    NEIN, RUECKSPRUNG NACH LAUF
        TCY     1       JA, PROGRAMM WIRD FORTGESETZT
        SETR            R1=1, B-TEIL GESCHALTET
        TKA             DATENWORT EINLESEN (E0 BIS E3)
        TAY             (AKK.) NACH Y-REG. ABSPEICHERN
        YNEC    10      Y-REG. = 10 ?  E1 UND E3 = 1
        BR      LAUF    NEIN, RUECKSPRUNG NACH LAUF
        TCY     10
        SETR            R10=1,  A3=1
* ALLE ENDSCHALTER SIND GESCHLOSSEN
* BEGINN DER ANALOGDATENEINGABE

ANALOG  TCY     5
        RSTR            R5=0
        TCY     6
        SETR            R6=1
        TCY     7
        RSTR            R7=0,    010 = ANALOGKANAL 2
        TCY     2
        RSTR            R2=0
        TCY     3
        SETR            R3=1,  1. DATE = 4MSB SOLLWERT
        LDX     3
```

```
        TCY     Ø
        MNEZ            WENN SPEICHER 3/Ø UNGLEICH Ø : STATUS =1
        CALL    ADU     AUFRUF UNTERPROGRAMM ADU
        LDX     Ø       SPEICHER Ø/Ø SETZEN
        TKA             DATE IN AKK. LESEN
        TAM             DATE ABSPEICHERN
        TCY     2
        SETR            R2=1,  2. DATE = 4LSB SOLLWERT
        TCY     1       SPEICHER Ø/1 SETZEN
        TKA             DATE IN AKK. LESEN
        TAM             DATE ABSPEICHERN
        TCY     5
        SETR            R5=1, Ø11 = ANALOGKANAL 3
        TCY     2
        RSTR            R2=Ø,  3. DATE = 4MSB ISTWERT
        LDX     3
        TCY     Ø
        MNEZ            STATUS = 1
        CALL    ADU     AUFRUF UNTERPROGRAMM ADU
        LDX     Ø
        TCY     2       SPEICHERADRESSE Ø/2 WAEHLEN
        TKA             DATE EINLESEN
        TAM             DATE ABSPEICHERN
        TCY     2
        SETR            R2=1,  4. DATE = 4LSB ISTWERT
        TCY     3       SPEICHER Ø/3 WAEHLEN
        TKA             DATE IN AKK. LESEN
        TAM             DATE ABSPEICHERN
* DIE ANALOGDATEN-ERFASSUNG IST ABGESCHLOSSEN
* ES FOLGT DER VERGLEICH VON IST- UND SOLLWERT
COMP1   LDX     Ø
        TCY     2       ADRESSE VON 4 MSB ISTWERT
        TMA             DATE IN AKK. LESEN
        TCY     Ø       ADRESSE VON 4 MSB SOLLWERT
        SAMAN           SOLLW.-ISTW. NACH AKK. STATUS = 1 WENN POSITIV
        BR      COMP2   SPRUNG NACH COMP2 FUER PRFG. Ø UND LSB
KUEHL   TCY     9
        SETR            R9=1,  A2=1
        LDX     3
        TCY     Ø       ADRESSE FUER KONSTANTE B'1111'
        TMA             B'1111' NACH AKK.
        TDO             O-AUSGAENGE =1
        TCY     7
        SETR            LEUCHTDIODENZEILE 1 = EIN,  R7=1
* SCHALTEREINGABE VORBEREITEN FUER TEST AUF TASTE 2
TTEST   TCY     Ø
        SETR            RØ=1
        TCY     6
        SETR            R6=1, SCHALTERSPALTE 2 FREIGEGEBEN
        KNEZ            TESTE K-EINGAENGE AUF UNGLEICH Ø
        BR      WEITR   JA, SPRUNG NACH WEITR
        BR      ANALOG  NEIN, RUECKSPRUNG NACH ANALOG
WEITR   TKA             EINLESEN DER K-EINGAENGE IN AKK.
        RSTR            R6=Ø
        ALEC    2       WAR ES TASTE 2 ?
        BR      AUS     SPRUNG NACH AUS
        BR      ANALOG  RUECKSPRUNG NACH ANALOG
* PRUEFUNG AUF Ø UND VERGLEICH 4 LSB
COMP2   LDX     Ø
        TCY     3       ADRESSE Ø/3 WAEHLEN
        TMA             DATE IN AKK. LESEN
        TCY     1       ADRESSE VON 4 LSB SOLLWERT
```

```
        SAMAN               SOLLW.-ISTW. NACH AKK., STATUS=1 WENN POSITIV
        BR       HEIZ       SPRUNG NACH HEIZ
        BR       KUEHL      RUECKSPRUNG NACH KUEHL
HEIZ    TCY      8
        SETR                R8=1,   A1=1
        TCY      9
        RSTR                R9=Ø,   A2=Ø
        TCY      7
        RSTR                R7=Ø
        CLO                 O-AUSGAENGE LOESCHEN, LEUCHTDIODEN AUS
        BR       ANALOG     RUECKSPR. NACH ANALOG,  NEUER VERGLEICH
* ABSCHALTROUTINE NACH AKTIVIERTER TASTE 2
AUS     TCY      1Ø
        RSTR                A3=Ø
        TCY      9
        RSTR                A2=Ø
        TCY      8
        RSTR                A1=Ø
        TCY      7
        RSTR                R7=Ø, LEUCHTDIODEN AUS
        CLO                 O-AUSGAENGE = Ø
        BR       START      SPRUNG NACH START
        END
```

Bild 5.7 Programmkodierung des Steuerungsbeispiels mit TMS 1000

Bild 5.9 Programmkodierung des Unterprogrammes ADU

```
* UNTERPROGRAMM ADU
*
ADU     TCY      4          AD-STARTSIGNAL
        SETR                AUSGANG R4 WIRD LOG. 1
        SETR
        RSTR                ENDE STARTIMPULS, R4 WIRD LOG. Ø
WAIT    LDX      3
        TCY      Ø          WAHL DER ADRESSE 3/Ø MIT INHALT 15
        TMY                 ADRESSENINHALT NACH Y-REGISTER
WAIT1   DYN                 (Y-REG.)=(Y-REG.)-1, STATUS = 1 WENN POSITIV
        BR       WAIT1      INNERE SCHLEIFE
        IAC                 (AKK.)=(AKK.)+1, BIS Y-REG. NEGATIV
        ALEC     15         (AKK.)<15 ? STATUS = 1 WENN NEIN
        BR       WAIT       AEUSSERE SCHLEIFE
        RETN                RUECKSPRUNG AUS UNTERPROGRAMM, (AKK.)>15
*
* MIT CX = 47 PF UND RX = 75 KOHM ERHAELT MAN EINE TAKTFREQUENZ VON
* 2ØØ KHZ. DAMIT WIRD EIN OSZILLATORTAKT = 5 MYSEC.
* 1 BEFEHLSTAKT = 6 OSZILLATORTAKTE = 3Ø MYSEC BEI 2ØØ KHZ
* UNTER DIESEN BEDINGUNGEN BETRAEGT DIE VERZOEGERUNG DURCH DEN VER=
* WENDETEN CODE CA. 17,7 MSEC.
* DIE VERZOEGERUNG LAESST SICH UEBER DEN OPERANDEN (HIER 15) ZUM
* OPERATOR ALEC EINSTELLEN.
```

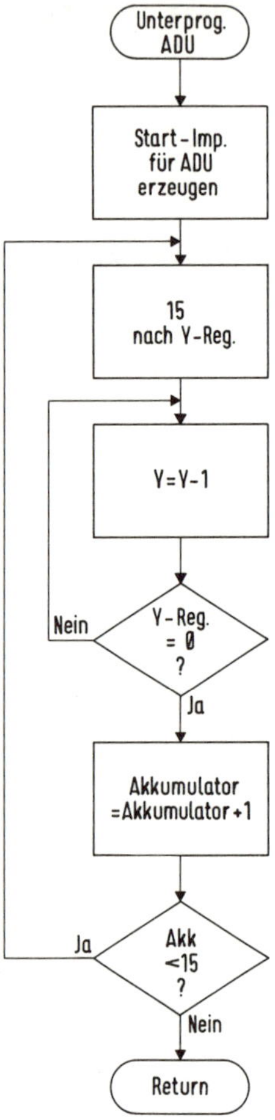

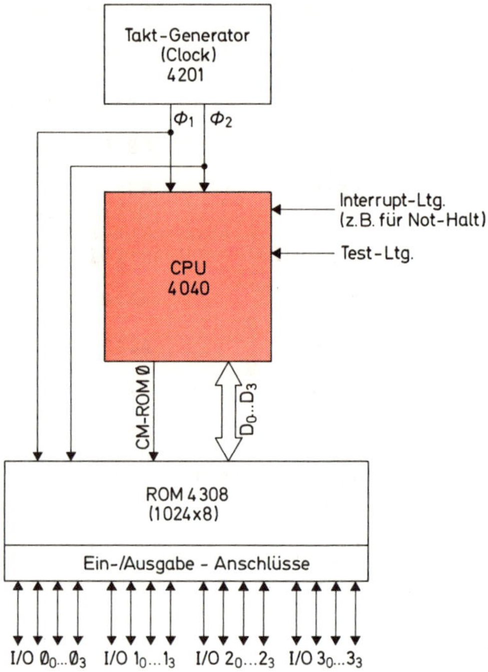

Bild 5.10 Blockaufbau der Schaltungsanordnung für die Aufzugsteuerung mit Mikroprozessor 4040

Bild 5.8 Programmablaufplan des Unterprogrammes ADU

```
; PROGRAMMNAME LIFT
; PROGRAMMAUSSCHNITT FUER AUFZUGSTEUERUNG MIT MIKROPROZESSOR 4040
;
START   CLB               ; ARBEITS- UND UEBERTRAGSREGISTER LOESCHEN
        DB0               ; ANWAHL ROM-BANK 0, CM-ROM0 AKTIV
        SB0               ; WAHL VON INDEXREGISTER-BANK 0
        DIN               ; INTERRUPT NICHT ERLAUBT
        LDM     5         ; 5 NACH AKK.
        XCH     12        ; (AKK.) IN INDEXREGISTER 12 ABSPEICHERN
        FIM     0         ; IND.-REG.-PAAR 0
        0,      0         ; EING./AUSG. 0, ROM 0
        FIM     0         ; IND.-REG.-PAAR 1
        1,      0         ; EING./AUSG. 1, ROM 0
        FIM     2         ; IND.-REG.-PAAR 2
        2,      0         ; EING./AUSG. 2, ROM 0
        FIM     3         ; IND.-REG.-PAAR 3
        3,      0         ; EING./AUSG. 3, ROM 0
FREI    SRC     1         ; AKTIVIEREN EINGANG 1
        RDR               ; DATE E2 IN AKK. EINLESEN
        JCN     4,FREI    ; RUECKSPRUNG NACH FREI WENN (AKK.)=0
        RDR               ; (AKK.) UNGLEICH 0, E2 NOCHMALS LESEN
        XCH     15        ; ABSPEICHERN IN IND.-REG. 15
        LDM     1         ; 1 NACH AKK.
        SRC     3         ; AKTIVIEREN AUSGANG 3
        WRR               ; 1 AUS AKK. NACH AUSG. 3, A3=1
WARTE   SRC     2         ; AKTIVIEREN EINGANG 2
        RDR               ; DATEN E3 UND E4 LESEN
        JCN     4,WARTE   ; RUECKSPRUNG NACH WARTE WENN (AKK.)=0
        SRC     0         ; (AKK.) UNGLEICH 0, AKTIVIEREN EINGANG 0
        RDR               ; EINLESEN E1
        XCH     14        ; ABSPEICHERN E1 IN IND.-REG. 14
        LD      15        ; E2 NACH AKK.
        SUB     14        ; E2-E1 (INH. VON IND.-REG. 14)
        JCN     4,RTRN    ; SPRUNG NACH RTRN WENN (AKK.)=0
        TCC               ; INH. DES UEBERTRAGSREGISTERS NACH AKK.
        JCN     4,AUF     ; WENN E1>E2 SPRINGE NACH AUF
AB      LDM     5         ; 5 NACH AKK.
        XCH     13        ; 5 NACH IND.-REG. 13 ABSPEICHERN
        LDM     5         ; 5 NACH AKK.
        SRC     3         ; AUSGANG 3 AKTIVIEREN
        WRR               ; A3=1, A2=0, A1=1, ABWAERTSFAHRT
        JUN     HALT      ; SPRUNG NACH HALT
AUF     LDM     7         ; 7 NACH AKK.
        XCH     13        ; 7 NACH IND.-REG. 13 ABSPEICHERN
        LDM     7         ; 7 NACH AKK.
        SRC     3         ; AUSGANG 3 AKTIVIEREN
        WRR               ; A3=1, A2=1, A1=1, AUFWAERTSFAHRT
HALT    SRC     0         ; EINGANG 0 AKTIVIEREN
        RDR               ; E1 EINLESEN
        SUB     15        ; E2 VON E1 SUBTRAHIEREN
        JCN     4,STOP    ; WENN E2=E1 SPRUNG NACH STOP
        JUN     HALT      ; WENN E2 UNGLEICH E1 RUECKSPRUNG NACH HALT
STOP    LD      13        ; INH. VON IND.-REG. 13 NACH AKK.
        SUB     12        ; INH. VON IND.-REG. 12 SUBTRAHIEREN (=5)
        SRC     3         ; AUSGANG 3 AKTIVIEREN
        WRR               ; A1=0 UND A3=0
        JUN     NEU       ; SPRUNG NACH NEU
RTRN    LDM     0         ; 0 NACH AKK.
        SRC     3         ; AUSGANG 3 AKTIVIEREN
        WRR               ; A3=0, A2=0, A1=0
NEU     LDM     0         ; 0 NACH AKK.
        SRC     1         ; EINGANG 1 AKTIVIEREN
        WRR               ; E2=0 SETZEN
        JUN     START     ; SPRUNG NACH START, WARTEN AUF NEUEN BEFEHL
```

Bild 5.11 Programmkodierung für die Aufzugsteuerung in Bild 5.10

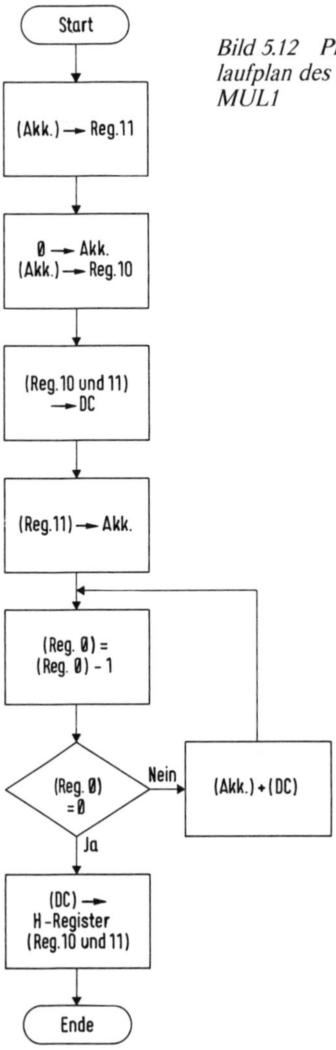

Bild 5.12 Programmablaufplan des Programmes MUL1

MSB LSB
Ø A_1 A_2 A_3

Die Programmcodierung mit den in der Befehlsliste des 4040 Mikroprozessors (Tafel 2.1) angegebenen Befehlen ist in Bild 5.11 dargestellt.
In der Codierung sind die Assembler-Anweisungen nicht enthalten. Sie müßten für die jeweils verwendete Übersetzungsmethode zugefügt werden.

5.4.3. Beispiele für die Multiplikation dualer Zahlen im Assemblercode des F8-Mikroprozessorsystems

Die Befehlsliste des F8-Mikroprozessorsystems ist in Tafel 2.2 dargestellt. Mit den Angaben in der Befehlsliste und den dazugehörigen Erläuterungen dürften die hier dargestellten Befehlsfolgen verständlich sein.
In dem in Bild 5.12 als Programmablaufplan und in Bild 5.13 als Programmcodierung dargestellten ersten Beispiel (Programmname MUL1) handelt es sich um die Rückführung der **Multiplikation** auf eine wiederholte Addition.
Ein Byte der zu multiplizierenden Daten, der Multiplikand, befindet sich in Register Ø des Zwischenspeichers (scratchpad). Das andere Datenbyte, der Multiplikator, befindet sich zu Beginn der Rechnung im Akkumulator. Das Ergebnis der fortgesetzten Addition wird im Datenzähler (DC = data counter) aufsummiert und nach Abschluß der Rechnung in den H-Registern (HU = 10 und HL = 11) als 16-bit-Wert abgespeichert.

Bild 5.13 Programmkodierung des Programmes MUL1

```
* PROGRAMM MUL1
* PROGRAMM ZUR MULTIPLIKATION VON ZWEI 8-BIT ZAHLEN
* MIT 16-BIT ERGEBNIS
*
MUL1    LR      11,A     (AKK.) = MULTIPLIKATOR LADEN NACH REG. 11 (HL)
        CLR              (AKK.) ZU NULL SETZEN
        LR      1Ø,A     (AKK.) = Ø LADEN NACH REG. 1Ø (HU)
        LR      DC,H     DIE H-REGISTER (1Ø U. 11) IN DATENZAEHLER DC
                         * EINSCHREIBEN
        LR      A,HL     REG, 11 IN AKK. LADEN
        BR      MIN1     SPRUNG NACH MIN1
RING    ADC              INHALTE VON AKK. U. DC ADDIEREN
MIN1    DS      Ø        (REG. Ø) = (REG. Ø) - 1
        BNZ     RING     WENN (REG. Ø) UNGLEICH Ø, DANN SPRUNG N. RING
        LR      H,DC     (DC) ALS ERGEBNIS NACH H-REGISTERN (1Ø U. 11)
```

Ein zweites Beispiel für ein Programm zur **Multiplikation** zweier 8-bit-Dualzahlen zu einem 16-bit-Ergebnis ist in Bild 5.14 als Programmablaufplan und in Bild 5.15 als Programmcodierung dargestellt. Die zwei Faktoren stehen in Register 1 (Multiplikator) und Register 2 (Multiplikand) des Zwischenspeichers zur Verfügung. Das Ergebnis wird in den Zwischenspeicher-Registern 7 (höherwertige bit) und 6 (niederwertige bit) dargestellt. Das Programm trägt den Namen MUL2.

Vergleicht man die beiden Programme miteinander, dann stellt man fest, daß MUL1 12 Bytes an Objekt-Codierung in der Maschinensprache ergibt und MUL2 32 Bytes. Die Ausführungszeiten der beiden Programme stehen jedoch in umgekehrtem Verhältnis zur Programmlänge. Sie betragen für

MUL1: 20 µs bis 1800 µs,
MUL2: 18,5 µs bis 258 µs.

Dieser Sachverhalt kann als Beispiel dafür dienen, daß eine Speicherplatzoptimierung und eine Laufzeitoptimierung von Programmen zwei unterschiedliche Dinge sind.

Speicherplatzoptimierung ist dann erforderlich, wenn ein vorhandener Speicher nach Möglichkeit für die Aufnahme eines Programmes zur Problemlösung ausreichen soll. Die Programmlaufzeit spielt dann eine untergeordnete Rolle.
Laufzeitoptimierung ist dann erforderlich, wenn bei Echtzeit-Anforderungen bestimmte Funktionen in vorgegebener Zeit verarbeitet werden müssen. Der Bedarf an Speicherplatz ist dann von untergeordneter Bedeutung.

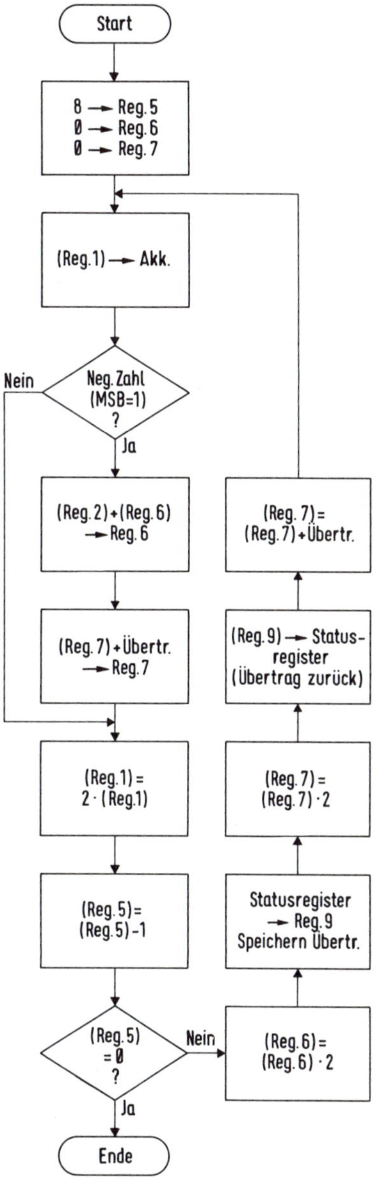

Bild 5.14 Programmablaufplan des Programmes MUL2

5.4.4. Ein-/Ausgabe-Programmierung bei Mikrocomputern unter besonderer Berücksichtigung des F8-Systems

Die **Ein-/Ausgabe-Programmierung** umfaßt solche Programme, bei denen Daten zwischen dem Mikrocomputer und der Außenwelt ausgetauscht werden. Hierbei werden drei unterschiedliche Arten der Ein-/Ausgabe-Programmierung angewendet:

- programmierte Ein-/Ausgabe,
- interrupt-gesteuerte Ein-/Ausgabe,
- direkter Speicherzugriff (DMA).

Die **programmierte Ein-/Ausgabe** wird dadurch eingeleitet, daß die Zentralprozessoreinheit eine

Bild 5.15 Programmkodierung des Programmes MUL2

```
* PROGRAMM MUL2
* PROGRAMM ZUR MULTIPLIKATION VON ZWEI 8-BIT ZAHLEN
* MIT 16-BIT ERGEBNIS
* DIE KLAMMERN ( ) BEDEUTEN : INHALT VON , Z.B. (AKK.)=AKK.-INHALT
*
MUL2    LIS    8       AKK. MIT 8 LADEN
        LR     5,A     (AKK.) IN REG. 5 LADEN
        LIS    Ø       AKK. MIT Ø LADEN
        LR     6,A     REG. 6 MIT Ø LADEN
        LR     7,A     REG. 7 MIT Ø LADEN
MARK1   LIS    Ø       AKK. MIT Ø LADEN
        AS     1       REG. 1 - INHALT ZUM (AKK.) ADDIEREN
        BP     MARK2   SPRUNG NACH MARK2 WENN MULTIPLIKATOR POSITIV
        LR     A,2     (REG. 2) IN AKK. LADEN
        AS     6       (AKK.)=(AKK.)+(REG. 6)
        LR     6,A     (AKK.) IN REG. 6 LADEN
        LR     A,7     (REG. 7) IN AKK. LADEN
        LNK            (AKK.)=(AKK.) + UEBERTRAG
        LR     7,A     (AKK.) IN REG. 7 LADEN
MARK2   LR     A,1     (REG. 1) IN AKK. LADEN
        SL     1       MULTIPLIKATOR UM 1 BIT LINKS SCHIEBEN (= *2)
        LR     1,A     (AKK.) IN REG. 1 LADEN
        DS     5       (REG. 5)=(REG. 5) - 1
        BZ     MARK3   SPRUNG NACH MARK3 WENN (REG. 5) = Ø
        LR     A,6     (REG. 6) IN AKK. LADEN
        AS     6       (AKK.)=(AKK.) + (REG. 6)
        LR     6,A     (AKK.) IN REG. 6 LADEN
        LR     J,W     STATUSREGISTER-INH. NACH REG. 9 BRINGEN
        LR     A,7     (REG. 7) IN AKK. LADEN
        SL     1       HOEHERWERTIGES BYTE UM 1 BIT LINKS SCHIEBEN
        LR     W,J     STATUSREGISTER MIT (REG. 9) LADEN
        LNK            (AKK.)=(AKK.) + UEBERTRAG
        LR     7,A     (AKK.) IN REG, 7 LADEN
        BR     MARK1   RUECKSPRUNG NACH MARK1
MARK3   NOP            ENDE DER MULTIPLIKATIONSROUTINE
```

Befehlsfolge zur Einleitung und Steuerung der Übertragung von einem Byte (Ein- oder Ausgabe) an einem Anschluß abarbeitet. Die Übertragung wird durch den Zentralprozessor eingeleitet und Byte für Byte fortgesetzt bis zur Erkennung eines Ende-Zeichens.

Die **interrupt-gesteuerte Ein-/Ausgabe** ist keine besondere Art der Ein-/Ausgabe. Durch den Interrupt wird vielmehr eine Interrupt-Bedienungs-Routine (interrupt service routine) aktiviert. In dieser Routine erfolgt die programmierte Daten-Ein-/Ausgabe.

DMA-Transfer wurde bereits in Abschnitt 2.3.3 besprochen. Nicht alle Mikroprozessor-Familien besitzen die Möglichkeit des DMA-Transfers. Außerdem sind verschiedene Übertragungsarten gebräuchlich (siehe z.B. Tabelle 2.3).

Neben den genannten Transferarten in das System und aus dem System heraus, gehören auch die sogenannten „software clocks" (programmierbare Taktgeber, Uhren) in diese Betrachtung. Obwohl hier kein Datentransfer mit der Peripherie stattfindet, erlauben sie die Synchronisation von Programmabläufen mit der Echtzeit, d.h. der wahren Zeit in den peripheren Bereichen.

Für den **programmierten Datentransfer** gibt Bild 5.16 eine Darstellung im F8-Code für die Eingabe eines Daten-Bytes über den Anschluß Ø der CPU. Hierbei sind folgende Besonderheiten zu beachten:

Bild 5.16 Programmkodierung für einen programmierten Transfer im F8-System

```
* PROGRAMMNAME EINØ
* PROGRAMM FUER DIE EINGABE EINES DATEN-BYTES AM ANSCHLUSS Ø
* STATUSUEBERWACHUNG ZUR SYNCHRONISATION MIT DEM EXTERNEN GERAET
*
EINØ    LIS     Ø       NULL NACH AKK.
        OUTS    Ø       (AKK.) NACH ANSCHLUSS Ø (EIN-/AUSGABE-REGISTER)
RING    INS     Ø       DATE VON ANSCHLUSS Ø NACH AKK.
        BP      RING    RUECKSPRUNG WENN BIT 7 = Ø IST (MSB)
SCHØ    INS     Ø       BIT 7 = 1, EINGABE VON EINEM DATEN-BYTE IN AKK.
        ST              (AKK.) IN ADRESSE DCØ ABSPEICHERN
SCH1    PI      TEST    AUFRUF EINES UNTERPROGRAMMES TEST FUER EINE
                        * WEITERE DATENIDENTIFIKATION BZW. ENDE-ANWEISG.
SCH2    BR      RING    RUECKSPRUNG NACH RING FUER WEITERE DATENEINGABE
SCH3    NOP             EINGABE-ENDE, FESTGELEGT DURCH BEDINGUNG IN TEST
```

- Die beiden ersten Befehlscodierungen löschen die Anschlußregister. Dies ist notwendig, da bei der Ein-/Ausgabe die Daten durch eine ODER-Verknüpfung in das Register gebracht werden.
- Das höchstwertige bit der Eingabedate wird als Status-Zeichen für das Vorliegen einer Eingabeinformation gewertet. Das ist eine nur für dieses Beispiel gültige willkürliche Annahme.
- Der Programmcode geht davon aus, daß zwischen den Marken (labels) RING und SCH Ø genügend Zeit vorhanden ist, damit das externe Gerät ein Daten-Byte aussenden kann. Anderenfalls muß hier eine Verzögerungsschleife (siehe z.B. Unterprogramm ADU in Abschnitt 5.4.1) zwischengeschaltet werden.
- Die Daten werden in aufeinanderfolgenden Adressen, die durch den Datenzähler DC_0 festgelegt werden, abgespeichert.

Der hier dargestellte Byte-parallele Transfer ist nur eine von vielen Ein-/Ausgabe-Möglichkeiten. Serielle Eingaben und Ausgaben sind auf ähnliche Weise realisierbar. Sie werden zum Beispiel in den Routinen TTYI (serielle Bedienungsblattschreiber-Eingabe) und TTYO (serielle Ausgabe) angewendet, die auf dem F8-Baustein 3851 PSU des F8-Kit 1 vorhanden sind.
Die Interrupt-Steuerung und Zeitkreis-Steuerung im F8-System ist im folgenden Beispiel 5.3 dargestellt.

Beispiel 5.3: Interrupt- und Zeitkreis-Steuerung im F8-Mikroprozessorsystem Kit 1

Befehle:
EI enable interrupts, Interrupts erlaubt,
DI disable interrupts, Interrupts nicht erlaubt.

Anschluß-Adressen:

Baustein	Art	Adresse	Vektor-Adresse
3850 CPU	Ein/Aus	H'ØØ'	–
	Ein/Aus	H'Ø1'	–
3851 PSU	Ein/Aus	H'Ø4'	–
	Ein/Aus	H'Ø5'	–
	Ext.-Interrupt	H'Ø6'	H'ØØAØ'
	Zeit-Interrupt	H'Ø7'	H'ØØ2Ø'
3853 SMI	Ext.-Interrupt	H'ØE'	programmierbar
	Zeit-Interrupt	H'ØF'	programmierbar

Die folgenden zwei Befehle dienen zur Interrupt-Aktivierung:

```
LI   WERT
OUT  ANSCHL
```

ANSCHL entspricht dabei den Interrupt-Steuer-Adressen der oben aufgeführten Anschluß-Adressen.

WERT hat folgende Zuweisungen:

WERT	Bedeutung
H'ØØ'	auf diesem Chip sind keine Interrupts erlaubt,
H'Ø1'	externer Interrupt erlaubt; Zeit-Interrupt verboten,
H'Ø2'	dieselbe Bedeutung wie H'ØØ',
H'Ø3'	externe Interrupts verboten; Zeit-Interrupts erlaubt.

5.5. Programmoptimierung

Die Notwendigkeit einer **Programmoptimierung** ergibt sich oftmals aus den Anforderungen des jeweiligen Anwendungsfalles und dem Vorhandensein einer bestimmten Hardware-Konfiguration.
Die Programmoptimierung verfolgt zwei Ziele:

- □ Verkürzung der Programm-Laufzeit (Laufzeitoptimierung),
- □ Verminderung des Speicherbedarfes (Speicheroptimierung).

Ein Beispiel für die oftmals entgegengesetzte Wirkung der beiden Optimierungsarten wurde bereits in Abschnitt 5.4.3 gegeben.
Eine weitere Möglichkeit zur Optimierung besteht in der wahlweisen Verwendung von **Makros** und **Unterprogrammen.** Bei nahezu allen 8-bit-Mikroprozessoren, und bei denen mit größerer Wortlänge praktisch allen, sind die Assembler sogenannte Makro-Assembler. Sie gestatten die Erstellung von sogenannten Makros.

Makros sind Befehlsfolgen bestimmter Funktion, die unter einem Symbolnamen generiert werden können. Die Verwendung des Makro-Namens als Befehl in einem Quellprogramm hat die Einfügung der Befehlsfolge der Makro-Definition an dieser Stelle in den Objektcode zur Folge. Vielfach kann bei Makros auch ein Parameter (Operand) angegeben werden.

Allgemein kann davon ausgegangen werden, daß Programme mit Unterprogrammen zwar weniger Speicherplatz benötigen, dafür in der Ausführungszeit aber länger dauern. Die Einsparung an Speicherplatz rührt daher, daß die Codierung des Unterprogrammes ja nur einmal im Speicher vorhanden ist und bei jedesmaligem Aufruf das Programm an dieser Stelle abgearbeitet wird. Wie oben bereits ausgeführt wurde, wird die Befehlsfolge der Makros jedesmal an der Aufrufstelle in den Objektcode eingefügt.
Zwischen den beiden Optimierungsarten ist stets ein Kompromiß zu finden. Eine Speicherplatzoptimierung scheint aber unter den heutigen preislichen Gesichtspunkten nur dann bedeutsam, wenn hierdurch ein Baustein im System eingespart werden kann. Es mag Grenzfälle geben, in denen wegen einiger weniger Speicherplätze ein weiterer Baustein mit 1 KWort Kapazität eingesetzt werden müßte. Hier lohnt sich eine Speicherplatzoptimierung, insbesondere dann, wenn das System tausende von Malen gefertigt werden soll.
Eine andere Möglichkeit zur Optimierung, insbesondere der Laufzeit, ergibt sich durch die vorzugsweise Verwendung solcher Befehle, die nur einen Befehlszyklus (meist 1-Byte-Befehle) zu ihrer Ausführung benötigen. In einigen Systemen ist es auch vorteilhaft, die Zwischenspeicherregister (scratchpad register) anstelle von RAM-Speicherstellen zu verwenden. Der Zugriff zu den Registern benötigt im allgemeinen weniger Zeit, als eine Date aus dem RAM-Baustein zu lesen. Das gleiche gilt für die umgekehrte Funktion des Schreibens. Hier sind viel Erfahrung und Übung notwendig. Das Schreiben von Programmen ist schon nicht leicht – das Optimieren noch viel weniger. Patentrezepte gibt es nicht. In jedem Falle ist die genaue Kenntnis der Software, und meist auch der Hardware, des verwendeten Mikroprozessorsystems notwendig, um optimale Erfolge zu erzielen.

6. Tabellen und Zusammenfassungen

Tabelle 6.1: Leistungsdaten von Mikroprozessoren

Typenbezeichnung	Hersteller	Wortlänge in bit	Mittlere Zeit für die Befehlsausführung in µs	Schaltkreistechnologie	Umfang der Befehlsliste, Anzahl Befehle	vorhanden? Interrupt	vorhanden? DMA	Bemerkungen
MC 14500 B	Motorola	1	1	CMOS	16	nein	nein	
3000/3002	Intel, Siemens, Signetics	2 (Slice)	0,1	STTL	512 (mikropr.)	ja	ja	
AM 2901	AMD, Motorola, Raytheon, Thompson CSF	4 (Slice)	0,1	STTL	512 (mikropr.)	ja	ja	
AM 2901 A	AMD	4 (Slice)	0,075	STTL	512 (mikropr.)	ja	ja	
µCOM 4	Nippon Electric Comp. (NEC)	4	6	NMOS	55	nein	nein	
GPC/P	National Semiconductor	4 (Slice)	1,5	PMOS	(mikropr.)	ja	nein	
IMP 4	National Semiconductor	4	12	PMOS	42	ja	nein	
MC 10800	Motorola	4 (Slice)	0,06	ECL	(mikropr.)	ja	ja	
MM 5781/5782	National Semiconductor	4	10	PMOS	43	nein	nein	COPS*
MM 5799	National Semiconductor	4	10	PMOS	41	nein	nein	COPS*
MM 51140	National Semiconductor	4	25	PMOS	36	nein	nein	COPS*
MN 1400	Matsushita Co.	4	10	NCMOS	75	nein	nein	
PPS 4	Rockwell International, AEG	4	4	PMOS	50	ja	nein	
PPS 4/1	Rockwell International, AEG	4	5	PMOS	50	ja	nein	1-Chip-System
PPS 4/2	Rockwell International, AEG	4	5	PMOS	50	ja	nein	
SAB 4080	Siemens	4 (Slice)	1,5	NMOS	120	ja	nein	
SBP 0400	Texas Instruments	4 (Slice)	0,1	I^2L	459 (mikropr.)	ja	ja	
SFC 92901 = AM 2901	Thompson CSF	4 (Slice)	0,1	STTL	512 (mikropr.)	ja	ja	
TMS 1000	Texas Instruments	4	12	PMOS	43	nein	nein	1-Chip-Computer
TMS 1000 NLC	Texas Instruments	4	6	CMOS	43	nein	nein	1-Chip-Computer
4004	Intel, Siemens, National Semiconductor	4	11	PMOS	46	nein	nein	
4040	Intel, Siemens	4	11	NMOS	60	ja	nein	
5701/6701	Monolithic Memories Inc., AMD	4 (Slice)	0,2	STTL	36	nein	nein	
74 S 481/S 482	Texas Instruments	4 (Slice)	0,1	STTL	(mikropr.)	ja	ja	
AMC 8	ASEA HAFO	8	1,6	CMOS	42	ja	nein	
CMP 8	National Semiconductor	8	2,5	NMOS	50	ja	nein	
COSMAC CDP 1802	RCA	8	4	CMOS	91	ja	ja	
CP 3-F	AEG-Telefunken, SGS-Ates	8	5	PMOS	48	nein	nein	
EA 9002	Electronic Arrays	8	10	NMOS	55	ja	ja	
F 8	Fairchild, Mostek	8	2	NMOS	72	ja	ja	
IMP 8	National Semiconductor	8	4,5	PMOS	38	ja	nein	
LP 8000	General Instrument	8	8	PMOS	51	nein	nein	
MC 6800	Motorola, AMI, Hitachi, Thompson CSF	8	8	NMOS	72	ja	ja	
MCP 1600	Western Digital	8	0,3	NMOS	84	ja	ja	
MCS 8048/8748	Intel	8	2,5	NMOS	96	ja	ja	1-Chip-System
MCS 8085	Intel	8	1,3	NMOS	78	ja	ja	
NCF 1	Nixdorf	8	1,5	NMOS	30	ja	ja	
PIC 1650/1664	General Instrument	8	4	NMOS	512 (mikropr.)	nein	nein	1-Chip-Computer

Tabelle 6.1: Leistungsdaten von Mikroprozessoren

Typenbezeichnung	Hersteller	Wortlänge in bit	Mittlere Zeit für die Befehlsausführung in µs	Schaltkreistechnologie	Umfang der Befehlsliste, Anzahl Befehle	vorhanden? Interrupt	vorhanden? DMA	Bemerkungen
PPS 8	Rockwell International, AEG	8	4	PMOS	90	ja	ja	
PPS 8/2	Rockwell International, AEG	8	4	PMOS	109	ja	ja	
R 6500	Rockwell International	8	2…4	NMOS	56	ja	nein	
SAB 8048/8748/8035	Siemens	8	2,5	NMOS	96	ja	ja	1-Chip-System
SAB 8085	Siemens	8	1,3	NMOS	78	ja	ja	
SBP 9900	Texas Instruments	8, 16	1,6	I^2L	69	ja	ja	1-Chip-System
SC/MP	National Semiconductor, Western Digital	8	6	PMOS	46	ja	ja	
SC/MP II (= ISP-8A/600)	National Semiconductor	8	3	NMOS	46	ja	ja	
SFF 96800 (= MC 6800)	Thompson CSF	8	8	NMOS	72	ja	ja	
SMS 300	Scientific Micro Systems	8	0,3	STTL	(mikropr.)	ja	ja	
TMS 8080/5501	Texas Instruments	8	5	NMOS	78	ja	ja	
TMS 9900	Texas Instruments	8, 16	5	NMOS	69	ja	ja	1-Chip-System
TMS 9940	Texas Instruments	8, 16	1,6	NMOS	58	ja	ja	1-Chip-Computer
TMS 9980	Texas Instruments	8, 16	5	NMOS	69	ja	ja	1-Chip-System
U 808 D	VEB Funkgerätewerk Erfurt	8	–	PMOS	48	nein	nein	
Z 80	Zilog, Mostek, Synertec	8	1,6	NMOS	158	ja	ja	
Z 80 A	Zilog	8	0,8	NMOS	158	ja	ja	
2650	Signetics, Valvo, AMS	8	5	PMOS	75	ja	ja	
3870	Mostek	8	2	NMOS	72	ja	nein	1-Chip-Computer
6502/03/04	MOS-Technology, Synertec, Rockwell International	8	2,5	NMOS	56	ja	ja	
8008	Intel	8	11	PMOS	48	ja	nein	
8080	Intel, AMD, Siemens, NEC, Texas Instruments	8	2	NMOS	78	ja	ja	
8 X 300	Valvo, Signetics	1…8	0,25	STTL	8	nein	nein	
IM 6100	Intersil	12	2,5	CMOS	87	ja	ja	
TLCS 12	Toshiba, Harris Semiconductor	12	10	PMOS	80	ja	nein	
µCOM 16	NEC	16	5,5	NMOS	74	ja	ja	
CP 1600	General Instrument, EMM, ITT	16	2,5	NMOS	87	ja	ja	
F 100 L	Ferranti	16	3	bipolar	88	ja	ja	
IMP 16	National Semiconductor	16	4,5	PMOS	43	ja	nein	
MIPROC 16/16 F	Plessey	16	0,35/0,25	bipolar	83 (170)	ja	ja	kein Chipaufbau
PACE	National Semiconductor	16	10	PMOS	45	ja	nein	
TMS 9900	Texas Instruments	16	7,5	NMOS	69	ja	ja	1-Chip-System

* COPS = calculator oriented processor system = Prozessor-System mit besonderen Rechenfunktionen (Arithmetik-Prozessor)

Tabelle 6.2: Leistungsdaten von Mikrocomputern

Typenbezeichnung	Hersteller oder Vertreiber	Verwendeter Mikroprozessor (oder Technologie)	Wortlänge in bit	Aufbauform	überwiegendes Anwendungsgebiet und Bemerkungen
ALPHA 1	Micronic Computer Systeme	6502	8	Kartensystem	Entwicklungssystem
ALTAIR 680 B	MITS, Data Logic Company	6800	8	Gerät	Mikrocomputer
ALTAIR 8800 B	MITS, Data Logic Company	8080	8	Gerät	Ersatz für Minicomputer
AM 2900 K1	Elbatex	2901	4···16	Kartensystem	Entwicklungsbausatz
BETA 8	Micronic Computer Systeme	6502	8	Kartensystem	OEM-Computer
BLC 80/10	National Semiconductor	8080	8	Kartensystem	OEM-Computer
CAIMAN	elecma, Div. Electr. de la Snecma	8080	8	Gerät	Meßdatenerfassungssystem
CALCUMETER 3	Kontron-Elektronik	8008	8	Gerät	Vielfach-Meßgerät
CDP 18 S005 (COSMAC)	RCA, Alfred Neye Enatechnik	CDP 1802	8	Kartensystem	COSMAC-Entwicklungssystem II
μCOM 8	Nippon Electric Co.	D 8080 A	8	Kartensystem	OEM-Computer
COMPAC	Dr. Schäfer	6800	8	Kartensystem	Überwachungsanlagen, allgem. Datenerfassung
Comstar System 4	Warner u. Swasey, Regeltron	4040	4	Kartensystem	industrielle Steuerungen
Comstar System 8	Warner u. Swasey, Regeltron	bipolar	8	Kartensystem	industrielle Steuerungen
DCE 1	DAI, Fey	8080	8	Karte	Steuerungstechnik
EPR 100	Krupp-Atlas-Elektronik	8080	8	Kartensystem	OEM-Computer (kompatibel zu EPR 1000)
Exorciser	Motorola	6800	8	Gerät	Entwicklung
GEA III	Grossenbacher AG	4040	4	Karten	industrielle Steuerungen
GEMS 8	Mostek	MK 5065	8	Karte	industrielle Steuerungen
GIMINI	General Instrument	CP 1600	16	Gerät	Entwicklung, Mikrocomputer
HE1/HE2	Texas Instruments	TMS 1000/1100	4	Gerät	Prototypen-System, Entwicklung
IMP-4 C/100	National Semiconductor	IMP 4	4	Karte	OEM-Computer
IMP-8 C/200	National Semiconductor	IMP 8	8	Karte	OEM-Computer
IMP-8 P	National Semiconductor	IMP 8	8	Gerät	OEM-Computer
IMP-16C/200/300	National Semiconductor	IMP 16	16	Karte	OEM-Computer
IMP-16 P	National Semiconductor	IMP 16	16	Gerät	OEM-Computer
IMP-16 L/300	National Semiconductor	IMP 16	16	Gerät	Entwicklung
IMSAI 8048	Imsai, Digitronic Computersysteme	8048	8	Kartensystem	Steuerungsrechner
IMSAI 8080	Imsai, Digitronic Computersysteme	8080	8	Kartensystem	OEM-Computer, Ersatz für Minicomputer
IMSAI 8085	Imsai, Digitronic Computersysteme	8085	8	Kartensystem	OEM-Computer, Ersatz für Minicomputer
Intellec 4	Intel	4004	4	Gerät	Entwicklung
Intellec 40	Intel	4040	4	Gerät	Entwicklung
Intellec 8	Intel	8008	8	Gerät	Entwicklung
Intellec 80	Intel	8080	8	Gerät	Entwicklung
Intellec 800	Intel	8080	8	Gerät	komfortables Entwicklungssystem
Intercept 1	Intersil	IM 6100	12	Karten	Entwicklungssystem (kompatibel zu PDP 8)
Intercept 2	Intersil	IM 6100	12	Gerät	Entwicklungssystem (kompatibel zu PDP 8
IPC 16 P	National Semiconductor	PACE	16	Gerät	Entwicklung
ISP 8 C/100	National Semiconductor	SC/MP	8	Kartensystem	OEM-Computer
JOLT	MAI, Neumüller	MCS 6502	8	Karte	Testgerät
KIM 1	MOS Technology, Neumüller	MCS 6502	8	Karte	Testgerät, OEM-Computer

Tabelle 6.2: Leistungsdaten von Mikrocomputern

Typenbezeichnung	Hersteller oder Vertreiber	Verwendeter Mikroprozessor (oder Technologie)	Wortlänge in bit	Aufbauform	überwiegendes Anwendungsgebiet und Bemerkungen
LSI 11	Digital Equipment	MCP 1600	16	Karte	OEM-Computer (kompatibel zu PDP 11)
LSI 12/16	General Automation	(NMOS-SOS)	16	Gerät	Ersatz für Minicomputer
M 68 MM	Motorola	6800	8	Kartensystem	OEM-Computer
M 68 PDS	Motorola	6800	8	Kartensystem	Entwicklungssystem
MCS 80	Intel	8080	8	Karte	Entwicklung
MCS 4085	Inter Control	MC 6800	8	Kartensystem	OEM-Computer
MCS 6800	PEP	M 6800	8	Karten	OEM-Computer
MDC 6800	Elbatex	S 6800	8	Kartensystem	Entwicklung
MDM 20	Leeds and Northrup	(CMOS)	–	Gerät	Meßdatenerfassungssystem
MDS 800	Intel	8080	8	Gerät	Entwicklung
MEDAS	PCS	–	–	Gerät	Meßdatenerfassung
MES 6800	Motorola	MC 6800	8	Gerät	Entwicklung
Micral N/G/S	Rexroth und Szekessy	8008/8080	8	Gerät	Ersatz für Minicomputer
Micral M	R2E (Orsay)	8080	8	Gerät	Multiprozessorsystem, bis 8 Stück koppelbar
micro NOVA 8560/61	Data General	NMOS mN 601	16	Gerät	OEM-Computer (kompatibel zu NOVA)
micro NOVA 8562/63	Data General	mN 601	16	Karten	OEM-Computer (kompatibel zu NOVA)
Micro 621	Dietz Computer Systeme	AM 2901	8	Gerät, Einschubsyst.	OEM-Computer (kompatibel zu Mincal 621)
Micropac 80	PCS	8080	8	Gerät	Entwicklung
Mikroprozessor Lab	Tektronix	verschiedene	4···16	Gerät	Entwicklungssystem
MIPROC 16-PK	Plessey	MIPROC 16	16	Kartensystem	Entwicklungssystem
MIPROC 16-As	Plessey	MIPROC 16	16	Kartensystem	Anwendungssystem, OEM-Computer
MM 80	Tisco, Ramtek	8080	8	Gerät	Entwicklung, Schaltungsemulation
MP 12	FABRI-TEK	–	12	Einschubmodul	Steuerungstechnik (kompatibel zu PDP 8)
MPS 10	Digital Equipment	8008	8	Karte	OEM-Computer (kompatibel zu PDP 8)
MPS 68	Rolo Electronic	6800	8	Gerät	Ersatz für Prozeßrechner
MPS 400/450	MPS-Mikrocomputer	8008/8080/PPS8/IMP 8	8	Karten	industrielle Steuerungen
MPS 803/5	Pro-Log	8008	8	Karten	OEM-Computer
MPS 863/5	Pro-Log	6800	8	Karten	OEM-Computer
MPS 883/5	Pro-Log	8080	8	Karten	OEM-Computer
PD 2064	Esterline Angus	–	4	Gerät	programmierbares Meßwerterfassungssystem
PDP 11/03	Digital Equipment	MCP 1600	16	Gerät	Ersatz für Minicomputer
µPEP 6408	PEP	M 6800	8	Gerät	OEM-Computer
PLS 401	Pro-Log	4004	4	Karten	OEM-Computer
PLS 441	Pro-Log	4040	4	Karten	OEM-Computer
PM 16	Bell and Howell	Kundenschaltkreis	16/20	Einschub	industrielle Steuerung
PMS 500	Bell and Howell	von Ferranti	16/20	Gerät	industrielle Steuerung
POLY-88	Digitronic Computersysteme	8080 A	8	Gerät	OEM-Computer
PROC 80 E	Münzer und Diehl	8080	8	Kartensystem	Entwicklung
PROC 80 S	Münzer und Diehl	8080	8	Kartensystem	Steuerung für Meßwerterfassungssystem
PROC 80 Z	Münzer und Diehl	Z 80	8	Kartensystem	OEM-Computer
Quay 80/90	Digitronic Computersysteme	Z 80	8	Kartensystem	OEM-Computer

Tabelle 6.2: Leistungsdaten von Mikrocomputern

Typen-bezeichnung	Hersteller oder Vertreiber	Verwendeter Mikroprozessor (oder Technologie)	Wortlänge in bit	Aufbauform	überwiegendes Anwendungsgebiet und Bemerkungen
SBC 80/04	Intel	8085	8	Kartensystem	OEM-Computer
SBC 80/10	Intel	8080 A	8	Karte	OEM-Computer
SBC 80/20	Intel	8080	8	Karte	OEM-Computer
SIA 1500/SIA 3000	Tecomp GmbH	8080 A	8	Karten/ Gerät	OEM-Computer, Ersatz für Minicomputer im kommerziellen Bereich
SME 800	Siemens	8080/3002	8	Gerät	Entwicklung
System 65	Rockwell International	R 6500	8	Gerät	Entwicklungssystem
System 210	Siemens	8080	8	Karten/ Einschübe	OEM-Computer (kompatibel zu System 300)
System 400	Ulbrich Automation	8008	8	Gerät	industrielle Steuerung
TDC 2000	Honeywell	spezieller Chip	–	Einschub-system	Regelungssystem
TI 990/4	Texas Instruments	TMS 9900	16	Karte	OEM-Computer, Ersatz für Minicomputer
TK-80	Nippon Electric Co.	D 8080 A	8	Karte	Lehrsystem
TM 990/100	Texas Instruments	TMS 9900	8	Kartensystem	OEM-Computer, Steuerungssystem
UC 1800	Digitronic Computersysteme	COSMAC 1802	8	Kartensystem	Lerngerät, OEM-Computer
UDS	National Semiconductor	verschiedene	4···16	Gerät	Entwicklungssystem
Vector 1	Digitronic Computersysteme	8080 A	8	Gerät	OEM-Computer
XTAN 1/XTAN 2	Digitronic Computersysteme	Z 80	8	Einschub-system	Lernsystem, OEM-Computer
Z 2	Digitronic Computersysteme	Z 80	8	Gerät	OEM-Computer
Z 80-DSU	Kontron-Elektronik	Z 80	8	Gerät, Karten	Entwicklungssystem
Z 80-MCS	Kontron-Elektronik	Z 80	8	Gerät	OEM-Computer

Tabelle 6.3: Zusammenstellung einiger RAM-Bausteine
(alle Datenanschlüsse sind TTL-kompatibel)

Hersteller	Typenbezeichnung	Organisation	s = statisch d = dynamisch	Technologie	DIL Pin-Anzahl	Daten-Eingänge/Ausgänge
AMD	AM 2950	256 × 1	s	LSTTL	16	OC
	AM 2951	256 × 1	s	LSTTL	16	TS
	AM 2952	1 024 × 1	s	ECL	16	TS
AMI	S 4021	4 096 × 1	d	NMOS	22	TS
	S 4096	4 096 × 1	d	NMOS	16	TS
	S 6810	128 × 8	s	NMOS	24	TS
EMM	SEMI 4200	4 096 × 1	s	NMOS	22	TS
Fairchild	2102	1 024 × 1	s	NMOS	16	TS
	3538	256 × 4	s	NMOS	22	TS
Intel	2107 A	4 096 × 1	d	NMOS	22	TS
	2111	256 × 4	s	NMOS	18	TS
	2115	1 024 × 1	s	MOS	16	OC
	2125	1 024 × 1	s	MOS	16	TS
	3106 A	256 × 1	s	STTL	16	TS
	3107 A	256 × 1	s	STTL	16	OC
	5101	256 × 4	s	CMOS	22	TS
(Siemens)	8101-2	256 × 4	s	NMOS	22	TS
	8102 A	1 024 × 1	s	NMOS	16	TS
(Siemens)	8107 B	4 096 × 1	d	NMOS	22	TS
(Siemens)	8111-2	256 × 4	s	NMOS	18	TS
Mostek	MK 4027	4 096 × 1	d	bipolar	16	TS
Motorola	MCM 6604	4 096 × 1	d	NMOS	16	TS
	MCM 6605	4 096 × 1	d	NMOS	22	TS
	MCM 6616	16 384 × 1	d	NMOS	16	TS
National Semiconductor	MM 5270	4 096 × 1	d	NMOS	18	TS
	MM 5280	4 096 × 1	d	NMOS	22	TS
Signetics	2602	1 024 × 1	s	NMOS	16	TS
	2604	4 096 × 1	d	NMOS	22	TS
	2606	256 × 4	s	NMOS	16	TS
	82 S 09	64 × 9	s	TTL	28	OC
	82 S 10	1 024 × 1	s	TTL	16	OC
	82 S 11	1 024 × 1	s	TTL	16	TS
Texas Instruments	SN 74 S 189	16 × 4	s	STTL	16	TS
	S 289	16 × 4	s	STTL	16	OC
	SN 74 S 201	256 × 1	s	STTL	16	TS
	S 301	256 × 1	s	STTL	16	OC
	SN 74 S 209	1 024 × 1	s	STTL	16	TS
	S 309	1 024 × 1	s	STTL	16	OC
	TMS 4030	4 096 × 1	d	MOS	22	TS
	TMS 4035	1 024 × 1	s	MOS	16	TS
	TMS 4036	64 × 8	s	MOS	20	TS
	TMS 4039	256 × 4	s	MOS	22	TS
	TMS 4042	256 × 4	s	MOS	18	TS
	TMS 4043	256 × 4	s	MOS	16	TS
	TMS 4050	4 096 × 1	d	MOS	18	TS
	TMS 4060	4 096 × 1	d	MOS	22	TS

Tabelle 6.4: Zusammenstellung einiger ROM-Bausteine
(alle Datenanschlüsse sind TTL-kompatibel)

Hersteller	Typen-bezeichnung	Organisation	Technologie	DIL Pin-Anzahl	Daten-ausgänge
AMD	AM 2908	1024 x 8	MOS	24	TS
	AM 2916	2048 x 8	MOS	24	TS
	AM 2960	1024 x 8	bipolar	24	OC
	AM 2961	1024 x 8	bipolar	24	TS
AMI	S 6830	1024 x 8	NMOS	26	TS
Fairchild	3516	2048 x 8	NMOS	24	TS
Intel	3301 A	256 x 4	STTL	16	OC
	3304 A	512 x 8	STTL	24	OC
	8302	256 x 8	MOS	24	TS
(Siemens)	8308	1024 x 8	MOS	24	TS
(Siemens)	8316 A	2048 x 8	MOS	24	TS
MMI	6275	2048 x 8	bipolar	24	TS
	6276	2048 x 8	bipolar	24	TS
Motorola	MCM 6590	2048 x 8	NMOS	24	TS
	MCM 14524	256 x 4	CMOS	16	Latch
Signetics	2580	2048 x 4	PMOS	24	TS
	2608	1024 x 8	NMOS	24	TS
	8204	256 x 8	TTL	24	TS
	8205	512 x 8	TTL	24	TS
Texas Instruments	SN 74 S 270	512 x 4	STTL	16	OC
	S 370	512 x 4	STTL	16	TS
	SN 74 S 271	256 x 8	STTL	20	OC
	S 371	256 x 8	STTL	20	TS
	TMS 4700	1024 x 8	MOS	24	TS
	TMS 4800	2048 x 8/4096 x 4	MOS	24	OC

Tabelle 6.5: Zusammenstellung einiger PROM, EPROM und EAROM-Bausteine
(alle Datenanschlüsse sind TTL-kompatibel)

Hersteller	Typen-bezeichnung	Organisation	Technologie	DIL Pin-Anzahl	Daten-ausgänge
AMD (Intel)	AM 1702 A	256 × 8	MOS	24	TS
	AM 2970	256 × 4	STTL	16	OC
	AM 2971	256 × 4	STTL	16	TS
AMI	S 6834	512 × 8	PMOS	24	TS
Intel	3601	256 × 4	STTL	16	OC
	3604	512 × 8	STTL	24	0C
	8604	512 × 8	STTL	24	TS
(Siemens)	8702A	256 × 8	MOS	24	TS
	8704	512 × 8	MOS	24	TS
(Siemens)	8708	1024 × 8	MOS	24	TS
MMI	6300-1	256 × 4	bipolar	16	OC
	6301-1	256 × 4	bipolar	16	TS
	6305-1	512 × 4	bipolaar	16	OC
	6306-1	512 × 4	bipolar	16	TS
	6335-1	256 × 8	bipolar	24	OC
	6336-1	256 × 8	bipolar	24	TS
	6340-1	512 × 8	bipolar	24	OC
	6341-1	512 × 8	bipolar	24	TS
	6350	1024 × 4	bipolar	18	OC
	6351	1024 × 4	bipolar	18	TS
National Semiconductor	5204	512 × 8	MOS	24	TS
Signetics	82 S 23	32 × 8	STTL	16	OC
	S 123	32 × 8	STTL	16	TS
	82 S 114	256 × 8	STTL	24	TS
	82 S 115	512 × 8	STTL	24	TS
	82 S 126	256 × 4	STTL	16	OC
	S 129	256 × 4	STTL	16	TS
Texas Instruments	SN 74186	64 × 8	TTL	24	OC
	SN 74188 A	32 × 8	TTL	16	OC
	SN 74 S 188	32 × 8	STTL	16	OC
	S 288	32 × 8	STTL	16	TS
	SN 74 S 287	256 × 4	STTL	16	TS
	S 387	256 × 4	STTL	16	OC
	SN 74 S 470	256 × 8	STTL	20	OC
	S 471	256 × 8	STTL	20	TS
	SN 74 S 472	512 × 8	STTL	20	TS
	S 473	512 × 8	STTL	20	OC

Tabelle 6.6: Zusammenstellung einiger Interfacebausteine und Pegelkonverter

Typenbezeichnung	Funktion	Pin-Anzahl des DIL-Gehäuses
75 107 A	differentieller 2fach-Leitungsempfänger und Signalverstärker, Standard-TTL	14
75 108 A	differentieller 2fach-Leitungsempfänger und Signalverstärker, OC	14
75 207	differentieller 2fach-Leitungsempfänger und Signalverstärker, Standard-TTL	14
75 208	differentieller 2fach-Leitungsempfänger und Signalverstärker, OC	14
75 260	2fach-Pegelumsetzer MOS auf ECL	14
75 261	2fach-Pegelumsetzer MOS auf TTL/DTL	14
75 270	7fach-Pegelkonverter MOS auf TTL	14
75 361 A	2fach-Anpassungsschaltung TTL auf MOS, invertierend	8 bzw. 14
75 362	2fach-Anpassungsschaltung TTL auf MOS, invertierend	8
75 365	4fach-Anpassungsschaltung TTL auf MOS, invertierend	16
75 367	4fach-Anpassungsschaltung TTL auf CMOS mit TS-Ausgängen	16
75 368	2fach-Interfaceschaltung ECL an MOS	14
75 369	2fach-Interfaceschaltung Stromeingang an MOS	8
75 450 B	2fach-Peripherietreiber mit UND-Eingang und externer Verknüpfung von Logik und Ausgangstransistor (30 V, 300 mA)	8
75 451 B	2fach-Peripherietreiber mit UND-Eingang, Ausgangstransistor 30 V/300 mA	8

Tabelle 6.7: Zusammenstellung einiger Peripherie-Adapter-Bausteine

Typen-bezeichnung	maximale Übertragungs-geschwindigkeit in bit/s = Baud	Schalt-kreis-familie	Funktion	Anzahl Anschluß-pins für DIL-Gehäuse
AY-5-1008	1 600	PMOS	TTY-Empfänger, maximale Wortlänge 8 bit, Seriell-Parallel-Wandler	24
AY-5-1011	1 600	PMOS	TTY-Sender, maximale Wortlänge 9 bit, Parallel-Seriell-Wandler	24
AY-5-1013 AY-5-1013 A	30 000 40 000	PMOS	universal anwendbarer asynchroner Sender-Empfänger-Baustein, TTL-kompatibel, Voll-Duplex-Betrieb, Tri-State-Ausgänge	40
MC 6860 L S 6860	600	NMOS	digitales Modem für serielle Daten (Modulation und Demodulation), Voll- und Halb-Duplex-Betrieb, TTL-kompatibel	24
PR 1472 B PR 1472 B-01	100 000 640 000	PMOS	synchron und asynchron arbeitender Empfängerbaustein, Seriell-Parallel-Wandler, TTL-kompatibel	40
PT 1482 B PT 1482 B-01	100 000 640 000	PMOS	synchron und asynchron arbeitender Senderbaustein, Parallel-Seriell-Wandler, TTL-kompatibel	40
S 2350	500 000	NMOS	universeller synchroner Empfänger—Senderbaustein (USRT), programmierbar, Seriell-Parallel- und Parallel-Seriell-Wandler	40
S 6820	–	PMOS	peripherer Interface-Adapter (PIA); zwei bidirektionale 8-bit-Bus-Verbindungen, programmierbar	40
S 6850	500 000	NMOS	asynchron arbeitender Kommunikations-Interface-Adapter (ACIA), bidirektionaler, serieller 8-bit-Eingang	24
SAB 8251	56 000 synchr. 96 000 asynchron	NMOS	programmierbarer Serienschnittstellen-Baustein für Synchron- und Asynchronbetrieb, TTL-kompatibel	28
SAB 8255	–	NMOS	programmierbarer peripherer Schnittstellen-Baustein, 24 programmierbare Ein-/Ausgabe-Anschlüsse, TTL-kompatibel	40
TMS 6011 A	200 000	MOS	Parallel Ein-/Ausgabe-Baustein, Tri-State-Ausgangspuffer, Parität und Wortlänge programmierbar	40
TR 1602 A/B	20 000/ 50 000	MOS	asynchron arbeitender Sende- und Empfängerbaustein, Voll-Duplex, programmierbar, TTL-kompatibel, Tri-State-Ausgänge, Seriell-Parallel- und Parallel-Seriell-Wandler	40
UC 1671 B	1 000 000	NMOS	synchron und asynchron arbeitender Sende- und Empfangsbaustein, programmierbar, TTL-kompatibel, Voll-Duplex	40
3820			wie S 6820	

Tabelle 6.8: Zusammenstellung von Datenpuffer- und Schieberegister-Bausteinen (SR = Schieberegister)
Bei der Angabe der Typenbezeichnung werden nur die kennzeichnenden letzten Zeichen angegeben. Die vorgestellte Zifferngruppe (z.B. 54, 74 usw.) zur Angabe des Arbeitstemperaturbereiches wurde weggelassen.

Typenbezeichnung	Art der Ausgangsanschlüsse	Funktion	Anzahl der Anschlußpins im DIL-Gehäuse
'96'LS96, 'L96	2-State	5 bit SR mit parallel ein/aus	16
'125, 'LS125	3-State	4fach-Bus-Puffer	14
'126, 'LS126	3-State	4fach-Bus-Puffer	14
'164, 'L164, 'LS164	2-State	8 bit SR mit Löscheingang, seriell ein/parallel aus	14
'165, 'LS165	2-State	8 bit SR, parallel ein/seriell aus	16
'166, 'LS166	2-State	8 bit SR	16
'178	2-State	4 bit SR mit parallelem Zugriff	14
'179	2-State	4 bit SR mit parallelem Zugriff	16
'194, 'LS194A, 'S 194	2-State	4 bit Universal SR	16
'S195, 'LS195A, 'S195	2-State	4 bit SR, parallel ein/aus, synchron arbeitend	16
'198	2-State	8 bit Universal SR	24
'199	2-State	8 bit Universal SR mit JK-Flipflops	24
'S226	2-State	universeller 4-bit-Bus-Sender—Empfänger mit Speicher, Bus gegen Bus isoliert	16
'S240, 'LS240	3-State	8fach-Bus-Leitungstreiber, invertierend	20
'S241, 'LS241	3-State	8fach-Bus-Leitungstreiber	20
'LS299, 'S299	2-State	8-bit-Universal-Register, bidirektional	20
'365, 'LS365	3-State	6fach-Bus-Treiber mit Freigabe	16
'366, 'LS366	3-State	6fach-Bus-Treiber mit Freigabe, invertierend	16
'367, 'LS367	3-State	6fach-Bus-Treiber mit Freigabe	16
'368, 'LS368	3-State	6fach-Bus-Treiber mit Freigabe, invertierend	16
'S373, 'LS373	3-State	8-bit-D-Latch mit Freigabe	20
'S374, 'LS374	3-State	8-bit-D-Register mit Freigabe	20
SAB8212, STTL	3-State	paralleles 8-bit-Datenregister/Puffer	24
SAB8216	3-State	parallele 4-bit-Zweiweg-Bus-Treiber	16
SAB8226	3-State	parallele 4-bit-Zweiweg-Bus-Treiber, invertierend	16
TMS 3135 (MOS)		SR 80 × 9 bit	24
TMS 3137		SR 100 × 9 bit	24
TMS 3138		SR 128 × 8 bit	24
TMS 3139		SR 132 × 9 bit	24
TMS 3140		SR 133 × 9 bit	24
FR 1502 E	3-State	FIFO, 40 × 9 bit, 0···1 MHz	28
SN 74 S 225	3-State	FIFO, 16 × 5 bit, 0···20 MHz	20
TMS 4024		FIFO, 64 × 9 bit, 0···0,25 MHz	28

Tabelle 6.9: Zusammenstellung von Multiplexern und Demultiplexern (Datenselektoren und Decodierer), Auswahl

Typenbezeichnung	Funktion	Anzahl der Daten-Eingänge	Anzahl der Ausgänge	Ausgänge inv. oder nicht inv.	Ausgänge Typ OC TS STD	Anzahl der Anschlußpins bei DIL-Gehäuse
'LS138, 'S138	3-bit-Binärdecodierer, Demultiplexer (3 zu 8)	3	8	inv.	STD	16
'LS139, 'S139	2fach-2-bit-Binärdecodierer, Demultiplexer (2 zu 4)	2x2	2x4	inv.	STD	16
'145, 'LS145	BCD zu Dezimaldecodierer/Treiber 15 V/80 mA (4 zu 10)	4	10	inv.	STD	16
'147, 'LS147	Dezimal zu BCD-Decodierer (10 zu 4)	10	4	n. inv.	STD	16
'148, 'LS148	8-zu-3-Binärdecodierer	8	3	n. inv.	STD	16
'150	16-zu-1-Multiplexer	16	1	n. inv.	STD	24
'151, 'LS151, 'S151	8-zu-1-Multiplexer	8	1	inv. u. n. inv.	STD	16
'153, 'L153, 'LS153, 'S153	2fach-4-zu-1-Multiplexer	2x4	2x1	n. inv.	STD	16
'154, 'L154	4-bit-Binärdecodierer (4 zu 16)	4	16	inv.	STD	24
'155, 'LS155	2fach-2-bit-Binärdecodierer (2 zu 4)	2x2	2x4	n. inv.	STD	16
'156, 'LS156		2x2	2x4	n. inv.	OC	16
'157, 'L157, 'LS157, 'S157	4fach-2-zu-1-Multiplexer	4x2	4x1	n. inv.	STD	16
'LS158, 'S158	4fach-2-zu-1-Multiplexer, invertierend	4x2	4x1	inv.	STD	16
'159	4-bit-Binärdecodierer (4 zu 16)	4	16	inv.	OC	24
'184	6-bit-BCD-zu-Binär-Konverter	5	8	n. inv.	STD	16
'185A	6-bit-Binär-zu-BCD-Konverter	5	8	n. inv.	STD	16
'251, 'LS251, 'S251	8-zu-1-Multiplexer	8	1	inv. u. n. inv.	TS	16
'LS253	2fach-4-zu-1-Multiplexer	2x4	2x1	n. inv.	TS	16
'LS257, 'S257	4fach-2-zu-1-Multiplexer	4x2	4x1	n. inv.	TS	16
'LS258, 'S258	4fach-2-zu-1-Multiplexer, invertierend	4x2	4x1	inv.	TS	16
'298, 'LS298	4fach-2-zu-1-Multiplexer mit Speicher	4x2	4x1	n. inv.	STD	16

Tabelle 6.10: Zusammenstellung von Treiberbausteinen für Leuchtdioden (LED) und Displays

Typen-bezeich-nung	Funktion	Anzahl Ausgänge	Strom je Ausgang in mA	Ausgänge geeignet als Quelle (Source)	Senke (Sink)	geeignet für gemeinsame Anode	Katode	Pin-Anzahl des DIL-Gehäuses
74 46 A	Segment-Treiber	7	40		×	×		16
74 47 A	Segment-Treiber	7	40		×	×		16
74 48	Segment-Treiber	7	2	×		×		16
88 56	Segment-Treiber	7	6	×		×		16
88 57	Segment-Treiber	7	50	×			×	16
88 58	Segment-Treiber	7	50	×			×	16
88 59	Segment-Treiber	6	40		×	×		16
88 61	Segment- und Ziffern-Treiber	5	50	×	×	×	×	18
88 64	Ziffern-Treiber	9	50		×		×	22
88 65	Ziffern-Treiber	8	50		×		×	18
88 66	Ziffern-Treiber	7	50		×		×	18
75 491	Segment- und Ziffern-Treiber	4	50	×	×	×	×	14
75 492	Ziffern-Treiber	6	40		×		×	14
75 493	Segment-Treiber	4	30	×			×	16
75 494	Ziffern-Treiber	6	30		×		×	16

Tabelle 6.11: Ausgewählte Symbole zur Darstellung von Programmablauf-plänen (nach DIN 66001)
Programmablaufpläne beschreiben den Ablauf der Operationen in einem informationsverarbeitenden System.

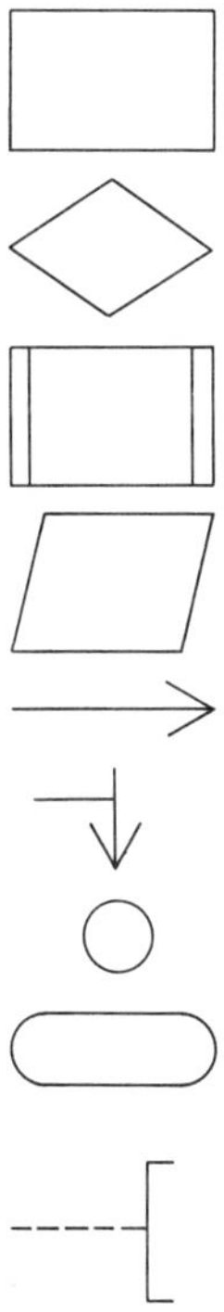

Operation, allgemein
1 Eingang, 1 Ausgang

Verzweigung, Entscheidung
1 Eingang, 2 oder 3 Ausgänge

Unterprogramm
1 Eingang, 1 Ausgang

Eingabe, Ausgabe
1 Eingang, 1 Ausgang

Ablauflinie

Zusammenführung

Übergangsstelle
1 Eingang oder 1 Ausgang

Grenzstelle (Anfang, Ende, Pause, Halt)
1 Eingang oder 1 Ausgang

Bemerkung, Kommentar
kann mit der gestrichelten Linie an jedes der obigen Symbole angehängt werden. Neben der offenen Klammer wird der Kommentar eingetragen.

Tabelle 6.12: ASCII (= American Standard Code for Information Interchange) in hexadezimaler und oktaler Darstellung. Die 7-bit-Darstellung entspricht dem ISO-7-bit-Code

Zeichen (Charakter)	Hexadezimale Darstellung mit			Oktale Darstellung mit		
	8 bit	7 bit	6 bit	8 bit	7 bit	6 bit
A	C1	41	01	301	101	01
B	C2	42	02	302	102	02
C	C3	43	03	303	103	03
D	C4	44	04	304	104	04
E	C5	45	05	305	105	05
F	C6	46	06	306	106	06
G	C7	47	07	307	107	07
H	C8	48	08	310	110	10
I	C9	49	09	311	111	11
J	CA	4A	0A	312	112	12
K	CB	4B	0B	313	113	13
L	CC	4C	0C	314	114	14
M	CD	4D	0D	315	115	15
N	CE	4E	0E	316	116	16
O	CF	4F	0F	317	117	17
P	D0	50	10	320	120	20
Q	D1	51	11	321	121	21
R	D2	52	12	322	122	22
S	D3	53	13	323	123	23
T	D4	54	14	324	124	24
U	D5	55	15	325	125	25
V	D6	56	16	326	126	26
W	D7	57	17	327	127	27
X	D8	58	18	330	130	30
Y	D9	59	19	331	131	31
Z	DA	5A	1A	332	132	32
0	B0	30	30	260	060	60
1	B1	31	31	261	061	61
2	B2	32	32	262	062	62
3	B3	33	33	263	063	63
4	B4	34	34	264	064	64
5	B5	35	35	265	065	65
6	B6	36	36	266	066	66
7	B7	37	37	267	067	67
8	B8	38	38	270	070	70
9	B9	39	39	271	071	71
!	A1	21	21	241	041	41
"	A2	22	22	242	042	42
#	A3	23	23	243	043	43
$	A4	24	24	244	044	44
%	A5	25	25	245	045	45
&	A6	26	26	246	046	46
'	A7	27	27	247	047	47
(	A8	28	28	250	050	50
)	A9	29	29	251	051	51
*	AA	2A	2A	252	052	52
+	AB	2B	2B	253	053	53
,	AC	2C	2C	254	054	54
—	AD	2D	2D	255	055	55
.	AE	2E	2E	256	056	56
/	AF	2F	2F	257	057	57
:	BA	3A	3A	272	072	72
;	BB	3B	3B	273	073	73
<	BC	3C	3C	274	074	74
=	BD	3D	3D	275	075	75
>	BE	3E	3E	276	076	76
?	BF	3F	3F	277	077	77
@	C0	40	00	300	100	00
[	DB	5B	1B	333	133	33
\	DC	5C	1C	334	134	34
]	DD	5D	1D	335	135	35
↑	DE	5E	1E	336	136	36
←	DF	5F	1F	337	137	37
LEADER/TRAILER	80	00	00	200		
LF, LINE FEED	8A	0A	0A	212	012	
CR, CARRIAGE RETURN	8D	0D	0D	215	015	
SPACE	A0	20	20	240	040	40
RUBOUT	FF	7F		377	177	
BLANK	00	00		000	000	
ALT. MODE	FD	7D (7E)		375	175 (176)	
ESCAPE, (ALT. MODE)	9B	1B		233	033	
HT, Horizontal Tab		09			011	
VT, Vertical Tab		0B			013	

Tabelle 6.13: Gegenüberstellung häufig gebrauchter Zahlen in dezimaler, hexadezimaler und oktaler Schreibweise

dezimal	hexadezimal	oktal	dezimal	hexadezimal	oktal
0	0	0	128	80	200
1	1	1	255	FF	377
2	2	2	256	100	400
3	3	3	511	1FF	777
4	4	4	512	200	1000
5	5	5	1023	3FF	1777
6	6	6	1024	400	2000
7	7	7	2047	7FF	3777
8	8	10	2048	800	4000
9	9	11	4095	FFF	7777
10	A	12	4096	1000	10000
11	B	13	8191	1FFF	17777
12	C	14	8192	2000	20000
13	D	15	16383	3FFF	37777
14	E	16	16384	4000	40000
15	F	17	32767	7FFF	77777
16	10	20	32768	8000	100000
31	1F	37	65535	FFFF	177777
32	20	40	65536	10000	200000
63	3F	77	131071	1FFFF	377777
64	40	100	131072	20000	400000
127	7F	177			

6.14. Berücksichtigung wesentlicher Kriterien bei der Auswahl eines Mikroprozessors und einiger zugehöriger Systembausteine

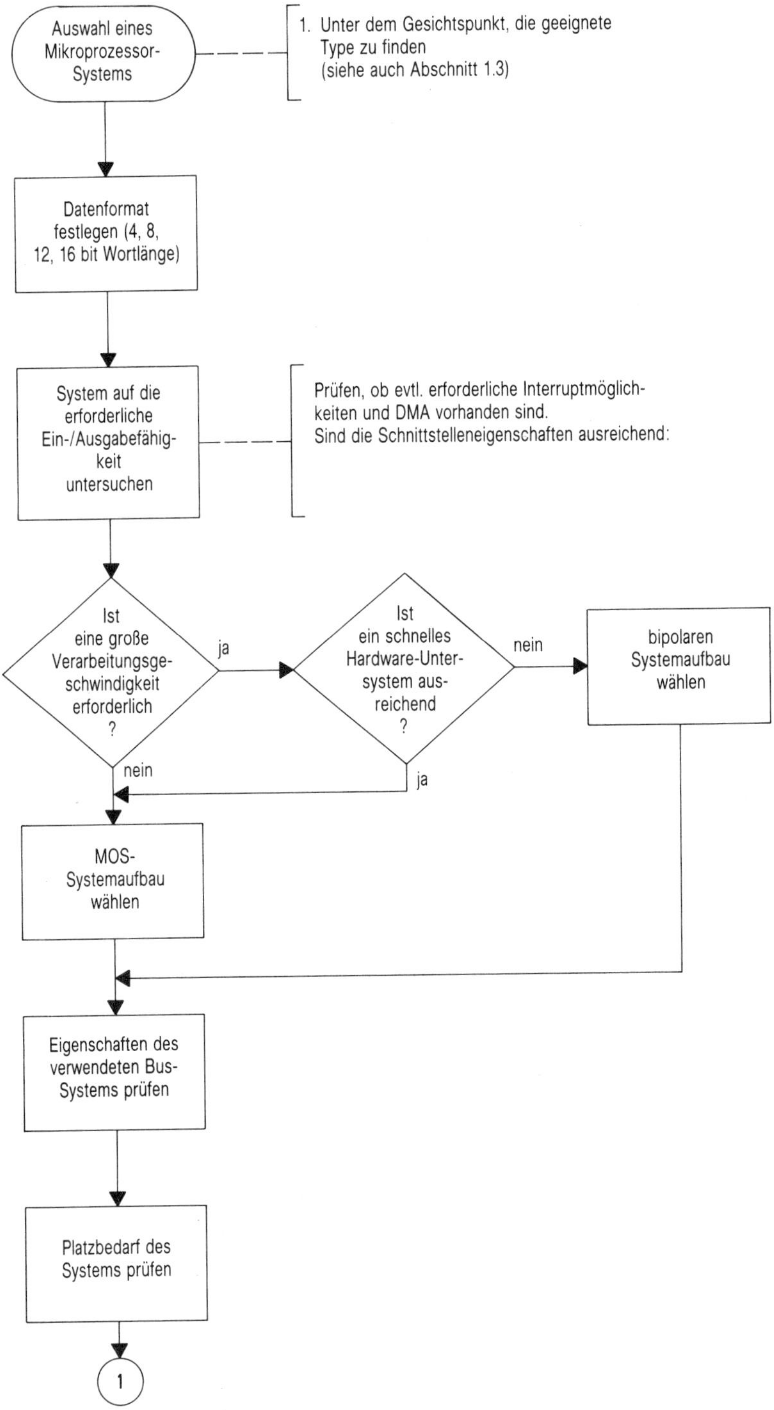

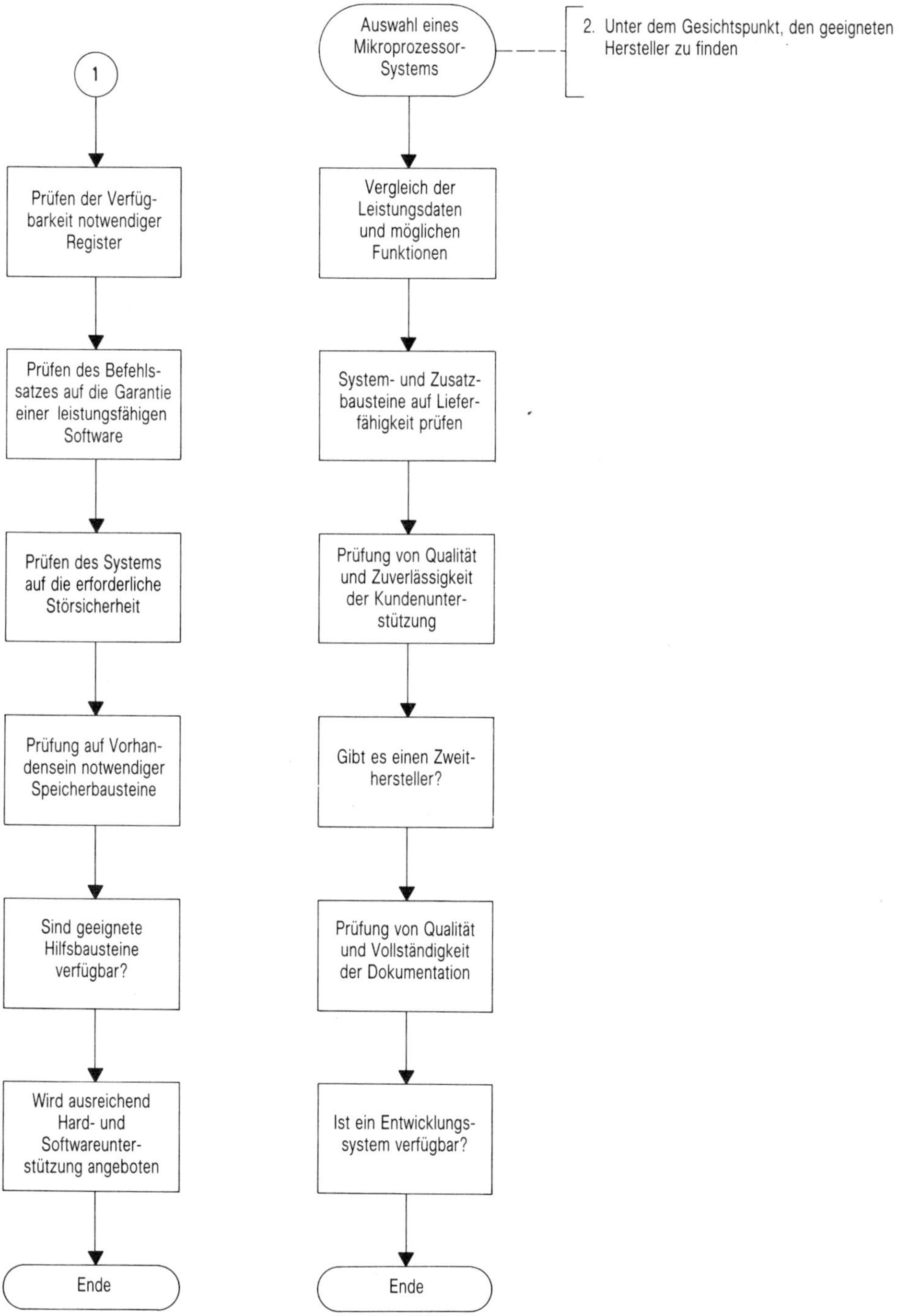
1
Prüfen der Verfügbarkeit notwendiger Register
Prüfen des Befehlssatzes auf die Garantie einer leistungsfähigen Software
Prüfen des Systems auf die erforderliche Störsicherheit
Prüfung auf Vorhandensein notwendiger Speicherbausteine
Sind geeignete Hilfsbausteine verfügbar?
Wird ausreichend Hard- und Softwareunterstützung angeboten
Ende
Auswahl eines Mikroprozessor-Systems
2. Unter dem Gesichtspunkt, den geeigneten Hersteller zu finden
Vergleich der Leistungsdaten und möglichen Funktionen
System- und Zusatzbausteine auf Lieferfähigkeit prüfen
Prüfung von Qualität und Zuverlässigkeit der Kundenunterstützung
Gibt es einen Zweithersteller?
Prüfung von Qualität und Vollständigkeit der Dokumentation
Ist ein Entwicklungssystem verfügbar?
Ende

6.15. Zusammenfassung wesentlicher Punkte für die Mikrocomputerauswahl

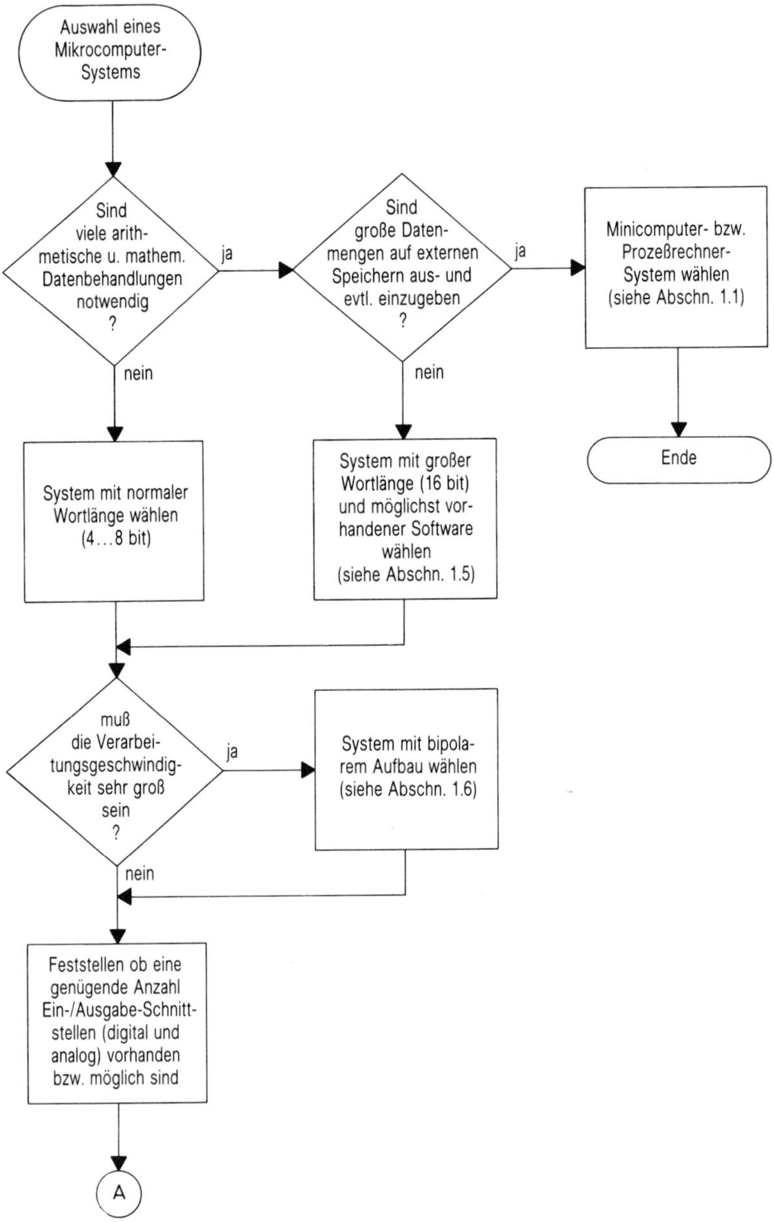

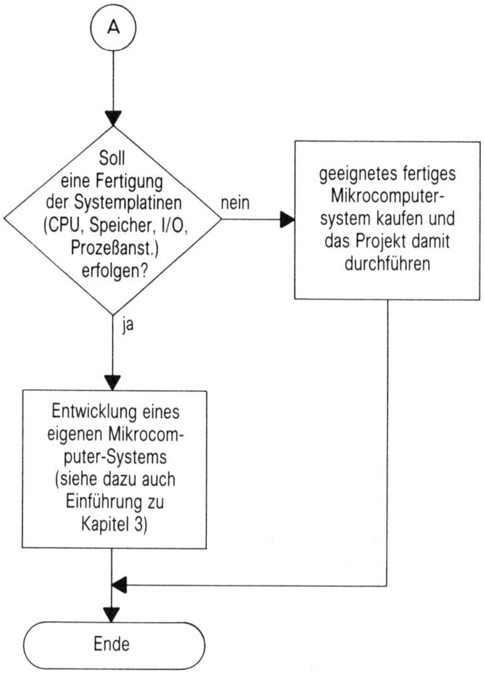
A
Soll eine Fertigung der Systemplatinen (CPU, Speicher, I/O, Prozeßanst.) erfolgen?
nein
geeignetes fertiges Mikrocomputer-system kaufen und das Projekt damit durchführen
ja
Entwicklung eines eigenen Mikrocomputer-Systems (siehe dazu auch Einführung zu Kapitel 3)
Ende

6.16. Wirtschaftliche Überlegungen für die Systemauswahl und den Systemaufbau

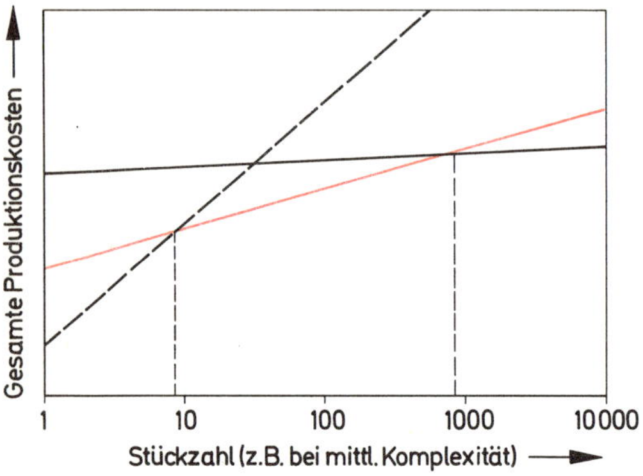

--- digitale Logikschaltung
Schaltung mit Mikroprozessor
——— kundenspezifische Sonderschaltung

Kundenspezifische Schaltungen haben die höchsten Anfangsaufwendungen. Dies ist durch die hohen Kosten für die Herstellung der Maskenanfertigung und durch Investitionen in die Fertigungsmittel bedingt. Alle diese fixen Aufwendungen müssen über die Produktion dieses einen Elementes amortisiert werden. Die kundenspezifische Sonderschaltung empfiehlt sich daher ausschließlich für sehr große Stückzahlen. Änderungen an der Schaltung sind nur über die Herstellung (und die damit verbundenen Kosten) neuer Masken möglich. Ein **Aufbau in Form digitaler Logikschaltungen** (festverdrahteter Schaltungsaufbau) verursacht im Gegensatz zu den kundenspezifischen Schaltungen nur relativ niedrige Anfangskosten. Die Aufwendungen im Produktionsbereich sind geringer anzusetzen. Bei großen Stückzahlen ist der Kostenanteil je Einzelelement allerdings relativ hoch. Schaltungen dieser Art sind nur für kleine Stückzahlen wirtschaftlich herzustellen. Es ist jedoch zu bedenken, daß eine Schaltungsänderung auch hier mit erheblichem Verdrahtungs- und Auslegungsaufwand verbunden ist. Bei möglichen Änderungen in der Funktion, die über ein neues Programm bewerkstelligt werden kann, hat jedoch eine Schaltungsausführung mit freiprogrammierbarem Mikroprozessor bei kleineren Stückzahlen schon Vorteile!

Schaltungsaufbauten auf der Basis von Mikroprozessoren sind ein Kompromiß zwischen den beiden anderen Alternativen, zumindest was die Anfangskosten betrifft. Oberhalb einer gewissen Stückzahl jedoch werden die relativ hohen Anfangskosten über die Stückzahl und die einfachere Hardware-Beschaltung ausgeglichen. Mikroprozessorsysteme sind dann wirtschaftlicher als festverdrahtete Schaltungsaufbauten. Die Ausführung mit Mikroprozessor verlangt die Berücksichtigung noch weiterer Gesichtspunkte:

- ☐ bei niedriger Systemkomplexität und sehr großen Stückzahlen stellen die Kosten des Mikroprozessors und der weiteren Bauelemente den wichtigsten Punkt der Überlegungen dar. In diesem Fall sollte man ein einfaches Mikroprozessor-System mit gerade eben ausreichender Funktion wählen.

> Bei 1-Chip- oder sonstigen Minimum-Systemen ist die Überprüfung des Vorhandenseins der geforderten Funktionen und einer ausreichenden Leistung für das damit zu realisierende Projekt besonders wichtig. Bei falscher Auswahl des Mikroprozessors wird die gesamte Systemplanung hinfällig!

- ☐ Im Bereich mittlerer Stückzahlen (einige 100 bis einige 1000 Systeme eines Typs je Jahr) haben die Preise der Bauelemente bei der Systemauswahl eine untergeordnete Bedeutung. Wichtig ist hier:
  - Flexibilität des Systems
  - leichte Einsatzmöglichkeit für eine möglichst große Anzahl verschiedener Anwendungen
  - Einsatzmöglichkeit bei vielen zu entwickelnden Projekten, um die Nebenkosten (Hardwareunterstützung, Softwareunterstützung, Schulung) niedrig zu halten.
- ☐ Systementwickler, die Mikroprozessoren für eine Vielzahl von unterschiedlichen Projekten einsetzen wollen, sollten darauf achten, einen kosteneffektiven Prozessor mit möglichst universellen Einsatzmöglichkeiten auszuwählen.

Verwendete Formelzeichen, Einheiten und mathematische Zeichen

Die im vorliegenden Buch verwendeten Zeichen und Schreibweisen halten sich an die geltenden DIN-Normen bzw. an die gesetzlichen Bestimmungen über SI-Einheiten (SI = System International). Zur eindeutigen Unterscheidung von Formelzeichen und Einheiten werden die ersteren durch Kursivdruck gekennzeichnet.
Wo Verwechslungen des Buchstaben O mit der Ziffer 0 (Null) möglich sind, wird für die Null die amerikanische Schreibweise Ø verwendet.

Formelzeichen

C	elektrische Kapazität
E	Eingangstaktfrequenz
f	Frequenz
I	elektrischer Strom
L	elektrische Induktivität
M	Anzahl, Menge
n, N	Anzahl, Menge, Zahlenwert
R	elektrischer Widerstand
t	Zeit
T	Temperatur
U	elektrische Spannung
V	elektr. Spannung (Voltage)
w	Führungsgröße
x	Regelgröße
y	Stellgröße
Φ	Taktfrequenz

Einheiten

A	Ampere
B	Bel (gebräuchlicher dB = Dezibel)
Baud	Übertragungsrate in bit/s
bit	Informationseinheit (0 oder 1), von binary digit
°C	Grad Celsius
CPS	Zeichen/s = character per second
dB	siehe B
F	Farad
h	Stunde
H	Henry
Hz	Hertz
Inch	Zoll = 2,54 cm (Kurzzeichen ″)
K	z.B. als KWort = 1024 Datenworte
m	Meter
s	Sekunde
V	Volt
W	Watt
Ω	Ohm

Einheitenvorsätze

p	Pico	$= 10^{-12}$
n	Nano	$= 10^{-9}$
µ	Mikro	$= 10^{-6}$
m	Milli	$= 10^{-3}$
d	Dezi	$= 10^{-1}$
k	Kilo	$= 10^{3}$
M	Mega	$= 10^{6}$
G	Giga	$= 10^{9}$

Mathematische Zeichen

d	Differentialoperator
π	Kreiszahl Pi = 3,14156...
=	gleich
≠	nicht gleich, ungleich
≈	ungefähr gleich
≙	entspricht
>	größer als
<	kleiner als
≧	größer oder gleich
≦	kleiner oder gleich
+	Additionszeichen
−	Subtraktionszeichen
· ×	Multiplikationszeichen
: /	Divisionszeichen
%	Prozent, vom Hundert
( )	runde Klammern
[ ]	eckige Klammern
∧	logische UND-Verknüpfung
∨	logische ODER-Verknüpfung
—	logische NICHT-Funktion, z.B. $\bar{x}$

7. Literaturhinweise

Über Mikroprozessoren, Mikrocomputer und zugehörige Hilfsschaltungen gibt es bisher nur verhältnismäßig wenig Literatur, die nicht ausschließlich Bezug auf das Produkt eines bestimmten Herstellers nimmt. Infolge der Vielfalt der angebotenen Bausteine aus den unterschiedlichen Bausteinfamilien und der Notwendigkeit, diese untereinander und mit der Peripherie zu verschalten, ist die Kenntnis der hierfür angewendeten Techniken erforderlich. Aus den dargestellten Gründen wurde in die Literaturhinweise eine große Anzahl von Firmenschriften aufgenommen. Die Hersteller haben sich, durch zum Teil recht umfangreiche Publikationen, bemüht, den für viele Anwender neuartigen Stoff zumindest produktspezifisch ausführlich darzustellen. Dieses Buch versucht, das gemeinsame der verschiedenen Schaltungsanordnungen herauszustellen. Für eine gründliche Einarbeitung in die Schaltungserfordernisse bei einem ausgewählten Produkt kann jedoch auf die zugehörigen Firmenpublikationen nicht verzichtet werden.
Die Literaturhinweise werden alphabetisch, nach Verfassernamen geordnet, dargestellt. Die Firmendruckschriften wurden mit dem Namen der Firma als Ordnungsmerkmal in diese Darstellung einbezogen. Unter dem Firmennamen findet sich eine Auflistung der jeweils verwendeten Firmenliteratur. Die Literatur wurde bis zum Juni 1976 berücksichtigt.

[1] Advanced Micro Devices, Inc. (AMD): Am 2900 Bipolar Microprocessor Family. Broschüre, 45 Seiten.

[2] AEG-Telefunken: MOS/LSI-Schaltungen für Mikroprozessorsystem CP 3 F. Datenblätter.

[3] *Ahlgren, D. R.:* Restored Processor Function Saves Logik and Improves Performance in Microcomputer System. Computer Design 14 (1975) Nr. 8, pp. 88–89.

[4] *Altman, L.:* Single-chip microprocessors open a new world of applications. Electronics, April 18, 1974, pp. 81–87.

[5] *Altman, L.:* Special report: CMOS enlarges its territory. Electronics, May 15, 1975, pp. 77–88.

[6] American Microsystems, Inc. (AMI): S 6800 Microprocessors Data Sheets. Febr. 1976.

[7] Analog Devices: Guide to Analog CMOS Switches and Multiplexers.

[8] *Beasom, J.:* Better bipolar MOS process yields linear IC's with good AC and DC specs. Electronics, Oct. 31, 1974.

[9] *Becker, H.:* Bausteine für Mikrocomputer. VDI-Nachr. Nr. 38 (1974), S. 10–11.

[10] *Becker, H.:* Mikroprozessoren, Mikroprozessorsysteme und Mikrocomputer. VDI-Z. 118 (1976) Nr. 8, S. 351–357.

[11] *Bergt, H. E., Walter, K. H.:* Optoelektronische Anzeigeeinheiten. Elektronik 25 (1976) Nr. 4, S. 36–42.

[12] *Bernay, R. A.:* Hardware Binary -to-BCD Conversion and BCD Addition. Computer Design, March 1974, pp. 98–104.

[13] *Birck, H.:* Digitale Regelung durch Mikroprozessoren. Elektronik 25 (1976) Nr. 3, S. 87–89.

[14] *Birck, H.:* Ein digitaler Regler auf Mikrorechner-Basis. Elektronik 25 (1976) Nr. 4, S. 63–66 u. 68.

[15] *Birck, H.:* Mikrorechner – Software für die digitale Regelung. Elektronik 25 (1976) Nr. 5, S. 63–66 und 74.

[16] *Bloymeyer-Bartenstein, H. P.:* Mikroprozessoren und Mikrocomputer. Fachbuch der Siemens AG, München, 1975.

[17] *Blomeyer-Bartenstein, H. P.:* Mikroprozessoren – Schlüssel zur Gerätegeneration der Zukunft. Siemens bauteile report 14 (1976) Nr. 2, S. 33–36.

[18] *Burr – Brown:*
a – Katalog 1976,
b – Datenblatt: Microcomputer Analog I/O-Systems (MP 8104, 8208, 8216),
c – Datenblatt: Data Acquisition System SDM 850, SDM 851,
d – Datenblatt: IC A/D Converters ADC 80.

[19] *Chung, D.:* Four-chip microprocessor family reduces system parts counts. Electronics, March 6, 1975, pp. 87–92.

[20] *Cushman, R. H.:* The Intel 8080: First of the Second Generation Microprocessors. EDN Magazine, May 5, 1974, pp. 30–36.

[21] *Cushman, R. H.:* A very complete chip set joins the great microprocessor race (6800 µP). EDN µP Design Series.

[22] *Cushman, R. H.:* How to get acquainted with a µP. EDN µP Design Series.

[23] *Cushman, R. H.:* What can you do with a microprocessor. EDN µP Design Series.

[24] *Cushman, R. H.:* Don't overlook the 4-bit µP: they're here and they're cheap. EDN µP Design Series.

[25] *Cushman, R. H.:* Understand the 8-bit µP; You'll see a lot of it. EDN µP Design Series.

[26] *Cushman, R. H.:* Understanding the microprocessor is no trial task. EDN µP Design Series.

[27] *Cushman, R. H.:* Microprocessors are changing your future. Are you prepared? EDN µP Design Series.

[28] *Cushman, R. H.:* What can you do with a microprocessor? EDN-Magazine, March 20, 1974, pp. 42–48 (auch als Intel-Sonderdruck AR 17 erschienen).

[29] *Cushman, R. H.:* EDN's First Annual µP Directory 1974. EDN µP Design Series.

[30] Datel Systems, Inc.:
– Katalog: Data Conversion Modules,
– Zuch, E.: Know your converter codes.

[31] *Davidow, W.:* The coming merger of Hardware and Software Design. Electronics, May 29, 1975, pp. 91–94.

[32] *Dieckmann, H. W.:* Dezentrale Regelintelligenz – Prozeßautomatisierungssystem mit programmierten Mikroprozessoren als Regler. VDI-Nachrichten Nr. 51, 19.12.75, S. 15.

[33] *Diehl, W.:* Prozeßrechnertechnik, kurz u. bündig. Vogel-Verlag, Würzburg, 1975.

[34] Digital Equipment Corp.:
a – Broschüre: MPS Microprocessor,
b – MPS Microprocessor Series Users Handbook, July 1974,
c – LSI 11, PDP 11-03 Users Manual,
d – LSI 11, PDP 11-03 Processor Handbook,
e – LSI 11, PDP 11-03 Microcomputer-Druckschrift,
f – Microprocessor Workshop.

[35] *Düll, E. H.:* Der Mikroprozessor in der Steuerungstechnik. rtp 1974, Nr. 11, S. 279–285.

[36] electronic-Zeitung-Serie: Mikroprozessoren (Beckett, Schneider). Laufende Einführungsfolge seit Heft 22, 1975 (es sind 32 Folgen erschienen).

[37] Elektronik-Arbeitsblätter, Franzis-Verlag, München: Arbeitsblatt Nr. 94: Digital-/Analog-Umsetzer, Arbeitsblatt Nr. 95: Netzfilter und ihre richtige Auswahl, Arbeitsblatt Nr. 96: Analog-/Digital-Umsetzer.

[38] EMM SEMI
Datenblätter: SEMI 4402:4096 × 1 NMOS RAM, statisch, SEMI 4200:4096 × 1 NMOS RAM, statisch.

[39] Fairchild Semiconductor:
a – F8-Evaluation-Kit Literature (Users Manual, Data book, A Guide to Programming, National CSS Timeshare Service),
b – F8 Microprocessor brochure,
c – MOS, CCD Data book 1975.

[40] *Fertl, W.:* MPS – Ein modularer Mikrocomputer. Elektronik 22 (1974) Nr. 10, S. 383–386.

[41] *Garrow, R., Hou, S., Lally, J., Walker, H.:* Microcomputer-Development System achieves Hardware-Software Harmony. Electronics, May 29, 1975, pp. 95–102.

[42] General Instrument:
a – Ahrens, P. R.: Using the UAR/T in Data Communications,
b – Data sheet AY-5-1013/1013A UAR/T,
c – Datenblatt CP 3 F,
d – Allgem. Beschreibung: Ein-Chip-Mikroprozessor CP 1600,
e – MOS Condensed Catalog 1974.

[43] *Gößler, R., Schwerte, J.:* Auf dem Weg zur Mikroprozessor-Praxis (39 Lit.-St.). Elektronik 25 (1976) Nr. 3, S. 74–86.

[44] *Habgood, D.:* Wie wär's mit einem Mikroprozessor. Elektronik 23 (1974) Nr. 10, S. 379–382.

[45] *Hammer, D.:* Interruptverarbeitung bei Prozeßsteuerungen. Elektronik 25 (1976) Nr. 5, S. 69–74.

[46] *Harms, G.:* Digitale Schaltkreise. Vogel-Verlag, Würzburg, 1974.

[47] Harris Semiconductor:
a – CMOS Katalog,
b – Datenblatt HM 6508/HM 6518: 1024 × 1 CMOS RAM.

[48] *Hoffmann, H. F.:* IC logic units simplify binary number conversion. Electronics, April 18, 1974, pp. 103–104.

[49] *Hoffmann, H.:* Der Mikroprozessor 2650, ein leicht zu handhabendes 8-bit-System. Elektronik 25 (1976) Nr. 4, Seite 51–52.

[50] *Holt, R. M., Lemas, M. R.:* Current Microcomputer Architecture (35 Lit.- St.). Computer Design, Febr. 1974 pp. 65–73.

[51] Honeywell GmbH, Industrieautomation:
– Beschreibung der TDC 2000-Systems,
– An Evolutionary Look at Process Control/1.

[52] *Huse, H.:* I^2L: Die Technologie und ihre Anwendung in einem schnellen 4-bit-Mikroprozessorelement. Elektronik 25 (1976) Nr. 2, S. 79–82.

[53] Hybrid Systems: Firmenzeitschrift Data, Nr. 2, Febr. 1976, S. 4–5: Referenzspannungsquellen, Schaltungsaufbau mit Operationsverstärkern.

[54] Intel Corporation:
a – Intellec MDS, Beschreibung,
b – Intel Memory Systems, Kataloge,
c – Druckschrift: Gewinn durch Mikrocomputer (Davidow, W.),
d – Broschüre: Why more engineers use the Intel 8080, systems than all other microcomputers combined,
e – 8080 System Design Kit (SDK 80), Beschreibung 1975,
f – MCS-8 Microcomputer Set Users Manual (Nov. 73, Rev. 4),
g – 8080 Assembly Language Programming Manual,
h – 3000 Series Schottky Bipolar LSI Microcomputer Set, Datenblätter,
i – AP 7, Louie, G.: Disk Controller Design uses New Bipolar Microcomputer LSI,
j – Appl. Note, Greene, B., Papenberg, B.: Designing High Speed, Low Cost Memory Systems with the Intel 2105,
k – From CPU to Software, Broschüre,
l – Data Catalog 1975,
m – intellec 4 and Microcomputer Modules,
n – MCS 40 Users Manual for Logic Designers,
o – Catalog 1974, Intel static RAMs,
p – Appl. Note: Designing Memory Systems with the Intel 2107A 4K RAM,
q – Datenblätter 2107A-4/-5/-8; 1602A/1702A; 2102,
r – 8212-Datenblatt: Eight Bit Input/Output Port (Microcomputer Peripherals Schottky Bipolar).

[55] Intermetall Semiconductor (ITT):
– Applikationsbuch: Schaltbeispiele mit integrierten Digitalschaltungen der TTL 74. Serie, Ausgabe 1975,
– Datenblatt: 1024-Bit dyn. RAM ITT 1103.

[56] *Knapp, K. H.:* Die heimliche Revolution – Die Großintegration elektronischer Bauelemente. Soziale und wirtschaftliche Auswirkungen. VDI-Nachr. 29 (1975) Nr. 43, S. 1 u. 8).

[57] *Lambert, J.:* Providing a decimal output for a calculation chip. Electronics, August 8, 1974, pp. 105–106.

[58] *Little, J., Thomas, A. T.:* Operators Console Considerations in Microprocessors System Design. Computer Design 14 (1975) Nr. 11, pp. 87–91.

[59] *Logan, D., Kreager, P. S., Cannon, L.:* Using a Microprocessor: A Real Life Application. Part 1: Hardware: Computer Design 14 (1975) Nr. 9, pp. 66–77. Part 2: Software: Computer Design 14 (1975) Nr. 10, pp. 81–89.

[60] *de Marchin, P.:* Multi-Level Nesting of Subroutines in an One-Level Microprocessor. Computer Design 15 (1976) Nr. 2, pp. 118–124.

[61] *Martin, D. P., Berland, K. S.:* IC's interface keyboard to microprocessor. Electronics, March 6, 1975, p. 83.

[62] *Martinez, R.:* A Look at Trends in Microprocessing/Microcomputer Software Systems. Computer Design 14 (1975) Nr. 8, pp. 51–57.

[63] Microcomputer Digest: A Publication of the Microcomputer Associates Inc. (Eine Zeitschrift über Mikrocomputer, Erscheinungsweise monatlich seit Juli 1974, Cupertino CA., USA).

[64] *Moffa, R.:* Interfacing Peripherals in Mixed Systems. Computer Design 14 (1975) Nr. 4, pp. 77–84.

[65] Monolithic Memories, Inc. (MMI):
– 1975 Data Book, darin Appl.-Bericht von Weyland, D.: How to design your own microcomputer,
– Short Form Catalog,
– Appl.-Bericht: Mc Dowell, J.: Bipolare Halbleiterspeicher,
– Diverse Datenblätter f. Speicherbausteine.

[66] MOS Technology, Inc.:
— Datenblatt: KIM1 Microcomputer-System,
— Datenblatt: JOLT-Mikrocomputer.
[67] MOSTEK, Inc.:
— F8 Evaluation Kit brochure,
— F8 Sales brochure.
[68] Motorola Semiconductors:
a — Tireford, H.: Vom Computer zum Mikroprozessor,
b — M6800 µP, Programming Manual,
c — M6800 µP, Applications Manual,
d — Datenblatt MC 6860 L.
[69] Münzer u. Diehl: Handbuch zum PROC/8-System.
[70] National Semiconductor Corp.:
— Datenblätter und Produktbeschreibungen: IMP 8C/200, IMP 16 C/200 u. 300, IMP 16 L, SC/MP, IMP 16 P/805, IMP 16 L/805, IMP 8 P/805,
— Broschüren u. Appl.-Berichte: The Microprocessors, IMP: the modular concept for microprocessors from 4 bits to 16 bits, PACE: The first single-chip 16-bit microprocessor, Microprocessors in Industrial and Consumer Products, Horne, F.: Microprocessors — An Introduction, Edmundson, B., Parasuraman, B.: IMP-16 Programming Techniques, Kute, B.: IMP-16 Interrupts.
[71] *Neth, J., Forsberg, R.:* Microprocessors and Microcomputers: What will the future bring? EDN µP Design Series.
[72] *Neunert, H.:* Systemtechnik mit Mikrocomputern. Elektronik 23 (1974) Nr. 10, S. 391—395.
[73] Nippon Electric Co. (NEC): Datenblätter: 4096 × 1 dyn. NMOS RAM, 1024 × 1 stat. NMOS RAM, Bipolar Memories.
[74] *Ogdin, J. L.:* Survey of microprogrammable µP's reveals ultimate software flexibility. EDN µP Design Series.
[75] *Ogdin, J. L.:* Survey of 8-bit microprocessors reveals wide choice for users. EDN µP Design Series.
[76] *Ogdin, J. L.:* Survey of microprocessors reveals limitless variety. EDN µP Design Series.
[77] PCS: Micro Pac 80 — The worlds first complete microcomputer development system.
[78] Philips/Signetics:
a — Easiest to use µP: Signetics 2650,
b — Einfuhrung des Systems 2650 (d),
c — Introducing the 2650 (e).
[79] Plessey Microsystems:
a — Miproc 16, System Reference Manual,
b — Miproc — a fast 16-bit microprocessor.
[80] PRO-LOG Corp.: Microprocessor modules cut design time, production costs by up to 80%.
[81] *Prommer, A.:* Mikroprozessoren — neue Dimensionen für die Schaltkreistechnik. Siemens bauteile report 14 (1976) Nr. 2, S. 29—32.
[82] Radio Corp. of America (RCA): COS/MOS Integrated Circuits
a — Selection Guide,
b — Data,
c — Application Notes,
d — 1975 Catalog.
[83] Rexroth u. Szekessy: Micral Computer-System. Kurzbeschreibung MICRAL N, G, S.
[84] *Reyling, G.:* PLA's enhance digital processor speed and cut component count. Electronics, August 8, 1974, pp. 109—114.
[85] *Roberts, St. K.:* Interfacing a teletypewriter with an IC microprocessor. Electronics, July 25, 1974, p. 96.
[86] Rockwell International:
a — 4-bit PPS 4-System Microcomputers,
b — 8-bit PPS 8-System Microcomputers,
c — PPS 4/2 Two-Chip Microcomputer System.
[87] *Sanderson, J. R.:* A Set of Numerical Subroutines for Use with a basic (4 K) PDP 8L-Computer. BNFL-Report 26 (S).
[88] *Schlitt, G. H.:* Mikrocomputer auf einer Platine mit Software-gesteuerten Ein-/Ausgabe-Einheiten. Elektronik 25 (1976) Nr. 3, S. 36 u. 38.
[89] *Schmidt, G., Birck, H.:* Die Bedeutung der Mikroprozessoren für die Prozeßregelung. rtp 1974, Nr. 12, S. 308—315 (20 Lit.-St.).
[90] *Schmidt, W., Feustel, O.:* Optoelektronik, kurz u. bündig, Vogel-Verlag, Würzburg, 1975.
[91] SGS/ATES: — Datenblatt M 330, MOS 1024 Bit static fully decoded RAM.
[92] *Shima, M., Faggin, F.:* In switch to N-MOS microprocessor gets a 2 µs cycle time. Electronics, April 18, 1974, pp. 95 ff.
[93] Siemens AG:
a — siehe Blomeyer — Bartenstein,
b — MOS, Technologien, Design, Anwendungen,

c – Mikroprozessor-Bausteine System SAB 8080 (428 S.),
d – Datenbuch 1976/77.

[94] Signetics/Philips:
a – siehe Philips/Signetics (2650),
b – Signetics Application Handbook 1974.

[95] Teledyne Semiconductor: Datenblatt für A/D-Wandler der Serie 8700.

[96] Texas Instruments Deutschland GmbH:
a – Applikationsbuch, Band 1,
b – Das TTL-Kochbuch,
c – Das Opto-Kochbuch,
d – Intergrierte Linear- und Interface-Schaltungen,
e – Microprocessor Learning Modules, Datenblatt,
f – The TTL-Data Book for Design-Engineers,
g – Supplement to the TTL-Data Book,
h – The Optoelectronics Data Book,
i – The Interface Circuits Data Book,
j – Lehrgangsunterlagen und Datenblätter für die Mikroprozessoren u. Mikrocomputer: TMS 1000, TMS 8080, SBP 0400, 9900,
k – Datenbuch: TMS 1000 Series MOS/LSI One-Chip Microcomputers.

[97] *Thomas, A. T.:* Design Techniques for Microprocessor Memory Systems. Computer Design 14 (1975) Nr. 8, S. 73–78.

[98] *Timm, V.:* Im Blickpunkt: ROM's, PROM's und PLA's; Technologien – Arten – Programmierung (41 Lit.-St.). Elektronik 25 (1976) Nr. 5, S. 38–47.

[99] *Tireford, J.:* Vom Computer zum Mikroprozessor. Fachschrift der Fa. Motorola, 1975.

[100] *Titus, J.:* How to design a μP-based controller system. EDN μP Design Series.

[101] Warner and Swasey Co.:
– μP-Systems MICRAL B,
– Comstar System 4,
– Comstar System 8,
– Application Reports.

[102] *Weissberger, A. J.:* MOS/LSI Microprocessor selection. Electronic Design, 1974, Nr. 12, pp. 100–104.

[103] Western Digital:
– Communication Interface Devices Product Guide,
– Datenblätter für Transmitter- und Receiver-Bausteine.

[104] *Young, L., Benett, T., Lavell, J.:* N-Channel MOS technology yields new generation of microprocessors. Electronics, April 18, 1974, pp. 88–95.

[105] Zeitschrift „Electronics", Special Issue Microprocessors. April 15, 1976, S. 74–174. 20 Artikel über Grundlagen und Anwendungen.

Literaturhinweise

(Fortsetzung. Erfaßt wurde die leicht zugängliche deutschsprachige Literatur bis zum Nov. 1977)

[A1] *Ammon, U. v.:* Software für μP-Anwender, Teil 1. elektronikpraxis Nr. 10/1977, S. 81–86.

[A2] *Aubin, D.; Friedrich, V.; Jungmann, M.:* Mikroset 8080 – ein universeller Mikrocomputer für Entwicklung, Schule und Hobby.
Siemens bauteile report 15 (1977) Nr. 4, S. 129–132.

[A3] *Blomeyer-Bartenstein, H. P.:* Ein neues Mikrocomputer-Konzept. Elektronik 25 (1976) Nr. 11, S. 83–87.

[A4] *Blomeyer-Bartenstein, H. P.:* Anwendung von Standard-Speicherbausteinen bei Mikrocomputersystemen. Elektronik 26 (1977) Nr. 3, S. 75–82.

[A5] *Blomeyer-Bartenstein, H. P.:* Mikrocomputer-System mit Betriebssoftware für Text- und Bildverarbeitung. Elektronik 26 (1977) Nr. 11, S. 95–97.

[A6] *Drösel, H.:* Zeitbedarf für μP-Rechenoperationen. Elektronik 26 (1977) Nr. 10, S. 58.

[A7] Elektronik-Sonderhefte: Alles über Mikroprozessoren. Band 1: Hardware, Band 2: Software. Franzis-Verlag.

[A8] *Eymeren, M. v.; Heinzel, W.:* Ein Konzept zur Verschiebung absolut adressierter Mikrorechnerprogramme. rtp 18 (1976) Nr. 7, S. 191–193.

[A9] *Feger, O.:* Grundsätzliche Arbeitsweise bei der Mikroprozessor-Programmierung. Elektronik 26 (1977) Nr. 3, S. 59–61.

[A10] *Feger, O.:* Einführung in die Mikroprozessor-Programmierung. Elektronik 26 (1977) Nr. 4, S. 79–84.

[A11] *Flögel, E.:* Mikrocomputer-Programmierpraxis.
Teil 1: Elektronik 26 (1977) Nr. 10, S. 107–110.
Teil 2: Elektronik 26 (1977) Nr. 11, S. 90–94.

[A12] *Geitz, G.; Hörbst, E.; Sauer, A.:* Software-Entwicklungssystem für Mikroprozessoren. Elektronik 25 (1976) Nr. 11, S. 71–73.

[A13] *Gößler, R.:* Mikrocomputer steuert Zündfunkeneinstellung beim Auto. Elektronik 26 (1977) Nr. 4, S. 48–51.

[A14] *Gößler, R.:* Einführung in die Mikrocomputer-Programmierung.
Teil 1: Elektronik 26 (1977) Nr. 5, S. 36–43, 71;
Teil 2: ebd. Nr. 6, S. 64, 67–70;
Teil 3: ebd. Nr. 7, S. 53–58;
Teil 4: ebd. Nr. 8, S. 67–74;
Teil 5: ebd. Nr. 9, S. 71–78.

[A15] *Gößler, R.:* Ein-/Ausgabebausteine für Mikroprozessoren. Elektronik 25 (1976) Nr. 11, S. 62–68.

[A16] *Haas, D.:* 1-Chip-Mikrocomputer mit integriertem EPROM. Elektronik 25 (1976) Nr. 12, S. 54–57.

[A17] *Haas, D.:* Programmierbare Interface-Bausteine machen Mikroprozessorsysteme noch leistungsfähiger. Elektronik 25 (1976) Nr. 11, S. 100–102.

[A18] *Heubach, F.:* Strukturierte Programmierung auch bei Mikrocomputern. Elektronik 26 (1977) Nr. 10, S. 113–118.

[A19] *Hofer, R.:* Entwickeln mit Mikroprozessoren: Gesammelte Erfahrungen. Elektronik 26 (1977) Nr. 1, S. 45–52.

[A20] *Hoffmann, H.:* Der Mikroprozessor, eine Bestandsaufnahme. VDI-Z 119 (1977) Nr. 1/2, S. 27–32.

[A21] *Horne, P. J.; Kaestner, O.:* Ein universelles Interface zwischen seriellem CAMAC und Mikroprozessoren. Elektronik 26 (1977) Nr. 10, S. 121–130.

[A22] *Huse, H.:* Das TMS 9900-/TI 990-Konzept: Softwarekompatibel vom Mikro- bis zum Minicomputer. Elektronik 25 (1976) Nr. 11, S. 95–99.

[A23] *Huse, H.:* Programmierbares µP-Ein-/Ausgabesystem. elektronikpraxis Nr. 9/1977, S. 75–82.

[A24] *Jansen, D.:* Mikroprozessor steuert Kartenanzeigegerät. Elektronik 26 (1977) Nr. 10, S. 77–81.

[A25] *Katholing, G.:* Die Zukunft, eine Welt der Elektronik. VDI-Nachrichten Nr. 6/1977, S. 9 u. 10.

[A26] *Klein, R. D.:* Preiswerter Mikroprozessor (SC/MP). Elektronik 25 (1976) Nr. 11, S. 118–119.

[A27] *Klie, H.; Dziubiel, J.:* Analog-Schnittstellen arbeiten mit Mikroprozessoren zusammen. Elektronik 26 (1977) Nr. 10, S. 90–92.

[A28] *Koch, G. R.:* Stand und Trends der Programmierung von Mikroprozessoren.
Teil 1: Elektronik 26 (1977) Nr. 1, S. 63–66.
Teil 2: ebd. 26 (1977) Nr. 2, S. 66–71.

[A29] *Kreidl, J.:* Arbeitsweise von Debug-Programmen. Elektronik 26 (1977) Nr. 6, S. 99–101.

[A30] *Labudda, H. J.:* Mikroprozessor – Kehrseite der Medaille. Elektronik 26 (1977) Nr. 1, S. 55–57.

[A31] *Lagrèze, H.:* Testautomat-Steuerung mit Mikroprozessor. Elektronik 26 (1977) Nr. 9, S. 57–60.

[A32] *Mathes, H.:* Neue Zukunft der NC-Technik beginnt mit Mikroprozessoren. VDI-Nachrichten Nr. 44/1977, S. 26–27.

[A33] *Mitterer, R. W.:* Stand und Zukunft der Halbleiter-Speichertechnik. Elektronik 26 (1977) Nr. 11, S. 46–52.

[A34] *Monrad-Krohn, L. M.:* Neue Trends in der Prozeßrechnerhardware. rtp 19 (1977) Nr. 2, S. 36–42.

[A35] *Müller, K. D.:* Bipolare Mikroprozessoren. Elektronik 26 (1977) Nr. 10, S. 95–102.

[A36] *Pretzl, G.:* Schnelle Analog-Digital-Umsetzer. Elektronik 25 (1976) Nr. 12, S. 36–42.

[A37] *Pretzl, G.:* Monolithische D/A- und A/D-Umsetzer. Elektronik 26 (1977) Nr. 3, S. 38–46.

[A38] *Rodler, O.:* Ein komfortabler 16-bit-Mikrocomputer. Elektronik 25 (1976) Nr. 11, S. 88–92.

[A39] *Scheider, L.:* Ein-/Ausgabegerät für Mikrocomputer. Elektronik 26 (1977) Nr. 10, S. 119–120.

[A40] *Schlenther, M.:* Im Blickpunkt: Bipolare und MOS-Schreib-/Lesespeicher (RAMs). Elektronik 25 (1976) Nr. 10, S. 57–68.

[A41] *Schmidt, P. W.:* Entwicklungssystem für den Mikroprozessor 2650. Elektronik 25 (1976) Nr. 11, S. 73–74.

[A42] *Sendler, W.; Glasmacher, P.:* Mikroprozessor steuert vollautomatische Waschmaschine. Elektronik 25 (1976) Nr. 11, S. 77–82.

[A43] *Siepmann, R.:* Relais als Bausteine in Mikrocomputer-Systemen. Siemens bauteile report 15 (1977) Nr. 4, S. 133–135.

[A44] Themenheft der Zeitschrift NT (Neue Technik) Nr. 7/8 – 1976, S. 409–459, Verlag Neue Technik, Zürich.

[A45] *Tireford, H.:* Die Adressierungsarten bei Mikroprozessoren. Elektronik 25 (1976) Nr. 12, S. 49–53.

[A46] *Walze, H.:* Mikroprozessoren in der Prozeßlenkung. Elektronik 26 (1977) Nr. 3, S. 62.

8. Stichwortverzeichnis

In das Stichwortverzeichnis wurden neben den deutschen Stichworten auch die angelsächsischen Bezeichnungen aufgenommen. Dies erscheint sinnvoll, um bei der Durcharbeitung englischsprachiger Literatur das vorliegende Buch als Übersetzungshilfe und für Querverweise zu verwenden. Die gebräuchlichsten Abkürzungen wurden ebenfalls in das Stichwortverzeichnis aufgenommen.

Die Zahlen bezeichnen Seitenzahlen.

A

B

C

D

E

F

G

H

I

K

L

M

N

O

P

Q

R

S

T

U

V

W

Z